손가락으로
가리키며
전달하는

# 외국어
## 진료가이드

문진에서 생활지도까지 증상별로 대응

감　　수 : 守山 敏樹
외국어감수 : 林田 雅至

군자출판사

## ☆감수

守山 敏樹        Toshiki Moriyama        오사카대학 보건센터 교수

## ☆외국어감수

林田 雅至        Masashi Hayashida        오사카대학 커뮤니케이션디자인센터교수

## ☆번역

[영어]

木本 絹子        Kinuko Kimoto        닛신(日新)전기주식회사 산업의

[포르투갈어]

野中Monika        Monika Nonaka        교토외국어대학 강사

[태국어]

河原 雅子        Masako Kawahara        오사카대학 대학원 인간과학연구과

[중국어간체]

姜 天星        Tensei Kyo        오사카대학 대학원 언어문화연구과

[중국어번체]

謝 佩眞        Haishin Sha        오사카대학 대학원 언어문화연구과

[일본어]

공순복

# 번역협력

[영어]

**John H. Bryant**                                      닛신(日新)전기주식회사 산업의

[포르투갈어]

**中萩elsa**              Nakahagi Elsa

[태국어]

**Viriyaporn Sirichan**                                 오사카대학 대학원 법학연구과

# 집필협력

川田 典孝              Noritaka Kawada              오사카대학 대학원 보건센터 강사

◀ 이 책에 등장하는 인물

의사    간호사    Lily
(릴리)    João
(조안)    สมชาย
(소무차이)    宝宝
(파오파오)    貝貝
(페이페이)    康夫
(야스오)

# 감수의 말씀

## ★ 「언어의 벽」이 양질의 의료에 방해가 되지 않기 위해서

내가 근무하는 오사카대학에도 해외 유학생이 2천명이 넘고, 또 대학에 근무하는 해외 연구자도 해마다 증가하고 있다. 대학보건관리시설에서 오랫동안 진료하는 동안, 외국인의 건강상담도 많이 해 왔지만, 그 수가 해마다 증가하고 있다는 느낌이다. 나를 포함한 일반적인 일본인 의사는 일본어로 의학교육을 받고, 그리고 의사로서의 활동도 일본 국내에 머물고 있다. 따라서 외국어를 사용한 의료에 관해서는 경험이 부족하리라 생각된다. 나 자신도 미국유학의 경험이 있어서 일상회화 정도의 영어는 가능하지만, 의료현장에서는 충분하다고는 할 수 없으며, 그 이외의 외국어에 관해서는 무력하다.

한편, 오사카대학에서 공부하는 해외 유학생, 또 근무하는 외국인연구자도 일본어가 충분하지 못하며, 영어로 의사소통도 불충분하거나 거의 불가능한 경우를 흔히 접한다. 이러한 경우 의료커뮤니케이션이 매우 어려워서, 현장에서 골치 아픈 문제 중의 하나이다. 다행히, 대학의 보건관리시설에 있어서 의료상담은 시간적으로 여유가 있고, 또 종종 상담자가 통역을 수반하고 있어서 어떻게든 상담을 할 수가 있었다. 그러나 상담자를 정밀검사나 고도의 치료를 위해서 외부의료기관에 소개하게 되면. 바쁜 의료현장에서 도대체 어떻게 일본어, 영어가 통하지 않는 환자를 진료할 것인가 하는 불안과 해당외국인환자에게 적절한 의료를 제공하기 위한 지원을 어떻게 할 것인가에 관해, 소개자인 우리들의 책임을 느끼는 바이다.

그러던 중에, 외국어감수자인 하야시다(林田)교수라는 지인을 만났고, 하야시다교수는 일본에 주재하는 외국적주민의 시점에서, 나는 앞에서 기술한 해외 유학생, 연구자의 시점에서 의견을 교환하던 중에 본서의 중요성을 공통적으로 인식하게 되어, 본서를 출판하게 되었다. 구상에서 출판까지, 예상이상으로 시간이 걸렸지만, 그것도 이와 같은 의료커뮤니케이션에 있어서, 외국어의 벽이 크다는 점이 최대의 요인이었다. 이제 출판함에 있어서, 우리들이 원하는 바는 일단 결실을 보았다고 생각하지만, 앞으로 현장에서 사용되면서, 문제점도 밝혀지지리라 생각된다. 본서가 보다 좋은 책으로 발전하기 위해서, 기탄없이 의견을 보내주기를 바란다.

또 본서는 해외에서 의료를 받으려는 일본인에게도 도움이 되리라 기대된다. 의료현장에서 일본어⇔외국어에 의한 쌍방향성의 커뮤니케이션 지원툴로서, 본서가 이 글로벌화가 진전되는 사회에서 자연스런 의료커뮤니케이션에 활용되기를 진심으로 바라는 바이다.

2014년 3월

守山 敏樹

## ❀ 병에 걸렸을 때의 communication을 생각하자

Communication의 어원에 해당하는 라틴어 communicare는 용어형성상 company(같은 가마솥밥을 먹는다)와 같은 형식으로, 이 경우 「munus를 나눈다」는 뜻이다. 중세구미에서 munus는 「크리스트의 피와 살 (성스런 선물)」, 물론 「포도주와 빵 (식량)」을 의미하며, 축제의 「성체배영(Corpus Christi)」을 「commune with God(영적 교환)」이라고 파악하고 있다. 한편, 현대의학용어인 immunodeficiency(면역부전증), acquired immunodeficiency syndrome(후천성 면역부전증, 약칭 AIDS)에도 munus는 들어 있다. 유럽중세말기, 맹위를 떨치던 흑사병의 시대, 현미경이 아직 발명되지 않아서 가시화되지 않은 페스트균은, 「신벌(神罰)의 상징=화살(矢)」로 천상에서 날아와서, 사람들의 육체를 꿰뚫어, 사람들은 「munus(신의 시련=역병에 감염된다」고 생각하였다. 즉, munus는 양음의 양의성을 부여하게 된다.

하지만, communication에 관해서 국제 communication·tool의 대표격, 영어는 만능이라고 생각해 왔다. 2004년 제조업에 비정규고용을 도입하여, 일본기업의 글로벌화가 급속도로 가속화되었다. 또 2008년 리만쇼크(금융위기)에 의해서, 지금까지 일국시장주의였던 「전후 시장경제의 틀」이 중국·인도 등의 인구를 표준으로 하는 글로벌시장규모로 확대되어, 필연적으로 노동시장에서 다민족화(다언어·다문화화)가 촉진되었다. 국제 communication·tool로서의 「무역·통상·경제」 영어의 위치부여에 아직까지 변화는 없지만, 사람들의 생활수준의 다언어화는 비약적으로 진행되고 있다. 이러한 경위에서, 영어만으로는 Language Barrier Free(언어의 벽을 넘는다)를 커버할 수 없는 상황이 생기고, 「외국어=영어」에서의 탈각(脫却)을 도모하는 필연성에 직면하게 되었다.

그와 동시에 1990년 입관법 개정 이후의 일이지만, 일본계 중남미인에 머물지 않고, 세계로부터 노동자층이 모이고, 그 외국적 주민의 어린이들의 「제1사용언어」가 일본어가 되는 경우가 늘고 있다. 우리 인간들은 개체차는 있어도 일반적으로 11세경까지 제1사용언어를 모국어로 확립하는 시기를 맞이한다. 추상적인 사고가 가능해지며, 모국어는 자기동일화의 최대 무기이다.

단, 그들은 일본어를 모국어로 하는 수단을 거치는 셈이지만, 그 과정에서 일본어로 표현이 어려운 장면, 예를 들어 신체의 불편함을 전달할 때 등은 가정 내에서 사용해 온 언어로 자연스럽게 전달되리라는 점도 예상된다.

사람은 병에 걸리면 약해지고, 외국어로의 대화에 스트레스를 받는다. 몸의 상태가 좋지 않은 악조건일 때에 보건실이나 진료실에서 모국어로 대화가 가능하다면, 금상첨화일 것이다. 본서는 그러한 요구에 대응하는 매우 적합한 회화집이다. 부디 많은 분들이 소지하여, 의료현장뿐 아니라 communication의 일환으로서 유효하게 사용하기를 바라는 바이다.

2014년 3월

林田 雅至

# 목차

# 제3부 진찰·검사·약에 대하여

# 용어집

# 부록

# 색인

# 〈신체구조 그림〉

〈ภาพร่างกาย〉 　　　〈人体图〉

〈Body picture〉 　　　〈身體構造圖〉

〈Figura do corpo〉 　　〈体の図〉

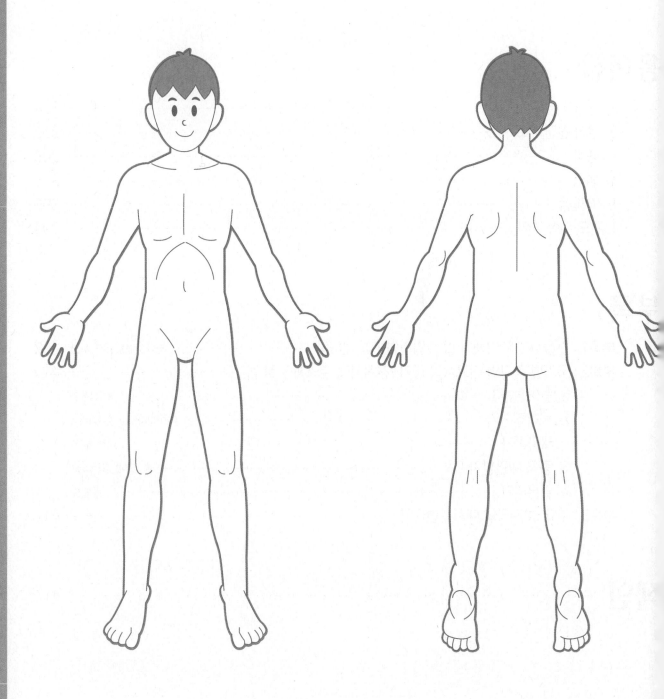

〈신체구조 그림〉

# 제1부

# 환자가 오면

| 영어 | Chapter 1 : When a patient comes to see you |
| 포르투갈어 | Capítulo 1 : Quando chegar algum paciente |
| 태국어 | ภาคที่ 1 : เมื่อคนไข้มาหา |
| 중국어 간체 | 第 1 部 : 病患就诊的时候 |
| 중국어 번체 | 第 1 部 : 病患就診的時候 |
| 일본어 | 第 1 部 : 患者さんが来たら |

제1부에서는 내원한 환자에게 이 책의 사용방법을 설명하고, 가능한 언어를 확인합니다.
계속해서 현재 증상의 간단한 문진, 환자의 기본정보를 물어봅니다.

1. 이 책의 사용방법
2. 가능한 언어를 확인하자
3. 진료순서
   1 단계 : 긴급성이 높은 증상의 확인
   2 단계 : 증상의 확인
   3 단계 : 발병시기
   4 단계 : 시간 경과에 따른 변화
4. 연령과 성별
5. 병력 · 가족력의 확인
6. 상비약 · 지참약의 확인
7. 담배 · 알코올
8. 알레르기
9. 임신 · 수유

# 이 책의 사용방법

〔별책 p1〕

**한국어**

본 책은 한국어를 모르는 외국인이 병원이나 진료소에서 필요한 진료를 받을 수 있도록 하는 것이 목적입니다. 환자의 증상이나 의사의 지시에 해당하는 내용을 손가락으로 가리킴으로써 환자와 의사간의 의사소통을 촉진하고 더욱 적절한 의료서비스를 제공할 수 있게 됩니다.

## 1. How to use this book

**영어**

This book will help you to diagnose and treat non-Korean speaking foreign patients as needed when they come to a hospital or a clinic. Communication by "pointing" to complaints or doctor's indications will facilitate mutual understanding between patients and doctors, and enable you to offer most appropriate medical services to patients.

## 1. Como usar este livro

**포르투갈어**

Este livro tem como objetivo fornecer suporte aos estrangeiros, que não compreendem o idioma coreano, para que estes possam receber os cuidados médicos necessários em hospitais e clínicas. Ao indicar as queixas dos pacientes e as instruções médicas "apontando"-os para o conteúdo do livro, é possível promover a compreensão mútua entre ambas as partes e oferecer um melhor atendimento médico.

## 1. วิธีการใช้หนังสือเล่มนี้

**태국어**

หนังสือเล่มนี้ มีจุดประสงค์เพื่อช่วยเหลือชาวต่างชาติ เมื่อชาวต่างชาติผู้ที่ไม่เข้าใจ
ภาษาเกาหลีมีความจำเป็นต้องเข้ารับการตรวจรักษาในโรงพยาบาลหรือคลินิก
ด้วยการอธิบายการร้องเรียนของคนไข้และคำแนะนำของแพทย์โดยใช้การ "ชี้" ช่วย
ส่งเสริมการติดต่อสื่อสารของทั้งสองฝ่ายและช่วยส่งเสริมการบำบัดรักษาโรคให้ดีกว่าเดิม

## 중국어간체

### 1. 本书的使用方式

本书旨在为不懂韩语的外国人到医院或诊所就医时，根据诊疗进行的需要提供协助。病患对症状的说明或医师的指示内容，皆可通过「手指」指出的方式表达，促进双方的沟通，进而达到最适当的医疗诊治。

## 중국어번체

### 1・本書的使用方式

本書旨在為不諳韓文的外國人到醫院或診所就醫時，根據診療進行的需要提供協助。病患對病症的說明或醫師的指示內容，皆可透過「手指」指出的方式表達，促進雙方的溝通，進而達到最適當的醫療處置。

## 일본어

### 1. この本の使い方

この本は，韓国語の通じない外国人の方が病院や診療所を受診された場合に，必要な診療を行えるようなサポートを提供することを目的としています．患者さんの訴えや医師の指示内容を「指さし」により示すことで，双方の意志の疎通を促進し，より適切な医療の提供が可能となります．

# 가능한 언어를 확인하자

〔별책 p1〕

**한국어**

본 책이 지원 가능한 언어는 영어, 포르투갈어, 태국어, 중국어(간체·번체), 일본어 등 5개 언어입니다. 환자분이 가능한 언어를 손가락으로 가리켜 주세요.

**영어**

**2. Check the language the patient speaks**

This book supports five foreign languages; English, Portuguese, Thai, Chinese in simplified character and traditional character, and Korean. Please point to the language you understand.

**포르투갈어**

**2. Verifique a língua falada**

Este livro oferece suporte nos cinco idiomas a seguir: inglês, português, tailandês, chinês (caracteres simplificados / caracteres tradicionais) e coreano. Aponte o idioma que você compreende.

**태국어**

**2. การตรวจจภาษาที่พูดได**

ภาษาที่ได้รับการแปลในหนังสือเล่มนี้ มีทั้งหมด 5ภาษา คือ ภาษาอังกฤษ ภาษาโปรตุเกส ภาษาไทย ภาษาจีน (อักษรจีนตัวย่อและอักษรจีนตัวเต็ม) และภาษาเกาหลี กรุณาชี้บอกภาษาที่ท่านเข้าใจ

### 중국어간체

**2. 请确认您会说的语言**

本书提供英语、葡萄牙文、泰文、中文（简体字·繁体字）、韩语五种语言对照，请用手指指出您会说的语言。

### 중국어번체

**2・請確認您會說的語言**

本書提供英文、葡萄牙文、泰文、中文（簡體·繁體）、韓文五種語言對照，請用手指著您會說的語言。

### 일본어

**2. 話せる言語を確認しよう**

この本がサポートする言語は，英語・ポルトガル語・タイ語・中国語（簡体字・繁体字）・韓国朝鮮語の5言語です．あなたがわかる言語を指さしてください．

# 진료순서

먼저 단계별로 순서에 따라 증상, 발병시기, 시간 경과에 따른 변화나 증상이 있는 신체 부위를 가리켜 주세요. 다음으로 각 증상에 해당하는 질문에 대한 대답을 가리켜 주세요.

★ 1단계 : 긴급치료가 필요한 증상의 확인

아래의 증상 중에 해당하는 항목이 있습니까? 해당하는 항목이 있을 경우, 긴급한 치료가 필요한 질병일 가능성이 있기 때문에 상세한 설명없이 검사 또는 치료를 시작할 수 있습니다.

- ☐①쇼크
- ☐②갑작스런 의식 불명
- ☐③갑작스런 경련
- ☐④갑작스런 심한 두통
- ☐⑤갑작스런 심한 호흡곤란
- ☐⑥갑작스런 심한 복통
- ☐⑦갑작스런 심한 가슴의 통증
- ☐⑧독극물이나 부패한 것을 섭취
- ☐⑨위험물에 접촉
- ☐⑩해당 사항 없음

(2단계는 10페이지로 ➡)

영어

First of all, please point to your symptom, onset, time course, and where you have a problem step by step. Then please point to the answer to the question corresponding to each symptom.

★ Step1 : Check emergencies

Have you had the following episodes? In case you have, we sometimes start to examine and treat you without explaining in detail because you are most likely to have an emergency disease.

- ☐① shock
- ☐② sudden loss of consciousness
- ☐③ convulsion of sudden onset
- ☐④ severe headache of sudden onset
- ☐⑤ severe difficulty breathing of sudden onset
- ☐⑥ severe abdominal pain of sudden onset
- ☐⑦ severe chest pain of sudden onset
- ☐⑧ took poison or spoiled food
- ☐⑨ touched hazardous materials
- ☐⑩ none

(See p.11 for the Step2 ➡)

**포르투갈어**

Os passos devem ser seguidos em ordem: indique o sintoma, período de ocorrência inicial do sintoma, alterações do sintoma ao longo do tempo e as partes do corpo com o sintoma. Em seguida, forneça as respostas às perguntas com base em cada sintoma.

> ⭐ **1° Passo** : **Verificar os sintomas emergenciais**

Você se enquadra em algum sintoma abaixo? Caso sim, existe uma grande possibilidade de doença que necessita de tratamento emergencial, portanto, podemos iniciar os exames ou o tratamento sem explicações detalhadas.

☐① Choque
☐② Perda súbita de consciência
☐③ Espasmo repentino
☐④ Súbita e intensa dor de cabeça
☐⑤ Súbita e intensa dificuldade respiratória
☐⑥ Súbita e intensa dor abdominal
☐⑦ Súbita e intensa dor no peito
☐⑧ Ingestão de produtos venenosos ou apodrecidos
☐⑨ Toque em materiais perigosos
☐⑩ Nenhum

2° passo : pg.12 ➡)

**태국어**

ก่อนอื่นกรุณาบอกอาการตามลำดับต่อไปนี้ เวลาที่เริ่มมีอาการ การเปลี่ยนแปลงของอาการตามลำดับเวลา และตำแหน่งที่เกิดอาการตามส่วนต่างๆ ของร่างกาย
จากนั้นกรุณาตอบคำถามตามแต่ละอาการ

> ⭐ **ขั้นตอนที่ 1** : **การตรวจสอบอาการฉุกเฉิน**

มีข้อที่ตรงกับตัวเลือกในอาการต่อไปนี้หรือไม่
ถ้ามีอาจเป็นโรคฉุกเฉินก็ได้ ดังนั้นทางโรงพยาบาลอาจขอเริ่มตรวจรักษาโรคโดยไม่มีคำอธิบายอย่างละเอียด

☐① อาการช็อก
☐② หมดสติอย่างกะทันหัน
☐③ ชัก (/ตะคริว) อย่างกะทันหัน
☐④ ปวดศีรษะ (/ปวดหัว) รุนแรงอย่างกระทันหัน
☐⑤ หายใจลำบากรุนแรงอย่างกะทันหัน
☐⑥ ปวดท้องรุนแรงอย่างกะทันหัน
☐⑦ เจ็บหน้าอกรุนแรงอย่างกระทันหัน
☐⑧ ทานยาพิษหรือของเน่า
☐⑨ จับวัสดุอันตราย
☐⑩ ไม่มี

ขั้นตอนที่ 2 หน้า 13 ➡)

**중국어간체**

首先按照步骤，将您的症状、发病的时间、随着时间经过所产生的变化、发生症状的身体部位等等逐一说明。然后针对医生所提出的相关各种症状的问题，指出您的回答。

⭐ **步骤1：确认是否为急性重症**

是否有符合下列症状的任何项目？若符合，很可能是急性重症，有时会不经详细说明即立刻进行检查或治疗。

| | |
|---|---|
| □①休克 | □⑥突然剧烈腹部疼痛 |
| □②突然失去意识 | □⑦突然剧烈胸腔疼痛 |
| □③突然痉挛 | □⑧吃了有毒或腐坏的东西 |
| □④突然剧烈头痛 | □⑨碰触到危险物品 |
| □⑤突然严重呼吸困难 | □⑩无 |

（步骤2请翻到第14页➡）

**중국어번체**

首先，按步驟將您的症狀、症狀發生的時間、隨時間經過產生的變化、產生症狀的身體部位等等逐一說明。然後針對醫生所提關於各種症狀的問題，將您的回答從本書中指出來。

⭐ **步驟1：確認是否為急性重症**

是否符合下列症狀中的任何項目？若有符合，很可能為急性重症，有時會不經詳細說明即立刻進行檢查或治療。

| | |
|---|---|
| □①休克 | □⑥突然劇烈腹部疼痛 |
| □②突然失去意識 | □⑦突然劇烈胸腔疼痛 |
| □③突然痙攣 | □⑧吃了有毒或腐敗的東西 |
| □④突然劇烈頭痛 | □⑨碰觸到危險物品 |
| □⑤突然嚴重呼吸困難 | □⑩無 |

（步驟2請翻至第15頁➡）

일본어

まずステップ順に，症状・発症時期・時間経過による変化・症状のある体の部位を示してください．次に，各症状に応じた質問に対して答えを示してください．

⭐ **ステップ1：緊急性の高い症状の確認**

以下の症状の中に当てはまる項目はありますか？当てはまる場合，緊急性が高い病気の可能性があり，詳しい説明なしに検査や治療を開始することがあります．

| | |
|---|---|
| □①ショック | □⑥突然の激しい腹痛 |
| □②突然の意識消失 | □⑦突然の激しい胸痛 |
| □③突然の痙攣 | □⑧毒物や腐敗したものを摂取した |
| □④突然の激しい頭痛 | □⑨危険物に触れた |
| □⑤突然の激しい呼吸困難 | □⑩なし |

ステップ2はp16へ ➡ )

# 3 진료 순서

〔별책 p2〕

## ☆ 2단계 : 증상의 확인

증상 리스트를 보여 드리겠습니다. 해당하는 것을 골라 주세요(중복선택 가능).
증상이 있는 신체 부위를〈신체구조 그림〉( x 페이지), 또는 자신의 신체를 직접 가리켜 주세요.

### 〈증상 리스트〉

**A. 전신증상**
　1. 발열
　2. 피로·권태감
　3. 식욕이상
　4. 불면
　5. 체중증가·감소
　6. 현기증
　7. 부종
　8. 림프절의 부종

**B. 호흡기의 증상**
　9. 기침·가래
　10. 호흡곤란, 천명(쌕쌕거리는 숨소리)
　11. 객혈

**C. 안과 영역의 증상**
　12. 눈의 통증
　13. 시력장애
　14. 복시(겹보임)
　15. 충혈

**D. 이비인후과 영역의 증상**
　16. 인두통
　17. 비염증상
　18. 귀의 통증
　19. 청력장애
　20. 이명(귀울림)
　21. 비출혈(코피)
　22. 귀출혈

**E. 소화기의 증상**
　23. 복통
　24. 변비·설사
　25. 소화불량
　26. 연하장애(삼킴곤란)
　27. 복부팽만
　28. 오심·구토
　29. 토혈·하혈
　30. 황달

**F. 순환기의 증상**
　31. 가슴의 통증
　32. 동계(심장이 두근거림)

**G. 비뇨생식기의 증상**
　33. 배뇨곤란
　34. 빈뇨(소변이 잦음)·배뇨통
　35. 배뇨량의 이상
　36. 요실금
　37. 혈뇨
　38. 발기장애

**H. 피부의 증상**
　39. 발진
　40. 피부의 가려움
　41. 탈모

**I. 근골격계의 증상**
　42. 경부·어깨·상지의 통증
　43. 요통
　44. 하지통

**J. 정신·신경계의 증상**
　45. 두통
　46. 불안
　47. 우울
　48. 정신이상·행동이상
　49. 건망증
　50. 저림·지각이상
　51. 근력저하
　52. 진전(손의 떨림)

**K. 부인과의 증상**
　53. 월경장애
　54. 유방의 이상
　55. 골반통
　56. 갱년기장애(남성도 포함)
　57. 부정출혈·냉대하

(⇐ 1단계는 6페이지로/3단계는 17페이지로 ⇒)

영어

⭐ **Step2 : Check your symptom**

The symptoms are listed as follows. Please point to your symptom (multiple answers allowed).
Please use < Body picture > (p. x ) or directly point to your body to show me where you have
a problem.

# < List of symptoms >

A. General condition
1. Fever
2. Tiredness/Dullness
3. Appetite disorder
4. Sleep loss
5. Weight gain/loss
6. Dizziness
7. Edema
8. Swelling of lymph nodes

B. Symptoms of respiratory
   organs
9. Cough/Phlegm
10. Difficulty breathing /
    Wheezing
11. Bloody spit

C. Symptoms of eyes
12. Sore eye
13. Vision disorder
14. Double vision
15. Bloodshot eye

D. Symptoms of ear, nose and
   throat
16. Sore throat
17. Runny nose
18. Earache
19. Hearing difficulty
20. Ear ringing
21. Nasal bleeding
22. Ear bleeding

E. Symptoms of digestive or-
   gans
23. Abdominal pain
24. Constipation / Diarrhea
25. Indigestion
26. Swallowing difficulty
27. Abdominal fullness
28. Nausea / Vomiting
29. Bloody vomit / Bloody
    stool
30. Jaundice

F. Symptoms of circulatory
   organs
31. Chest pain
32. Palpitation

G. Symptoms of genitourinary
   organs
33. Difficulty in urination
34. Frequent urination / Uri-
    nary pain
35. Abnormal urine volume
36. Incontinence
37. Bloody urine
38. Impotence (ED: erectile
    dysfunction)

H. Symptoms of skin
39. Rash
40. Itch of skin
41. Hair loss

I. Symptoms of muscle and
   bone
42. Neck / Shoulder / Arm
    pain
43. Lower back pain
44. Leg pain

J. Symptoms of neuropsychi-
   atric system
45. Headache
46. Anxiety
47. Depression
48. Mental / Behavioral disor-
    der
49. Forgetfulness
50. Numbness / Abnormal
    sense
51. Muscle weakness
52. Tremor (of hand)

K. Symptoms of gynecologic
   field
53. Menstrual disorder
54. Abnormalities in breasts
55. Pelvic pain
56. Menopause disorder
    (including men)
57. Irregular bleeding / Dis-
    charge

포르투갈어

★ **2° Passo : Verificar os sintomas**

Indicamos a lista de sintomas. Por favor, indique todos os que se aplicam ao seu caso (pod ser respostas múltiplas) .

Indique a parte do corpo com o sintoma, na < Figura do corpo > (pg. x ) ou aponte direta mente no seu corpo

## < Lista de sintomas >

**A. Sintomas gerais**
1. Febre
2. Cansaço/ Fadiga
3. Transtornos de apetite
4. Insônia
5. Ganho/ Redução de peso
6. Tontura
7. Edema
8. Inchaço dos linfonodos

**B. Sintomas respiratórios**
9. Tosse / Escarro
10. Dificuldade respiratória / Chiado
11. Escarro com sangue

**C. Sintomas oftalmológicos**
12. Dor nos olhos
13. Distúrbios visuais
14. Visão dupla
15. Congestão

**D. Sintomas otorrinolarin-gológicos**
16. Dor de garganta
17. Sintomas de rinite
18. Dor no ouvido
19. Distúrbios auditivos
20. Zumbido
21. Sangramento nasal

22. Sangramento pelo ouvido

**E. Sintomas digestivos**
23. Dor abdominal
24. Constipação / Diarreia
25. Indigestão
26. Distúrbio de deglutição
27. Sensação de plenitude abdominal
28. Náusea / Vômito
29. Vômito com sangue / Sangue nas fezes
30. Icterícia

**F. Sintomas cardiovasculares**
31. Dor no peito
32. Palpitação

**G. Sintomas urogenitais**
33. Dificuldade em urinar
34. Micção frequente / Micção dolorosa
35. Volume anormal de urina
36. Incontinência urinária
37. Sangue na urina
38. Disfunção erétil

**H. Sintomas cutâneos**
39. Erupção
40. Comichão na pele(coceira)

41. Alopécia

**I. Sintomas musculoesqueléticos**
42. Dores no pescoço / ombro / braço
43. Dor lombar
44. Dor na perna

**J. Sintomas psicológicos / nervosos**
45. Dor de cabeça
46. Ansiedade
47. Depressão
48. Psicopatia/ Comportamento anormal
49. Esquecimento
50. Dormência/ Anormalidade sensitiva
51. Fraqueza muscular
52. Tremor (tremor da mão)

**K. Sintomas ginecológicos**
53. Distúrbio menstrual
54. Problemas na mama
55. Dor pélvica
56. Climatério (inclusive homens)
57. Sangramento anormal / Corrimento vaginal

( ← 1° passo : pg.7/3° passo : pg.18 → )

태국어

## ⭐ ขั้นตอนที่ 2 : การตรวจสอบอาการต่าง ๆ

บ่งชี้รายชื่ออาการต่างๆ กรุณาบอกอาการที่ตรงกับตัว (เลือกได้หลายข้อ)
กรุณาชี้บอกส่วนของร่างกายที่มีอาการบน < ภาพร่างกาย > (หน้า x ) หรือร่างกายของตัวเองโดยตรง

## < รายชื่ออาการ >

A. อาการร่างกายโดยรวม
 1. มีไข้
 2. ความเมื่อยล้า •
    ความเบื่อหน่าย
 3. ความอยากอาหารผิดปกติ
 4. นอนไม่หลับ
 5. การเพิ่มน้ำหนัก •
    การลดน้ำหนัก
 6. เวียนหัว
 7. บวม
 8. ต่อมน้ำเหลืองอักเสบ

B. อาการเกี่ยวกับระบบ
    การหายใจ
 9. อาการไอ • เสมหะ
10. หายใจลำบาก •
    เสียงหอบหืดขณะหายใจ
11. ไอเป็นเลือด

C. อาการเกี่ยวกับ
    แผนกจักษุ (/แผนกตา)
12. เจ็บตา
13. สายตาผิดปกติ
14. อาการมองเห็นภาพซ้อน
15. เลือดคั่งในตา

D. อาการเกี่ยวกับแผนกหู จมูก
    คอ
16. เจ็บคอ
17. อาการจมูกอักเสบ
18. เจ็บหู
19. หูตึง

20. หูอื้อ
21. เลือดกำเดา
22. เลือดออกจากหู

E. อาการเกี่ยวกับระบบ
    ทางเดินอาหาร
23. ปวดท้อง
24. ท้องผูก • ท้องร่วง
25. อาหารไม่ย่อย
26. ความผิดปกติ
    ในการกลืนอาหาร
27. ท้องเฟ้อ
28. คลื่นไส้ • อาเจียน
29. อาเจียนเป็นเลือด •
    ถ่ายอุจจาระปนเลือด
30. โรคดีซ่าน

F. อาการเกี่ยวกับระบบ
    การไหลเวียนเลือด
31. เจ็บหน้าอก
32. ใจสั่น

G. อาการเกี่ยวกับระบบ
    ทางเดินปัสสาวะ
33. ปัสสาวะขัด
34. ปัสสาวะบ่อย • ปัสสาวะแสบ
35. ความผิดปกติของ
    ปริมาณปัสสาวะ
36. ปัสสาวะเล็ด
37. ปัสสาวะเป็นเลือด
38. โรคหย่อนสมรรถภาพทางเพศ
    (/ภาวะ ED)

H. อาการเกี่ยวกับผิวหนัง
39. ผื่น
40. อาการผิวหนังคันอย่างรุนแรง
41. ผมร่วง

I. อาการเกี่ยวกับระบบ
    กล้ามเนื้อ
42. ปวดคอ • ปวดไหล่ •
    ปวดส่วนแขน
43. ปวดเอว
44. ปวดขา

J. อาการเกี่ยวกับโรคทางจิต •
    โรคประสาท
45. ปวดศีรษะ (/ปวดหัว)
46. วิตกกังวล
47. อารมณ์ซึมเศร้า
48. ความผิดปกติทางจิต •
    ความผิดปกติของพฤติกรรม
49. ขี้ลืม
50. ชา (/เป็นเหน็บ) •
    รู้สึกผิดปกติ
51. กล้ามเนื้ออ่อนแรง
52. อาการสั่น (มือสั่น)

K. อาการแผนกนารีเวชวิทยา
53. ประจำเดือนผิดปกติ
54. เต้านมผิดปกติ
55. ปวดกระดูกเชิงกราน
56. วัยทอง (รวมถึงเพศชาย)
57. เลือดออกผิดปกติ •
    ตกขาว (/ระดูขาว)

➡ ขั้นตอนที่ 1 หน้า 7/ขั้นตอนที่ 3 หน้า 18 ➡)

중국어간체

## ⭐ 步骤2：确认症状

下列为症状列表，请指出您所符合的项目（可以重复选择）。

请在＜人体图＞上（见第 x 页）或直接在身体上指出产生症状的部位。

# ＜症状列表＞

A. 全身症状

1. 发烧
2. 疲劳・倦怠感
3. 食欲异常
4. 失眠
5. 体重增加・减少
6. 头晕（晕眩）
7. 水肿
8. 淋巴结肿胀

B. 呼吸器官的症状

9. 咳嗽・有痰
10. 呼吸困难・哮喘
11. 咳血

C. 眼科方面的症状

12. 眼睛痛
13. 视力障碍
14. 复视
15. 充血

D. 耳鼻喉科方面的症状

16. 喉咙痛（咽炎）
17. 鼻炎症状
18. 耳朵痛
19. 听力障碍
20. 耳鸣
21. 流鼻血
22. 耳朵出血

E. 消化器官的症状

23. 腹痛（肚子痛）
24. 便秘・腹泻（拉肚子）
25. 消化不良
26. 吞咽障碍
27. 腹部胀气
28. 恶心・呕吐
29. 吐血・便血
30. 黄疸

F. 循环器官的症状

31. 胸痛
32. 心悸

G. 泌尿生殖器的症状

33. 排尿困难
34. 尿频・排尿会痛
35. 尿量异常
36. 尿失禁
37. 血尿
38. 勃起障碍

H. 皮肤的症状

39. 起疹子
40. 皮肤感到搔痒
41. 脱毛掉发

I. 筋骨体格的症状

42. 颈部・肩膀・上肢（手臂）疼痛
43. 腰痛
44. 下肢（双腿）痛

J. 精神・神经系统的症状

45. 头痛
46. 不安
47. 感到抑郁
48. 精神异常・行动异常
49. 健忘
50. 麻痹・知觉异常
51. 肌肉无力
52. 颤抖（手发抖）

K. 妇科的症状

53. 月经障碍
54. 乳房的异常
55. 骨盆痛
56. 更年期障碍（包括男性）
57. 经期外的出血・阴道分泌物（白带）

（⬅ 步骤1请翻到第8页 / 步骤3请翻到第19页 ➡）

중국어번체

⭐ **步驟 2：確認症狀**

下列所示為症狀列表，請將您符合的項目指出來（可複選）。

請從＜身體構造圖＞（見第 x 頁）或直接從自己身上將發生症狀的部位指出來。

# ＜症狀列表＞

A · 全身症狀

1 · 發燒
2 · 疲勞 · 倦怠感
3 · 食慾異常
4 · 失眠
5 · 體重增加 · 減少
6 · 頭暈（暈眩）
7 · 水腫
8 · 淋巴結腫大

B · 呼吸系統的症狀

9 · 咳嗽 · 有痰
10 · 呼吸困難 · 喘鳴
11 · 咳血

C · 眼科方面的症狀

12 · 眼睛痛
13 · 視力障礙
14 · 複視
15 · 充血

D · 耳鼻喉科方面的症狀

16 · 喉嚨痛
17 · 鼻炎症狀
18 · 耳朵痛
19 · 聽力障礙
20 · 耳鳴
21 · 流鼻血
22 · 耳內出血

E · 消化器官的症狀

23 · 肚子痛
24 · 便秘 · 拉肚子
25 · 消化不良
26 · 吞嚥障礙
27 · 腹部脹氣
28 · 噁心 · 嘔吐
29 · 吐血 · 便血
30 · 黃疸

F · 循環系統的症狀

31 · 胸痛
32 · 心悸

G · 泌尿生殖器的症狀

33 · 排尿困難
34 · 頻尿 · 排尿疼痛
35 · 尿量異常
36 · 尿失禁
37 · 血尿
38 · 勃起功能障礙

H · 皮膚的症狀

39 · 起疹子
40 · 皮膚搔癢
41 · 掉髮

I · 肌肉骨骼方面的症狀

42 · 頸部 · 肩膀 · 上肢（手臂）
　　 疼痛
43 · 腰痛
44 · 下肢（雙腿）疼痛

J · 精神 · 神經系統的症狀

45 · 頭痛
46 · 不安
47 · 抑鬱
48 · 精神異常 · 行動異常
49 · 健忘
50 · 麻痺 · 知覺異常
51 · 肌肉無力
52 · 顫抖（抖手）

K · 婦科的症狀

53 · 經期不順
54 · 乳房異常
55 · 骨盆痛
56 · 更年期障礙（包括男性）
57 · 非經期出血 · 分泌物（白
　　 帶）

← 步驟 1 請翻至第 8 頁 / 步驟 3 請翻至第 19 頁 ➡)

일본어

## ☆ ステップ2：症状の確認

症状リストを示します．当てはまるものを示してください(複数選択可)．
症状のある体の部位を<体の図>(p x )，または体を直接指して示してください．

<体の図>

### <症状リスト>

**A. 全身症状**
1. 発熱
2. 疲労・倦怠感
3. 食欲異常
4. 不眠
5. 体重増加・減少
6. めまい
7. 浮腫(むくみ)
8. リンパ節の腫れ

**B. 呼吸器の症状**
9. 咳・痰
10. 呼吸困難・喘鳴
11. 喀血

**C. 眼科領域の症状**
12. 眼痛
13. 視力障害
14. 複視
15. 充血

**D. 耳鼻咽喉科領域の症状**
16. 咽頭痛
17. 鼻炎症状
18. 耳痛
19. 聴力障害
20. 耳鳴り
21. 鼻出血
22. 耳出血

**E. 消化器の症状**
23. 腹痛
24. 便秘・下痢
25. 消化不良
26. 嚥下障害
27. 腹部膨満
28. 悪心・嘔吐
29. 吐血・下血
30. 黄疸

**F. 循環器の症状**
31. 胸痛
32. 動悸

**G. 泌尿生殖器の症状**
33. 排尿困難
34. 頻尿・排尿痛
35. 尿量異常
36. 尿失禁
37. 血尿
38. 勃起障害

**H. 皮膚の症状**
39. 発疹
40. 皮膚の搔痒感(かゆみ)
41. 脱毛

**I. 筋骨格系の症状**
42. 頸部・肩・上肢痛
43. 腰痛
44. 下肢痛

**J. 精神・神経系の症状**
45. 頭痛
46. 不安
47. 抑うつ
48. 精神異常・行動異常
49. もの忘れ
50. しびれ・知覚異常
51. 筋力低下
52. 振戦(手のふるえ)

**K. 婦人科の症状**
53. 月経障害
54. 乳房の異常
55. 骨盤痛
56. 更年期障害(男性も含む)
57. 不正出血・おりもの

(⬅ ステップ1はp9へ／ステップ3はp20へ ➡)

# 3 진료 순서 👆

⭐ **3단계 : 발병시기**

증상이 언제부터 시작되었습니까?

____년____월____일____시____분

____분 전

____시간 전

____일 전

____주 전

이전에도 같은 증상을 경험한 적이 있습니까?

☐ 예 ⟶ | ____년____월____일____시____분
☐ 아니오 | ____일 전
| ____주 전
| ____개월 전
| ____년 전

언제?

⬅ 2단계는 10페이지로/4단계는 21페이지로 ➡)

**3. First thing to do**

영어

⭐ **Step 3 : Onset**

When did your current symptom appear?

____ (month) / ____ (day) / ____ (year), ____ (hour) : ____ (minutes)

____ minutes ago

____ hours ago

____ days ago

____ weeks ago

WHEN?

Have you had the same symptom before?

☐ Yes ⟶ ____ (month) / ____ (day) / ____ (year), ____ (hour) : ____ (minutes)

☐ No ____ days ago

____ weeks ago

____ months ago

____ years ago

⬅ See p.11 for the Step2/p.21 for the Step4 ➡)

⭐ **3º Passo : Período de ocorrência inicial do sintoma**

Quando teve início o sintoma deste caso?

_____ (ano) _____ (mês) _____ (dia) , às_____h_____min

_____minutos atrás

_____horas atrás

_____dias atrás

_____semanas atrás

**Quando?**

Já teve o mesmo sintoma alguma vez?

☐ Sim ⟶ | _____ (ano) _____ (mês) _____ (dia) , às_____h_____min

☐ Não

_____dias atrás

_____semanas atrás

_____meses atrás

_____anos atrás

( ⬅ 2º passo : pg.12/4º passo: pg.21 ➡ )

⭐ **ขั้นตอนที่ 3 : เมื่อเริ่มมีอาการ**

ครั้งนี้ เริ่มมีอาการตั้งแต่เมื่อไร

ปี ค.ศ. _____เดือน _____วันที่ _____นาฬิกา _____นาที _____

_____นาทีที่แล้ว

_____ชั่วโมงที่แล้ว

_____วันที่แล้ว

_____สัปดาห์ที่แล้ว

เคยมีอาการเช่นนี้มาก่อนไหม

**เมื่อไร**

☐ เคย ⟶ | ปี ค.ศ. _____เดือน _____วันที่ _____นาฬิกา _____นาที _____

☐ ไม่เคย

_____วันที่แล้ว

_____สัปดาห์ที่แล้ว

_____เดือนที่แล้ว

_____ปีที่แล้ว

( ⬅ ขั้นตอนที่ 2 หน้า 13/ขั้นตอนที่ 4 หน้า 22 ➡ )

**중국어간체**

⭐ **步骤3：发作时间**

这次，症状发作的时间是什么时候？

西历＿＿年＿＿月＿＿日＿＿点＿＿分

＿＿分钟前

＿＿小时前

＿＿天前

＿＿星期前

**什么时候？**

以前也曾经有过相同的症状吗？

□有 ➞ 公元＿＿年＿＿月＿＿日＿＿点＿＿分

□没有 ＿＿天前

＿＿星期前

＿＿个月前

＿＿年前

⬅ 步骤2请翻到第14页 / 步骤4请翻到第22页 ➡)

**중국어번체**

⭐ **步驟3：發作時間**

這次症狀發作的時間是什麼時候？

西元＿＿年＿＿月＿＿日＿＿點＿＿分

＿＿分鐘前

＿＿小時前

＿＿天前

＿＿星期前

**什麼時候？**

以前也曾經發生相同的症狀嗎？

□是 ➞ 西元＿＿年＿＿月＿＿日＿＿點＿＿分

□否 ＿＿天前

＿＿星期前

＿＿個月前

＿＿年前

⬅ 步驟2請翻至第15頁 / 步驟4請翻至第22頁 ➡)

### ⭐ ステップ 3：発症時期

今回，発症したのはいつですか？
　　　西暦＿＿年＿＿月＿＿日＿＿時＿＿分
　　　＿＿分前
　　　＿＿時間前
　　　＿＿日前
　　　＿＿週間前

いつ？

以前にも同じ症状を経験したことがありますか？

□ はい ⟶ 　西暦＿＿年＿＿月＿＿日＿＿時＿＿分
□ いいえ　　＿＿日前
　　　　　　＿＿週間前
　　　　　　＿＿ヵ月前
　　　　　　＿＿年前

（⬅ ステップ 2 は p16 へ / ステップ 4 は p23 へ ➡）

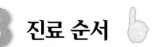

# 3 진료 순서

**한국어**　〔별책 p3〕

⭐ 4단계 : 시간 경과에 따른 변화

증상의 강도를 1부터 10까지 10단계로 가정했을 때 지금 느끼는 정도, 가장 심할 때와 가장 약할 때의 강도는 얼마입니까?

지금 느끼는 정도 　: 100, 80, 60, 40, 20, 15, 10, 9, 8, 7, 6, 5, 4, 3, 2, 1
가장 강할 때 　　: 100, 80, 60, 40, 20, 15, 10, 9, 8, 7, 6, 5, 4, 3, 2, 1
가장 약할 때 　　: 100, 80, 60, 40, 20, 15, 10, 9, 8, 7, 6, 5, 4, 3, 2, 1

⬅

 3단계는 17페이지로)

**3. First thing to do**

**영어**

⭐ **Step 4 : Time course**

Suppose the severeness of symptom at onset is 10, how do you evaluate the severeness of current, the severest and the mildest time after onset?

current 　　　　　　: 100, 80, 60, 40, 20, 15, 10, 9, 8, 7, 6, 5, 4, 3, 2, 1
the severest time : 100, 80, 60, 40, 20, 15, 10, 9, 8, 7, 6, 5, 4, 3, 2, 1
the mildest time 　: 100, 80, 60, 40, 20, 15, 10, 9, 8, 7, 6, 5, 4, 3, 2, 1

⬅  See p.17 for the Step3)

**3. O que fazer primeiro**

**포르투갈어**

⭐ **4° Passo : Alterações do sintoma ao longo do tempo**

Se a intensidade de dor no momento inicial do aparecimento do sintoma for 10, quais são as intensidades de suas dores agora/ no momento mais forte/ no momento mais fraco?

Intensidade da dor agora
　　　: 100, 80, 60, 40, 20, 15, 10, 9, 8, 7, 6, 5, 4, 3, 2, 1
Intensidade da dor no momento mais forte
　　　: 100, 80, 60, 40, 20, 15, 10, 9, 8, 7, 6, 5, 4, 3, 2, 1
Intensidade da dor no momento mais fraco
　　　: 100, 80, 60, 40, 20, 15, 10, 9, 8, 7, 6, 5, 4, 3, 2, 1

⬅ 3° passo: pg.18)

3. 진료 순서(4단계)　　21

### 태국어

⭐ **ขั้นตอนที่ 4 : การเปลี่ยนแปลงตามเวลา**

ถ้ากำหนดให้เมื่อเกิดอาการ ความรุนแรงของอาการเป็น 10แล้ว
ความรุนแรงของอาการขณะนี้, หลังจากเกิดอาการแล้ว
เมื่อรุนแรงที่สุด, เมื่อน้อยที่สุด เป็นเท่าไร

| | |
|---|---|
| ความรุนแรงของอาการขณะนี้ | : 100, 80, 60, 40, 20, 15, 10, 9, 8, 7, 6, 5, 4, 3, 2, 1 |
| เมื่อรุนแรงที่สุด | : 100, 80, 60, 40, 20, 15, 10, 9, 8, 7, 6, 5, 4, 3, 2, 1 |
| เมื่อน้อยที่สุด | : 100, 80, 60, 40, 20, 15, 10, 9, 8, 7, 6, 5, 4, 3, 2, 1 |

(⬅ ขั้นตอนที่ 3 หน้า 18)

### 중국어간체

⭐ **步骤4 : 随时间经过而产生的变化**

假设症状发作时的强度是 10，现在症状的强度·症状发作后最剧烈·最轻微时的强度分别是多少？

| | |
|---|---|
| 现在的强度 | : 100, 80, 60, 40, 20, 15, 10, 9, 8, 7, 6, 5, 4, 3, 2, 1 |
| 最剧烈时的强度 | : 100, 80, 60, 40, 20, 15, 10, 9, 8, 7, 6, 5, 4, 3, 2, 1 |
| 最轻微时的强度 | : 100, 80, 60, 40, 20, 15, 10, 9, 8, 7, 6, 5, 4, 3, 2, 1 |

(⬅ 步骤3请翻到第19页)

### 중국어번체

⭐ **步驟4 : 隨時間經過而產生的變化**

假設症狀發作時的強度是 10，現在症狀的強度、症狀發作後最劇烈時的強度、最輕微時的強度分別是多少？

| | |
|---|---|
| 現在的強度 | : 100, 80, 60, 40, 20, 15, 10, 9, 8, 7, 6, 5, 4, 3, 2, 1 |
| 最劇烈時的強度 | : 100, 80, 60, 40, 20, 15, 10, 9, 8, 7, 6, 5, 4, 3, 2, 1 |
| 最輕微時的強度 | : 100, 80, 60, 40, 20, 15, 10, 9, 8, 7, 6, 5, 4, 3, 2, 1 |

(⬅ 步驟3請翻至第19頁)

일본어

⭐ **ステップ4：時間経過による変化**

発症時の症状の強さを 10 とすると，いまの症状の強さ・発症後もっとも強い時・発症後もっとも弱い時の症状の強さはいくつですか？

| | |
|---|---|
| いまの強さ 　　　　： | 100, 80, 60, 40, 20, 15, 10, 9, 8, 7, 6, 5, 4, 3, 2, 1 |
| もっとも強い時 ：| 100, 80, 60, 40, 20, 15, 10, 9, 8, 7, 6, 5, 4, 3, 2, 1 |
| もっとも弱い時 ：| 100, 80, 60, 40, 20, 15, 10, 9, 8, 7, 6, 5, 4, 3, 2, 1 |

➡ ステップ3はp20へ）

# 4 연령과 성별

〔별책 p3〕

**한국어**

당신의 연령을 기입해 주세요.
_____살
당신의 성별을 알려 주세요.
☐ 남
☐ 여

*male or female?*

**영어**  4. Age and sex

Please write your age here.
_____ y.o.
Please point to your sex.
☐ male
☐ female

**포르투갈어**  4. Idade e sex

Preencha a sua idade.
_____ anos
Indique o seu sexo.
☐ Masculino
☐ Feminino

**태국어**  4. อายุและเพศ

กรุณาระบุอายุของท่าน
_____ปี
กรุณาระบุเพศของท่าน
☐ ชาย
☐ หญิง

**중국어간체**  4. 年龄及性別

请填入您的年龄。
_____岁
请指出您的性别。
☐ 男
☐ 女

**중국어번체**  4・年齡及性別

請填入您的年齡。
_____歲
請指出您的性別。
☐ 男
☐ 女

**일본어**  4. 年齢と性別

あなたの年齢を記入してください.
_____歳
あなたの性別を示してください.
☐ 男
☐ 女

# 병력·가족력의 확인

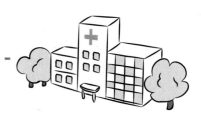

**한국어**  〔별책 p4〕

## ⭐ 병력

지금까지 치료나 지도를 받거나 입원 또는 수술을 받은 적이 있습니까?

□예 ⟶  □치료  □지도
□아니오  □입원  □수술

있었다면 〈증상 리스트〉(10페이지)와 〈키워드〉에서 선택해 주세요.

### 〈키워드〉

| | | | | |
|---|---|---|---|---|
| 1.혈압 | 10.관절통 | 19.코 | 28.대장 | 37.면역 |
| 2.콜레스테롤 | 11.기타 통증 | 20.인후 | 29.간장 | 38.류마티스 |
| 3.당뇨 | 12.부정맥 | 21.귀 | 30.신장 | 39.호르몬 |
| 4.요산(통풍) | 13.부종 | 22.뇌 | 31.난소 | 40.감염증 |
| 5.가슴의 통증 | 14.치질 | 23.갑상선 | 32.자궁 | 41.정신 |
| 6.복통 | 15.저림 | 24.심장 | 33.방광 | 42.신경 |
| 7.월경통 | 16.마비 | 25.폐 | 34.뼈 | 43.암 |
| 8.두통 | 17.동맥경화 | 26.위 | 35.근육 | 44.종양 |
| 9.요통 | 18.눈 | 27.소장 | 36.혈액 | |

선택하신 질환은 언제 걸렸습니까?
____년____월____일____시____분
____주 전
____개월 전
____년 전

## ⭐ 가족력

부모님이나 형제, 자식들 중에서 질병으로 인해 사망하신 분이 계십니까?

□예 ⟶
□아니오

□아버지
□어머니
□____번째 남자 형제
□____번째 여자 형제
□____번째 자식(남자)
□____번째 자식(여자)
사망연령:____세

사망원인이 된 질병을 〈증상 리스트〉(10페이지), 〈키워드〉,〈신체구조 그림〉( x 페이지)과 조합하여 알려 주세요.

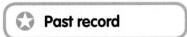

영어

## ⭐ Past record

Have you ever had any treatment, instruction, admission or operation before?

☐ Yes ⟶ ☐ treatment ☐ instruction
☐ No ☐ admission ☐ operation

Please choose the illness targeted from the following < List of symptoms > (p.11) and the < Keywords > .

## < Keywords >

| | | | | |
|---|---|---|---|---|
| 1.blood pressure | 10.joint pain | 19.nose | 28.colon | 37.immunity |
| 2.cholesterol | 11.other pain | 20.throat | 29.liver | 38.rheumatism |
| 3.diabetes | 12.irregular heartbeat | 21.ear | 30.kidney | 39.hormone |
| 4.uric acid (gout) | 13.edema | 22.brain | 31.ovary | 40.infectious diseas |
| 5.chest pain | 14.piles | 23.thyroid | 32.womb | 41.mind |
| 6.abdominal pain | 15.numbness | 24.heart | 33.bladder | 42.nerve |
| 7.menstrual pain | 16.palsy | 25.lung | 34.bone | 43.cancer |
| 8.headache | 17.arteriosclerosis | 26.stomach | 35.muscle | 44.tumor |
| 9.lower back pain | 18.eye | 27.small intestine | 36.blood | |

When did you have the illness you pointed to?

____ (month) / ____ (day) / ____ (year), ____ (hour) : ____ (minutes)
____weeks ago
____months ago
____years ago

## ⭐ Family record

Do you have parents, brothers and sisters, and children who died of illness?

☐ Yes ⟶ ☐ father
☐ No ☐ mother
☐ brother of first/second/third/ ____th born
☐ sister of first/second/third/ ____th born
☐ son of first/second/third/ ____th born
☐ daughter of first/second/third/ ____th born
age at death ____ y.o.

Please point to the illness which caused the death from < List of symptoms > (p.11) , < Key words > , and < Body picture > (p. x ) in combination.

⭐ **Histórico médico**

Você já recebeu tratamento ou orientação médica, foi internado ou fez cirurgia até agora?

☐ Sim ⟶ ☐ Tratamento médico  ☐ Orientação médica
☐ Não    ☐ Internação      ☐ Cirurgia

Escolha da < Lista de sintomas > (pg.12) / < Palavras-chaves > as doenças que já teve.

## < Palavras-chaves >

| | | | | |
|---|---|---|---|---|
| .Pressão arterial | 10.Dor nas articulações | 19.Nariz | 28.Intestino grosso | 37.Imunidade |
| 2.Colesterol | 11.Outras dores | 20.Garganta | 29.Fígado | 38.Reumatismo |
| 3.Glicosúria | 12.Arritmia | 21.Ouvido | 30.Rim | 39.Hormônio |
| 4.Ácido úrico(gota) | 13.Inchaço | 22.Cérebro | 31.Ovário | 40.Doença infecciosa |
| 5.Dor no peito | 14.Hemorroida | 23.Tireoide | 32.Útero | 41.Mente |
| 6.Dor abdominal | 15.Dormência | 24.Coração | 33.Bexiga | 42.Nervo |
| 7.Cólica menstrual | 16.Paralisia | 25.Pulmão | 34.Osso | 43.Câncer |
| 8.Dor de cabeça | 17.Arteriosclerose | 26.Estômago | 35.Músculo | 44.Tumor |
| 9.Dor lombar | 18.Olho | 27.Intestino delgado | 36.Sangue | |

Quando teve a doença que está apontando?

_____ (ano) _____ (mês) _____ (dia) , às _____ h _____ min

_____ semanas atrás

_____ meses atrás

_____ anos atrás

⭐ **Histórico médico dos familiares**

Alguém da sua família, entre pais, irmãos ou filhos, faleceu por doenças?

☐ Sim ⟶ ☐ Pai
☐ Não    ☐ Mãe
         ☐ Irmão (_____° na ordem de nascimento)
         ☐ Irmã (_____ª na ordem de nascimento)
         ☐ Filho (_____° na ordem de nascimento)
         ☐ Filha (_____ª na ordem de nascimento)

         Idade de falecimento: _____ anos

Indique na < Lista de sintomas > (pg.12) / < palavras-chaves > / < Figura do corpo > (pg. x ) a doença que causou o falecimento deste familiar.

## ⭐ โรคที่เคยเป็น

ที่ผ่านมาคุณเคยได้รับการรักษาและคำแนะนำ เข้าโรงพยาบาล หรือได้รับการผ่าตัดมาก่อนไหม

☐ เคย → ☐ การรักษา       ☐ คำแนะนำ
☐ ไม่เคย      ☐ การเข้าโรงพยาบาล   ☐ การผ่าตัด

กรุณาเลือกโรคที่คุณเคยประสบมาจาก <รายชื่ออาการ> (หน้า 13) · <คำหลัก>

### <คำหลัก>

| | | | |
|---|---|---|---|
| 1.ความดันโลหิต | 12.ชีพจรเต้นไม่เป็นจังหวะ | 23.ต่อมไทรอยด์ | 34.กระดูก |
| 2.คอเลสเตอรอล (/ไขมัน) | 13.บวมน้ำ | 24.หัวใจ | 35.กล้ามเนื้อ |
| 3.โรคเบาหวาน | 14.ริดสีดวงทวารหนัก | 25.ปอด | 36.เลือด |
| 4.กรดยูริค (โรคเกาต์) | 15.ชา (/เป็นเหน็บ) | 26.กระเพาะอาหาร | 37.ภูมิคุ้มกัน |
| 5.เจ็บหน้าอก | 16.อัมพาต (/เหน็บชา) | 27.ลำไส้เล็ก | 38.รูมาติสซั่ม |
| 6.ปวดท้อง | 17.หลอดเลือดแดงแข็ง | 28.ลำไส้ใหญ่ | 39.ฮอร์โมน |
| 7.ปวดประจำเดือน | 18.ตา | 29.ตับ | 40.โรคติดเชื้อ |
| 8.ปวดศีรษะ (/ปวดหัว) | 19.จมูก | 30.ไต | 41.จิตใจ |
| 9.ปวดเอว | 20.คอหอย | 31.รังไข่ | 42.เส้นประสาท |
| 10.ปวดตามข้อ | 21.หู | 32.มดลูก | 43.มะเร็ง |
| 11.ปวดอื่นๆ | 22.สมอง | 33.กระเพาะปัสสาวะ | 44.เนื้องอก |

เคยเป็นโรคที่ชี้บอกเมื่อไร
ปี ค.ศ. ____ เดือน ____ วันที่ ____ นาฬิกา ____ นาที ____
____ สัปดาห์ที่แล้ว
____ เดือนที่แล้ว
____ ปีที่แล้ว

## ⭐ ประวัติโรคในครอบครัว

ในครอบครัว (บิดามารดา พี่น้อง ลูก) มีคนเสียชีวิตด้วยโรคมาก่อนไหม

☐ มี → ☐ บิดา (/พ่อ)
☐ ไม่มี   ☐ มารดา (/แม่)
      ☐ พี่น้องผู้ชายคนที่ ____ จากลูกคนโต
      ☐ พี่น้องผู้หญิงคนที่ ____ จากลูกคนโต
      ☐ ลูกคนที่ ____ (ชาย) จากลูกคนโต
      ☐ ลูกคนที่ ____ (หญิง) จากลูกคนโต
      อายุในปีที่ตาย : ____ ปี

กรุณาบอกโรคและสาเหตุการตาย โดยใช้<รายชื่ออาการ> (หน้า 13) <คำหลัก>และ
<ภาพร่างกาย> (หน้า x )

## ⭐ 个人病史

目前为止是否有接受过治疗、医疗治疗、确诊辅导、住院、或手术？

□有 ⟶ □治疗　　□指导
□没有　　　 □住院　　□手术

请从＜症状列表＞（见第14页）·＜关键字＞中选出您得过的病症名称。

## ＜关键字＞

| | | | | |
|---|---|---|---|---|
| .血压 | 10.关节痛 | 19.鼻 | 28.大肠 | 37.免疫 |
| .胆固醇 | 11.其它部位的疼痛 | 20.喉咙 | 29.肝脏 | 38.风湿 |
| .糖尿病 | 12.心律不整 | 21.耳朵 | 30.肾脏 | 39.荷尔蒙 |
| .尿酸（痛风） | 13.浮肿 | 22.脑 | 31.卵巢 | 40.传染病 |
| .胸部疼痛 | 14.痔疮 | 23.甲状腺 | 32.子宫 | 41.精神 |
| .腹部疼痛 | 15.发麻 | 24.心脏 | 33.膀胱 | 42.神经 |
| .生理痛 | 16.麻痹 | 25.肺 | 34.骨骼 | 43.癌 |
| .头痛 | 17.动脉硬化 | 26.胃 | 35.肌肉 | 44.肿瘤 |
| .腰痛 | 18.眼 | 27.小肠 | 36.血液 | |

您指出的生病是什么时候的事？

西历＿＿年＿＿月＿＿日＿＿点＿＿分
＿＿星期前
＿＿个月前
＿＿年前

## ⭐ 家族病史

父母、兄弟姊妹或子女有因病而过世的吗？

□有 ⟶ □父
□没有　　□母
　　　　 □家中排行第＿＿个的兄弟
　　　　 □家中排行第＿＿个的姐妹
　　　　 □家中排行第＿＿个的小孩（男）
　　　　 □家中排行第＿＿个的小孩（女）

　　　　 死亡的年龄：＿＿岁

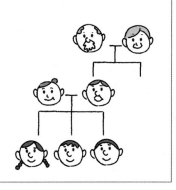

请将造成死亡原因的病名，从＜症状列表＞（见第14页）·＜关键字＞·＜人体图＞（见第 x 页）中综合指示出来。

## ☆ 個人病史

目前為止是否有接受過治療、醫療輔導、住院或手術？

□有 ⟶ □治療　　□醫療輔導
□沒有 　　　　□住院　　□手術

請從＜症狀列表＞（第15頁）、＜關鍵字＞中將您罹患過的疾病指出來。

### ＜關鍵字＞

| | | | | |
|---|---|---|---|---|
| 1·血壓 | 10·關節痛 | 19·鼻 | 28·大腸 | 37·免疫 |
| 2·膽固醇 | 11·其他部位的疼痛 | 20·喉嚨 | 29·肝臟 | 38·風濕 |
| 3·糖尿病 | 12·心律不整 | 21·耳朵 | 30·腎臟 | 39·荷爾蒙 |
| 4·尿酸（痛風） | 13·水腫 | 22·腦 | 31·卵巢 | 40·傳染病 |
| 5·胸部疼痛 | 14·痔瘡 | 23·甲狀腺 | 32·子宮 | 41·精神 |
| 6·腹部疼痛 | 15·發麻 | 24·心臟 | 33·膀胱 | 42·神經 |
| 7·生理痛 | 16·麻痺 | 25·肺 | 34·骨骼 | 43·癌 |
| 8·頭痛 | 17·動脈硬化 | 26·胃 | 35·肌肉 | 44·腫瘤 |
| 9·腰痛 | 18·眼 | 27·小腸 | 36·血液 | |

什麼時候罹患您所指出的疾病？

西元＿＿＿年＿＿＿月＿＿＿日＿＿＿點＿＿＿分
＿＿＿星期前
＿＿＿個月前
＿＿＿年前

## ☆ 家族病史

父母、兄弟姊妹或子女是否有因病過世的案例？

□是 ⟶ □父
□否 　　□母
　　　　□家中排行第＿＿＿個的兄弟
　　　　□家中排行第＿＿＿個的姐妹
　　　　□家中排行第＿＿＿個的小孩（男）
　　　　□家中排行第＿＿＿個的小孩（女）

　　　　過世的年齡：＿＿＿歲

請綜合＜症狀列表＞（第15頁）、＜關鍵字＞及＜身體構造圖＞（第x頁）將造成死[亡]
原因的疾病指出來。

## ⭐ 既往歴

いままでに治療や指導を受けたこと，入院，または手術を受けたことはありますか？

☐ はい ⟶

☐ いいえ

| ☐ 治療 | ☐ 指導 |
| --- | --- |
| ☐ 入院 | ☐ 手術 |

対象となった病気を，＜症状リスト＞(p16)・＜キーワード＞から選択してください.

### ＜キーワード＞

| | | | | |
| --- | --- | --- | --- | --- |
| 1.血圧 | 10.関節痛 | 19.鼻 | 28.大腸 | 37.免疫 |
| 2.コレステロール | 11.その他の痛み | 20.喉 | 29.肝臓 | 38.リウマチ |
| 3.糖尿 | 12.不整脈 | 21.耳 | 30.腎臓 | 38.ホルモン |
| 4.尿酸(痛風) | 13.浮腫(むくみ) | 22.脳 | 31.卵巣 | 40.感染症 |
| 5.胸痛 | 14.痔 | 23.甲状腺 | 32.子宮 | 41.精神 |
| 6.腹痛 | 15.しびれ | 24.心臓 | 33.膀胱 | 42.神経 |
| 7.生理痛 | 16.麻痺 | 25.肺 | 34.骨 | 43.がん |
| 8.頭痛 | 17.動脈硬化 | 26.胃 | 35.筋肉 | 44.腫瘍 |
| 9.腰痛 | 18.眼 | 27.小腸 | 36.血液 | |

指さしている病気にかかったのはいつですか？

西暦___年___月___日___時___分

_____週間前

_____ヵ月前

_____年前

## ⭐ 家族歴

両親や，兄弟姉妹，子供で病気のため亡くなられた方はいますか？

☐ はい ⟶

☐ いいえ

☐ 父
☐ 母
☐ 上から___番目の兄弟
☐ 上から___番目の姉妹
☐ 上から___番目の子供(男)
☐ 上から___番目の子供(女)

死亡年齢：___歳

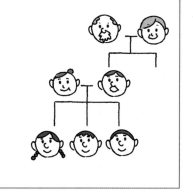

死因となった病気を，＜症状リスト＞(p16)・＜キーワード＞・＜体の図＞(p x )を組み合わせて示してください.

# 상비약·지참약의 확인

〔별책 p5〕

**한국어**

항상 사용하고 있는 약이 있습니까?
　　　□예　□아니오
그 약을 지금 갖고 있으면 보여 주세요.
　　　□갖고 있음　□갖고 있지 않음
그 약은 왜 사용하십니까? 〈증상 리스트〉(10페이지), 〈키워드〉(25페이지), 〈신체구조 그림〉
(x페이지)과 조합하여 선택해 주세요.

**영어**

**6. Check your medicine at home or with you**

Do you have medicine you usually use?
　　　□Yes　□No
If you take it with you now, will you show it to me?
　　　□Yes, I do　□No, I don't
Why do you use that medicine? Please show me the reason from ＜List of symptoms＞
(p.11) , ＜Keywords＞ (p.26) , and ＜Body picture＞ (p. x ) in combination.

**포르투갈어**

**6. Verificação do medicamento de uso constante/ medicamento que troux**

Tem algum medicamento que usa constantemente?
　　　□Sim　□Não
Se estiver com o medicamento agora, mostre.
　　　□Está com o medicamento　□Não está com o medicamento
Para que tome esse medicamento? Indique na ＜Lista de sintomas＞ (pg.12) / ＜Palavras-
chaves＞ (pg.27) / ＜Figura do corpo＞ (pg. x ) .

**태국어**

มียาที่ใช้เป็นประจำอยู่หรือไม่

☐ มี ☐ ไม่มี

ขณะนี้ถ้ามียานั้น กรุณาแสดงยานั้นด้วย

☐ มี ☐ ไม่มี

ใช้ยานั้นเพื่ออะไร กรุณาบอกด้วย ＜ รายชื่ออาการ ＞ (หน้า 13) ＜ คำหลัก ＞
(หน้า 28) และ ＜ ภาพร่างกาย ＞ (หน้า x )

**중국어간체**

有经常在服用的药物吗？

☐有 ☐没有

如果有携带上述药品的话请出示。

☐有带 ☐没有带

这个药品是为了什么而服用的？ 请从＜症状列表＞（见第 14 页）·＜关键字＞（见第 29
页）·＜人体图＞（见第 x 页）中综合指示出来。

**중국어번체**

是否有經常在服用的樂物？

☐是 ☐否

現在有攜帶上述藥品的話請出示。

☐有帶 ☐沒帶

請綜合＜症狀列表＞（第 15 頁）、＜關鍵字＞（第 30 頁）及＜身體構造圖＞（第 x 頁）指
示出來。

**일본어**

いつも使っている薬がありますか？

☐はい ☐いいえ

その薬をいま持っていれば見せてください.

☐持っている ☐持っていない

その薬は何のために使っていますか？ ＜症状リスト＞(p16)，＜キーワード＞(p31)，
＜体の図＞(p x )を組み合わせて選んでください.

# 7 담배·알콜

### 한국어

담배를 피웁니까?

    □예   □이전에 피웠음   □아니오

몇 살부터 피웠습니까?

    _____개

몇 살까지 피웠습니까?

    _____개

하루에 어느 정도 피웠습니까? 또는 피우고 있습니까?

    _____개

술을 마십니까?

    □예   □이전에 마셨음   □아니오

하루의 음주량을 맥주로 환산하여 알려 주세요.

    □350mL 미만   □350mL×_____잔

하루의 음주량을 위스키로 환산하여 알려 주세요.

    □180mL 미만   □180mL×_____잔

## 7. Tobacco / Alcoho

### 영어

Do you smoke?

    □ Yes   □ No, but I did before   □ No

When did you start smoking?

    _____ y.o.

Until what age did you smoke?

    _____ y.o.

How many cigarettes did you or do you smoke a day?

    _____ cigarettes

Do you drink alcohol?

    □ Yes   □ No, but I did before   □ No

Show me how much you drink a day by the equivalent quantity of beer?

    □ less than 350mL   □ 350mL × _____ glasses

Show me how much you drink a day by the equivalent quantity of whisky?

    □ less than 180mL   □ 180mL × _____ glasses

## 포르투갈어

Fuma?

☐ Sim    ☐ Fumava antes    ☐ Não

Fuma desde os quantos anos?

_____anos

Fumava até quantos anos?

_____anos

Fuma ou fumava quantos cigarros por dia?

_____cigarros

Ingere bebida alcoólica?

☐ Sim    ☐ Bebia antes    ☐ Não

Indique a quantidade de bebida alcoólica ingerida em um dia, calculada em cerveja

☐ Menos de 350mL    ☐ copos × _____350mL

Indique a quantidade de bebida alcoólica ingerida em um dia, calculada em uísque

☐ Menos de 180mL    ☐ copos × _____180mL

## 7. การสูบบุหรี่ • การดื่มสุรา

### 태국어

สูบบุหรี่หรือไม่

☐ สูบ    ☐ เคยสูบ    ☐ ไม่สูบ

เริ่มสูบบุหรี่เมื่ออายุเท่าไร

อายุ _____ปี

หยุดสูบเมื่ออายุเท่าไร

อายุ _____ปี

โดยเฉลี่ยสูบบุหรี่กี่มวนต่อวัน

_____มวน/วัน

ดื่มสุราหรือไม่

☐ ดื่ม    ☐ เคยดื่ม    ☐ ไม่ดื่ม

กรุณาระบุปริมาณการดื่มสุราต่อวัน เทียบกับเบียร์

☐ ต่ำกว่า 350มิลลิลิตร (มล.)    ☐ 350มิลลิลิตร (มล.) × _____แก้ว

กรุณาระบุปริมาณการดื่มสุราต่อวัน เทียบกับวิสกี้

☐ ต่ำกว่า 180มิลลิลิตร (มล.)    ☐ 180มิลลิลิตร (มล.) × _____แก้ว

**중국어간체**

有抽烟习惯吗？
　　　□有　　□以前有抽过　　□没有
几岁开始抽烟？
　　　____岁
抽到几岁？
　　　____岁
以前一天抽几根烟？或现在一天抽几根？
　　　____根
是否有饮用酒精饮料？
　　　□有　　□以前有　　□没有
请将一天的饮酒量用啤酒换算后指出。
　　　□不到350mL（毫升）　　□350mL（毫升）×____杯
请将一天的饮酒量用威士忌换算后指出。
　　　□不到180mL（毫升）　　□180mL（毫升）×____杯

**중국어번체**

有抽菸習慣嗎？
　　　□有　　□以前有　　□沒有
幾歲開始抽菸？
　　　____歲
抽到幾歲？
　　　____歲
過去一天抽幾根菸？或現在一天抽幾根？
　　　____根
有飲用酒精飲料的習慣嗎？
　　　□有　　□以前有　　□沒有
請將一天的飲酒量用啤酒換算後指出來。
　　　□不到350 mL（毫升）　　□350 mL（毫升）×____杯
請將一天的飲酒量用威士忌換算後指出來。
　　　□不到180 mL（毫升）　　□180 mL（毫升）×____杯

**일본어**

タバコを吸いますか？
　　　□はい　□以前吸っていた　□いいえ
何歳から吸っていますか？
　　　＿＿歳
何歳まで吸っていましたか？
　　　＿＿歳
1日何本吸っていた，または吸っていますか？
　　　＿＿本
アルコールを摂取しますか？
　　　□はい　□以前飲んでいた　□いいえ
1日の飲酒をビールに換算して示してください．
　　　□350mL 未満　□350mL× ＿＿杯
1日の飲酒をウイスキーに換算して示してください．
　　　□180mL 未満　□180mL× ＿＿杯

# 8 알레르기

### 한국어

알레르기가 있습니까?
- □ 예
- □ 아니오

알레르기의 원인은 무엇입니까?

| | | |
|---|---|---|
| 1. 음식물 | 2. 동물 | 3. 꽃가루 |
| 1-1. 게 | 2-1. 개 | 4. 실내 먼지 |
| 1-2. 밀 | 2-2. 고양이 | 5. 진드기 |
| 1-3. 과일 | 2-3. 새 | 6. 곰팡이 |
| 1-4. 어패류 | 2-4. 토끼 | 7. 약물 |
| 1-5. 계란 | 2-5. 기타 동물 | 8. 금속 |
| 1-6. 우유 | | 9. 라텍스 |
| 1-7. 기타 음식물 | | |

10. 기타
   구체적으로 그림을 그려서 알려 주세요.

### 영어

Do you have allergies?
- □ Yes  □ No

What causes the allergies?

| | | |
|---|---|---|
| 1. food | 2. animal | 3. pollen |
| 1-1. crab | 2-1. dog | 4. house dust |
| 1-2. flour | 2-2. cat | 5. tick |
| 1-3. fruit | 2-3. bird | 6. mold |
| 1-4. fish and shellfish | 2-4. rabbit | 7. chemicals |
| 1-5. egg | 2-5. other animal | 8. metals |
| 1-6. cow milk | | 9. latex |
| 1-7. other food | | |

10. other
Please draw the picture and explain it in detail.

## 포르투갈어

Tem alergia?

☐ Sim ☐ Não

Qual é o alérgeno?

| | | |
|---|---|---|
| 1.Alimento | 2.Animal | 3.Pólen |
| 1-1.Caranguejo | 2-1.Cão | 4.Poeira doméstica |
| 1-2.Trigo | 2-2.Gato | 5.Ácaro |
| 1-3.Fruta | 2-3.Ave | 6.Fungo |
| 1-4.Fruto do mar | 2-4.Coelho | 7.Droga |
| 1-5.Ovo | 2-5.Outro animal | 8.Metal |
| 1-6.Leite | | 9.Látex |
| 1-7.Outro alimento | | |

10.Outro

Me explique concretamente desenhando-o

## 태국어

มีอาการแพ้อะไรหรือไม่

☐ มี ☐ ไม่มี

สารก่อภูมิแพ้คืออะไร

| | | |
|---|---|---|
| 1.อาหาร | 2.สัตว์ | 3.ละอองเกสร |
| 1-1.ปู | 2-1.สุนัข (/หมา) | 4.ฝุ่นในบ้าน |
| 1-2.แป้งสาลี | 2-2.แมว | 5.เห็บ |
| 1-3.ผลไม้ | 2-3.นก | 6.เชื้อรา |
| 1-4.อาหารทะเล | 2-4.กระต่าย | 7.ยา |
| 1-5.ไข่ไก่ | 2-5.สัตว์อื่นๆ | 8.โลหะ |
| 1-6.นมวัว | | 9.ยาง |
| 1-7.อาหารอื่นๆ | | |

10.อื่นๆ

กรุณาอธิบายให้ละเอียดและชัดเจนด้วยการวาดภาพ

## 중국어간체

是否对任何东西过敏？
　　　□有　□没有
过敏的原因是什么？

| | | |
|---|---|---|
| 1.食物 | 2.动物 | 3.花粉 |
| 1-1.螃蟹 | 2-1.狗 | 4.室内灰尘 |
| 1-2.小麦 | 2-2.猫 | 5.壁虱（跳蚤） |
| 1-3.水果 | 2-3.鸟 | 6.霉菌 |
| 1-4.鱼类 | 2-4.兔子 | 7.药物 |
| 1-5.蛋 | 2-5.其它动物 | 8.金属 |
| 1-6.牛奶 | | 9.乳胶（塑料） |
| 1-7.其它食物 | | |

10.其它
请具体地用画图的方式表现出来

## 중국어번체

是否對任何東西過敏？
　　　□是　□否
過敏的原因為何？

| | | |
|---|---|---|
| 1·食物 | 2·動物 | 3·花粉 |
| 1-1·螃蟹 | 2-1·狗 | 4·室內灰塵 |
| 1-2·小麥 | 2-2·貓 | 5·壁蝨（跳蚤） |
| 1-3·水果 | 2-3·鳥 | 6·黴菌 |
| 1-4·魚類 | 2-4·兔子 | 7·藥物 |
| 1-5·蛋 | 2-5·其他動物 | 8·金屬 |
| 1-6·牛奶 | | 9·乳膠 |
| 1-7·其他食物 | | |

10·其他
請具體用畫圖的方式表現出來

**일본어**

アレルギーをお持ちですか？
　　　□はい　□いいえ
アレルギーの原因は何ですか？

| | | |
|---|---|---|
| 1.食べ物 | 2.動物 | 3.花粉 |
| 　1-1.カニ | 　2-1.イヌ | 4.ハウスダスト |
| 　1-2.小麦 | 　2-2.ネコ | 5.ダニ |
| 　1-3.果物 | 　2-3.トリ | 6.カビ |
| 　1-4.魚介類 | 　2-4.ウサギ | 7.薬物 |
| 　1-5.卵 | 　2-5.その他の動物 | 8.金属 |
| 　1-6.牛乳 | | 9.ラテックス |
| 　1-7.その他の食べ物 | | |

10.その他
　　具体的に絵を描いて教えてください

# 9 임신·수유

## 한국어 〔별책 p6〕

임신일 가능성이 있습니까?
- □ 예  □ 아니오
- □ 모르겠음

수유 중입니까?
- □ 예  □ 아니오

## 9. Pregnancy / Breast feeding

### 영어

Are you possibly expecting?
- □ Yes  □ No
- □ I don't know

Are you nursing now?
- □ Yes  □ No

## 9. Gravidez/Amamentação

### 포르투갈어

Tem possibilidade de estar grávida?
- □ Sim  □ Não
- □ Não sei

Está amamentando?
- □ Sim  □ Não

## 9. ตั้งครรภ์·การเลี้ยงลูกด้วยนมมารดา

### 태국어

มีความเป็นไปได้ที่จะตั้งครรภ์หรือไม่
- □ มี  □ ไม่มี
- □ ไม่ทราบ

กำลังเลี้ยงลูกด้วยน้ำนมอยู่หรือไม่
- □ ใช่  □ ไม่ใช่

## 9. 怀孕·哺乳（喂母奶）

### 중국어간체

是否有可能是怀孕了？
- □ 有  □ 没有
- □ 不清楚

有没有在喂母奶（哺乳期）？
- □ 有  □ 没有

## 9·懷孕·哺乳（餵母奶）

### 중국어번체

是否有可能懷孕了？
- □ 是  □ 否
- □ 不清楚

是否有在哺乳？
- □ 是  □ 否

## 9. 妊娠·授乳

### 일본어

妊娠の可能性はありますか？
- □ はい  □ いいえ
- □ わからない

授乳中ですか？
- □ はい  □ いいえ

# 제 2 부

## 증상별

제2부에서는 제1부에 등장한 <증상리스트>(p10)에 해당하는 증상별로 보다 자세히 용태를 묻습니다.

A. 전신증상
B. 호흡기의 증상
C. 안과영역의 증상
D. 이비인후과영역의 증상
E. 소화기의 증상
F. 순환기의 증상
G. 비뇨생식기의 증상
H. 피부의 증상
I. 근골격계의 증상
J. 정신 · 신경계의 증상
K. 부인과의 증상

# A 전신증상

〔별책 p7〕

**한국어**

## 1. 발열

1) 언제부터 발열하였습니까?

____월 ____일·____일 전·____주

2) 몇 도 정도 열이 납니까?

____도

3) 발열은 심해지고 있습니까?

☐예　☐아니오

4) 통증이나 부기, 피부에 두드러기가 난 곳은 있습니까?

☐①통증　☐②부기　☐③두드러기 ⟶ ☐아니오

⟶부위를 〈신체구조 그림〉( x 페이지)이나 자신의 신체를 직접 가리켜 주세요.

5) 아래의 증상이 있습니까?

☐①기침　☐②가래　☐③인후통　☐④콧물
☐⑤구역질　☐⑥구토　☐⑦설사 ⟶ ☐아니오

6) 식사나 물은 섭취하십니까?

☐예　☐아니오

A. General conditio

**영어**

## 1. Fever

1) Since when have you had fever?

____ (month) / ____ (day) · ____ days ago · ____ weeks ago

2) How high was the fever?

____°C

3) Is the fever getting higher?

☐ Yes　☐ No

4) Do you have pain, swelling, or skin rash?

☐① pain　☐② swelling　☐③ skin rash ⟶ ☐ No

⟶ Please use < Body picture > (p x ) or point directly to your body to show me where you have a problem.

5) Do you have the following symptoms?

☐① cough　☐② phlegm　☐③ sore throat　☐④ runny nose
☐⑤ nausea　☐⑥ vomiting　☐⑦ diarrhea ⟶ ☐ No

6) Can you eat food and drink water?

☐ Yes　☐ No

**포르투갈어**

## 1. Febre

1) Desde quando tem febre?

　　____ (mês) ____ (dia) · ____ dias atrás · ____ semanas atrás

2) Quantos graus de febre?

　　____°C

3) A febre piorou?

　　☐ Sim　☐ Não

4) Tem dores, inchaços ou erupções na pele?

　　☐ ① Dor　☐ ② Inchaço　☐ ③ Erupção na pele ⟶ ☐ Não

　　⟶ Indique na < Figura do corpo > (pg. x ) ou aponte diretamente no seu corpo

5) Tem o sintoma abaixo?

　　☐ ① tosse　☐ ② escarro　☐ ③ dor de garganta　☐ ④ coriza
　　☐ ⑤ ânsia de vômito　☐ ⑥ vômito　☐ ⑦ diarreia ⟶ ☐ Não

6) Está conseguindo se alimentar ou tomar líquido?

　　☐ Sim　☐ Não

**태국어**

## 1. มีไข้

1) เริ่มมีไข้ ตั้งแต่เมื่อไร

　　ตั้งแต่ เดือน ____ วันที่ ____ · ตั้งแต่ ____ วันที่แล้ว · ตั้งแต่ ____ สัปดาห์ที่แล้ว

2) มีไข้สูงเท่าไร

　　____ องศา

3) อาการแย่ลงไหม

　　☐ แย่ลง　☐ ไม่แย่ลง

4) มีอาการเจ็บ บวม หรือ มีตุ่มขึ้นตามผิวหนังหรือไม่

　　☐ ① เจ็บ (/ปวด)　☐ ② บวม　☐ ③ ตุ่ม ⟶ ☐ ไม่มี

　　⟶ กรุณาชี้บอกบริเวณที่มีอาการบน < ภาพร่างกาย > (หน้า x ) หรือร่างกายของตัวเองโดยตรง

5) มีอาการดังต่อไปนี้ หรือไม่

　　☐ ① ไอ　☐ ② เสมหะ (/เสลด)　☐ ③ เจ็บคอ　☐ ④ น้ำมูก
　　☐ ⑤ รู้สึกคลื่นไส้　☐ ⑥ อาเจียน　☐ ⑦ ท้องร่วง (/ท้องเสีย) ⟶ ☐ ไม่มี

6) ทานข้าวหรือดื่มน้ำได้ไหม

　　☐ ได้　☐ ไม่ได้

중국어간체

## 1. 发烧

1) 什么时候开始发烧的？

　　　___月___日・___天前・___星期前

2) 大约发烧到几度？

　　　___℃

3) 发烧的情况是否有恶化？

　　　□有　□没有

4) 是否有疼痛，肿胀或皮肤长疹子的问题？

　　　□①疼痛　□②肿胀　□③长疹子 ⟶ □没有

　　　⟶ 请在＜人体图＞（见第 x 页）上或在自己身体上直接指出部位

5) 是否有下列的症状？

　　　□①咳嗽　□②痰　□③喉咙痛　□④流鼻水
　　　□⑤恶心　□⑥呕吐　□⑦腹泻（拉肚子） ⟶ □没有

6) 是否有进食或喝水？

　　　□有　□没有

중국어번체

## 1・發燒

1) 什麼時候開始發燒？

　　　___月___日・___天前・___星期前

2) 大約發燒到幾度？

　　　___℃

3) 發燒的情況是否惡化？

　　　□是　□否

4) 是否有疼痛，腫脹或皮膚發疹的問題？

　　　□①疼痛　□②腫脹　□③發疹 ⟶ □否

　　　⟶ 請從＜身體構造圖＞（第 x 頁）或直接從自己身上將發生症狀的部位指出來

5) 是否有下列的症狀？

　　　□①咳嗽　□②有痰　□③喉嚨痛　□④流鼻水
　　　□⑤噁心　□⑥嘔吐　□⑦腹瀉（拉肚子） ⟶ □否

6) 是否有進食或喝水？

　　　□是　□否

**일본어**

# 1. 発熱

1) いつ頃から発熱していますか？
　　　＿＿＿月＿＿＿日・＿＿＿日前・＿＿＿週間

2) 何℃くらいの熱が出ましたか？
　　　＿＿＿℃

3) 発熱は悪化していますか？
　　　□はい　　□いいえ

4) 痛みや腫れ，皮膚にブツブツができているところはありますか？

　　　□①痛み　　□②腫れ　　□③ブツブツ　　──→　□いいえ
　　　──→ 部位を＜体の図＞(p x )か，体で直接指してください

5) 以下の症状はありますか？

　　　□①咳　　　　□②痰　　　　□③喉の痛み　　□④鼻水
　　　□⑤悪心　　　□⑥嘔吐　　　□⑦下痢　　　　──→　□いいえ

6) 食事や水はとれていますか？
　　　□はい　　□いいえ

# A 전신증상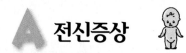

〔별책 p8〕

**한국어**

## 2. 피로·권태감

1) 최근 몇 개월 동안 체중 변화가 있습니까?

　　□①늘었음(＿＿개월에 ＿＿kg)　　□②줄었음(＿＿개월에 ＿＿kg)　　□③변화 없음

2) 저녁에 잘 주무십니까?

　　□예　　□아니오

3) 식사를 하십니까?

　　□예　　□아니오

4) 아주 기분이 나쁩니까?

　　□예　　□아니오

5) 계단을 2층까지 올라가면 숨이 찹니까?

　　□예　　□아니오

6) 열은 있습니까?

　　□예　　□아니오

7) 기침, 가래는 있습니까?

　　□예　　□아니오

**영어**

## 2. Tiredness / Dullness

1) Have you gained or lost your weight for the past few months?

　　□① gained (＿＿kg for the past ＿＿months)

　　□② lost (＿＿kg for the past ＿＿months)　　□③ not changed

2) Can you sleep at night?

　　□ Yes　　□ No

3) Can you take meals?

　　□ Yes　　□ No

4) Are you deeply depressed?

　　□ Yes　　□ No

5) Do you get out of breath when you climb the stairs?

　　□ Yes　　□ No

6) Do you have a fever?

　　□ Yes　　□ No

7) Do you cough or cough out phlegm?

　　□ Yes　　□ No

**포르투갈어**

## 2. Cansaço/Fadiga

1) Teve mudança no seu peso nestes últimos meses?

☐① aumento (_____ kg em _____ meses)    ☐② redução (_____ kg em _____ meses)

☐③ nenhuma mudança

2) Consegue dormir à noite?

☐ Sim    ☐ Não

3) Está conseguindo se alimentar?

☐ Sim    ☐ Não

4) Está muito depressivo?

☐ Sim    ☐ Não

5) Sente falta de ar ao subir de escada até o 2° andar?

☐ Sim    ☐ Não

6) Tem febre?

☐ Sim    ☐ Não

7) Tosse ou solta escarro?

☐ Sim    ☐ Não

**태국어**

## 2. ความเมื่อยล้า • ความเบื่อหน่าย

1) ในหลายเดือนที่ผ่านมา น้ำหนักเพิ่มหรือลดหรือไม่

☐① เพิ่มขึ้น (_____ กิโลกรัม (กก.) / _____ เดือน)

☐② ลดลง (_____ กิโลกรัม (กก.) / _____ เดือน)

☐③ ไม่มีการเปลี่ยนแปลง

2) กลางคืนนอนหลับสนิทหรือไม่

☐ ได้    ☐ นอนไม่หลับ

3) ทานข้าวได้ไหม

☐ ได้    ☐ ไม่ได้

4) มีอารมณ์ซึมเศร้ามากหรือไม่

☐ ใช่    ☐ ไม่ใช่

5) ขึ้นบันไดถึงชั้น 2 แล้ว หายใจติดขัดหรือไม่

☐ ใช่    ☐ ไม่ใช่

6) มีไข้หรือไม่

☐ มี    ☐ ไม่มี

7) มีอาการไอหรือมีเสมหะหรือไม่

☐ มี    ☐ ไม่มี

## 2. 疲劳·倦怠感

1) 这几个月体重是否有增加或减少?

　　　□①增加了(＿＿个月内＿＿kg)　　□②减少了(＿＿个月内＿＿kg)

　　　□③没有变化

2) 晚上睡得着吗?

　　　□睡得着　□睡不着

3) 有用餐吗?

　　　□有　□没有

4) 觉得情绪非常低落吗?

　　　□是　□否

5) 是否爬楼梯爬到二楼就感到喘不过气?

　　　□是　□否

6) 有发烧吗?

　　　□有　□没有

7) 有咳嗽或有痰吗?

　　　□有　□没有

## 2·疲勞·倦怠感

1) 這幾個月體重是否有增加或減少?

　　　□①增加了(＿＿個月內＿＿kg)　　□②減少了(＿＿個月內＿＿kg)

　　　□③沒有變化

2) 晚上睡得著嗎?

　　　□是　□否

3) 是否有進食?

　　　□是　□否

4) 覺得情緒非常低落嗎?

　　　□是　□否

5) 是否爬樓梯爬到二樓就感到喘不過氣?

　　　□是　□否

6) 是否有發燒情形?

　　　□是　□否

7) 是否咳嗽或有痰?

　　　□是　□否

일본어

## 2. 疲労・倦怠感

1) この数ヵ月で体重の増減はありましたか？
　　□①増えた (＿＿＿ヵ月で＿＿＿kg)　□②減った (＿＿＿ヵ月で＿＿＿kg)
　　□③変わらない
2) 夜は眠れますか？
　　□はい　□いいえ
3) 食事はとれていますか？
　　□はい　□いいえ
4) とても気分が落ち込んでいますか？
　　□はい　□いいえ
5) 階段を2階まであがると息切れしますか？
　　□はい　□いいえ
6) 熱はありますか？
　　□はい　□いいえ
7) 咳・痰はありますか？
　　□はい　□いいえ

# A 전신증상

〔별책 p8〕

**한국어**

## 3. 식욕이상

1) 하루에 2번 이상 식사를 하십니까?
    □예   □아니오

2) 하루에 3번의 식사 이외에 간식을 먹습니까?
    □예   □아니오

3) 간식을 몇 번 먹습니까?
    ____번

4) 먹은 것을 토해 버립니까?
    □예   □아니오

5) 먹고 나면 가슴이나 배가 아픕니까?
    □①가슴   □②배   □③아프지 않음

6) 최근 몇 개월 동안 체중 변화가 있습니까?
    □①늘었음(____개월에 ____kg)   □②줄었음(____개월에 ____kg)   □③변화 없음

7) 음식물의 맛을 알 수 있습니까?
    □예   □아니오

## A. General conditio

**영어**

## 3. Appetite disorder

1) Can you take meals twice a day or more?
    □Yes   □No

2) Do you eat between meals in addition to three meals a day?
    □Yes   □No

3) How many times a day do you eat between meals?
    ____times

4) Do you vomit what you eat?
    □Yes   □No

5) Do you have chest pain or abdominal pain when you eat?
    □①chest   □②abdomen   □③none

6) Have you gained or lost your weight for the past few months?
    □①gained (____kg for the past ____months)
    □②lost (____kg for the past ____months)   □③not changed

7) Can you taste the food?
    □Yes   □No

## 3. Transtornos de apetite

1) Consegue se alimentar mais de duas vezes ao dia?

　　□ Sim　　□ Não

2) Come algo alem das as três refeições diárias?

　　□ Sim　　□ Não

3) Come quantas vezes além das refeições?

　　____ vezes

4) Vomita as coisas que come?

　　□ Sim　　□ Não

5) Sente dores no peito ou na barriga ao comer?

　　□① peito　　□② barriga　　□③ não sinto dores

6) Teve mudança no seu peso nestes últimos meses?

　　□① aumento (____ kg em ____ meses)　　□② redução (____ kg em ____ meses)

　　□③ nenhuma mudança

7) Sente o gosto dos alimentos?

　　□ Sim　　□ Não

제2부

A

## 3. ความอยากอาหารผิดปกติ

1) ทานข้าวมากกว่า วันละ 2 ครั้งหรือไม่

　　□ ใช่　　□ ไม่ใช่

2) นอกจากทานข้าววันละ 3ครั้งแล้ว ยังทานอะไรไปอีกหรือไม่

　　□ ทาน　　□ ไม่ทาน

3) ทานอาหารว่างกี่ครั้ง

　　____ ครั้ง

4) ทานอาหารแล้ว อาเจียนหรือไม่

　　□ อาเจียน　　□ ไม่อาเจียน

5) ทานอะไรไปแล้ว เจ็บหน้าอก หรือ ปวดท้องไหม

　　□① เจ็บหน้าอก　　□② ปวดท้อง　　□③ ไม่เจ็บ (ปวด) เลย

6) ในหลายเดือนที่ผ่านมา น้ำหนักเพิ่ม หรือ ลด หรือไม่

　　□① เพิ่มขึ้น (____ กิโลกรัม (กก.) / ____ เดือน)

　　□② ลดลง (____ กิโลกรัม (กก.) / ____ เดือน)

　　□③ ไม่มีการเปลี่ยนแปลง

7) รู้สึกรสชาติของอาหารหรือไม่

　　□ รู้สึก　　□ ไม่รู้สึก

중국어간체

## 3. 食欲异常

1) 一天有吃两餐以上吗？

　　□有　□没有

2) 一天三餐之外，有吃点心零食吗？

　　□有　□没有

3) 吃几次点心零食？

　　____次

4) 是否有反胃现象？（吃东西会想吐吗?）

　　□是　□否

5) 吃东西的时候，胸或肚子会疼痛吗？

　　□①胸　□②肚子　□③不会痛

6) 这几个月体重有没有增加或减少？

　　□①增加了（____个月内____kg）　□②减少了（____个月内____kg）

　　□③没有变化

7) 感觉得到食物的味道吗？

　　□感觉得到　□感觉不到

---

중국어번체

## 3 · 食慾異常

1) 一天有吃兩餐以上嗎？

　　□是　□否

2) 一天三餐之外，有吃點心嗎？

　　□是　□否

3) 吃幾次點心？

　　____次

4) 是否有反胃現象？（吃東西會想吐嗎）

　　□是　□否

5) 一吃東西，胸腔或肚子就會疼痛嗎？

　　□①胸　□②肚子　□③不會痛

6) 這幾個月體重是否有增加或減少？

　　□①增加了（____個月內____kg）　□②減少了（____個月內____kg）

　　□③沒有變化

7) 感覺得到食物的味道嗎？

　　□感覺得到　□感覺不到

## 3．食欲異常

1)1日2回以上食事はとれていますか？
　　□はい　□いいえ

2)1日3回の食事以外に，間食をしていますか？
　　□はい　□いいえ

3)間食を何回していますか？
　　____回

4)食べた物を吐いてしまいますか？
　　□はい　□いいえ

5)食べると胸やおなかが痛くなりますか？
　　□①胸　□②おなか　□③痛くならない

6)この数ヵ月で体重の増減はありましたか？
　　□①増えた (____ヵ月で____kg)　□②減った (____ヵ月で____kg)
　　□③変わらない

7)食べ物の味を感じますか？
　　□はい　□いいえ

# A 전신증상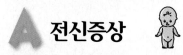

## 4. 불면

1) 저녁에 잠을 못자고 낮에도 집중하지 못합니까?
    □예   □아니오

2) 하루에 총 몇 시간 정도 잡니까?    ____시간

3) 야근을 합니까?
    □예   □아니오

4) 저녁에 몇 시에 자고 아침 몇 시에 일어납니까?
    취침____시, 기상____시

5) 밤에 몇 번 깹니까?그것은 몇 시쯤입니까?
    ____번, ____시

6) 불면의 원인으로 짐작되는 것이 있습니까?
    □예   □아니오

7) 아래의 원인 때문에 잠을 못 잡니까?
    □①근심거리   □②슬픈 일   □③불안감   □④스트레스  →  □아니오

8) 취침 후 화장실 때문에 몇 번 일어납니까?    ____번

## 4. Sleep loss

1) Can't you concentrate on anything during the day time because you cannot sleep at night?
    □ Yes   □ No

2) How many hours can you sleep a day in total?
    ____hours

3) Do you have a night shift?
    □ Yes   □ No

4) What time do you go to bed at night and wake up in the morning?
    bedtime____:____, the time you wake up____:____

5) How many times do you wake up at midnight and around what time is it?
    ____times, time____:____

6) Do you have any idea what causes your sleep loss?   □ Yes   □ No

7) Can't you sleep due to the following causes?
    □①worries   □②sad experience   □③anxiety   □④stress  →  □ No

8) How many times do you get up to go to the toilet after you go to bed?
    ____times

## 4. Insônia

1) Tem insônia à noite e não consegue se concentrar durante o dia?

☐ Sim ☐ Não

2) Consegue dormir quantas horas por dia ao total?

_____ horas

3) Trabalha no período noturno?

☐ Sim ☐ Não

4) A que horas dorme à noite? A que horas acorda de manhã?

Durmo às _____ horas, acordo às _____ horas

5) Quantas vezes acorda de madrugada? A que horas?

_____ vezes, às _____ horas

6) Tem alguma ideia do motivo da insônia? ☐ Sim ☐ Não

7) Você não consegue dormir pelos motivos abaixo?

☐①preocupação ☐②tristeza ☐③ansiedade ☐④estresse → ☐ Não

8) Acorda quantas vezes de madrugada, depois de dormir, para ir ao banheiro?

_____ vezes

## 4. นอนไม่หลับ

1) เพราะกลางคืนนอนไม่หลับ กลางวันไม่มีสมาธิหรือไม่

☐ ใช่ ☐ ไม่ใช่

2) นอนวันละประมาณกี่ชั่วโมง

_____ ชั่วโมง

3) ทำงานกะกลางคืนหรือไม่

☐ ทำ ☐ ไม่ทำ

4) กลางวันเข้านอนกี่โมง และตอนเช้าตื่นนอนกี่โมง

เข้านอน _____ โมง, ตื่นนอน _____ โมง

5) ตื่นนอนตอนดึกกี่ครั้ง และ ตอนนั้นกี่โมง _____ ครั้ง, _____ โมง

6) นึกออกได้ไหมว่า นอนไม่หลับ เพราะ อะไร ☐ นึกออกได้ ☐ นึกไม่ออก

7) นอนไม่หลับ เพราะสาเหตุดังต่อไปนี้หรือไม่

☐①ความเป็นห่วง ☐②ความเสียใจ

☐③ความวิตกกังวล ☐④ความเครียด → ☐ ไม่ใช่

8) หลังจากนอนหลับแล้ว ตื่นขึ้นมาเข้าห้องน้ำกี่ครั้ง _____ ครั้ง

중국어간체

## 4. 失眠

1) 是否晚上睡不着，白天也无法集中精神？
　　　　□是　□否

2) 一天大约睡几个小时？
　　　　____小时

3) 有在值夜班？
　　　　□有　□没有

4) 晚上几点睡觉？早上几点起床？
　　　　____点睡觉，____点起床

5) 晚上会醒过来几次？大约是几点？
　　　　____次，____点

6) 大概知道失眠的原因吗？　□知道　□不知道

7) 是因为下面的原因睡不着吗？
　　　□①担心的事情　　□②难过的事情　　□③不安的感觉　　□④压力 ➜ □不是

8) 睡着后，会起来上几次厕所？
　　　　____次

중국어번체

## 4・失眠

1) 是否晚上睡不著，白天也無法集中精神？
　　　　□是　□否

2) 一天之中大約睡幾個小時？
　　　　____小時

3) 是否值夜班？
　　　　□是　□否

4) 晚上幾點睡覺？早上幾點起床？
　　　　____點睡覺，____點起床

5) 晚上會醒來幾次？大約是幾點？
　　　　____次，____點

6) 大概知道失眠的原因嗎？　□是　□否

7) 是因為下面的原因而失眠嗎？
　　　□①擔心的事情　　□②難過的事情　　□③不安的感覺　　□④壓力 ➜ □否

8) 就寢後，會為了上廁所起來幾次？
　　　　____次

# 4．不眠

1) 夜眠れず，昼間も集中できませんか？
　　　□はい　　□いいえ

2)1日合計何時間くらい眠れていますか？
　　　＿＿＿時間

3) 夜勤をしていますか？
　　　□はい　　□いいえ

4) 夜何時に眠りますか，朝何時に目覚めますか？
　　　入眠＿＿＿時，起床＿＿＿時

5) 夜中に何回目覚めますか？　それは何時頃ですか？
　　　＿＿＿回，＿＿＿時

6) 不眠の原因に心当たりがありますか？　□はい　　□いいえ

7) 以下の原因のため眠れませんか？

| □①心配事　　□②悲しいこと |
|---|
| □③不安感　　□④ストレス |

　　　　　　　　　　　　　　　　→　□いいえ

8) 就寝後，何回トイレに行くために起きますか？
　　　＿＿＿回

# A 전신증상

〔별책 p9〕

**한국어**

## 5. 체중증가·감소

1) 최근 몇 개월 동안 체중 변화가 있습니까?

  □늘었음(___개월에 ___kg)   □줄었음(___개월에 ___kg)

2) 부종은 있습니까?

  □예   □아니오

3) 하루에 3번의 식사 이외에 간식을 먹습니까?

  □예   □하루에 ___번

  □한 번의 식사량이 많음   □한 번의 식사량이 적음

4) 하루 3번의 식사 이외에 식사시간 사이사이에 간식을 몇 번이나 먹습니까?

  ___번

5) 살 빼는 약이나 건강기능식품을 사용하고 있습니까?

  □예(지금 갖고 있으면 보여 주세요.)   □아니오

6) 아래의 증상이 있습니까?

  □①구역질   □②구토   □③설사   □④발열
  □⑤동계(심장이 두근거림)   □⑥아침에 일어나지 못함 ⟶ □아니오

**A. General conditia**

**영어**

## 5. Weight gain/loss

1) Have you gained or lost your weight for the past few months?

  □ gained (___kg for the past ___months)

  □ lost (___kg for the past ___months)

2) Do you have edema?

  □ Yes   □ No

3) Do you take three meals a day?

  □ Yes   □ ___times/day

  □ big volume of food at one time   □ small volume of food at one time

4) How many times do you eat between meals in addition to three meals a day?

  ___times

5) Do you use anti-obesity drugs or supplements?

  □ Yes (If you take it with you now, please show it to me)   □ No

6) Do you have the following symptoms?

  □①nausea   □②vomiting   □③diarrhea   □④fever
  □⑤palpitation   □⑥unable to get up in the morning ⟶ □No

**포르투갈어**

## 5. Ganho/Redução de peso

1) Teve mudança no seu peso nestes últimos meses?

☐ Aumento (_____ kg em _____ meses)    ☐ Redução (_____ kg em _____ meses)

2) Tem inchaço?

☐ Sim    ☐ Não

3) Se alimenta nas três refeições diárias?

☐ Sim    ☐ _____ vezes ao dia

☐ Grande quantidade em cada refeição    ☐ Pouca quantidade em cada refeição

4) Come quantas vezes além das três refeições diárias?

_____ vezes

5) Toma algum medicamento para emagrecer ou suplementos?

☐ Sim (mostre se tiver agora)    ☐ Não

6) Tem o sintoma abaixo?

| ☐① ânsia de vômito ☐② vômito ☐③ diarreia ☐④ febre ☐⑤ palpitação ☐⑥ não consegue acordar de manhã |

→ ☐ Não

---

**태국어**

## 5. การเพิ่มน้ำหนัก • การลดน้ำหนัก

1) ในช่วงหลายเดือนที่ผ่านมา น้ำหนักเพิ่ม หรือ ลดหรือไม่

☐ เพิ่มขึ้น (_____ กิโลกรัม (กก.) / _____ เดือน)

☐ ลดลง (_____ กิโลกรัม (กก.) / _____ เดือน)

2) มีอาการบวมหรือไม่

☐ มี    ☐ ไม่มี

3) ทานข้าววันละ 3ครั้งหรือไม่

☐ ทานวันละ 3ครั้ง    ☐ _____ ครั้ง/วัน

☐ ทานครั้งละมาก    ☐ ทานครั้งละน้อย

4) นอกจากทานข้าว วันละ 3ครั้งแล้ว ยังทานอาหารว่างกี่ครั้ง

_____ ครั้ง

5) ใช้ยาลดความอ้วน หรือ อาหารเสริมหรือไม่

☐ ใช้ (ขณะนี้ถ้ามียานั้น กรุณาแสดงยาด้วย)

☐ ไม่ใช้

6) มีอาการดังต่อไปนี้หรือไม่

| ☐① รู้สึกคลื่นไส้ ☐② อาเจียน ☐③ ท้องร่วง (/ท้องเสีย) ☐④ มีไข้ ☐⑤ ใจสั่น ☐⑥ ไม่สามารถตื่นนอนตอนเช้าได้ |

→ ☐ ไม่มี

## 5. 体重增加·减少

1) 这几个月体重是否有增加或减少？

　　□增加了（____个月内____kg）　□减少了（____个月内____kg）

2) 身体有水肿吗？

　　□有　□没有

3) 一天有吃三餐吗？

　　□有　□一天____餐

　　□一餐的份量很多　□一餐的份量很少

4) 一天三餐之外，会吃几次点心零食？

　　____次

5) 是否有在服用减肥药或健康食品？

　　□是（现在有带的话请出示）　□否

6) 是否有下列症状？

　　□①恶心　□②呕吐　□③腹泻（拉肚子）　□④发烧

　　□⑤心悸　□⑥早上爬不起来　　　　　　　→　□没有

---

## 5·體重增加·減少

1) 這幾個月體重是否有增加或減少？

　　□增加了（____個月內____kg）　□減少了（____個月內____kg）

2) 身體是否有水腫現象？

　　□是　□否

3) 是否一天吃三餐？

　　□是　□一天____餐

　　□一餐的份量很多　□一餐的份量很少

4) 一天三餐之外，會吃幾次點心？

　　____次

5) 是否有在服用減肥藥或健康食品？

　　□是（現在有帶的話請出示）　□否

6) 是否有下列症狀？

　　□①噁心　□②嘔吐　□③腹瀉（拉肚子）　□④發燒

　　□⑤心悸　□⑥早上爬不起來　　　　　　　→　□否

## 5. 体重増加・減少

1) この数ヵ月で体重の増減はありましたか？
　　　□増えた (＿＿ヵ月で＿＿kg)　　□減った (＿＿ヵ月で＿＿kg)

2) むくみ (浮腫) はありますか？
　　　□はい　　□いいえ

3) 1日3回，食事をとっていますか？
　　　□はい　　　　□1日＿＿回
　　　□1回量が多い　　□1回量が少ない

4) 1日3回の食事以外に，間食を何回していますか？
　　　＿＿回

5) やせ薬やサプリメントを使用していますか？
　　　□はい (いま持っていれば見せてください)　　□いいえ

6) 以下の症状はありますか？

| □①悪心　　□②嘔吐　　□③下痢　　□④発熱 |
| □⑤動悸　　□⑥朝起きられない |

→ □いいえ

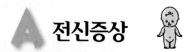 

## A 전신증상

〔별책 p10〕

**한국어**

### 6. 현기증

1) 최근 1년 사이에 유사한 현기증을 경험한 적이 있습니까?
   □예   □아니오

2) 최근에 현기증의 빈도는 늘고 있습니까?
   □예   □아니오

3) 최근 한달 중에 몇 번 경험했습니까?   ＿＿＿번

4) 귀울림, 난청을 자각합니까?
   □이명(귀울림)   □난청   ➜ □아니오

5) 어떤 현기증입니까?
   □①주위 사물이 빙글빙글 돌아감   □②주위 사물이 좌우로 흔들림   □③어느 쪽도 아님

6) 몸을 움직이기가 힘든 곳이 있습니까?
   ➜부위를〈신체구조 그림〉(x 페이지)이나 자신의 신체를 직접 가리켜 주세요.

7) 머리를 움직이면 현기증이 일어납니까?
   □예   □아니오

**A. General condition**

**영어**

### 6. Dizziness

1) Have you experienced a similar dizziness for the past one year?
   □ Yes   □ No

2) Do you feel dizzy more frequently than before?
   □ Yes   □ No

3) How many times have you experienced it for the past one month?
   ＿＿＿times

4) Are you aware of ear ringing or hearing loss?
   □ ear ringing   □ hearing loss ➜ □ No

5) What is your dizziness like?
   □①spinning sensation   □②shaking sensation   □③none of the above

6) Do you have a part you feel difficult to move?
   ➜ If you do, please use ＜ Body picture ＞ (p x ) or point directly to your body to show me where you have a problem.

7) Do you feel dizzy when you move your head?
   □ Yes   □ No

## 6. Tontura

1) Teve tonturas de caracterísiticas parecidas neste último ano?

☐ Sim   ☐ Não

2) As tonturas têm se tornado frequentes ultimamente?

☐ Sim   ☐ Não

3) Teve quantas tonturas neste último mês?

_____ vezes

4) Sente zumbidos ou dificuldade na escuta?

☐ zumbido   ☐ dificuldade na escuta ⟶ ☐ Não

5) Como é a tontura?

☐① a vista gira   ☐② a vista balança aos lados   ☐③ nenhum dos dois

6) Tem alguma parte do corpo com dificuldade de movimentar?

⟶ Indique na < Figura do corpo > (pg. x ) ou aponte diretamente no seu corpo

7) Tem tonturas quando movimenta a cabeça?

☐ Sim   ☐ Não

---

**A.** อาการร่างกายโดยรวม

## 6. เวียนหัว

1) ในช่วง 1 ปีที่ผ่านมา เคยรู้สึกเวียนหัวแบบนี้หรือไม่

☐ เคย   ☐ ไม่เคย

2) ระยะนี้ เกิดอาการเวียนหัวบ่อยครั้งไหม

☐ บ่อย   ☐ ไม่บ่อย

3) ในช่วง 1เดือน ที่ผ่านมา รู้สึก เวียนหัว กี่ครั้ง

_____ ครั้ง

4) รู้สึกมีอาการหูอื้อหรืออาการหูหหนวกหรือไม่

☐ หูอื้อ   ☐ หูหนวก ⟶ ☐ ไม่รู้สึก

5) เวียนหัวแบบไหน

☐① เวียนหัว แบบรอบๆ ตัวหมุน   ☐② เวียนหัว แบบซ้ายขวา แกว่ง ไปมา

☐③ ไม่ใช่ทั้งสอง

6) มีส่วนของร่างกายที่เคลื่อนไหวไม่ค่อยได้หรือไม่

⟶ กรุณาชี้บอกบริเวณที่มีอาการบน < ภาพร่างกาย > (หน้า x )
หรือร่างกายของตัวเองโดยตรง

7) รู้สึกเวียนหัวเวลาขยับศีรษะหรือไม่

☐ รู้สึก   ☐ ไม่รู้สึก

중국어간체

## 6. 头晕（晕眩）

1）最近一年内有出现类似的头晕现象吗？
　　　□有　　□没有

2）最近头晕的频率是否增加了？
　　　□是　　□否

3）这一个月内发生几次头晕现象？
　　　＿＿次

4）有感觉到耳鸣或重听的症状吗？
　　　□耳鸣　　□重听 ——→ □没有

5）头晕的症状是如何？
　　　□①眼前的景象会旋转　　□②眼前的景象左右摇晃　　□③两种都不是

6）身体的动作是否有不方便的地方？
　　　——→ 请在＜人体图＞（见第 x 页）上或在自己身体上直接指出部位

7）头部一动就会出现头晕症状吗？
　　　□是　　□否

중국어번체

## 6 · 頭暈（暈眩）

1）最近一年內有發生類似的頭暈現象嗎？
　　　□是　　□否

2）最近頭暈的頻率是否增加了？
　　　□是　　□否

3）這一個月內發生幾次頭暈現象？
　　　＿＿次

4）是否感覺到耳鳴或重聽的症狀？
　　　□耳鳴　　□重聽 ——→ □否

5）頭暈症狀為何？
　　　□①眼前的景象會旋轉　　□②眼前的景象左右搖晃　　□③兩者皆非

6）身體的動作是否有不方便的地方？
　　　——→ 請從＜身體構造圖＞（第 x 頁）或直接從自己身上指出不方便的部位

7）是否頭部一動就會頭暈？
　　　□是　　□否

## 6. めまい

1) 最近1年間で似たようなめまいを経験しましたか？
　　　□はい　　□いいえ

2) 最近，めまいの頻度は増えていますか？
　　　□はい　　□いいえ

3) この1ヵ月で何回経験しましたか？
　　　____回

4) 耳鳴り・難聴を自覚しますか？
　　　| □耳鳴り　　□難聴 | ➡ □いいえ

5) どのようなめまいですか？
　　　□①景色がくるくるまわる　　□②景色が左右にゆれる
　　　□③どちらでもない

6) 体の動きが悪いところはありますか？
　　　➡ <体の図>(p x )か，体を直接指してください

7) 頭を動かすとめまいが出ますか？
　　　□はい　　□いいえ

# A  전신증상

〔별책 p10〕

**한국어**

## 7. 부종

1) 최근 한달 중에 체중 변화가 있습니까?

　　□①늘었음(＿＿kg)　　□②줄었음(＿＿kg)　　□③변화 없음

2) 어디가 부었습니까?

　　□①얼굴　　□②손　　□③복부　　□④발　　□⑤기타

　　→ 부위를〈신체구조 그림〉( x 페이지)이나 자신의 신체를 직접 가리켜 주세요.

3) 피부가 붉어지거나 통증을 동반합니까?

　　□발적(피부가 붉어짐)　　□통증　━━━→ □아니오

4) 최근에 약이나 건강기능식품을 먹고 있습니까?

　　□예(지금 갖고 있으면 보여 주세요.)　　□아니오

5) 부기 정도가 월경주기와 관련이 있습니까?

　　□예　　□아니오

6) 아래의 항목 중에 이상이 있는 항목이 있습니까?

　　□①심장　　□②신장　　□③간장　　□④호르몬　　□⑤알레르기　━━━→ □아니오

**A. General conditio**

**영어**

## 7. Edema

1) Have you gained or lost your weight for the past one month?

　　□① gained (＿＿kg)　　□② lost (＿＿kg)　　□③ not changed

2) Which part do you have with edema?

　　□① face　　□② hand　　□③ abdomen　　□④ foot　　□⑤ other

　　→ If you do, please use < Body picture > (p x ) or point directly to your body to show me where you have a problem

3) Does reddening of skin or pain go with it?

　　□ reddening of skin　　□ pain ━━━→ □ No

4) Have you recently used medicine or supplements?

　　□ Yes (If you take it with you now, please show it to me)　　□ No

5) Does the menstrual cycle have something to do with the extent of edema?

　　□ Yes　　□ No

6) Have you ever been told that something is wrong with the following organs or systems?

　　□① heart　　□② kidney　　□③ liver　　□④ hormone　　□⑤ allergy ━━━→ □ No

포르투갈어

## 7. Edema

1) Teve mudança no seu peso neste último mês?

☐① aumento (_____ kg)  ☐② redução (_____ kg)  ☐③ nenhuma mudança

2) Onde está inchado?

☐① rosto  ☐② mão  ☐③ barriga  ☐④ perna  ☐⑤ outras partes do corpo

⟶ Indique na < Figura do corpo > (pg. x ) ou aponte diretamente no seu corpo

3) É acompanhada de vermelhidão ou dores?

☐ vermelhidão  ☐ dor ⟶ ☐ Não

4) Tem tomado medicamentos ou suplementos?

☐ Sim (mostre se tiver agora)  ☐ Não

5) O grau do inchaço está relacionado com o seu ciclo menstrual?

☐ Sim  ☐ Não

6) Já lhe disseram que tem anormalidade nos seguintes itens?

☐① coração  ☐② rim  ☐③ fígado  ☐④ hormônio  ☐⑤ alergia ⟶ ☐ Não

제2부

A

태국어

## 7. บวม

1) ในช่วง1เดือนที่ผ่านมา น้ำหนักเพิ่มหรือลดหรือไม่

☐① เพิ่มขึ้น (_____ กิโลกรัม (กก.))  ☐② ลดลง (_____ กิโลกรัม (กก.))

☐③ ไม่มีการเปลี่ยนแปลง

2) มีอาการบวมตรงไหนบ้าง

☐① หน้า  ☐② มือ  ☐③ ท้อง  ☐④ ขา  ☐⑤ อื่นๆ

⟶ กรุณาชี้บอกบริเวณที่มีอาการบน < ภาพร่างกาย > (หน้า x ) หรือร่างกายของตัวเองโดยตรง

3) ผิวอักเสบสี่แดง หรือมีความเจ็บปวดด้วยหรือไม่

☐ ผิวอักเสบสี่แดง  ☐ อาการปวด ⟶ ☐ ไม่ใช่

4) ระยะนี้ ใช้ยา หรือ อาหารเสริมหรือไม่

☐ ใช้ (ขณะนี้ ถ้ามียานั้น กรุณาแสดงยาด้วย)  ☐ ไม่ใช้

5) ระดับการบวมกับรอบประจำเดือนมีเกี่ยวข้องหรือไม่

☐ มี  ☐ ไม่มี

6) เคยมีหมอวินิจฉัยว่า มีความผิดปกติดังต่อไปนี้หรือไม่

☐① หัวใจ  ☐② ไต  ☐③ ตับ  ☐④ ฮอร์โมน  ☐⑤ โรคภูมิแพ้ ⟶ ☐ ไม่เคย

중국어간체

## 7. 水肿

1) 这一个月内体重是否增加或减少？

　　　　□①增加了（＿＿kg）　□②减少了（＿＿kg）　□③没有变化

2) 哪个部位水肿？

　　　　□①脸　□②手　□③肚子　□④脚　□⑤其它
　　　　──→ 请在＜人体图＞（见第 x 页）上或在自己身体上直接指出部位

3) 是否伴有红肿及疼痛？

　　　　□红肿　□疼痛 ──→ □否

4) 最近是否有在服用药物或健康食品？

　　　　□有（现在有带的话请出示）　□没有

5) 水肿的程度和生理期有关吗？

　　　　□有　□没有

6) 下列任何一项是否曾被检查出有异常的现象？

　　　　□①心脏　□②肾脏　□③肝脏　□④荷尔蒙　□⑤过敏 ──→ □没有

중국어번체

## 7 · 水腫

1) 這一個月內體重是否增加或減少？

　　　　□①增加了（＿＿kg）　□②減少了（＿＿kg）　□③沒有變化

2) 哪個部位水腫？

　　　　□①臉　□②手　□③肚子　□④腳　□⑤其他
　　　　──→ 請從＜身體構造圖＞（第 x 頁）或直接從自己身上指出水腫的部位

3) 是否伴隨紅腫及疼痛？

　　　　□紅腫　□疼痛 ──→ □否

4) 最近是否在服用藥物或健康食品？

　　　　□是（現在有帶的話請出示）　□否

5) 水腫的程度和生理週期有關嗎？

　　　　□是　□否

6) 下列項目是否曾被檢查出有異常的現象？

　　　　□①心臟　□②腎臟　□③肝臟　□④荷爾蒙　□⑤過敏 ──→ □否

# 7. 浮腫(むくみ)

1) この1ヵ月で体重の増減はありましたか？
　　　□①増えた(＿＿＿kg)　□②減った(＿＿＿kg)　□③変わらない

2) どこがむくんでいますか？
　　　□①顔　□②手　□③おなか　□④足　□⑤その他
　　　 ＜体の図＞(p x )か，体を直接指してください

3) 発赤・疼痛を伴いますか？
　　　□発赤　□疼痛　────→　□いいえ

4) 最近，薬やサプリメントを摂取していますか？
　　　□はい(持っていれば見せてください)　□いいえ

5) むくみの程度と生理周期に関連がありますか？
　　　□はい　□いいえ

6) 以下のいずれかについて異常を言われたことがありますか？
　　　□①心臓　□②腎臓　□③肝臓
　　　□④ホルモン　□⑤アレルギー　────→　□いいえ

# A 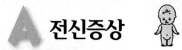 전신증상

〔별책 p11〕

**한국어**

## 8. 림프절의 부종

1) 부어 있는 곳을 가리켜 주세요.

　　→부위를〈신체구조 그림〉(x 페이지)이나 자신의 신체를 직접 가리켜 주세요.

2) 이전에도 똑같이 부은 적이 있습니까?

　　□예　　□아니오

3) 부은 곳에 통증은 있습니까?

　　□예　　□아니오

4) 발열은 있습니까?

　　□예　　□아니오

5) 최근 한달 중에 부기는 심해졌습니까?

　　□예　　□아니오

6) 최근 한달 중에 체중 변화가 있습니까?

　　□①늘었음(＿＿kg)　□②줄었음(＿＿kg)　□③변화 없음

**A. General conditio**

**영어**

## 8. Swelling of lymph nodes

1) Please point to the swollen part.

　　→If you do, please use < Body picture > (p x ) or point directly to your body to show me where you have a problem

2) Have you had the similar swelling before?

　　□ Yes　　□ No

3) Does the swollen area hurt?

　　□ Yes　　□ No

4) Do you have a fever?

　　□ Yes　　□ No

5) Has the swelling grown for the past one month?

　　□ Yes　　□ No

6) Have you gained or lost your weight for the past one month?

　　□① gained (＿＿＿kg)　□② lost (＿＿＿kg)　□③ not changed

## 8. Inchaço dos linfonodos

1) Aponte o local inchado

→ Indique na < Figura do corpo > (pg. x ) ou aponte diretamente no seu corpo

2) Já inchou alguma vez do mesmo modo?

☐ Sim ☐ Não

3) Sente dores no local inchado?

☐ Sim ☐ Não

4) Tem febre?

☐ Sim ☐ Não

5) Aumentou o inchaço neste último mês?

☐ Sim ☐ Não

6) Teve mudança no seu peso neste último mês?

☐① aumento (____ kg) ☐② redução (____ kg) ☐③ nenhuma mudança

## 8. ต่อมน้ำเหลืองอักเสบ

1) กรุณาชี้บอกส่วนที่บวมด้วย

→ กรุณาชี้บอกบริเวณที่มีอาการบน < ภาพร่างกาย > (หน้า x )
หรือร่างกายของตัวเองโดยตรง

2) เคยบวมเช่นนี้มาก่อนไหม

☐ เคย ☐ ไม่เคย

3) เจ็บส่วนที่บวมหรือไม่

☐ เจ็บ ☐ ไม่เจ็บ

4) มีไข้หรือไม่

☐ มี ☐ ไม่มี

5) ในช่วง 1เดือนที่ผ่านมา บวมขึ้นหรือไม่

☐ บวมขึ้น ☐ ไม่บวมขึ้น

6) ในช่วง 1เดือนที่ผ่านมา น้ำหนักเพิ่มหรือลดหรือไม่

☐① เพิ่มขึ้น (____ กิโลกรัม (กก.)) ☐② ลดลง (____ กิโลกรัม (กก.))
☐③ ไม่มีการเปลี่ยนแปลง

**중국어간체**

## 8. 淋巴结肿胀

1) 请指出肿胀的部位。

→ 请在＜人体图＞（见第 x 页）上或在自己身体上直接指出部位

2) 以前也曾经发生同样的肿胀情况吗？

□是　□否

3) 肿胀的部分会痛吗？

□会　□不会

4) 有发烧吗？

□有　□没有

5) 这一个月以来有肿得越来越大的情况吗？

□有　□没有

6) 这一个月以来体重是否有增加或减少？

□①增加了（＿＿＿公斤）　□②减少了（＿＿＿公斤）　□③没有变化

**중국어번체**

## 8・淋巴結腫大

1) 请将腫大的部位指出來。

→ 請從＜身體構造圖＞（第 x 頁）或直接從自己身上指出腫大的部位

2) 以前也發生過同樣的腫大情況嗎？

□是　□否

3) 腫大的部分會痛嗎？

□會　□不會

4) 是否有發燒症狀？

□是　□否

5) 這一個月來淋巴結是否越腫越大？

□是　□否

6) 這一個月來體重是否增加或減少？

□①增加了（＿＿＿公斤）　□②減少了（＿＿＿公斤）　□③沒有變化

**일본어**

# 8．リンパ節の腫れ

1) 腫れているところを指してください．
　　━━▶ ＜体の図＞(p x )か，体を直接指してください

2) 以前にも同じように腫れたことがありますか？
　　　　□はい　　□いいえ

3) 腫れの部分に痛みはありますか？
　　　　□はい　　□いいえ

4) 発熱はありますか？
　　　　□はい　　□いいえ

5) この1ヵ月で腫れは大きくなりましたか？
　　　　□はい　　□いいえ

6) この1ヵ月で体重の増減はありましたか？
　　　　□①増えた (＿＿＿kg)　　□②減った (＿＿＿kg)　　□③変わらない

# B 호흡기의 증상

〔별책 p11〕

**한국어**

## 9. 기침·가래

1) 가래는 나옵니까?　□예　□아니오

2) 가래는 무슨 색입니까?

| □①투명 | □②흰색 | □③노란색 | □④연두색 |
|---|---|---|---|
| □⑤갈색 | □⑥선홍색 | □⑦기타 | |

3) 목이 아픕니까?　□예　□아니오

4) 기침이 나기 시작해서 3주 이내입니까? 또는 8주 이상 계속되고 있습니까?

　　□①3주 이내　□②8주 이상　□③그 사이

5) 기침이 나기 시작해서부터 체중 변화가 있습니까?

　　□①늘었음(＿＿kg)　□②줄었음(＿＿kg)　□③변화 없음

6) 알레르기가 있습니까?

　　□예　□아니오

7) 감기에 걸리지 않았는데 가래가 나옵니까?

　　□예　□아니오

**B. Symptoms of respiratory organ**

**영어**

## 9. Cough / Phlegm

1) Do you cough out phlegm?

　　□ Yes　□ No

2) What color is the phlegm?

| □①transparent | □②white | □③yellow | □④yellow green |
|---|---|---|---|
| □⑤brown | □⑥bright red | □⑦other | |

3) Do you have a sore throat?

　　□ Yes　□ No

4) Has it been three weeks or less, or eight weeks or more since you started coughing?

　　□①three weeks or less　□②eight weeks or more　□③sometime between

5) Have you gained or lost your weight since you started coughing?

　　□①gained (＿＿kg)　□②lost (＿＿kg)　□③not changed

6) Are you allergic to something?

　　□ Yes　□ No

7) Do you cough out phlegm even when you don't have a cold?

　　□ Yes　□ No

포르투갈어

## 9. Tosse/Escarro

1) Sai escarro?

　□ Sim　□ Não

2) De que cor é o escarro?

| □① transparente | □② branco | □③ amarelo | □④ verde claro |
|---|---|---|---|
| □⑤ marrom | □⑥ vermelho vivo | □⑦ outro | |

3) Tem dor de garganta?

　□ Sim　□ Não

4) Tosse à menos de 3 semanas, ou persiste por mais de 8 semanas?

　□① menos de 3 semanas　□② mais de 8 semanas　□③ entre os dois períodos

5) Teve mudança no seu peso depois de iniciada a tosse?

　□① aumento (＿＿kg)　□② redução (＿＿kg)　□③ nenhuma mudança

6) Tem alguma alergia?

　□ Sim　□ Não

7) Sai escarro mesmo não estando gripado?

　□ Sim　□ Não

---

**B.** อาการเกี่ยวกับระบบการหายใจ

태국어

## 9. อาการไอ • เสมหะ

1) มีเสมหะหรือไม่

　□ มี　□ ไม่มี

2) เสมหะมีสีอะไร

| □① สีใสๆ | □② สีขาว | □③ สีเหลือง | □④ สีเขียวเหลือง |
|---|---|---|---|
| □⑤ สีน้ำตาลแก่ | □⑥ สีแดงสด | □⑦ อื่นๆ | |

3) เจ็บคอหรือไม่

　□ เจ็บ　□ ไม่เจ็บ

4) ตั้งแต่เริ่มมีอาการไอไม่เกิน 3สัปดาห์ หรือ มีอาการต่อเนื่องมากกว่า 8สัปดาห์หรือไม่

　□① ไม่เกิน 3สัปดาห์　□② มากกว่า 8สัปดาห์　□③ ตั้งแต่ 3สัปดาห์ถึง 8สัปดาห์

5) เริ่มมีอาการไอแล้ว น้ำหนักเพิ่ม หรือ ลดหรือไม่

　□① เพิ่มขึ้น (＿＿กิโลกรัม (กก.))　□② ลดลง (＿＿กิโลกรัม (กก.))

　□③ ไม่มีการเปลี่ยนแปลง

6) มีอาการแพ้อะไรหรือไม่

　□ มี　□ ไม่มี

7) ไม่ได้เป็นหวัด แต่มีเสมหะหรือไม่

　□ มี　□ ไม่มี

**중국어간체**

## 9. 咳嗽·有痰

1) 有痰吗?

　　□有　　□没有

2) 痰是什么颜色?

| □①透明 | □②白色 | □③黄色 | □④黄绿色 |
|---|---|---|---|
| □⑤褐色 | □⑥鲜红色 | □⑦其它 | |

3) 喉咙会痛吗?

　　□会　　□不会

4) 开始有痰是三星期内的事吗? 还是已经持续八个星期以上了?

　　□①三星期以内　　□②八星期以上　　□③介于两者中间

5) 从有咳嗽症状开始体重是否有增加或减少

　　□①增加了(＿＿kg)　　□②减少了(＿＿kg)　　□③没有变化

6) 是否有任何过敏症状?

　　□有　　□没有

7) 即使没感冒也会有痰吗?

　　□是　　□不是

**중국어번체**

## 9·咳嗽·有痰

1) 是否有痰?

　　□是　　□否

2) 痰是什麼顏色?

| □①透明 | □②白色 | □③黄色 | □④黃綠色 |
|---|---|---|---|
| □⑤褐色 | □⑥鮮紅色 | □⑦其他 | |

3) 喉嚨會痛嗎?

　　□是　　□否

4) 開始有痰是三星期內的事嗎? 還是已經持續八個星期以上?

　　□①三星期以內　　□②八星期以上　　□③介於兩者中間

5) 從有咳嗽症狀開始, 體重是否增加或減少?

　　□①增加了(＿＿kg)　　□②減少了(＿＿kg)　　□③沒有變化

6) 是否有任何過敏症狀?

　　□是　　□否

7) 即使沒感冒也有痰嗎?

　　□是　　□否

## 9. 咳・痰

1) 痰は出ますか？
　　□はい　□いいえ

2) 痰は何色ですか？

| □①透明 | □②白 | □③黄 | □④黄緑 |
|---|---|---|---|
| □⑤褐色 | □⑥鮮紅色 | □⑦その他 | |

3) のどが痛いですか？
　　□はい　□いいえ

4) 咳が出始めて3週間以内ですか，または8週間以上続いていますか？
　　□①3週間以内　□②8週間以上　□③その間

5) 咳が出始めてから体重の増減はありましたか？
　　□①増えた (＿＿kg)　□②減った (＿＿kg)　□③変わらない

6) 何かにアレルギーをお持ちですか？
　　□はい　□いいえ

7) 風邪をひいていないのに痰が出ますか？
　　□はい　□いいえ

## B 호흡기의 증상

〔별책 p12〕

**한국어**

### 10. 호흡곤란, 천명(쌕쌕거리는 숨소리)

1) 오늘 갑자기 숨 쉬기가 힘들게 되었습니까?
　　□예　□아니오

2) 뭔가 목에 막혔습니까?
　　□예　□아니오

3) 이전부터 계단을 2층까지 오르면 숨 쉬기가 힘들어 집니까?
　　□예　□아니오

4) 심장 또는 폐의 질환이 있습니까?

| □①심장　□②폐(천식)　□③폐(기타) | → | □아니오 |

5) 아래의 증상이 있습니까?

| □①기침　□②가래　□③발열 | → | □아니오 |

6) 호흡이 곤란할 때 손발이 저립니까?
　　□예　□아니오

---

**B. Symptoms of respiratory organ**

**영어**

### 10. Difficulty breathing / Wheezing

1) Did you suddenly breathe out today?
　　□ Yes　□ No

2) Did you stuff your throat?
　　□ Yes　□ No

3) Have you had difficulty breathing when climing the stairs?
　　□ Yes　□ No

4) Do you have a heart or lung disease?

| □① heart　□② lung (asthma)　□③ lung (other) | → | □ No |

5) Do you have the following symptoms?

| □① cough　□② phlegm　□③ fever | → | □ No |

6) Do you have numbness in your arms and legs when you have difficulty breathing?
　　□ Yes　□ No

## 10. Dificuldade respiratória/Chiado

1) Sentiu uma falta de ar repentina hoje?

　　☐ Sim　☐ Não

2) Entupiu a garganta com algo?

　　☐ Sim　☐ Não

3) Sentia falta de ar até agora ao subir de escada ao 2º andar?

　　☐ Sim　☐ Não

4) Tem alguma doença no coração ou pulmão?

　　☐ ① coração　☐ ② pulmão (asma)　☐ ③ pulmão (outro)　→　☐ Não

5) Tem o sintoma abaixo?

　　☐ ① tosse　☐ ② escarro　☐ ③ febre　→　☐ Não

6) As mãos e os pés ficam dormentes quando tem dificuldade de respirar?

　　☐ Sim　☐ Não

---

## 10. หายใจลำบาก • เสียงหอบหืดขณะหายใจ

1) วันนี้หายใจลำบากอย่างกะทันหันหรือไม่

　　☐ ลำบาก　☐ ไม่ลำบาก

2) มีอะไรติดคอหรือไม่

　　☐ มี　　☐ ไม่มี

3) ตั้งแต่เมื่อก่อน ขึ้นบันไดถึงชั้น 2 แล้ว หายใจลำบากหรือไม่

　　☐ ลำบาก　☐ ไม่ลำบาก

4) เป็นโรคหัวใจ หรือ โรคเกี่ยวกับปอดหรือไม่

　　☐ ① หัวใจ　☐ ② ปอด (โรคหอบหืด)　☐ ③ ปอด (อื่น ๆ)　→　☐ ไม่เป็น

5) มีอาการดังต่อไปนี้ หรือไม่

　　☐ ① ไอ　☐ ② เสมหะ　☐ ③ มีไข้　→　☐ ไม่มี

6) เมื่อหายใจลำบาก แขนขาชาบ้างไหม

　　☐ ชา　☐ ไม่ชา

**중국어간체**

## 10. 呼吸困难·哮喘

1) 今天突然喘不过气来吗？
　　□是　□否

2) 有没有什么东西卡在喉咙？
　　□有　□没有

3) 从以前就是爬楼梯爬到2楼会喘不过气来吗？
　　□是　□否

4) 有心脏或肺部的疾病吗？
　　| □①心脏　□②肺（哮喘）　□③肺（其它） | ⟶ □没有 |

5) 是否有以下症状？
　　| □①咳嗽　□②有痰　□③发烧 | ⟶ □否 |

6) 呼吸困难的时候，手脚会麻吗？
　　□会　□不会

**중국어번체**

## 10·呼吸困難·喘鳴

1) 今天突然感到呼吸困難嗎？
　　□是　□否

2) 是否有什麼東西卡在喉嚨？
　　□是　□否

3) 是否從以前就有爬樓梯爬到2樓會呼吸困難的情形？
　　□是　□否

4) 是否患有心臟或肺部的疾病？
　　| □①心臟　□②肺（哮喘）　□③肺（其他） | ⟶ □否 |

5) 是否有下列症狀？
　　| □①咳嗽　□②有痰　□③發燒 | ⟶ □否 |

6) 呼吸困難的時候，手腳是否會麻？
　　□是　□否

## 10. 呼吸困難・喘鳴

1) 今日，急に息苦しくなりましたか？
　　□はい　□いいえ

2) 何かをのどに詰まらせましたか？
　　□はい　□いいえ

3) 以前から階段を2階まであがると息苦しくなりますか？
　　□はい　□いいえ

4) 心臓または肺の病気をお持ちですか？
　　□①心臓　□②肺 (喘息)　□③肺 (その他)　⟶　□いいえ

5) 以下の症状はありますか？
　　□①咳　　□②痰　　□③発熱　⟶　□いいえ

6) 呼吸困難の時，手足はしびれますか？
　　□はい　□いいえ

# B 호흡기의 증상

〔별책 p12〕

**한국어**

## 11. 객혈

1) 기침과 함께 피가 나왔습니까?

  □예  □아니오

2) 구토와 함께 피가 나왔습니까?

  □예  □아니오

3) 최근 한 달 중에 몇 번 정도 피가 나왔습니까?

  ____번

4) 아래의 증상이 있습니까?

  □①목이 아픔  □②가래  □③발열  □④체중감소   →  □아니오

5) 나온 피는 붉은색입니까?검은색입니까?

  □붉은색  □검은색

**영어**

## B. Symptoms of respiratory organ

## 11. Bloody spit

1) Did you cough out blood?

  □ Yes  □ No

2) Did you vomit blood?

  □ Yes  □ No

3) How many times did you spit blood for the past one month?

  ____ times

4) Do you have the following symptoms?

  □① sore throat  □② phlegm  □③ fever  □④ weight loss  →  □ No

5) Which color is the spitted blood, red or black?

  □ red  □ black

**포르투갈어**

# 11. Escarro com sangue

1) Saiu sangue com a tosse?

   ☐ Sim    ☐ Não

2) Saiu junto com o vômito?

   ☐ Sim    ☐ Não

3) Sangrou quantas vezes neste último mês?

   ____ vezes

4) Tem o sintoma abaixo?

   | ☐① dor de garganta | ☐② escarro |
   |---|---|
   | ☐③ febre | ☐④ perda de peso |

   → ☐ Não

5) O sangue que saiu era vermelho ou preto?

   ☐ vermelho    ☐ preto

제2부

B

**태국어**

B. อาการเกี่ยวกับระบบการหายใจ

# 11. ไอเป็นเลือด

1) ไอมีเสมหะปนเลือดด้วยหรือไม่

   ☐ มี    ☐ ไม่มี

2) มีเลือดปนกับอาเจียนด้วยหรือไม่

   ☐ มี    ☐ ไม่มี

3) ในช่วง 1 เดือนที่ผ่านมา เลือดออกมาสักกี่ครั้ง

   ____ ครั้ง

4) มีอาการดังต่อไปนี้หรือไม่

   | ☐① เจ็บคอ | ☐② เสลด | ☐③ มีไข้ | ☐④ น้ำหนักลดลง |
   |---|---|---|---|

   → ☐ ไม่มี

5) เลือดที่ออกมาเป็นสีแดง หรือ สีดำ

   ☐ สีแดง    ☐ สีดำ

## 11. 咳血

1) 咳嗽时咳出血来吗？

　　　　□是　　□不是

2) 呕吐的时候吐出血来吗？

　　　　□是　　□不是

3) 这一个月以来有几次咳血情况？

　　　　____次

4) 是否有下列的症状？

　　　□①喉咙痛　　□②有痰　　□③发烧　　□④体重减轻 ⟶ □没有

5) 咳出来的血是红色还是黑色？

　　　　□红色　　□黑色

## 11·咳血

1) 咳嗽的同時咳出血來嗎？

　　　　□是　　□否

2) 嘔吐的同時吐出血來嗎？

　　　　□是　　□否

3) 這一個月以來有幾次咳血情況？

　　　　____次

4) 是否有下列的症狀？

　　　□①喉嚨痛　　□②有痰　　□③發燒　　□④體重減輕 ⟶ □否

5) 咳出來的血是紅色還是黑色？

　　　　□紅色　　□黑色

## 11. 喀血

1) 咳と一緒に血が出ましたか？
　　　□はい　□いいえ

2) 嘔吐と一緒に血が出ましたか？
　　　□はい　□いいえ

3) この1ヵ月で何回くらい血が出ましたか？
　　　___回

4) 以下の症状はありますか？
　　| □①喉の痛み　□②痰　□③発熱　□④体重の減少 | ⟶ □いいえ

5) 出た血の色は赤ですか，黒ですか？
　　　□赤　□黒

# 안과 영역의 증상

〔별책 p13〕

**한국어**

## 12. 눈의 통증

1) 통증이 있는 것은 어느 쪽 눈입니까?

  □①오른쪽 눈   □②왼쪽 눈   □③양쪽 눈

2) 언제부터 아팠습니까?

  _____분 전·_____시간 전·_____일 전

3) 아래의 증상을 동반합니까?

  | □①두통 | □②눈물 | □③가려움 | □④충혈 |
  |---|---|---|---|
  | □⑤초점이 맞지 않음 | □⑥두통 전에 빛이 번쩍하는 느낌 | | |

  → □아니오

4) 근시입니까?

  □예   □아니오

5) 콘택트렌즈를 사용하고 있습니까?

  □예   □아니오

**C. Symptoms of eye**

**영어**

## 12. Sore eye

1) Which eye does it hurt, right or left?

  □① right   □② left   □③ both

2) Since when has it been hurting?

  _____ minutes ago · _____ hours ago · _____ days ago

3) Do you have the following symptoms?

  | □① headache | □② tear | □③ itch | □④ bloodshot eye |
  |---|---|---|---|
  | □⑤ blurred vision | □⑥ flash of light before headache | | |

  → □ No

4) Are you shortsighted?

  □ Yes   □ No

5) Do you apply contact lenses?

  □ Yes   □ No

## 12. Dor nos olhos

1) Qual é o olho com dor?

☐① direito   ☐② esquerdo   ☐③ ambos

2) Dói desde quando?

_____ minutos atrás · _____ horas atrás · _____ dias atrás

3) É acompanhada pelo sintoma abaixo?

☐① dor de cabeça      ☐② lágrima      ☐③ coceira
☐④ vermelhidão        ☐⑤ não tem focalização
☐⑥ sensação de flash antes da dor de cabeça

→ ☐ Não

4) Tem miopia?

☐ Sim   ☐ Não

5) Usa lentes de contato?

☐ Sim   ☐ Não

---

## 12. เจ็บตา

1) ตาข้างไหนที่มีอาการเจ็บ

☐① ตาขวา   ☐② ตาซ้าย   ☐③ ทั้งสองข้าง

2) เริ่มมีอาการเจ็บปวด ตั้งแต่ เมื่อไร

_____ นาทีที่แล้ว · _____ ชั่วโมงที่แล้ว · _____ วันที่แล้ว

3) มีอาการดังต่อไปนี้ด้วยหรือไม่

☐① ปวดศีรษะ (/ปวดหัว)   ☐② น้ำตาไหล   ☐③ คันตา
☐④ มีเลือดคั่งในตา        ☐⑤ ไม่ชัด
☐⑥ รู้สึกเหมือนเห็นแสงจ้า ก่อนเกิดอาการปวดศีรษะ

→ ☐ ไม่มี

4) สายตาสั้นหรือไม่

☐ ใช่   ☐ ไม่ใช่

5) ใช้คอนแทคเลนส์หรือไม่

☐ ใช่   ☐ ไม่ใช่

## 12. 眼睛痛

1) 痛的是哪一只眼睛？

   □①右眼　□②左眼　□③双眼

2) 从什么时候开始会痛的？

   ____分钟前·____小时前·____天前

3) 是否伴随着下列的症状？

| | | | |
|---|---|---|---|
| □①头痛 | □②流眼泪 | □③发痒 | □④充血 |
| □⑤无法对焦（聚焦） | □⑥头痛前有闪光感 | | |

         → □否

4) 有近视吗？

   □有　□没有

5) 有在戴隐形眼镜吗？

   □有　□没有

## 12 · 眼睛痛

1) 痛的是哪一隻眼睛？

   □①右眼　□②左眼　□③雙眼

2) 從什麼時候開始痛的？

   ____分鐘前·____小時前·____天前

3) 是否伴隨著下列的症狀？

| | | | |
|---|---|---|---|
| □①頭痛 | □②流眼淚 | □③發癢 | □④充血 |
| □⑤無法對焦（聚焦） | □⑥頭痛前的閃光 | | |

         → □否

4) 有近視嗎？

   □是　□否

5) 有戴隱形眼鏡嗎？

   □是　□否

일본어

## 12. 眼痛

1) 痛みがあるのはどちらの眼ですか？
　　　□①右眼　　□②左眼　　□③両眼

2) いつから痛くなりましたか？
　　　＿＿＿分前・＿＿＿時間前・＿＿＿日前

3) 以下の症状を伴いますか？

| | | |
|---|---|---|
| □①頭痛 | □②涙 | □③かゆみ |
| □④充血 | □⑤ピントが合わない | |
| □⑥頭痛前の閃光感（眼がちかちかする） | | |

　　　　　　　　　　　　　　　　　　　　→　□なし

4) 近視ですか？
　　　□はい　　□いいえ

5) コンタクトレンズを使用していますか？
　　　□はい　　□いいえ

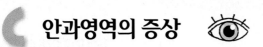
[별책 p13]

**한국어**

## 13. 시력장애

1) 갑자기 시력에 이상이 생겼습니까?
　　　　□①예, 갑자기　　□②아니오, 차츰　　□③아니오

2) 이상이 있는 것은 어느 쪽 눈입니까?
　　　　□①오른쪽 눈　　□②왼쪽 눈　　□③양쪽 눈

3) 먼 곳은 보입니까?
　　　　□예　　□아니오

4) 통증은 있습니까?
　　　　□예　　□아니오

5) 한쪽 눈으로 볼 때 시야 중에 캄캄하게 보이지 않는 부분이 있습니까?
　　　　□예　　□아니오

6) 한쪽 눈으로 볼 때 시야 중에 날고 있는 모기같은 것이 보입니까?
　　　　□예　　□아니오

C. Symptoms of eye

**영어**

## 13. Vision disorder

1) Did you suddenly have a blurred vision?
　　　　□①Yes, all of a sudden　　□②Not suddenly but gradually　　□③No

2) Which eye do you have a problem, right or left?
　　　　□①right　　□②left　　□③both

3) Can you see far distance?
　　　　□Yes　　□No

4) Does it hurt?
　　　　□Yes　　□No

5) When you see out of your one eye, do you see a pitch-dark defect in your vision?
　　　　□Yes　　□No

6) When you see out of your one eye, do you see something like mosquitoes flying in your vision?
　　　　□Yes　　□No

포르투갈어

## 13. Distúrbios visuais

1) O problema com a sua visão foi repentino?

☐①Sim, repentino　☐②Não, foi gradativo　☐③Não

2) Qual é o olho que está com problema?

☐①direito　☐②esquerdo　☐③ambos

3) Consegue ver longe?

☐Sim　☐Não

4) Tem dores?

☐Sim　☐Não

5) Ao ver com um dos olhos, há alguma parte da visão totalmente escura?

☐Sim　☐Não

6) Ao ver com um dos olhos, observa algo na visão como um mosquito voando?

☐Sim　☐Não

---

**C. อาการเกี่ยวกับแผนกจักษุ (/แผนกตา)**

태국어

## 13. สายตาผิดปกติ

1) สายตามีอาการผิดปกติอย่างกะทันหันไหม

☐①กะทันหัน　☐②ค่อยๆ　☐③ไม่ใช่

2) ตาที่มีอาการผิดปกติข้างไหน

☐①ตาขวา　☐②ตาซ้าย　☐③ทั้งสองข้าง

3) มองไกลได้ไหม

☐ได้　☐ไม่ได้

4) มีความเจ็บปวดหรือไม่

☐มี　☐ไม่มี

5) เมื่อมองด้วยตาข้างเดียวแล้ว เห็นภาพบางส่วนเป็นสีดำหรือไม่

☐เห็น　☐ไม่เห็น

6) เมื่อมองด้วยตาข้างเดียวแล้ว เหมือนมียุงบินผ่านไปผ่านมาหรือไม่

☐เห็น　☐ไม่เห็น

**중국어간체**

## 13. 视力障碍

1) 视力突然变得不正常吗?

　　□①是，突然变成这样　　□②不是，慢慢变成这样　　□③不是

2) 感到异常的是哪只眼睛?

　　□①右眼　　□②左眼　　□③两眼

3) 看得到远的地方吗?

　　□是　　□否

4) 会痛吗?

　　□会　　□不会

5) 单眼看的时候，视野中是否有全黑像缺一块的地方?

　　□是　　□否

6) 单眼看的时候，视野中是否有像蚊子一样飞来飞去的东西?

　　□是　　□否

**중국어번체**

## 13·視力障礙

1) 視力突然變得異常嗎?

　　□①是，突然變這樣　　□②否，漸漸變這樣　　□③否

2) 感到異常的是哪隻眼睛?

　　□①右眼　　□②左眼　　□③兩眼

3) 看得到遠的地方嗎?

　　□是　　□否

4) 會感到疼痛嗎?

　　□是　　□否

5) 單眼看的時候，視野中是否有黑色像缺一塊的地方?

　　□是　　□否

6) 單眼看的時候，視野中是否有像蚊子一樣飛來飛去的東西?

　　□是　　□否

# 13. 視力障害

1) 突然，視力がおかしくなりましたか？
　　□①はい，突然に　□②いいえ，徐々に　□③いいえ

2) 異常があるのはどちらの眼ですか？
　　□①右眼　□②左眼　□③両眼

3) 遠くは見えますか？
　　□はい　□いいえ

4) 痛みはありますか？
　　□はい　□いいえ

5) 片眼で見て，視野の中に真っ暗に欠けているところはありますか？
　　□はい　□いいえ

6) 片眼で見て，視野の中に蚊が飛んでいるようなものが見えますか？
　　□はい　□いいえ

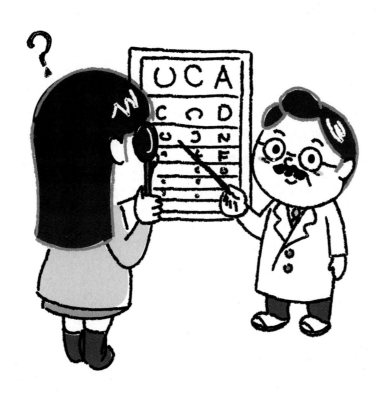

〔별책 p14〕

## 14. 복시(겹보임)

1) 갑자기 물체가 이중으로 보이게 되었습니까?

□①예, 갑자기   □②아니오, 차츰   □③아니오

2) 아래의 증상을 느낀 적이 있습니까?

□①의식상실   □②대화 중단   □③신체 마비 ➡ □아니오

3) 눈꺼풀이나 눈 안쪽에 통증이 있습니까?

□눈꺼풀   □눈 안쪽 ➡ □아니오

4) 눈꺼풀을 뜨기 힘든 적이 있습니까?

□예   □아니오

5) 최근에 눈이 돌출되었습니까?

□예   □아니오

6) 최근에 심장이 두근거림을 자각합니까?

□예   □아니오

## 14. Double vision

1) Have you suddenly come to have double vision?

□①Yes, all of a sudden   □②No, not suddenly but gradually   □③No

2) Do you have the following symptoms?

□①loss of consciousness   □②interruption in conversation
□③palsy ➡ □No

3) Does your eyelid or the inside the eye hurt?

□eyelid   □inside the eye ➡ □No

4) Do you have difficulty lifting up your eyelids?

□Yes   □No

5) Have your eyes recently become protruded?

□Yes   □No

6) Are you recently aware of palpitation?

□Yes   □No

## 14. Visão dupla

1) A visão dupla das coisas é algo repentino?

☐① Sim, repentino   ☐② Não, gradativo   ☐③ Não

2) Tem o sintoma abaixo?

☐① perda da consciência   ☐② interrupção da conversa
☐③ paralisia do corpo                                   ➡ ☐ Não

3) Tem dor na pálpebra ou no fundo do olho?

☐ pálpebra   ☐ fundo do olho ➡ ☐ Não

4) Tem dificuldade em abrir o olho?

☐ Sim   ☐ Não

5) Seu olho está saliente ultimamente?

☐ Sim   ☐ Não

6) Sente palpitações ultimamente?

☐ Sim   ☐ Não

## 14. อาการมองเห็นภาพซ้อน

1) มองเห็นภาพซ้อนอย่างกะทันหันไหม

☐① กะทันหัน   ☐② ค่อยๆ   ☐③ ไม่ใช่

2) มีอาการดังต่อไปนี้หรือไม่

☐① หมดสติ   ☐② หยุดการพูดคุยสนทนา   ☐③ อัมพาต ➡ ☐ ไม่มี

3) มีอาการปวดเปลือกตา หรือ ลูกตาหรือไม่

☐ เปลือกตา   ☐ ลูกตา ➡ ☐ ไม่มี

4) เปิดเปลือกตายากบ้างไหม

☐ ยาก   ☐ ไม่ยาก

5) ระยะนี้ตาโปนหรือไม่

☐ ใช่   ☐ ไม่ใช่

6) ระยะนี้ รู้สึกใจสั่นหรือไม่

☐ รู้สึก   ☐ ไม่รู้สึก

중국어간체

## 14. 复视

1) 突然东西看起来变得好像有两个吗？

　　　□①是，突然变成这样　　□②不是，慢慢变成这样　　□③不是

2) 是否有下列症状？

　　　□①丧失意识　　□②说话中断　　□③身体麻痹　　──→　□没有

3) 眼皮或眼睛里面会痛吗？

　　　□眼皮　　□眼睛里面　　──→　□不会

4) 眼皮很难睁开吗？

　　　□是　　□不是

5) 最近是否有眼球突出的情况？

　　　□有　　□没有

6) 最近有感觉到心悸吗？

　　　□有　　□没有

중국어번체

## 14・複視

1) 是否突然一個東西看起來像有兩個？

　　　□①是，突然變這樣　　□②否，漸漸變這樣　　□③否

2) 是否有下列症狀？

　　　□①喪失意識　　□②突然無法說話　　□③身體麻痺　　──→　□否

3) 眼皮或眼睛裡面是否會痛？

　　　□眼皮　　□眼睛裡面　　──→　□否

4) 眼皮是否很難睜開？

　　　□是　　□否

5) 最近是否有眼球突出的情況？

　　　□是　　□否

6) 最近是否感覺到心悸？

　　　□是　　□否

일본어

# 14. 複視

1) 突然，物が二重に見えるようになりましたか？
　　□①はい，突然に　　□②いいえ，徐々に　　□③いいえ
2) 以下の症状が出ることがありますか？
　　□①意識の喪失　　□②会話の中断　　□③体の麻痺　　→　□いいえ
3) まぶたや眼の奥に痛みはありますか？
　　□まぶた　　□眼の奥　　→　□いいえ
4) まぶたが開きにくいことがありますか？
　　□はい　　□いいえ
5) 最近，眼球が出てきましたか？
　　□はい　　□いいえ
6) 最近，動悸を自覚しますか？
　　□はい　　□いいえ

## C 안과영역의 증상 👁

### 15. 충혈

1) 갑자기 충혈되었습니까?

　　□①예, 갑자기　　□②예, 차츰　　□③아니오

2) 아래의 증상이 있습니까?

　　□①구역질　　□②구토　　□③눈의 통증　　→　□아니오

3) 눈물의 양에 변화는 있습니까?

　　□①늘었음　　□②줄었음　　□③변화 없음

4) 가려움이나 통증이 있는 부분을 눈구조 그림이나 자신의 눈을 직접 가리켜 주세요.

5) 콘택트렌즈를 사용하고 있습니까?

　　□예　　□아니오

영어

C. Symptoms of eye

### 15. Bloodshot eye

1) Have your eyes suddenly turned red?

　　□①Yes, all of a sudden　　□②No, not suddenly but gradually　　□③No

2) Do you have the following symptoms?

　　□①nausea　　□②vomiting　　□③sore eye　　→　□No

3) Has the volume of tears changed?

　　□①increased　　□②decreased　　□③not changed

4) Please use this picture or point directly to your eyes to show me which part itches or hurts?

5) Do you apply contact lenses?

　　□Yes　　□No

포르투갈어

## 15. Congestão

1) A vermelhidão do olho é repentino?

☐① Sim, repentino  ☐② Não, gradativo  ☐③ Não

2) Tem o sintoma abaixo?

☐① náusea  ☐② vômito  ☐③ dor no olho ⟶ ☐ Não

3) Tem alteração na quantidade da lágrima?

☐① aumentou  ☐② diminuiu  ☐③ não mudou

4) Indique a parte que coça ou com dor na figura do olho ou aponte diretamente no seu olho

5) Usa lentes de contato?

☐ Sim  ☐ Não

제 2 부

C

---

태국어

## 15. เลือดคั่งในตา

1) เกิดมีอาการเลือดคั่งในตาอย่างกะทันหันหรือไม่

☐① เกิดมีอาการอย่างกะทันหัน  ☐② ค่อยๆเกิด  ☐③ ไม่เกิด

2) มีอาการดังต่อไปนี้หรือไม่

☐① คลื่นไส้  ☐② อาเจียน  ☐③ เจ็บตา ⟶ ☐ ไม่มี

3) ปริมาณน้ำตามีมากหรือน้อยแค่ไหน

☐① มากขึ้น  ☐② น้อยลง  ☐③ ไม่มีการเปลี่ยนแปลง

4) กรุณาชี้บอกบริเวณที่มีอาการปวดและคันบนแผ่นภาพตาหรือตาของตัวเอง

5) ใช้คอนแทคเลนส์ หรือไม่

☐ ใช้  ☐ ไม่ใช้

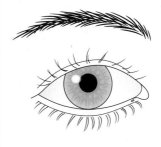

중국어간체

## 15. 充血

1) 是突然充血的吗？

　　□①是，突然地　　□②不是，慢慢变成这样的　　□③不是

2) 有下列症状吗？

　　□①恶心　　□②想吐　　□③眼睛痛　　➜　□没有

3) 眼泪的量有变化吗？

　　□①增加了　　□②减少了　　□③没有变化

4) 请在眼部构造图或直接在自己眼睛上指出会痒或会痛的部位。

5) 有在戴隐形眼镜吗？

　　□有　　□没有

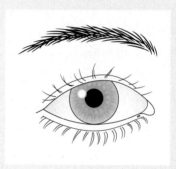

중국어번체

## 15・充血

1) 是否突然眼睛充血？

　　□①是，突然地　　□②否，漸漸變這樣　　□③否

2) 是否有下列症狀？

　　□①噁心　　□②嘔吐　　□③眼睛痛　　➜　□否

3) 淚液的量有變化嗎？

　　□①增加了　　□②減少了　　□③沒有變化

4) 請從下面的眼睛構造圖或直接從自己的眼睛指出會癢或會痛的部位。

5) 有戴隱形眼鏡嗎？

　　□是　　□否

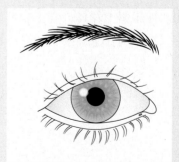

## 15. 充血

1) 突然充血しましたか？
　　　□①はい，突然　　□②いいえ，徐々に　　□③いいえ

2) 以下の症状はありますか？
　　　□①悪心　　□②嘔吐　　□③眼痛　──→　□いいえ

3) 涙の量に変化はありますか？
　　　□①増えた　　□②減った　　□③変わらない

4) かゆみや痛みがある部分を眼の図または直接眼を指して示してください．

5) コンタクトレンズを使用していますか？
　　　□はい　　□いいえ

제2부

C

# D 이비인후과 영역의 증상

**한국어**

## 16. 인두통

1) 감기입니까?

　　□예　　□아니오

2) 언제부터 아팠습니까?

　　____시간 전·____일 전·____주 전

3) 아래의 증상이 있습니까?

| □①발열　　　□②기침　　　□③가래 |
| □④콧물　　　□⑤쉰 목소리 |

→ □아니오

4) 담배를 피웁니까?

　　□예　　□아니오

5) 목에 뭔가 찔렸거나 구토한 적이 있습니까?

| □찔렸음　　　□구토했음 |

→ □아니오

---

**D. Symptoms in ears, nose and throat**

**영어**

## 16. Sore throat

1) Do you think you have caught a cold?

　　□ Yes　　□ No

2) Since when has it been hurting?

　　____ hours ago · ____ days ago · ____ weeks ago

3) Do you have the following symptoms?

| □①fever　　　　□②cough　　　　□③phlegm |
| □④runny nose　　□⑤hoarse voice |

→ □No

4) Do you smoke?

　　□ Yes　　□ No

5) Have you ever had something stuck in your throat or have you ever vomited?

| □stuck　　　□vomited |

→ □No

## 16. Dor de garganta

1) Acha que tem gripe?

☐ Sim    ☐ Não

2) Dói desde quando?

____ horas atrás ·  ____ dias atrás ·  ____ semanas atrás

3) Tem o sintoma abaixo?

☐① febre    ☐② tosse    ☐③ escarro
☐④ coriza    ☐⑤ voz rouca    ⟶ ☐ Não

4) Fuma?

☐ Sim    ☐ Não

5) Já espetou algo na garganta ou vomitou alguma vez?

☐ espetei    ☐ vomitei    ⟶ ☐ Não

## 16. เจ็บคอ

1) คิดว่าเป็นหวัดหรือไม่

☐ คิด    ☐ ไม่คิด

2) เริ่มเจ็บตั้งแต่เมื่อไร

____ ชั่วโมงที่แล้ว ·  ____ วันที่แล้ว ·  ____ สัปดาห์ที่แล้ว

3) มีอาการดังต่อไปนี้หรือไม่

☐① มีไข้    ☐② ไอ    ☐③ เสลด
☐④ น้ำมูก    ☐⑤ เสียงแหบแห้ง    ⟶ ☐ ไม่มี

4) สูบบุหรี่หรือไม่

☐ สูบ    ☐ ไม่สูบ

5) เคยมีอะไรติดคอหรืออาเจียนหรือไม่

☐ ติดคอ    ☐ อาเจียน    ⟶ ☐ ไม่เคย

## 16. 喉咙痛（咽炎）

1) 您觉得是感冒吗?

　　□是　□不是

2) 什么时候开始痛的?

　　____小时前 · ____天前 · ____星期前

3) 有下列的症状吗?

| | | |
|---|---|---|
| □①发烧 | □②咳嗽 | □③有痰 |
| □④流鼻水 | □⑤声音沙哑 | |

→ □没有

4) 有在抽烟吗?

　　□有　□没有

5) 喉咙有被什么刺到，或是有呕吐吗?

　　□被刺到　　□呕吐　→　□没有

## 16 · 喉嚨痛

1) 您覺得是感冒嗎?

　　□是　□否

2) 什麼時候開始痛的?

　　____小時前 · ____天前 · ____星期前

3) 是否有下列症狀?

| | | |
|---|---|---|
| □①發燒 | □②咳嗽 | □③有痰 |
| □④流鼻水 | □⑤聲音沙啞 | |

→ □否

4) 是否有抽菸習慣?

　　□是　□否

5) 喉嚨是否被什麼東西刺到，或有嘔吐的情況?

　　□被刺到　　□嘔吐　→　□否

# 16. 咽頭痛

1) 風邪と思いますか？
　　　□はい　□いいえ

2) いつから痛みますか？
　　　____時間前・____日前・____週間前

3) 以下の症状はありますか？

| □①発熱　　□②咳　　□③痰 |
|---|
| □④鼻水　　□⑤声のかすれ |

➡　□いいえ

4) タバコを吸いますか？
　　　□はい　□いいえ

5) 喉に何かが刺さった，または嘔吐したことがありましたか？

| □刺さった　　　□嘔吐した |
|---|

➡　□いいえ

# D 이비인후과 영역의 증상

〔별책 p15〕

**한국어**

## 17.비염증상

1) 아래의 증상이 있습니까?

| □①발열 | □②기침 | □③가래 | □④콧물 |
|---|---|---|---|
| □⑤쉰 목소리 | □⑥머리가 흐릿하고 무거움 | | |

→ □아니오

2) 눈의 가려움이 있습니까?

□예　□아니오

3) 계절에 따라 나빠집니까?

□예 ——→ 매년 ＿＿＿월부터 ＿＿＿월까지 나타남

□아니오 ——→ □최근 갑자기 나타났음
□일년 내내 나타남

4) 비염의 원인으로 아래의 것이 해당됩니까?

| □①꽃가루 | □②먼지 | □③반려동물 |
|---|---|---|
| □④약 | □⑤기타 알레르기 | |

→ □아니오

5) 에어컨 청소는 하고 있습니까?

□예　□아니오

---

## D. Symptoms in ears, nose and thro

**영어**

## 17. Runny nose

1) Do you have the following symptoms?

| □①fever | □②cough | □③phlegm | □④runny nose |
|---|---|---|---|
| □⑤hoarse voice | □⑥heavy-headed feeling | | |

→ □No

2) Do your eyes itch?

□Yes　□No

3) Does the worsening of your symptom depend on a season?

□Yes ——→ Every year from＿＿＿ (month) to ＿＿＿ (month)

□No ——→ □Recently I have had the symptom all of a sudden
□I have the symptom all the year round

4) Do you think the following substances could cause your runny nose?

| □①pollen | □②dust | □③pet |
|---|---|---|
| □④medicine | □⑤other allergen | |

→ □No

5) Has your air conditioner been kept clean?

□Yes　□No

**포르투갈어**

## 17. Sintomas de rinite

1) Tem o sintoma abaixo?

| □① febre | □② tosse | □③ escarro | □④ coriza |
|---|---|---|---|
| □⑤ voz rouca | □⑥ sensação pesada da cabeça | | |

→ □ Não

2) O olho coça?

□ Sim    □ Não

3) Piora conforme a estação?

□ Sim ——→ Aparece todo ano entre _____ (mês) e _____ (mês)

□ Não ——→ □ Apareceu de repente ultimamente
　　　　　　□ Aparece o ano todo

4) O motivo da rinite pode ser um dos itens abaixo?

| □① alergia | □② poeira | □③ animal de estimação |
|---|---|---|
| □④ medicamento | | □⑤ outra alergia |

→ □ Não

5) Tem feito limpeza do condicionador do ar?

□ Sim    □ Não

---

**태국어**

## 17. อาการจมูกอักเสบ

1) มีอาการดังต่อไปนี้หรือไม่

| □① มีไข้ | □② ไอ | □③ เสลด | □④ น้ำมูก |
|---|---|---|---|
| □⑤ เสียงแหบแห้ง | | □⑥ มีความรู้สึกหนักๆ ตื้อๆ | |

→ □ ไม่มี

2) มีอาการคันตาหรือไม่

□ มี    □ ไม่มี

3) อาการแย่ลงตามฤดูหรือไม่

□ แย่ ——→ มีอาการทุกปี ตั้งแต่ เดือน _____ ถึง เดือน _____

□ ไม่แย่ ——→ □ ระยะนี้เริ่มมีอาการอย่างกะทันหัน
　　　　　　 □ มีอาการทั้งปี

4) คิดสงสัยได้ไหมว่า เป็น สาเหตุ จมูก อักเสบ ดังต่อไปนี้

| □① แพ้เกสรดอกไม้ | □② ฝุ่นละออง | □③ สัตว์เลี้ยง |
|---|---|---|
| □④ ยา | □⑤ แพ้อื่นๆ | |

→ □ ไม่ได้

5) ทำความสะอาดเครื่องปรับอากาศบ้างหรือไม่

□ ทำ    □ ไม่ทำ

중국어간체

## 17. 鼻炎症状

1) 是否有下列症状?

□①发烧　　　□②咳嗽　　　□③有痰　　　□④流鼻水
□⑤声音沙哑　　　□⑥脑袋昏沉、头重感　　　　→　□没有

2) 眼睛会觉得痒吗?

□会　□不会

3) 会因为季节不同而恶化吗?

□会　——→　每年____开始到____月为止会鼻炎

□没有　——→　□最近突然这样
　　　　　　　□整年都会鼻炎

4) 下列各项有任何您觉得是鼻炎的原因吗?

□①花粉症　　　□②尘埃　　　□③宠物
□④药物　　　□⑤其它过敏　　　　→　□没有

5) 有清理空调吗?

□有　□没有

---

중국어번체

## 17 · 鼻炎症狀

1) 是否有下列症狀?

□①發燒　　　□②咳嗽　　　□③有痰　　　□④流鼻水
□⑤聲音沙啞　　　□⑥頭腦昏沉　　　　→　□否

2) 眼睛是否會覺得癢?

□是　□否

3) 症狀是否會隨季節不同而惡化?

□是　——→　每年____月開始到____月為止較嚴重

□否　——→　□最近突然這樣
　　　　　　□一整年都這樣

4) 下列各項是否有您認為造成鼻炎的原因?

□①花粉症　　　□②塵埃　　　□③寵物
□④藥物　　　□⑤其他過敏　　　　→　□否

5) 是否有清理空調?

□是　□否

## 17. 鼻炎症状

1) 以下の症状はありますか？

□①発熱　　　□②咳　　　□③痰　　　□④鼻水
□⑤声のかすれ　　□⑥頭重感　　　　　　　　　→ □いいえ

2) 眼のかゆみはありますか？

□はい　　□いいえ

3) 季節により悪化しますか？

□はい　　⟶　　毎年＿＿月から＿＿月まで出る

□いいえ　⟶　　□最近急に出た
　　　　　　　　□1年中出る

4) 鼻炎の原因として以下のものは考えられますか？

□①花粉症　□②埃　　　□③ペット
□④薬　　　□⑤その他のアレルギー　　→ □いいえ

5) エアコンの掃除はできていますか？

□はい　　□いいえ

## D 이비인후과 영역의 증상

〔별책 p16〕

**한국어**

### 18.귀의 통증

1) 언제부터 아팠습니까?　　＿＿＿시간 전·＿＿＿일 전·＿＿＿주 전

2) 통증의 정도는 변하였습니까?　□①나빠졌음　□②약해졌음　□③변화 없음

3) 발열이나 귀에서 고름이 나옵니까?

□발열　　□귀에서 고름이 나옴　　→　□아니오

4) 소리가 잘 들리지 않거나 잡음이 들린 적이 있습니까?

□잘 들리지 않음　　□잡음이 있음　　→　□아니오

5) 짐작되는 원인이 있습니까?

□①귓속 청소 등으로 인한 귀 손상　　□④심한 기침

□②비행기로 인한 기압의 변화　　□⑤감기

□③큰 소리나 폭발　　□⑥두부 타박상

□⑦약제

□⑧건강기능식품　→　지금 갖고 있으면 보여 주세요.

□⑨기타(구체적으로 그림을 그려 알려 주세요.)

→　□아니오

---

## D. Symptoms in ears, nose and throa

**영어**

### 18. Earache

1) Since when has it been hurting?　＿＿＿hours ago・＿＿＿days ago・＿＿＿weeks ago

2) Has the severeness of pain changed?

□①worsened　□②reduced　□③not changed

3) Do you have a fever or ear discharge?

□ fever　□ ear discharge　→　□ No

4) Have you ever had hearing difficulty or have you heard noise?

□ hearing difficulty　□ noise　→　□ No

5) Have you thought of the following cause?

□①scratch when cleaning ears etc　　□④severe cough

□②change of pressure in the airplane etc　　□⑤cold

□③loud sound or explosion　　□⑥bruise on head

□⑦medicine

□⑧supplement　→　If you take it with you now, please show it to me

□⑨other（please draw the picture and explain it in detail）

→　□ No

# 18. Dor no ouvido

1) Desde quando tem dor? _____ horas atrás · _____ dias atrás · _____ semanas atrás

2) Mudou a intensidade da dor? □① piorou □② melhorou □③ não mudou

3) Tem febre ou sai secreção do ouvido?

□ febre □ secreção do ouvido ⟶ □ Não

4) Tem dificuldade de ouvir ou está escutando um barulho estranho?

□ dificuldade de ouvir □ barulho estranho ⟶ □ Não

5) Tem alguma ideia do seu motivo?

□① ferimento no ouvido causado por sua limpeza □④ tosse intensa

□② mudança na pressão do ar do avião □⑤ gripe

□③ barulho alto ou explosão □⑥ ferimento da cabeça

□⑦ medicamento

□⑧ suplemento ⟶ mostre se tiver agora

□⑨ outro (me explique concretamente desenhando-o)

⟶ □ Não

---

# 18. เจ็บหู

1) เริ่มเจ็บ ตั้งแต่เมื่อไร _____ ชั่วโมงที่แล้ว · _____ วันที่แล้ว · _____ สัปดาห์ที่แล้ว

2) มีการเปลี่ยนแปลงความเจ็บปวดแค่ไหน □① แย่ลง □② ดีขึ้น □③ ไม่เปลี่ยนแปลง

3) มีไข้หรือมีน้ำหนวกออกจากหูหรือไม่

□ มีไข้ □ หูน้ำหนวก ⟶ □ ไม่มี

4) เคยได้ยินเสียงไม่ชัด หรือ ได้ยินเสียงรบกวนหรือไม่

□ ได้ยินไม่ชัด □ ได้ยินเสียงรบกวน ⟶ □ ไม่เคย

5) คิดว่ามีสิ่งเหล่านี้เป็นสาเหตุหรือไม่

□① แผลหูจาก ทำความสะอาด หู □④ ไอรุนแรง

□② การปรับ ความกด อากาศ บน เครื่องบิน □⑤ เป็นหวัด

□③ เสียงดังหรือการระเบิด □⑥ ศีรษะกระแทก

□⑦ ยา

□⑧ อาหารเสริม ⟶ ขณะนี้ ถ้ามียานั้น กรุณาแสดงยาด้วย

□⑨ อื่นๆ (กรุณาอธิบายให้ละเอียดและชัดเจนด้วยวาดภาพ)

⟶ □ ไม่มี

중국어간체

## 18. 耳朵痛

1) 什么时候开始会痛？　　＿＿＿小时前・＿＿＿天前・＿＿＿星期前

2) 疼痛的程度有变化吗？　　□①恶化了　□②减轻了　□③没有变化

3) 有发烧或耳朵流出分泌物的现象吗？

□发烧　□耳朵流出分泌物　──▶　□没有

4) 是否有很难听到声音，或会听到杂音的情形？

□很难听到声音　□有杂音　──▶　□没有

5) 有任何认为可能是原因的事项吗？

□①清洁耳朵时伤到耳朵　　　　□④激烈咳嗽

□②搭飞机的气压变化　　　　　□⑤感冒

□③巨大的声响或爆炸　　　　　□⑥头部挫伤

□⑦药剂

□⑧健康食品　──▶　现在有带的话请出示

□⑨其它（请画出具体的图画）

──▶　□没有

중국어번체

## 18・耳朵痛

1) 什麼時候開始會痛？　　＿＿＿小時前・＿＿＿天前・＿＿＿星期前

2) 疼痛的程度是否有變化？　　□①惡化了　□②減輕了　□③沒有變化

3) 是否有發燒或耳漏（耳朵流出分泌物）的現象？

□發燒　□耳漏（耳朵流出分泌物）　──▶　□否

4) 是否有聽不太到聲音，或聽到雜音的情形？

□聽不太到聲音　□有雜音　──▶　□否

5) 下列是否有您認為是原因的項目？

□①清潔耳朵時傷到耳朵　　　　□④劇烈咳嗽

□②搭飛機的氣壓變化　　　　　□⑤感冒

□③巨大的聲響或爆炸　　　　　□⑥頭部挫傷

□⑦藥劑

□⑧健康食品　──▶　現在有帶的話請出示

□⑨其他（請具體用畫圖的方式表現出來）

──▶　□否

# 18. 耳痛

1) いつから痛みますか？　　＿＿＿時間前・＿＿＿日前・＿＿＿週間前

2) 痛みの程度は変化しましたか？
　　　　□①悪化した　　□②軽くなった　　□③変わらない

3) 発熱・耳だれはありますか？
　　　□発熱　　□耳だれ　　　　　　━━━▶　□いいえ

4) 音が聞こえにくくなる，雑音が聞こえるといったことがありますか？
　　　□聞こえにくい　　□雑音がする　　━━━▶　□いいえ

5) 思い当たる原因はありますか？
　　　□①耳掃除などによる耳の傷　　　□④激しい咳
　　　□②飛行機による気圧の変化　　　□⑤風邪
　　　□③大きな音や爆発　　　　　　　□⑥頭部打撲
　　　□⑦薬剤
　　　□⑧サプリメント　　┐━━▶　いま持っていれば見せてください
　　　□⑨その他(具体的に絵を描いて教えてください)
　　　　└━━▶□いいえ

# D 이비인후과 영역의 증상

**한국어**

## 19. 청력장애

1) 들리지 않는 것은 어느 쪽입니까?

　　□①오른쪽 귀　　□②왼쪽 귀　　□③양쪽 귀

2) 갑자기 잘 들리지 않게 되었습니까?

　　□①예, 갑자기　　□②아니오, 차츰　　□③아니오

3) 아래의 증상이 있습니까?

　　□①귀의 통증　　□②발열　　□③이명(귀울림)　　→　□아니오

4) 고음과 저음 중에서 어느 쪽이 잘 들리지 않습니까?

　　□①고음　　□②저음　　□③양쪽

5) 헤드폰이나 이어폰으로 소리를 크게 해서 듣습니까?　　□예　　□아니오

6) 소음이나 스트레스가 많은 직장 또는 자택입니까?

　　□예　　□아니오

　　□소음　　□스트레스　　│　□직장　　□자택　　□기타

**영어**

## 19. Hearing difficulty

1) Which ear do you have hearing difficulty?

　　□①right　　□②left　　□③both

2) Has your hearing loss occurred all of a sudden?

　　□①Yes, all of a sudden　　□②No, not suddenly but gradually　　□③No

3) Do you have the following symptoms?

　　□①earache　　□②fever　　□③ear ringing　　→　□No

4) Which sound is more difficult to hear, high-pitched or low-pitched?

　　□①high-pitched　　□②low-pitched　　□③both

5) Have you been listening to loud sound with a headphone or an earphone?

　　□Yes　　□No

6) Is your work place or home full of noise or stress?

　　□Yes　　□No

　　□noise　　□stress　　│　□work place　　□home　　□other

# 19. Distúrbios auditivos

1) Qual é o ouvido que perdeu a audição?

☐① direito　　☐② esquerdo　　☐③ ambos

2) Perdeu a audição de repente?

☐① Sim, de repente　　☐② Não, foi gradativo　　☐③ Não

3) Tem o sintoma abaixo?

☐① dor no ouvido　　☐② febre　　☐③ zumbido　　⟶ ☐ Não

4) Tem dificuldade de ouvir som alto ou baixo?

☐① som alto　　☐② som baixo　　☐③ ambos

5) Costuma ouvir som alto por headfones ou fones de ouvido?

☐ Sim　　☐ Não

6) O seu local de trabalho ou sua casa é muito barulhento ou é um local estressante?

☐ Sim　　☐ Não

☐ barulhento　　☐ estressante　　☐ local de trabalho　　☐ casa　　☐ outro

---

# 19. หูตึง

1) หูข้างไหนที่ไม่ได้ยินเสียง

☐① ข้างขวา　　☐② ข้างซ้าย　　☐③ ทั้ง 2 ข้าง

2) ไม่ได้ยินเสียงอย่างกะทันหันหรือไม่

☐① ไม่ได้ยินเสียงกะทันหัน　　☐② ค่อยๆ ไม่ได้ยินเสียง　　☐③ ได้ยิน

3) มีอาการดังต่อไปนี้หรือไม่

☐① เจ็บหู　　☐② มีไข้　　☐③ มีเสียงฮืออๆ ในหู　　⟶ ☐ ไม่มี

4) เสียงความถี่สูงกับเสียงความถี่ต่ำ เสียงไหนฟังไม่ชัดกว่ากัน

☐① เสียงความถี่สูง　　☐② เสียงความถี่ต่ำ　　☐③ ทั้งสองเสียง

5) เคยฟังเสียงดังโดยใช้หูฟังหรือที่เสียบหูหรือไม่

☐ เคย　　☐ ไม่เคย

6) ที่ทำงานหรือบ้านตัวเอง มีเสียงรบกวน และ มีความเครียดมากหรือไม่

☐ ใช่　　☐ ไม่ใช่

☐ เสียงรบกวน　　☐ ความเครียด　　☐ ที่ทำงาน　　☐ บ้านตัวเอง　　☐ อื่นๆ

## 19. 听力障碍

1) 听不到的是哪只耳朵？

　　　　□①右耳　　□②左耳　　□③双耳

2) 是突然变得听不到吗？

　　　　□①是，突然的　　□②不是，慢慢变这样的　　□③不是

3) 有下列症状吗？

　　　　□①耳朵痛　　□②发烧　　□③耳鸣 ⟶ □没有

4) 高音和低音哪一种比较难听清楚？

　　　　□①高音　　□②低音　　□③两者皆是

5) 是否曾经用耳机收听很大的声音？

　　　　□是　　□否

6) 工作地点或住家有很大的噪音或很有压力吗？

　　　　□有　　□没有

　　　　□噪音　□压力　　　　□工作地点　□住家　□其它

---

## 19·聽力障礙

1) 聽不到的是哪隻耳朵？

　　　　□①右耳　　□②左耳　　□③兩耳

2) 是否突然聽不到聲音？

　　　　□①是，突然地　　□②否，慢慢變這樣　　□③否

3) 是否有下列症狀？

　　　　□①耳朵痛　　□②發燒　　□③耳鳴 ⟶ □否

4) 高音和低音哪一種比較不容易聽清楚？

　　　　□①高音　　□②低音　　□③兩者皆是

5) 是否曾經用耳機聆聽很大的聲音？

　　　　□是　　□否

6) 工作地點或家裡是否噪音很多或壓力很大？

　　　　□是　　□否

　　　　□噪音　□壓力　　　　□工作地點　□住家　□其他

# 19. 聴力障害

1) 聞こえないのはどちらの耳ですか？
　　　□①右耳　　□②左耳　　□③両耳

2) 突然，聞こえなくなりましたか？
　　　□①はい，突然　　□②いいえ，徐々に　　□③いいえ

3) 以下の症状はありますか？
　　　□①耳痛　　□②発熱　　□③耳鳴り　　→　□いいえ

4) 高音と低音ではどちらが聞こえにくいですか？
　　　□①高音　　□②低音　　□③両方

5) ヘッドホンやイヤホンで大きな音を聞いていましたか？
　　　□はい　　□いいえ

6) 騒音やストレスが多い職場または自宅ですか？
　　　□はい　　□いいえ

　　　□騒音　□ストレス　　□職場　□自宅　□その他

# D 이비인후과 영역의 증상

〔별책 p17〕

**한국어**

## 20. 이명(귀울림)

1) 귀가 울리는 것은 어느 쪽입니까?　□①오른쪽 귀　□②왼쪽 귀　□③양쪽 귀

2) 갑자기 귀울림이 시작됐습니까?
　　　　□①예, 갑자기　□②아니오, 차츰　□③아니오

3) 소리가 잘 들리지 않습니까?　□예　□아니오

4) 귀울림의 리듬은 심장의 움직임과 일치합니까?　□예　□아니오

5) 짐작되는 원인이 있습니까?

| | |
|---|---|
| □①귓속 청소 등으로 인한 귀 손상 | □④심한 기침 |
| □②비행기로 인한 기압의 변화 | □⑤감기 |
| □③큰 소리나 폭발 | □⑥두부 타박상 |
| □⑦약제 ┐ | |
| □⑧건강기능식품 ┘→ 지금 갖고 있으면 보여 주세요. | |
| □⑨기타(구체적으로 그림을 그려 알려 주세요.) | |

→□아니오

---

**영어**

**D. Symptoms in ears, nose and thro**

## 20. Ear ringing

1) In which ear do you hear ringing?　□①right　□②left　□③both

2) Has the ringing been heard all of a sudden?
　　　　□①Yes, all of a sudden　□②No, not suddenly but gradually　□③No

3) Have you come to have a difficulty hearing sounds?　□Yes　□No

4) Does the rhythm of ear ringing synchronize with your heartbeat?　□Yes　□No

5) Have you thought of the following causes?

| | |
|---|---|
| □①scratch when cleaning ears etc | □④severe cough |
| □②change of pressure in the airplane | □⑤cold |
| □③loud sound or explosion | □⑥bruise on head |
| □⑦medicine ┐ | |
| □⑧supplement ┘→ If you take it with you now, please show it to me | |
| □⑨other (please draw the picture and explain it in detail) | |

→ □No

포르투갈어

## 20. Zumbido

1) Sente o zumbido em qual dos ouvidos?　□① direito　□② esquerdo　□③ ambos

2) O zumbido começou de repente?

　　□① Sim, de repente　□② Não, foi gradativo　□③ Não

3) Tem dificuldade em ouvir sons?　□ Sim　□ Não

4) O ritmo do zumbido bate com o movimento do coração?　□ Sim　□ Não

5) Tem alguma ideia do seu motivo?

□① ferimento no ouvido causado por sua limpeza　□④ tosse intensa

□② mudança na pressão do ar do avião　□⑤ gripe

□③ barulho alto ou explosão　□⑥ ferimento da cabeça

□⑦ medicamento

□⑧ suplemento　→ mostre se tiver agora

□⑨ outro (me explique concretamente desenhando-o)

→ □ Não

---

태국어

## 20. หูอื้อ

1) รู้สึกหูอื้อในหูข้างไหน　□① ข้างขวา　□② ข้างซ้าย　□③ ทั้งสองข้าง

2) รู้สึกหูอื้อในหูอย่างกะทันหันหรือไม่

　　□① กะทันหัน　□② ค่อยๆ　□③ ไม่ใช่

3) ได้ยินไม่ชัดเจนหรือไม่　□ ไม่ชัด　□ ชัดปกติ

4) จังหวะหูอื้อตรงกับ การเต้นของหัวใจ หรือไม่

　　□ ตรง　□ ไม่ตรง

5) คิดว่ามีสิ่งเหล่านี้เป็นสาเหตุหรือไม่

□① แผลจากการทำความสะอาดหู　□④ ไอรุนแรง

□② การปรับความกดอากาศบนเครื่องบิน　□⑤ เป็นหวัด

□③ เสียงดังหรือการระเบิด　□⑥ ศีรษะกระแทก

□⑦ ยา

□⑧ อาหารเสริม　→ ขณะนี้ ถ้ามียานั้น กรุณาแสดงยาด้วย

□⑨ อื่นๆ(กรุณาอธิบายให้ละเอียดและชัดเจนด้วยวาดภาพ)

→ □ ไม่มี

**중국어간체**

## 20. 耳鸣

1) 耳鸣的是哪一只耳朵？　　□①右耳　　□②左耳　　□③双耳

2) 是突然开始耳鸣的吗？

　　　　□①是，突然变成这样　　□②不是，慢慢变成这样　　□③不是

3) 有变得比较难听不到声音吗？　　□有　　□没有

4) 耳鸣的节奏跟心脏跳动的频率一致吗？　　□是　　□不是

5) 下列有您认为可能是原因的项目吗？

□①清洁耳朵时伤到耳朵　　　　　□④激烈咳嗽

□②搭飞机的气压变化　　　　　　□⑤感冒

□③巨大的声响或爆炸　　　　　　□⑥头部挫伤

□⑦药剂

□⑧健康食品　──▶　现在有带的话请出示

□⑨其它（请画出具体的图画）

　　　──▶　□没有

---

**중국어번체**

## 20・耳鳴

1) 耳鳴的是哪一隻耳朵？　　□①右耳　　□②左耳　　□③兩耳

2) 是否突然開始耳鳴？

　　　　□①是，突然變這樣　　□②否，漸漸變這樣　　□③否

3) 是否變得比較聽不到聲音？　　□是　　□否

4) 耳鳴的節奏是否和心跳的頻率一致？　　□是　　□否

5) 下列是否有您認為是原因的項目？

□①清潔耳朵時傷到耳朵　　　　　□④劇烈咳嗽

□②搭飛機的氣壓變化　　　　　　□⑤感冒

□③巨大的聲響或爆炸　　　　　　□⑥頭部挫傷

□⑦藥劑

□⑧健康食品　──▶　現在有帶的話請出示

□⑨其他（請具體用畫圖的方式表現出來）

　　　──▶　□否

## 20. 耳鳴り

1) 耳鳴りがするのはどちらの耳ですか？　□①右耳　□②左耳　□③両耳
2) 突然，耳鳴りが始まりましたか？
　　　□①はい，突然　□②いいえ，徐々に　□③いいえ
3) 音が聞こえにくくなりましたか？　□はい　□いいえ
4) 耳鳴りのリズムは心臓の動きに一致していますか？　□はい　□いいえ
5) 思い当たる原因はありますか？

> □①耳掃除などによる耳の傷　　□④激しい咳
> □②飛行機による気圧の変化　　□⑤風邪
> □③大きな音や爆発　　□⑥頭部打撲
> □⑦薬剤
> □⑧サプリメント ┐→ いま持っていれば見せてください
> □⑨その他(具体的に絵を描いて教えてください)
> └→□いいえ

# D 이비인후과 영역의 증상

**한국어**

## 21. 비출혈(코피)

1) 얼마 동안이나 코피가 계속 나고 있습니까?

＿＿＿분간·＿＿＿시간

2) 한달에 몇 번 정도 코피가 납니까?

＿＿＿번

3) 이를 닦을 때 잇몸에서 피가 납니까?

□예　□아니오

4) 피를 잘 멎지 않게 하는 약을 먹고 있습니까?

□예(지금 갖고 있으면 보여 주세요.)　□아니오

5) 간장, 심장, 신장이 나쁘다고 들은 적이 있습니까?

□①간장　□②심장　□③신장 ⟶ □아니오

**D. Symptoms in ears, nose and throat**

**영어**

## 21. Nasal bleeding

1) How long has your nose been bleeding?

＿＿＿minutes · ＿＿＿hours

2) How many times a month does your nose bleed?

＿＿＿times

3) Do your gums bleed when brushing teeth?

□ Yes　□ No

4) Do you use the medicine preventing blood from clotting?

□ Yes (If you take it with you now, please show it to me)　□ No

5) Have you ever been told that something is wrong with your liver, heart or kidney?

□①liver　□②heart　□③kidney ⟶ □ No

포르투갈어

## 21. Sangramento nasal

1) Quanto tempo faz que está saindo sangue do nariz?

_____minutos • _____horas

2) Sai sangue do nariz quantas vezes por mês?

_____vezes

3) A gengiva sangra quando escova os dentes?

☐ Sim ☐ Não

4) Toma medicamento que dificulta parar de sangrar?

☐ Sim (mostre se tiver agora) ☐ Não

5) Já lhe disseram que tem problemas no fígado, coração ou rim?

☐① fígado ☐② coração ☐③ rim ⟶ ☐ Não

---

태국어

## 21. เลือดกำเดา

1) เลือดกำเดาไหลนานเท่าไร

_____นาที • _____ชั่วโมง

2) เลือดกำเดาไหล เดือนละ กี่ครั้ง

_____ครั้ง/เดือน

3) มีเลือดออกขณะแปรงฟันหรือไม่

☐ มี ☐ ไม่มี

4) ทานยาละลายลิ่มเลือด หรือไม่

☐ ทาน (ขณะนี้ ถ้ามียานั้น กรุณาแสดงยาด้วย) ☐ ไม่ทาน

5) เคยมีหมอวินิจฉัยว่า ท่านเป็นโรคตับ • โรคหัวใจ • โรคไตหรือไม่

☐① ตับ ☐② หัวใจ ☐③ ไต ⟶ ☐ ไม่เคย

중국어간체

## 21. 流鼻血

1) 鼻血持续流了多久？
　　　＿＿＿分钟・＿＿＿小时

2) 一个月大约会流鼻血几次？
　　　＿＿＿次

3) 刷牙时是否会牙龈出血？
　　　□会　　□不会

4) 是否有服用会降低凝血功能的药物吗？
　　　□有（现在有带的话请出示）　　□没有

5) 肝脏・心脏・肾脏曾被诊断出有问题吗？
　　　□①肝脏　　□②心脏　　□③肾脏　　➡　□不是

중국어번체

## 21・流鼻血

1) 鼻血持續流了多久？
　　　＿＿＿分鐘・＿＿＿小時

2) 一個月大約會流鼻血幾次？
　　　＿＿＿次

3) 刷牙時是否會牙齦流血？
　　　□是　　□否

4) 是否有服用降低凝血功能的藥物？
　　　□是（現在有帶的話請出示）　　□否

5) 肝臟・心臟・腎臟是否曾被診斷出有問題？
　　　□①肝臟　　□②心臟　　□③腎臟　　➡　□否

일본어

## 21. 鼻出血

1) どのくらい鼻血が続いていますか？

　　　　＿＿分間・＿＿時間

2) 1ヵ月に何回くらい鼻血が出ますか？

　　　　＿＿回

3) 歯磨きで歯ぐきから出血しますか？

　　　　□はい　　□いいえ

4) 血を止まりにくくする薬を飲んでいますか？

　　　　□はい (いま持っていれば見せてください)　　□いいえ

5) 肝臓・心臓・腎臓が悪いと言われたことはありますか？

　　　　□①肝臓　　□②心臓　　□③腎臓　　──→　□いいえ

〔별책 p18〕

**한국어**

## 22. 귀출혈

1) 얼마나 귀출혈이 계속되고 있습니까?

　　____분간·____시간

2) 한달에 몇 번 정도 귀에서 피가 납니까?

　　____번

3) 이를 닦을 때 잇몸에서 피가 납니까?

　　□예　□아니오

4) 귀출혈 전에 귓속 청소를 하였습니까?

　　□①예, 귀 안쪽까지　□②예, 귀 입구를　□③아니오

5) 귀출혈 전에 턱이나 머리를 심하게 부딪쳤습니까?

　　□예　□아니오

6) 현기증은 있습니까?

　　□예　□아니오

**D. Symptoms in ears, nose and thro**

**영어**

## 22. Ear bleeding

1) How long has your ear been bleeding?

　　____minutes · ____hours

2) How many times a month does your ear bleed?

　　____times

3) Do your gums bleed when brushing teeth?

　　□ Yes　□ No

4) Did you clean your ear before you bled?

　　□① Yes, deep inside the ear　□② Yes, but only on surface　□③ No

5) Have you had your chin or head strongly hit before you bled from the ear?

　　□ Yes　□ No

6) Do you have dizziness?

　　□ Yes　□ No

포르투갈어

## 22. Sangramento pelo ouvido

1) Quanto tempo faz que está saindo sangue do ouvido?

____minutos · ____horas

2) Sai sangue do ouvido quantas vezes por mês?

____vezes

3) Sangra a gengiva quando escova os dentes?

□ Sim    □ Não

4) Limpou o ouvido antes de começar a sangrar?

□①Sim, até o fundo do ouvido    □②Sim, a parte rasa do ouvido    □③Não

5) Bateu forte o queixo ou a cabeça antes de começar a sangrar pelo ouvido?

□ Sim    □ Não

6) Tem tonturas?

□ Sim    □ Não

---

태국어

## 22. เลือดออกจากหู

1) เลือดออกจากหูนานเท่าไร

____นาที · ____ชั่วโมง

2) เลือดออกจากหูเดือนละกี่ครั้ง

____ครั้ง/เดือน

3) มีเลือดออกขณะแปรงฟันหรือไม่

□ มี    □ ไม่มี

4) ก่อนที่เลือดออกจากหู ทำความสะอาดหู หรือไม่

□①ทำ, เข้าไปลึกๆ    □②ทำ,ไม่ลึก    □③ไม่ทำ

5) ก่อนที่เลือดออกจากหู ศีรษะและคางกระแทกอย่างรุนแรงหรือไม่

□ กระแทก    □ ไม่กระแทก

6) มีอาการเวียนหัวไหม

□ มี    □ ไม่มี

**중국어간체**

## 22. 耳朵出血

1) 耳朵出血的情况持续了多久？

      ____分钟 · ____小时

2) 一个月会有几次耳朵出血的情况？

      ____次

3) 刷牙时会从牙龈出血吗？

      □会　□不会

4) 耳朵出血之前，有清耳朵吗？

      □①有，清到耳朵深处　□②有，清到耳朵浅处　□③没有

5) 耳朵出血之前，下巴或头部有遭到强烈撞击吗？

      □有　□没有

6) 会头晕吗？

      □会　□不会

**중국어번체**

## 22 · 耳內出血

1) 耳內出血的情況持續了多久？

      ____分鐘 · ____小時

2) 一個月會有幾次耳內出血的情況？

      ____次

3) 刷牙時是否會牙齦流血？

      □是　□否

4) 耳內出血之前，有清耳朵嗎？

      □①有，清到耳朵深處　□②有，清到耳朵淺處　□③沒有

5) 耳內出血之前，下巴或頭部是否遭到強烈撞擊？

      □是　□否

6) 是否有頭暈現象？

      □是　□否

## 22. 耳出血

1) どのくらい耳出血が続いていますか？

　　　____分間・____時間

2) 1ヵ月に何回くらい耳出血しますか？

　　　____回

3) 歯磨きで歯ぐきから出血しますか？

　　　□はい　□いいえ

4) 耳出血の前に，耳掃除をしましたか？

　　　□①はい，耳の奥まで　□②はい，浅いところを　□③いいえ

5) 耳出血の前に顎や頭を強く打ちましたか？

　　　□はい　□いいえ

6) めまいはありますか？

　　　□はい　□いいえ

# E 소화기의 증상

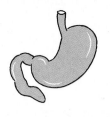

한국어

## 23. 복통

1) 갑자기 배가 아픕니까?　□예　□아니오

2) 어느 부위가 아픕니까?　⟶　복부구조 그림이나 자신의 신체를 직접 가리켜 주세요.

3) 지속되는 통증입니까? 심해졌다가 약해졌다가 반복하는 통증입니까?

　　　□지속되는 통증　□심해졌다가 약해졌다가 반복하는 통증

4) 아래의 증상이 있습니까?

　　□①구토　　□②발열　　□③혈뇨　　□④혈변　　□⑤질출혈　⟶　□아니오

5) 임신일 가능성이 있습니까?　□예　□아니오

6) 월경통입니까?　□예　□아니오

7) 식사와 통증에 관련이 있습니까?

　　□①예, 식후에 아픔　□②예, 공복 시에 아픔　□③아니오, 관련 없음

8) 진통제를 먹고 있습니까?　□예(지금 갖고 있으면 보여 주세요.)　□아니오

9) 원인으로 짐작되는 음식물이나 음료는 있습니까?

| 〈음식물 리스트〉 | |
| --- | --- |
| 1 오래된 것 | 8 향신료 |
| 2 과식 | 9 과일즙 |
| 3 도시락 | 10 탄산음료 |
| 4 해산물 날 것(고등어, 전갱이, 오징어) | 11 우유 |
| 5 충분히 익히지 않은 고기 | 12 지방분 |
| 6 알콜 | 13 견과류 |
| 7 담배 | 14 커피 |
| 15 기타(구체적으로 그림을 그려 알려 주세요.) | |

　⟶　□아니오

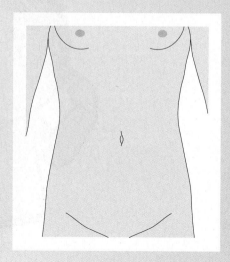

영어

# 23. Abdominal pain

1) Did you suddenly have an abdominal pain?　☐ Yes　☐ No

2) Which part of abdomen does it hurt?

　　⟶ Please use this picture or point directly to your body to show me where it hurts

3) Is it a lasting pain or pain repeating up and down alternately?

　　☐ lasting　　☐ repeating up and down alternately

4) Do you have the following symptoms?

| ☐① vomiting　☐② fever　☐③ bloody urine　☐④ bloody stool ☐⑤ vaginal bleeding |

　　　　　　　　　　　　　　　　　　　　　　　　　　　⟶ ☐ No

5) Are you possibly expecting?　　☐ Yes　☐ No

6) Is it menstrual pain?　　☐ Yes　☐ No

7) Does your pain have something to do with meals?

　　☐① Yes, it hurts after the meal　　☐② Yes, it hurts when I am hungry

　　☐③ No, it has nothing to do with the meal

8) Do you take pain killers?

　　☐ Yes (If you take it with you now, please show it to me)　　☐ No

9) Have you thought of any food or drink among the following items that might have caused the symptom?

| < Food list > | | |
| --- | --- | --- |
| 1. spoiled food | 5. meat poorly cooked | 10. soda |
| 2. overeating | 6. alcohol | 11. cow milk |
| 3. box lunch | 7. tobacco | 12. fat |
| 4. raw seafood (mackerel・horse mackerel・squid) | 8. spice | 13. nuts |
| | 9. fruit juice | 14. coffee |
| 15. other (Please draw the picture and explain it in detail) | | |

　　⟶ ☐ No

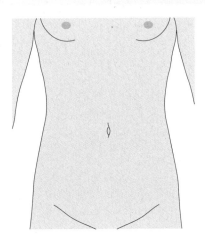

## 23. Dor abdominal

1) É uma dor abdominal repentina?  ☐ Sim  ☐ Não

2) Qual é a parte com dor?

→ Indique na figura do abdômen ou aponte diretamente no seu corpo

3) É uma dor contínua? Ou é uma dor que piora e acalma alternadamente?

☐ dor contínua  ☐ dor que piora e acalma alternadamente

4) Tem o sintoma abaixo?

| ☐① vômito ☐② febre ☐③ sangue na urina ☐④ sangue nas fezes ☐⑤ sangramento vaginal |

→ ☐ Não

5) Tem possibilidade de estar grávida?  ☐ Sim  ☐ Não

6) É cólica menstrual?  ☐ Sim  ☐ Não

7) A dor está relacionada com a refeição?

☐① Sim, dói depois de comer  ☐② Sim, dói quando sinto fome

☐③ Não, não está relacionada

8) Toma analgésico?  ☐ Sim (mostre se tiver agora)  ☐ Não

9) Tem algum alimento ou bebida que possa ser o motivo da dor?

< Lista de alimentos >

1. produto velho
2. comeu demasiado
3. marmita
4. frutos do mar crus
   (cavala · cavalinha · lula)

5. carne com falta de
   aquecimento
6. álcool
7. cigarro
8. condimento

9. suco de fruta
10. refrigerante
11. leite
12. gordura
13. castanha
14. café

15. outro (me explique concretamente desenhando-o)

→ ☐ Não

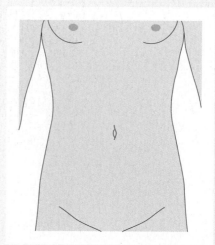

# 23. ปวดท้อง

**1)** ปวดท้องอย่างกะทันหันหรือไม่   ☐ ใช่   ☐ ไม่ใช่

**2)** ปวดตรงไหนบ้าง

→ กรุณาชี้บอกบริเวณที่มีอาการบนแผ่นภาพช่องท้องหรือร่างกายของตัวเอง

**3)** ปวดท้องตลอดเวลา หรือ ปวดๆ หายๆ หรือไม่   ☐ ปวดตลอดเวลา   ☐ ปวดๆ หายๆ

**4)** มีอาการดังต่อไปนี้ หรือไม่

| ☐①อาเจียน   ☐②มีไข้   ☐③ฉี่เป็นเลือด ☐④ถ่ายอุจจาระปนเลือด   ☐⑤เลือดออกทางช่องคลอด | → ☐ ไม่มี |

**5)** มีแนวโน้มที่จะตั้งครรภ์หรือไม่   ☐ มี   ☐ ไม่มี

**6)** ปวดประจำเดือนไหม   ☐ ใช่   ☐ ไม่ใช่

**7)** อาหารกับความเจ็บปวดมีความเกี่ยวข้องหรือไม่

☐①มี,ปวดหลังอาหาร   ☐②มี,ปวดเวลาหิวข้าว   ☐③ไม่เกี่ยว

**8)** ทานยาระงับปวดหรือไม่   ☐ ทาน (ขณะนี้ถ้ามียานั้น กรุณาแสดงยาด้วย)   ☐ ไม่ทาน

**9)** คิดว่ามีสาเหตุจากอาหารหรือเครื่องดื่มที่ทานไปหรือไม่

| < รายชื่ออาหาร > |
|---|
| 1. ของเก่า                           8. เครื่องเทศ |
| 2. กินมากเกินไป                      9. น้ำผลไม้ |
| 3. อาหารกล่องปรุงสำเร็จ              10. น้ำอัดลม |
| 4. อาหารทะเลดิบ (ปลาซาบะ・ปลาทู・ปลาหมึก)   11. นมวัว |
| 5. เนื้อไม่สุก                        12. ไขมัน |
| 6. สุรา                              13. ถั่ว |
| 7. บุหรี่                            14. กาแฟ |
| 15. อื่นๆ (กรุณาอธิบายให้ละเอียดและชัดเจนด้วยวาดภาพ) |

 → ☐ ไม่มี

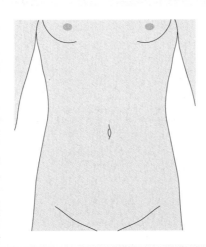

## 23. 腹痛（肚子痛）

1) 是突然腹痛吗？　□是　□不是

2) 哪个部分会痛？　━━▶ 请在腹部构造图中，或直接在身体上指出

3) 是持续的疼痛吗？还是一阵强一阵弱的反复阵痛？

　　　　□持续的疼痛　□一阵强一阵弱的反复阵痛

4) 有下列症状吗？

　　　□①呕吐　□②发烧　□③血尿　□④血便　□⑤阴道出血　━━▶ □没有

5) 有可能是怀孕吗？　□有　□没有

6) 是生理痛吗？　□是　□不是

7) 疼痛和饮食有关吗？

　　　□①有，用餐之后会痛　□②有，空腹时会痛　□③没有，无关

8) 有服用止痛药吗？　□有（现在有带的话请出示）　□没有

9) 有任何你认为可能是原因的食物或饮料吗？

| ＜食物列表＞ | |
| --- | --- |
| 1. 过期的东西 | 8. 香辛料 |
| 2. 吃太多 | 9. 果汁 |
| 3. 便当 | 10. 汽水（碳酸饮料） |
| 4. 生的海产（鲭鱼（青花鱼）·竹夹鱼·花枝） | 11. 牛奶 |
| 5. 未完全加热的肉 | 12. 脂肪含量 |
| 6. 酒精 | 13. 坚果类 |
| 7. 香烟 | 14. 咖啡 |
| 15. 其它（请画出具体的图画） | |

　　　━━▶ □没有

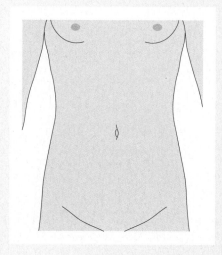

# 23·肚子痛

1) 是突然腹痛嗎？　□是　□否

2) 哪個部分會痛？　→ 請從下面的腹部構造圖或直接從自己的身上指出來

3) 是持續的疼痛嗎？還是強弱反覆的疼痛？

　　　　□持續的疼痛　□強弱反覆的疼痛

4) 是否有下列症狀？

　　　□①嘔吐　□②發燒　□③血尿　□④血便　□⑤陰道出血　──→ □否

5) 是否有可能懷孕了？　□是　□否

6) 是否為生理痛？　□是　□否

7) 疼痛是否和飲食有關？

　　　□①是，用餐之後會痛　□②否，空腹時會痛　□③否，無關

8) 是否服用止痛藥？　□是（現在有帶的話請出示）　□否

9) 是否有任何你認為可能造成原因的食物或飲料？

<table>
<tr><td colspan="2" align="center">＜食物列表＞</td></tr>
<tr><td>1·過期的東西</td><td>8·香辛料</td></tr>
<tr><td>2·飲食過量</td><td>9·果汁</td></tr>
<tr><td>3·便當</td><td>10·汽水</td></tr>
<tr><td>4·生的海產（鯖魚（青花魚）、竹筴魚、花枝）</td><td>11·牛奶</td></tr>
<tr><td>5·未完全加熱的肉</td><td>12·油份</td></tr>
<tr><td>6·酒精</td><td>13·堅果類</td></tr>
<tr><td>7·香菸</td><td>14·咖啡</td></tr>
<tr><td colspan="2">15·其他（請畫出具體的圖畫）</td></tr>
</table>

　　　→ □否

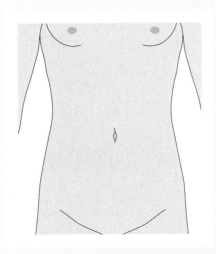

## 23. 腹痛

1) 突然の腹痛ですか？　□はい　□いいえ

2) どこの部分が痛みますか？　➡腹部の図か，体を直接指してください

3) 持続した痛みですか，増強と軽減を繰り返す痛みですか？
　　　　□持続した痛み　□増強と軽減を繰り返す痛み

4) 以下の症状はありますか？

　　| □①嘔吐　□②発熱　□③血尿　□④血便　□⑤膣出血 | ➡　□いいえ

5) 妊娠の可能性はありますか？　□はい　□いいえ

6) 生理痛ですか？　□はい　□いいえ

7) 食事と痛みに関係がありますか？
　　　　□①はい，食後に痛い　□②はい，空腹時に痛い　□③いいえ，関連ない

8) 痛み止め(鎮痛薬)を飲んでいますか？
　　　　□はい(いま持っていたら見せてください)　□いいえ

9) 原因として，思い当たる食べ物や飲み物はありますか？

<食べ物リスト>

1. 古くなったもの
2. 食べすぎ
3. 弁当
4. 生の海産物(サバ・アジ・イカ)
5. 加熱不十分な肉
6. アルコール
7. タバコ
8. 香辛料
9. 果汁
10. 炭酸飲料
11. 牛乳
12. 脂肪分
13. ナッツ
14. コーヒー

15. その他(具体的に絵を描いて教えてください)

　　➡□いいえ

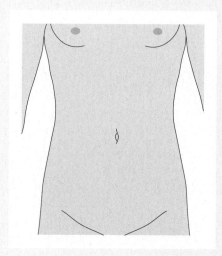

# E 소화기의 증상

〔별책 p20〕

## 한국어

## 24. 변비·설사

1) 언제부터 변비입니까?

　　____일 전·____주 전

2) 언제부터 설사입니까?

　　____시간 전·____일 전·____주 전

3) 아래의 증상을 자각하고 있습니까?

| □①잔변감(변이 다 나오지 않은 느낌) | □②치질 |
|---|---|
| □③혈변 　□④흰색 변 　□⑤복통 | □⑥구역질 |

　　　　　　　　　　　　　　　　　　→ □아니오

4) 원인으로 짐작되는 음식물이나 음료는 있습니까?

　　□예　　→〈음식물 리스트〉(132페이지)에서 해당되는 것을 가리켜 주세요.

　　□아니오

5) 최근 2주 안에 해외여행을 갔다 왔습니까?

　　□예　　□아니오

## E. Symptoms of digestive organs

## 영어

## 24. Constipation/Diarrhea

1) Since when have you had constipation?

　　____ days ago · ____ weeks ago

2) Since when have you had diarrhea?

　　____ hours ago · ____ days ago · ____ weeks ago

3) Are you aware of the following symptoms?

| □① residual stool (feeling that your bowls are not emptied) | □② piles |
|---|---|
| □③ bloody stool　□④ white stool | |
| □⑤ abdominal pain　□⑥ nausea | |

　　　　　　　　　　　　　　　　　　→ □ No

4) Have you thought of any food or drink among the following items that might have caused the symptom?

　　□ Yes　　→ Please indicate it among < Food list > (p133)

　　□ No

5) Have you been to abroad within two weeks?

　　□ Yes　　□ No

## 포르투갈어

## 24. Constipação/Diarreia

1) Desde quando é a constipação?

_____ dias atrás · _____ semanas atrás

2) Desde quando está com diarreia?

_____ horas atrás · _____ dias atrás · _____ semanas atrás

3) Percebe o sintoma abaixo?

□① sensação de evacuação incompleta    □② hemorroida

     (sensação de não ter saído totalmente as fezes)

□③ sangue nas fezes    □④ fezes brancas

□⑤ dor abdominal    □⑥ náusea        ➝ □ Não

4) Tem algum alimento ou bebida que possa ser o motivo da dor?

□ Sim    ➝ Indique o alimento que está alistado na < Lista de alimentos > (pg.134)

□ Não

5) Viajou ao exterior nas últimas 2 semanas?

□ Sim    □ Não

## 태국어

## 24. ท้องผูก · ท้องร่วง

1) ท้องผูกตั้งแต่เมื่อไร

_____ วันที่แล้ว · _____ สัปดาห์ที่แล้ว

2) ท้องร่วงตั้งแต่เมื่อไร

_____ ชั่วโมงที่แล้ว · _____ วันที่แล้ว · _____ สัปดาห์ที่แล้ว

3) รู้สึกมีอาการดังต่อไปนี้ หรือไม่

□① มีความรู้สึกว่า ถ่ายอุจจาระ ไม่สุด    □② ริดสีดวงทวารหนัก

□③ ถ่ายอุจจาระปนเลือด    □④ อุจจาระเป็นสีขาว

□⑤ ปวดท้อง    □⑥ คลื่นไส้        ➝ □ ไม่รู้สึก

4) คิดว่ามีสาเหตุจากอาหารหรือเครื่องดื่มที่ทานไปหรือไม่

□ มี    ➝ กรุณาชี้บอกอาหารหรือเครื่องดื่มที่ตรงกับตัวเลือก < รายชื่ออาหาร > ใน (หน้า 135)

□ ไม่มี

5) ในช่วง 2 สัปดาห์ที่ผ่านมา ได้ไปเที่ยวต่างประเทศหรือไม่

□ ไปมา    □ ไม่ได้ไป

**중국어간체**

## 24. 便秘 · 腹泻（拉肚子）

1）什么时候开始便秘?

　　　____天前 · ____星期前

2）什么时候开始拉肚子?

　　　____小时前 · ____天前 · ____星期前

3）自认为有下列症状吗?

| □①残便的感觉（粪便没有排完的感觉） □②痔疮 |
|---|
| □③血便　□④白灰色便　□⑤腹痛　□⑥恶心 |

→ □没有

4）有任何你认为可能是原因的食物或饮料吗?

　　□有　　→　请从＜食物列表＞（见第136页）中指出相符合的

　　□没有

5）这两个星期内有到国外旅行吗?

　　□有　　□没有

---

**중국어번체**

## 24 · 便秘 · 拉肚子

1）什麼時候開始便秘?

　　　____天前 · ____星期前

2）什麼時候開始拉肚子?

　　　____小時前 · ____天前 · ____星期前

3）您認為自己有下列症狀嗎?

| □①殘便的感覺（糞便解不乾淨的感覺） □②痔瘡 |
|---|
| □③血便　□④白灰色便　□⑤腹痛　□⑥噁心 |

→ □沒有

4）有任何你認為可能是原因的食物或飲料嗎?

　　□有　　→　請從＜食物列表＞（第137頁）指出符合的項目

　　□沒有

5）這兩個星期內是否有到海外旅行?

　　□是　　□否

일본어

## 24. 便秘・下痢

1) いつから便秘ですか？
　　＿＿日前・＿＿週間前

2) いつから下痢ですか？
　　＿＿時間前・＿＿日前・＿＿週間前

3) 以下の症状を自覚していますか？

| □①残便感（便が出切らない感じ）　　　□②痔 |
| □③血便　　　□④白色便　　　□⑤腹痛　　　□⑥悪心 |

 □いいえ

4) 原因として，思い当たる食べ物や飲み物はありますか？
　　□はい　　→食べ物リスト（p138）から当てはまるものを示してください
　　□いいえ

5) 2週間以内に海外旅行に行きましたか？
　　□はい　　□いいえ

# E 소화기의 증상

〔별책 p20〕

**한국어**

## 25. 소화불량

1) 아래의 증상이 있습니까?

| □①팽만감 □②속이 쓰림 □③구역질 |
| □④식욕부진 □⑤설사 □⑥복통 □⑦기타 |

→ □아니오

2) 위의 증상은 언제부터입니까?

_____일 전·_____주 전

3) 체중은 최근 6개월간 얼마나 줄었습니까?

_____kg

4) 스트레스와 증상의 악화가 관련이 있습니까?

□예  □아니오

5) 식사내용과 증상의 악화가 관련이 있습니까?

□예 ──→ 〈음식물 리스트〉(132페이지)에서 해당되는 것을 가리켜 주세요.

□아니오

---

## E. Symptoms of digestive organs

**영어**

## 25. Indigestion

1) Do you have the following symptoms?

| □① abdominal fullness □② heartburn □③ nausea |
| □④ appetite loss □⑤ diarrhea □⑥ abdominal pain □⑦ other |

→ □ No

2) Since when have you had the symptoms above?

_____ days ago · _____ weeks ago

3) How much have you lost your weight for the past six months?

_____ kg

4) Does the worsening of the symptom have something to do with the stress?

□ Yes  □ No

5) Does the diet composition have something to do with the worsening of the symptom?

□ Yes ──→ Please indicate it among < Food list > (p133)

□ No

포르투갈어

## 25. Indigestão

1) Tem o sintoma abaixo?

□① sensação de plenitude   □② azia   □③ náusea
□④ falta de apetite   □⑤ diarreia   □⑥ dor abdominal   □⑦ outro
→ □ Não

2) Desde quando tem o sintoma acima?

_____ dias atrás · _____ semanas atrás

3) Perdeu quantos quilos de peso nestes 6 meses?

_____ kg

4) A piora do sintoma está relacionada ao estresse?

□ Sim   □ Não

5) A piora do sintoma está relacionada à sua alimentação?

□ Sim   → Indique o alimento que está alistado na < Lista de alimentos > (pg.134)
□ Não

태국어

## 25. อาหารไม่ย่อย

1) มีอาการดังต่อไปนี้หรือไม่

□① ท้องเฟ้อ   □② แสบหน้าอก   □③ รู้สึกคลื่นไส้
□④ เบื่ออาหาร   □⑤ ท้องร่วง (/ท้องเสีย)   □⑥ ปวดท้อง   □⑦ อื่นๆ
→ □ ไม่เคย

2) เริ่มมีอาการดังกล่าวข้างต้นตั้งแต่เมื่อไร

_____ วันที่แล้ว · _____ สัปดาห์ที่แล้ว

3) ในช่วงครึ่งปีที่ผ่านมา น้ำหนักลดลงเท่าไร

_____ กิโลกรัม (กก.)

4) ความเครียดกับอาการที่แย่ลง มีความเกี่ยวข้องกันหรือไม่

□ มี   □ ไม่มี

5) อาหารกับอาการที่แย่ลงมีความเกี่ยวข้องกันหรือไม่

□ มี   → กรุณาชี้บอกอาหารหรือเครื่องดื่มที่ตรงกับตัวเลือก < รายชื่ออาหาร > ใน (หน้า 135)
□ ไม่มี

중국어간체

## 25. 消化不良

1) 有下列症状吗？

□①胀气　　　□②胸腔灼热　　□③恶心
□④食欲不振　□⑤拉肚子　　　□⑥腹痛　□⑦其他　　　→　□没有

2) 什么时候开始有上述的症状？

＿＿天前 · ＿＿星期前

3) 这半年内体重减少了多少？

＿＿公斤

4) 压力和症状恶化有关吗？

□有　□没有

5) 食用的东西和症状恶化有关吗？

□有　　→　请从＜食物列表＞（见第136页）中指出相符合的

□没有

중국어번체

## 25 · 消化不良

1) 是否有下列症狀？

□①脹氣　　　□②胸口灼熱　□③噁心
□④食慾不振　□⑤拉肚子　　□⑥腹痛　□⑦其他　　　→　□否

2) 什麼時候開始有上述的症狀？

＿＿天前 · ＿＿星期前

3) 這半年內體重減少了多少？

＿＿公斤

4) 壓力和症狀惡化是否有關？

□是　□否

5) 用餐內容是否和症狀惡化有關？

□是　　→　請從＜食物列表＞（第137頁）指出符合的項目

□否

## 25. 消化不良

1) 以下の症状はありますか？

| □①腹部膨満 | □②胸やけ | □③悪心 | |
|---|---|---|---|
| □④食欲不振 | □⑤下痢 | □⑥腹痛 | □⑦その他 |

→ □いいえ

2) 上記の症状はいつからありますか？

_____日前・_____週間前

3) 体重はこの半年でどのくらい減りましたか？

_____kg

4) ストレスと症状の悪化に関係はありますか？

□はい　□いいえ

5) 食事内容と症状の悪化に関係はありますか？

□はい → <食べ物リスト>(p138)から当てはまるものを示してください

□いいえ

# E 소화기의 증상

〔별책 p21〕

**한국어**

## 26. 연하장애(삼킴곤란)

1) 아래의 부위에 통증이 있습니까?

□①이　□②혀　□③목　□④가슴　□⑤복부　→　□아니오

2) 움직이기가 힘들거나 저리는 곳은 있습니까?

□예　□아니오

→〈신체구조 그림〉( x 페이지)이나 자신의 신체를 직접 가리켜 주세요.

3) 체중은 최근 6개월간 얼마나 줄었습니까?

____kg

4) 스트레스를 받고 있거나 불면이라고 생각합니까?

□스트레스　□불면　→　□아니오

5) 음식물이나 음료가 목에 걸립니까?

□예　→　□①음식물만　□②음료만　□③음식물과 음료 모두

□아니오

6) 수면제나 신경안정제를 복용하고 있습니까?

□예(지금 갖고 있으면 보여 주세요.)　□아니오

---

**영어**

E. Symptoms of digestive organs

## 26. Swallowing difficulty

1) Do you have pain in the following part?

□①teeth　□②tongue　□③throat　□④chest　□⑤abdomen　→　□No

2) Do you have a part difficult to move or numbed?

□Yes　□No

→ Please use < Body picture > (p x ) or point directly to your body to show me where you have a problem

3) How much have you lost your weight for the past six months?　____kg

4) Do you feel that you are stressed or you cannot sleep?

□stress　□sleep loss　→　□No

5) Do you have swallowing difficulty?

□Yes　→　□①foods only　□②drinks only　□③both

□No

6) Do you use sleeping tablets or tranquilizers?

□Yes (If you take it with you now, please show it to me)　□No

## 26. Distúrbio de deglutição

1) Sente dores na parte abaixo?

☐① dente　　☐② língua　　☐③ garganta　　☐④ peito　　☐⑤ barriga　→　☐ Não

2) Tem algum local com dificuldade de movimentar ou está dormente?

☐ Sim　　☐ Não

→ Indique na < Figura do corpo > (pg. x ) ou aponte diretamente no seu corpo

3) Perdeu quantos quilos de peso nestes 6 meses?　　＿＿ kg

4) Sente que está estressado (a) ou que não consegue dormir?

☐ estresse　　☐ insônia　→　☐ Não

5) Engasga com a comida ou a bebida?

☐ Sim　→　☐① somente comida　　☐② somente bebida
　　　　　　☐③ comida e bebida

☐ Não

6) Está tomando sonífero ou tranquilizante?

☐ Sim (mostre se tiver agora)　　☐ Não

## 26. ความผิดปกติในการกลืนอาหาร

1) มีอาการเจ็บปวดบริเวณต่อไปนี้หรือไม่

☐① ฟัน　　☐② ลิ้น　　☐③ คอ　　☐④ หน้าอก　　☐⑤ ท้อง　→　☐ ไม่มี

2) มีส่วนที่เคลื่อนไหวไม่ค่อยได้หรือเป็นเหน็บหรือไม่

☐ มี　　☐ ไม่มี

→ กรุณาชี้บอกบริเวณที่มีอาการบน < ภาพร่างกาย > (หน้า x )
　　หรือร่างกายของตัวเองโดยตรง

3) ในช่วงครึ่งปีที่ผ่านมา น้ำหนักลดลงเท่าไร　　＿＿ กิโลกรัม (กก.)

4) รู้สึกไหมว่า มีความเครียด หรือ นอนไม่หลับ

☐ ความเครียด　　☐ นอนไม่หลับ　→　☐ ไม่รู้สึก

5) อาหารหรือเครื่องดื่มติดคอหรือไม่

☐ ติด　→　☐① อาหาร　　☐② เครื่องดื่ม　　☐③ อาหารและเครื่องดื่ม

☐ ไม่ติด

6) ใช้ยานอนหลับ หรือยาระงับประสาทอยู่หรือไม่

☐ ใช้ (ขณะนี้ ถ้ามียานั้น กรุณาแสดงยาด้วย)　　☐ ไม่ใช้

**중국어간체**

## 26. 吞咽障碍

1) 下列部位会疼痛吗?

□①牙齿　□②舌头　□③喉咙　□④胸腔　□⑤肚子　⟶　□不会

2) 有动作困难或麻痹的部位吗?

□有　□没有

⟶ 请在＜人体图＞（见第 x 页）上或在自己身体上直接指出部位

3) 这半年内体重减少了多少?　＿＿＿公斤

4) 感到有压力或睡不着吗?

□压力　□失眠　⟶　□不是

5) 食物或饮料会卡在喉咙吗?

□会　⟶　□①只有食物　□②只有饮料　□③食物和饮料

□不会

6) 有服用安眠药或精神安定药吗?

□有（现在有带的话请出示）　□没有

---

**중국어번체**

## 26・吞嚥障礙

1) 下列部位是否有疼痛情形?

□①牙齒　□②舌頭　□③喉嚨　□④胸腔　□⑤肚子　⟶　□否

2) 是否有動作困難或麻痺的部位?

□是　□否

⟶ 請從＜身體構造圖＞（第 x 頁）或直接從自己身上指出來

3) 這半年內體重減少了多少?

＿＿＿公斤

4) 是否感到壓力或失眠?

□壓力　□失眠　⟶　□否

5) 食物或飲料是否會卡在喉嚨?

□是　⟶　□①只有食物　□②只有飲料　□③食物和飲料

□否

6) 是否服用安眠藥或精神安定劑?

□是（現在有帶的話請出示）　□否

## 26. 嚥下障害

1) 以下の部分に痛みはありますか？

　　□①歯　□②舌　□③喉　□④胸　□⑤おなか　　⟶　□いいえ

2) 動きにくいところやしびれているところはありますか？

　　□はい　□いいえ

　　⟶ <体の図>(p x )か，体を直接指してください

3) 体重はこの半年でどのくらい減りましたか？　　____kg

4) ストレスを感じている，または眠れないと感じていますか？

　　□ストレス　□不眠　　⟶　□いいえ

5) 食べ物・飲み物が喉に引っ掛かりますか？

　　□はい　　⟶　□①食べ物のみ　□②飲み物のみ　□③食べ物と飲み物

　　□いいえ

6) 睡眠薬や精神安定薬を内服していますか？

　　□はい（いま持っていれば見せてください）　□いいえ

# E 소화기의 증상

## 27. 복부팽만

1) 체중은 최근 6개월간 얼마나 늘었습니까?

　　□①늘었음(＿＿개월에 ＿＿kg)　　□②줄었음(＿＿개월에 ＿＿kg

　　□③변화 없음

2) 아래의 증상이 있습니까?

| | | |
|---|---|---|
| □①복통 | □②발열 | □③변비 |
| □④설사 | □⑤배뇨통 | □⑥빈뇨(소변이 잦음) |
| □⑦혈뇨 | □⑧발이 부어오름 | |

→ □아니오

3) 과로 상태이거나 스트레스 과잉 상태입니까?　　□예　　□아니오

4) 폭음이나 폭식을 하였습니까?　　□예　　□아니오

5) 월경통이 심하거나 월경 때 출혈이 많은 편이라고 생각합니까?

　　□예　　□아니오

6) 간질환이나 위탈출, 장 탈장이 있다고 들은 적이나 복부수술을 받은 적이 있습니까?

　　□예 → □①간장　□②위　□③장　□④수술

　　□아니오

## E. Symptoms of digestive organs

영어

## 27. Abdominal fullness

1) How much have you gained your weight for the past six months?

　　□① gained (＿＿kg for the past ＿＿months)

　　□② lost (＿＿kg for the past ＿＿months)　　□③ not changed

2) Do you have the following symptoms?

| | | |
|---|---|---|
| □① abdominal | □② fever | □③ constipation |
| □④ diarrhea | □⑤ urinary pain | □⑥ frequent urination |
| □⑦ bloody urine | □⑧ edema in feet | |

→ □ No

3) Are you overworked or overstressed?　　□ Yes　　□ No

4) Did you overeat or overdrink?　　□ Yes　　□ No

5) Do you think that you have severe menstrual pain or too much bleeding?

　　□ Yes　　□ No

6) Have you ever been told that you had a liver disease, stomach or bowel herniation, or had your abdomen operated?

　　□ Yes → □① liver　□② stomach　□③ bowel　□④ operation

　　□ No

## 27. Sensação de plenitude abdominal

1) Ganhou quantos quilos de peso nestes 6 meses?

☐① aumento (____ kg em ____ meses)　☐② redução (____ kg em ____ meses)

☐③ nenhuma mudança

2) Tem o sintoma abaixo?

| ☐① dor abdominal | ☐② febre | ☐③ constipação |
| ☐④ diarreia | ☐⑤ dor ao urinar | ☐⑥ micção frequente |
| ☐⑦ sangue na urina | ☐⑧ inchaço dos pés (ou pernas) | |

→ ☐ Não

3) Está trabalhando ou está com estresse demasiados?　☐ Sim　☐ Não

4) Comeu ou bebeu demasiadamente?　☐ Sim　☐ Não

5) Tem fortes cólicas menstruais ou acha que tem muito sangramento menstrual?

☐ Sim　☐ Não

6) Já lhe disseram que tem doença do fígado ou hérnia do estômago ou intestino, ou já passou por alguma cirurgia abdominal?

☐ Sim → ☐① fígado　☐② estômago　☐③ intestino　☐④ cirurgia

☐ Não

## 27. ท้องเฟ้อ

1) ในช่วงครึ่งปีที่ผ่านมา น้ำหนักเพิ่มขึ้นเท่าไร

☐① เพิ่มขึ้น (____ กิโลกรัม (กก.) / ____ เดือน)

☐② ลดลง (____ กิโลกรัม (กก.) / ____ เดือน)　☐③ ไม่มีการเปลี่ยนแปลง

2) มีอาการดังต่อไปนี้หรือไม่

| ☐① ปวดท้อง | ☐② มีไข้ | ☐③ ท้องผูก |
| ☐④ ท้องร่วง / ท้องเสีย | ☐⑤ ปัสสาวะแสบ | ☐⑥ ปัสสาวะบ่อย |
| ☐⑦ ฉี่เป็นเลือด | ☐⑧ เท้าบวม | |

→ ☐ ไม่มี

3) อยู่ในภาวะที่ทำงานมากเกินไปหรือเครียดมากเกินไปหรือไม่　☐ ใช่　☐ ไม่ใช่

4) ทานอาหารหรือดื่มน้ำมากเกินไปหรือไม่　☐ ใช่　☐ ไม่ใช่

5) มีอาการปวดท้องประจำเดือนรุนแรง หรือมีเลือดประจำเดือนออกมากกว่าปกติหรือไม่

☐ ใช่　☐ ไม่ใช่

6) เคยมีหมอวินิจฉัยว่า ท่านเป็นโรคตับไส้เลื่อนของกระเพาะอาหารและลำไส้

หรือเคยเข้ารับการผ่าตัดช่องท้องหรือไม่

☐ เคย → ☐① ตับ　☐② กระเพาะอาหาร　☐③ ลำไส้　☐④ การผ่าตัด

☐ ไม่เคย

## 27. 腹部胀气

1) 这半年内体重增加了多少？

　　□①增加了（＿＿＿个月内＿＿＿kg）　□②减少了（＿＿＿个月内＿＿＿kg）

　　□③没有变化

2) 有下列症状吗？

| □①肚子痛 | □②发烧 | □③便秘 | □④拉肚子 |
|---|---|---|---|
| □⑤排尿会痛 | □⑥频尿 | □⑦血尿 | □⑧脚水肿 |

　　➡ □没有

3) 有过劳或过度压力状态吗？　　□有　　□没有

4) 是否暴饮暴食？　　□是　　□否

5) 生理痛很严重，或是生理期出血量很大？

　　□是　　□不是

6) 曾被诊断出有肝脏的问题或肠、胃疝气的问题，或接受过腹腔的手术吗？

　　□是　➡ □①肝脏　□②胃　□③肠　□④手术

　　□否

---

## 27 · 腹部脹氣

1) 這半年內體重有什麼變化？

　　□①增加了（＿＿＿個月內＿＿＿kg）　□②減少了（＿＿＿個月內＿＿＿kg）

　　□③沒有變化

2) 是否有下列症狀？

| □①肚子痛 | □②發燒 | □③便秘 | □④拉肚子 |
|---|---|---|---|
| □⑤排尿會痛 | □⑥頻尿 | □⑦血尿 | □⑧腳水腫 |

　　➡ □否

3) 是否有過勞或壓力過大的問題？　　□是　　□否

4) 是否暴飲暴食？　　□是　　□否

5) 是否生理痛很嚴重，或生理期出血量很大？

　　□是　　□否

6) 是否曾被診斷出有肝臟的問題或腸、胃疝氣的問題，或接受過腹腔的手術？

　　□是　➡ □①肝臟　□②胃　□③腸　□④手術

　　□否

### 27. 腹部膨満

1) この半年で，体重はどのくらい増えましたか？
　　□①増えた (＿＿ヵ月で＿＿kg)　□②減った (＿＿ヵ月で＿＿kg)
　　□③変わらない

2) 以下の症状はありますか？

| | | |
|---|---|---|
| □①腹痛 | □②発熱 | □③便秘 |
| □④下痢 | □⑤排尿痛 | □⑥頻尿 |
| □⑦血尿 | □⑧足のむくみ (浮腫) | |

→　□いいえ

3) 過労状態やストレス過剰状態ですか？　□はい　□いいえ

4) 暴飲暴食をしましたか？　□はい　□いいえ

5) 生理痛がきつい，または生理の出血が多いほうだと思いますか？
　　□はい　□いいえ

6) 肝臓の病気や胃・腸のヘルニアがあると言われたことや，おなかの手術を受けたことがありますか？

　　□はい　　──→　□①肝臓　□②胃　□③腸　□④手術
　　□いいえ

# E 소화기의 증상

〔별책 p22〕

## 한국어

### 28. 오심·구토

1) 최근에 아래의 현상을 경험하였습니까?

□①머리를 부딪쳤음　□②심한 두통　□③실신 → □아니오

2) 구토물 중에 피나 붉고 검은 덩어리가 있습니까?

□예　□아니오

3) 아래의 증상이 있습니까?

□①발열　□②기침　□③복통　□④변비 → □아니오

4) 아래에 해당되는 것이 있습니까?

□①배를 조였음　□②더운 곳에 있었음
□③충격을 받았음 → □아니오

5) 아래의 원인 중에 해당되는 것이 있습니까?

□①알콜　□②식중독　□③과식
□④차멀미　□⑤탈수　□⑥음수 과다 → □아니오

6) 임신이나 월경일 가능성이 있습니까?

□①임신　□②월경 → □아니오

## E. Symptoms of digestive organs

## 영어

### 28. Nausea/Vomiting

1) Have you experienced the following episodes?

□①hit head　□②severe headache　□③fainted → □No

2) Did you see blood or bloody clots in your vomit?　□Yes　□No

3) Do you have the following symptoms?

□①fever　□②cough　□③abdominal pain　□④constipation → □No

4) Have you had the following episodes?

□①tightened abdomenl　□②stayed in a hot area　□③shocked → □No

5) Have you thought of the following cause?

□①alcohol　□②food poisoning　□③overeating
□④motion sickness　□⑤dehydration　□⑥overdrinking of water → □No

6) Are you possibly expecting or during the period?

□①expecting　□②during the period → □No

포르투갈어

## 28. Náusea/Vômito

1) Aconteceu recentemente o seguinte?

☐① bateu a cabeça   ☐② intensa dor de cabeça
☐③ perdeu a consciência → ☐ Não

2) O seu vômito continha sangue ou uma massa vermelho-escura?   ☐ Sim   ☐ Não

3) Tem o sintoma abaixo?

☐① febre   ☐② tosse   ☐③ dor abdominal   ☐④ constipação → ☐ Não

4) Tem algum item abaixo que se enquadra?

☐① apertou muito a barriga   ☐② estava em local quente
☐③ ficou chocado → ☐ Não

5) Algum motivo abaixo se enquadra a você?

☐① bebida alcoólica   ☐② intoxicação alimentar
☐③ comeu demasiado   ☐④ enjoo em viagem
☐⑤ desidratação   ☐⑥ consumo excessivo de líquido → ☐ Não

6) Tem possibilidade de estar grávida ou menstruada?

☐① gravidez   ☐② menstruação → ☐ Não

태국어

## 28. คลื่นไส้ · อาเจียน

1) ไม่นานมานี้ ท่านมีประสบการณ์ดังต่อไปนี้หรือไม่

☐① ศีรษะกระแทก   ☐② ปวดศีรษะ (/ปวดหัว) รุนแรง   ☐③ หมดสติ → ☐ ไม่เคย

2) ขณะอาเจียนมีเลือดหรือก้อนสีแดงคล้ำปนอยู่ในอาเจียนหรือไม่   ☐ มี   ☐ ไม่มี

3) มีอาการดังต่อไปนี้หรือไม่

☐① มีไข้   ☐② ไอ   ☐③ ปวดท้อง   ☐④ ท้องผูก → ☐ ไม่มี

4) มีอาการที่ตรงกับตัวเลือกดังต่อไปนี้หรือไม่

☐① แน่นท้อง   ☐② อยู่ในสถานที่ร้อน   ☐③ ช็อก → ☐ ไม่มี

5) มีสาเหตุที่ตรงกับตัวดังต่อไปนี้หรือไม่

☐① สุรา   ☐② อาหารเป็นพิษ   ☐③ กินมากเกินไป
☐④ เมารถ   ☐⑤ ร่างกายขาดน้ำ   ☐⑥ การดื่มน้ำมากเกินไป → ☐ ไม่มี

6) อยู่ในช่วงที่กำลังจะมีประจำเดือนหรือตั้งครรภ์อยู่หรือไม่

☐① มีครรภ์   ☐② ประจำเดือน → ☐ ไม่มี

중국어간체

## 28. 恶心·呕吐

1) 最近有发生下列情形吗?

□①头部撞击　□②激烈头痛　□③失去意识　→ □没有

2) 吐出来的东西有血或是红黑色块吗?

□有　□没有

3) 有下列症状吗?

□①发烧　□②咳嗽　□③肚子痛　□④便秘　→ □没有

4) 下列各项有符合的情形吗?

□①压迫到腹部　□②待在很热的地方　□③受到惊吓　→ □没有

5) 下列有哪项是原因吗?

□①酒精　　　　□②食物中毒　□③吃太多
□④晕车晕船等　□⑤脱水　　　□⑥水喝太多　→ □没有

6) 正在怀孕或生理期吗?

□①怀孕　□②生理期　→ □不是

---

중국어번체

## 28 · 噁心·嘔吐

1) 最近是否發生下列情形?

□①頭部撞擊　□②激烈頭痛　□③失去意識　→ □否

2) 吐出來的東西裡是否有血或是紅黑色塊?

□是　□否

3) 是否有下列症狀?

□①發燒　□②咳嗽　□③肚子痛　□④便秘　→ □否

4) 下列各項是否有符合的情形?

□①壓迫到腹部　□②待在很熱的地方　□③受到驚嚇　→ □否

5) 下列是否有可能是原因的項目?

□①酒精　　　　□②食物中毒　□③飲食過量
□④暈車暈船等　□⑤脫水　　　□⑥飲水過量　→ □否

6) 是否有可能懷孕了或正在生理期?

□①懷孕　□②生理期　→ □否

## 28. 悪心・嘔吐

1) 最近，以下のことを経験しましたか？

□①頭部打撲　□②激しい頭痛　□③意識消失 ⟶ □いいえ

2) 吐いた物の中に，血や赤黒い塊がありましたか？　□はい　□いいえ

3) 以下の症状はありますか？

□①発熱　□②咳　□③腹痛　□④便秘 ⟶ □いいえ

4) 以下のことで当てはまるものはありますか？

□①おなかをしめつけた　□②暑いところにいた
□③ショックを受けた ⟶ □いいえ

5) 以下の原因で当てはまるものはありますか？

□①アルコール　□②食中毒　□③食べすぎ
□④乗り物酔い　□⑤脱水　□⑥飲水過多 ⟶ □いいえ

6) 妊娠・生理の可能性はありますか？

□①妊娠　□②生理 ⟶ □いいえ

# E 소화기의 증상

## 29. 토혈·하혈

1) 토혈이나 하혈 시 피의 색깔은 붉은색입니까? 검은색입니까?
   □붉은색   □검은색

2) 평소에 공복 시나 식후에 복통을 자각한 적이 있습니까?
   □①공복   □②식후 ⟶ □아니오

3) 피가 잘 멎지 않게 하는 약을 복용하고 있습니까?   □예   □아니오

4)【토혈】토혈 전에 심한 구토가 계속되고 있었습니까?   □예   □아니오

5)【토혈】간질환에 걸린 적이나 간염 바이러스에 감염된 적이 있습니까?
   □①간질환   □②간염 바이러스에 감염 ⟶ □아니오

6)【하혈】아래의 증상이 있습니까?
   □①변비    □②치질    □③설사
   □④복통    □⑤발열    □⑥체중감소 ⟶ □아니오

7) 토혈이나 하혈이 월경과 관련될 가능성이 있습니까?   □예   □아니오

## E. Symptoms of digestive organs

## 29. Bloody vomit / Bloody stool

1) Was bloody vomit or bloody stool red or black?   □ red   □ black

2) Are you usually aware that you have abdominal pain with hunger or after meals?
   □① with hunger   □② after meals ⟶ □ No

3) Do you use anti-clotting medicine?   □ Yes   □ No

4)【Bloody vomit】Have you had the lasting severe vomiting before you vomited blood?
   □ Yes   □ No

5)【Bloody vomit】have you ever been told that you had liver disease or hepatitis virus infection?
   □① liver disease   □② hepatitis virus infection ⟶ □ No

6)【Bloody stool】Do you have the following symptoms?
   □① constipation      □② piles      □③ diarrhea
   □④ abdominal pain    □⑤ fever      □⑥ weight loss ⟶ □ No

7) Does bloody vomit or bloody stool possibly have something to do with the menstruation?
   □ Yes   □ No

**포르투갈어**

## 29. Vômito com sangue/Sangue nas fezes

1) A cor do sangue no vômito ou nas fezes era vermelha ou preta?

☐ vermelha  ☐ preta

2) É comum sentir dores abdominais quando está com fome ou depois de comer?

☐① com fome  ☐② depois de comer ⟶ ☐ Não

3) Toma algum medicamento que dificulta a parada do sangue?  ☐ Sim  ☐ Não

4) 【Vômito com sangue】 teve um intenso e contínuo vômito antes de vomitar sangue?

☐ Sim  ☐ Não

5) 【Vômito com sangue】 já teve doença do fígado ou já lhe disseram que está infectad
com o vírus da hepatite?

☐① doença do fígado  ☐② infectado com o vírus da hepatite ⟶ ☐ Não

6) 【Sangue nas fezes】 tem o sintoma abaixo?

☐① constipação  ☐② hemorroida  ☐③ diarreia
☐④ dor abdominal  ☐⑤ febre  ☐⑥ perda de peso ⟶ ☐ Não

7) O vômito com sangue ou o sangue nas fezes pode estar relacionado com a menstrua
ção?  ☐ Sim  ☐ Não

**태국어**

## 29. อาเจียนเป็นเลือด • ถ่ายอุจจาระปนเลือด

1) สีของเลือดขณะอาเจียนหรืออุจจาระเป็นสีแดงหรือสีดำ

☐ สีแดง  ☐ สีดำ

2) รู้สึกปวดท้องเวลาท้องว่างหรือหลังอาหารเป็นประจำหรือไม่

☐① ปวดเวลาหิวข้าว  ☐② ปวดหลังอาหาร ⟶ ☐ ไม่รู้สึก

3) ใช้ยาละลายลิ่มเลือด หรือไม่  ☐ ใช้  ☐ ไม่ใช้

4) 【อาเจียนเป็นเลือด】 ก่อนที่อาเจียนเป็นเลือด เคยอาเจียนรุนแรงมาตลอดหรือไม่

☐ ใช่  ☐ ไม่ใช่

5) 【อาเจียนเป็นเลือด】 เคยมีหมอวินิจฉัยว่า ท่านเป็นโรคตับมาก่อนไหม

☐① เคยเป็นโรคตับ  ☐② เคยติดเชื้อไวรัสตับอักเสบ ⟶ ☐ ไม่เคย

6) 【ถ่ายอุจจาระมีเลือดปน】 มีอาการดังต่อไปนี้หรือไม่

☐① ท้องผูก  ☐② ริดสีดวงทวารหนัก  ☐③ ท้องร่วง (/ท้องเสีย)
☐④ ปวดท้อง  ☐⑤ มีไข้  ☐⑥ น้ำหนักลดลง ⟶ ☐ ไม่มี

7) อาเจียนเป็นเลือดหรือถ่ายอุจจาระปนเลือด อาจมีความเกี่ยวข้องกับการมีประจำเดือนหรือไม่

☐ มี  ☐ ไม่มี

중국어간체

## 29. 吐血 · 便血

1) 吐血·便血的颜色是红色还是黑色？

　　　□红色　　□黑色

2) 平常在空腹或吃完东西的时候会感觉到肚子痛吗？

　　　□①空腹时　　□②吃完东西时 ───▶ □不会

3) 是否有服用会降低凝血功能的药物？

　　　□有　　□没有

4)【吐血】吐血前有持续剧烈地呕吐吗？

　　　□有　　□没有

5)【吐血】是否曾被诊断出患有肝脏的疾病或感染肝炎病毒？

　　　□①肝脏的疾病　　□②感染肝炎病毒 ───▶ □否

6)【便血】是否有下列症状？

　　　□①便秘　　　□②痔疮　　□③拉肚子
　　　□④肚子痛　　□⑤发烧　　□⑥体重减轻 ───▶ □否

7) 吐血或便血有可能和生理期有关吗？

　　　□有　　□没有

---

중국어번체

## 29 · 吐血 · 便血

1) 吐血·便血的顏色是紅色還是黑色？

　　　□紅色　　□黑色

2) 平常在空腹或吃完東西的時候是否會感到肚子痛？

　　　□①空腹時　　□②吃完東西時 ───▶ □否

3) 是否服用會降低凝血功能的藥物？

　　　□是　　□否

4)【吐血】吐血前有持續劇烈地嘔吐嗎？

　　　□有　　□沒有

5)【吐血】是否曾被診斷出患有肝臟的疾病或感染肝炎病毒？

　　　□①肝臟的疾病　　□②感染肝炎病毒 ───▶ □否

6)【便血】是否有下列症狀？

　　　□①便秘　　　□②痔瘡　　□③拉肚子
　　　□④肚子痛　　□⑤發燒　　□⑥體重減輕 ───▶ □否

7) 吐血或便血可能和生理期有關嗎？

　　　□是　　□否

## 29. 吐血・下血

1) 吐血・下血の血の色は，赤でしたか，黒でしたか？　□赤　□黒

2) 日頃から，空腹時や食後に腹痛を自覚することがありますか？

　　　□①空腹　□②食後  □いいえ

3) 血が止まりにくくなる薬を内服していますか？　□はい　□いいえ

4)【吐血】吐血の前に激しい嘔吐が続いていましたか？　□はい　□いいえ

5)【吐血】肝臓の病気にかかったこと，肝炎ウイルスに感染していると言われた
　ことはありますか？

　　　□①肝臓の病気　□②肝炎ウイルスに感染 ⟶ □いいえ

6)【下血】以下の症状はありますか？

　　　□①便秘　　□②痔　　　□③下痢
　　　□④腹痛　　□⑤発熱　　□⑥体重減少 ⟶ □いいえ

7) 吐血や下血が生理と関係する可能性がありますか？
　　　□はい　□いいえ

# E 소화기의 증상

〔별책 p23〕

## 30. 황달

1) 눈의 흰자위가 노란 것은 1년 이상 된 증상입니까?　□예　□아니오

2) 피부가 가렵습니까?
　　□①예, 가려움은 심해지고 있습니다.
　　□②예, 가려움은 변화 없습니다.
　　□③아니오

3) 최근 2개월 사이에 해당되는 것이 있습니까?

| □①수혈　　□②해외여행 |
|---|
| □③약 사용　□④건강기능식품 사용 |

→ □아니오

4) 아래의 증상이 있습니까?

| □①복통　□②체중감소　□③배둘레 사이즈의 증가 |
|---|

→ □아니오

5) 아래의 병력 중에 해당되는 것이 있습니까?

| □①간질환에 걸린 적이 있음 |
|---|
| □②간염 바이러스에 감염되어 있음 |
| □③담석이 있음　□④당뇨가 있음 |

→ □아니오

E. Symptoms of digestive organs

## 30. Jaundice

1) Has it been more than one year since your eyes turned yellow?
　　□ Yes　　□ No

2) Does your skin itch?
　　□① Yes, and it is worsening　　□② Yes, but it is stable　　□③ No

3) Have you had the following episodes within two months?

| □① blood transfusion　□② overseas travel |
|---|
| □③ using medicine　□④ using supplement |

→ □ No

4) Do you have the following symptoms?

| □① abdominal pain　□② weight loss　□③ waist size gain |
|---|

→ □ No

5) Have you had the following illnesses in the past?

| □① I have had a liver disease before |
|---|
| □② I am infected with a hepatitis virus |
| □③ I have gallstones　□④ I have diabetes |

→ □ No

## 포르투갈어

## 30. Icterícia

1) Tem mais de um ano que a parte branca dos olhos está amarelada?

☐ Sim  ☐ Não

2) Tem coceira na pele?

☐① Sim, a coceira tem piorado

☐② Sim, a intensidade da coceira continua o mesmo

☐③ Não

3) Os itens abaixo se enquadra a você nestes últimos 2 meses?

☐① transfusão de sangue  ☐② viagem ao exterior
☐③ uso de medicamento  ☐④ uso de suplemento → ☐ Não

4) Tem o sintoma abaixo?

☐① dor abdominal  ☐② perda de peso  ☐③ aumento da cintura → ☐ Não

5) Se enquadra em algum histórico médico abaixo?

☐① Já teve doença do fígado

☐② Está infectado com o vírus da hepatite → ☐ Não

☐③ Tem cálculo biliar  ☐④ Tem diabetes

## 태국어

## 30. โรคดีซ่าน

1) อาการตาเหลืองมีมากกว่า 1 ปีหรือไม่

☐ ใช่  ☐ ไม่ใช่

2) มีอาการคันผิวหนังหรือไม่

☐① มี, อาการแย่ลงเรื่อยๆ  ☐② มี, อาการคงที่  ☐③ ไม่มี

3) ในช่วง 2เดือนที่ผ่านมา มี ข้อที่ ตรงกับตัว หรือไม่

☐① การถ่ายเลือด  ☐② การเดินทางไปเที่ยวต่างประเทศ
☐③ การใช้ยา  ☐④ การใช้อาหารเสริม → ☐ ไม่มี

4) มีอาการดังต่อไปนี้หรือไม่

☐① ปวดท้อง  ☐② น้ำหนักลดลง  ☐③ ท้องโตขึ้น → ☐ ไม่มี

5) เคยเป็นโรคดังต่อไปนี้หรือไม่

☐① เคยเป็นโรคตับ

☐② ติดเชื้อไวรัสตับอักเสบ → ☐ ไม่เป็น

☐③ นิ่วในถุงน้ำดี  ☐④ เป็นโรคเบาหวาน

중국어간체

## 30. 黄疸

1) 眼白的部分变黄的情形超过一年以上吗?

　　　□是　□不是

2) 皮肤会发痒吗?

　　　□①会，发痒的情况在加剧　　□②会，发痒的情况一直差不多　　□③不会

3) 两个月内有进行下列活动吗?

| □①输血 | □②国外旅行 |
|---|---|
| □③服用药物 | □④服用健康食品 |

➡ □没有

4) 是否有下列症状?

| □①肚子痛 | □②体重减轻 | □③腰围变大 |
|---|---|---|

➡ □否

5) 是否有符合下列任何一项病历?

| □①曾患有肝脏疾病 | |
|---|---|
| □②正感染肝炎病毒 | |
| □③有胆结石 | □④有糖尿病 |

➡ □否

---

중국어번체

## 30. 黃疸

1) 眼白部分變黃的情形是否超過一年以上?

　　　□是　□否

2) 皮膚是否會癢?

　　　□①是，癢的情況在加劇　　□②是，癢的情況一直差不多　　③□否

3) 兩個月內是否有進行下列活動?

| □①輸血 | □②國外旅遊 |
|---|---|
| □③服用藥物 | □④食用健康食品 |

➡ □否

4) 是否有下列症狀?

| □①肚子痛 | □②體重減輕 | □③腰圍變大 |
|---|---|---|

➡ □否

5) 是否符合下列任一項病歷?

| □①曾患有肝臟疾病 | |
|---|---|
| □②正感染肝炎病毒 | |
| □③有膽結石 | □④有糖尿病 |

➡ □否

일본어

## 30. 黄疸

1) 白目が黄色くなったのは1年以上前からですか？
　　　□はい　□いいえ

2) 皮膚のかゆみはありますか？
　　　□①はい，かゆみは悪化しています　□②はい，かゆみは横ばいです
　　　□③いいえ

3) 2ヵ月以内に当てはまるものはありますか？

| □①輸血　　□②海外旅行 |
|---|
| □③薬の使用　　　□④サプリメントの使用 |

→ □いいえ

4) 以下の症状はありますか？

| □①腹痛　□②体重減少　□③おなか周りの増加 |
|---|

→ □いいえ

5) 以下の既往に該当するものはありますか？

| □①肝臓の病気にかかったことがある |
|---|
| □②肝炎ウイルスに感染している |
| □③胆石がある　□④糖尿病がある |

→ □いいえ

# 순환기의 증상

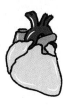

## 31. 가슴의 통증

1) 아픈 부위는 이동하고 있습니까?　□이동하고 있음　□동일한 장소
2) 아픈 부위는 가슴 바깥쪽입니까? 안쪽입니까?　□바깥쪽　□안쪽
3) 가슴의 통증은 지금도 계속되고 있습니까? 없어졌습니까?　□계속되고 있음　□없어졌음
4) 가슴의 통증은 얼마나 계속됩니까? 또는 계속되고 있습니까?　□＿＿＿분간　□＿＿＿시간
5) 몇 번째 가슴의 통증입니까?　□처음　□최근 한 달 사이에 ＿＿＿번
6) 어떤 통증입니까?

> □①가슴을 압박하는 느낌　□②조이는 느낌　　　□③따가운 느낌
> □④바늘에 찔리는 느낌　□⑤따끔따끔하는 느낌　□⑥기타
> → □아니오

7) 트림이나 위산 역류가 자주 있습니까?　□예　□아니오
8) 몸을 움직이고 있을 때 아픕니까? 안정 시나 아침에 아픕니까?

> □①몸을 움직이고 있을 때　□②안정 시　□③아침
> → □아니오

9) 식은땀이나 심장의 두근거림을 동반합니까?

> □①식은땀　□②동계(심장이 두근거림)
> → □아니오

## F. Symptoms of circulatory organs

## 31. Chest pain

1) Is the pain moving?　□ Yes, it is moving　□ No, it stays at the same part
2) Do you have pain on surface or inside your chest?　□ on surface　□ inside
3) Is the chest pain lasting even now or has it disappeared?　□ lasting　□ disappeared
4) How long does the chest pain last or has it been lasting?

> □＿＿＿minutes　□＿＿＿hours

5) How many times have you had the chest pain?

> □ for the first time　□＿＿＿times for the past one month

6) How do you feel the pain like?

> □① being oppressed on the chest　□② being squeezed
> □③ burning　□④ piercing　□⑤ tingling　□⑥ other

7) Have you often belched or had stomach acid flow back to the mouth?　Yes　□ No
8) Does it hurt when moving, at rest or early in the morning?

> □① moving　□② at rest　□③ early in the morning
> → □ No

9) Does it go with cold sweat or palpitation?

> □ cold sweat　□ palpitation
> → □ No

## 31. Dor no peito

1) O local da dor mudou?　☐ mudou　☐ mesmo local

2) O local da dor é na superfície ou no fundo do peito?　☐ superfície　☐ fundo do peito

3) A dor no peito ainda continua ou já passou?　☐ continua　☐ passou

4) Quanto tempo dura ou está durando a dor no peito?　☐ ____ minutos　☐ ____ horas

5) Quantas vezes já teve a dor no peito?　☐ primeira vez　☐ ____ vezes neste mês

6) Como é a dor?

> ☐ ① sensação de uma pressão no peito　　☐ ② sensação de aperto
> ☐ ③ sensação de ardor　　☐ ④ sensação de pontada de agulha
> ☐ ⑤ sensação formigante　　☐ ⑥ outro

7) É comum ter arroto ou refluxo do ácido gástrico?　☐ Sim　☐ Não

8) Tem dores quando está movimentando o corpo ou quando está de repouso ou pela manhã cedo?

> ☐ ① quando está movimentando o corpo
> ☐ ② em repouso　☐ ③ pela manhã cedo　→　☐ Não

9) É acompanhado pelo suor frio ou palpitação?　☐ suor frio　☐ palpitação　→　☐ Não

## 31. เจ็บหน้าอก

1) มีการย้ายตำแหน่งของจุดที่เจ็บหรือไม่　☐ ใช่　☐ เจ็บที่บริเวณเดิม

2) บริเวณที่เจ็บเป็นพื้นผิวหน้าอก หรือ ภายใน　☐ พื้นผิว　☐ ภายใน

3) ขณะนี้ยังรู้สึกเจ็บ (/ปวด) หน้าอกหรือหายดีแล้ว　☐ ยังเจ็บ (/ปวด)　☐ หายดีแล้ว

4) มีอาการเจ็บ (/ปวด) หน้าอกมานานเท่าไร หรือ ยังต่อเนื่องหรือไม่　☐ ____ นาที　☐ ____ ชั่วโมง

5) เจ็บ (/ปวด) หน้าอกมากี่ครั้งแล้ว　☐ เป็นครั้งแรก　☐ ในช่วง 1 เดือนที่ผ่านมา มี ____ ครั้ง

6) เจ็บ (/ปวด) อย่างไร

> ☐ ① ปวดเหมือนถูกกดทับ　　☐ ② ปวดเหมือนถูกบีบ　　☐ ③ ปวดแสบ
> ☐ ④ ปวดเหมือนโดนเข็มแทง　　☐ ⑤ ปวดเสียว　　☐ ⑥ อื่นๆ

7) มีอาการเรอหรือภาวะกรดไหลย้อนบ่อยไหม　☐ บ่อย　☐ ไม่บ่อย

8) มีอาการเจ็บปวดเวลาเคลื่อนไหวร่างกาย หรือเจ็บปวดเวลานอนพักรักษาตัว หรือตอนเช้าตรู่หรือไม่

> ☐ ① เวลาเคลื่อนไหวร่างกาย　　☐ ② เวลานอนพักรักษาตัว　　☐ ③ ตอนเช้าตรู่　→　☐ ไม่ปวด

9) มีอาการเหงื่อออกหรือใจสั่นด้วยหรือไม่

> ☐ เหงื่อออก　☐ ใจสั่น　→　☐ ไม่มี

## 31. 胸痛

1) 疼痛的部位会移动吗？　　□会移动　□同一个地方
2) 疼痛的部位在胸部的表面或是内部？　　□表面　□内部
3) 现在还持续胸痛吗？或是疼痛已经消失？　　□还在持续　□已经消失
4) 胸部疼痛持续了多久？还在持续吗？　　□＿＿＿分钟　□＿＿＿小时
5) 这次第几次的胸痛？
　　　　　□第一次　□这个月以来第＿＿＿次
6) 是什么样的疼痛？

| | | |
|---|---|---|
| □①胸部被压迫的感觉 | □②绞痛的感觉 | □③灼热的感觉 |
| □④被针刺到的感觉 | □⑤刺刺麻麻的感觉 | □⑥其它 |

7) 经常有打嗝或胃酸倒流的情形吗？　　□有　□没有
8) 身体活动的时候会痛吗？休息或清晨时会痛吗？

| | | |
|---|---|---|
| □①身体活动的时候 | □②休息时 | □③清晨时 |

　→ □不会

9) 是否伴随着发冷，发汗或心悸的情况？

| | |
|---|---|
| □发冷或发汗 | □心悸 |

　→ □否

---

## 31·胸痛

1) 疼痛的部位會轉移嗎？　　□會轉移　□同一個地方
2) 疼痛的部位在胸部的表面或是內部？　　□表面　□內部
3) 現在還持續胸痛嗎？或是疼痛已經消失？　　□還在持續　□已經消失
4) 胸部疼痛持續了多久？或是還在持續？　　□＿＿＿分鐘　□＿＿＿小時
5) 這是第幾次胸痛？　　□第一次　□這個月以來第＿＿＿次
6) 是什麼樣的疼痛？

| | | |
|---|---|---|
| □①胸部被壓迫的感覺 | □②絞痛的感覺 | □③灼熱的感覺 |
| □④被針刺到的感覺 | □⑤刺刺麻麻的感覺 | □⑥其他 |

　→ □否

7) 是否經常有打嗝或胃酸倒流的情形？　　□是　□否
8) 身體活動的時候會痛嗎？休息或清晨的時候會痛嗎？

| | | |
|---|---|---|
| □①身體活動的時候 | □②休息時 | □③清晨時 |

　→ □否

9) 是否伴隨著發冷，冒汗或心悸的情況？

| | |
|---|---|
| □發冷或冒汗 | □心悸 |

　→ □否

## 31. 胸痛

1) 痛むところは移動していますか？
　　□移動している　□同じ場所
2) 痛むところは胸の表面ですか，内部ですか？
　　□表面　□内部
3) 胸痛はいまも続いていますか，消失しましたか？
　　□続いている　□消失した
4) 胸痛はどのくらい続きますか，または続いていますか？
　　□＿＿分間　□＿＿時間
5) 何度目の胸痛ですか？
　　□はじめて　□この1ヵ月で＿＿回
6) どのような痛みですか？

| □①胸を圧迫された感じ | □②絞められる感じ | □③焼ける感じ |
|---|---|---|
| □④針を刺された感じ | □⑤ピリピリした感じ | □⑥その他 |

7) げっぷや胃酸の逆流がよくありますか？
　　□はい　□いいえ
8) 体を動かしている時に痛くなりますか，安静時や早朝に痛くなりますか？

□①体を動かしている時　□②安静時　□③早朝　→　□いいえ

9) 冷汗や動悸を伴いますか？

□冷汗　□動悸　→　□いいえ

# F 순환기의 증상

〔별책 p24〕

**한국어**

## 32. 동계(심장이 두근거림)

1) 최근에 실신한 적이 있습니까?　□예　□아니오

2) 심장의 두근거림은 지금도 계속되고 있습니까? 없어졌습니까?　□계속되고 있음　□없어졌음

3) 심장의 두근거림은 얼마나 계속됩니까? 또는 계속되고 있습니까?　____분간·____시간

4) 몇 번째 심장의 두근거림입니까?　□처음　□최근 한 달 사이에 ____번

5) 심장의 두근거림은 몸을 움직이고 있을 때 나타납니까? 안정 시나 아침에 나타납니까?

| □①몸을 움직이고 있을 때　□②안정 시　□③아침 | → □아니오 |

6) 아래의 증상을 자각합니까?

| □①가슴의 통증　　□②체중감소　　□③땀을 많이 흘림<br>□④부정맥　　□⑤손이 떨림 | → □아니오 |

7) 아래의 것을 섭취하고 있습니까?(지금 갖고 있으면 보여 주세요.)

| □①한약　　□②건강기능식품　　□③살 빼는 약<br>□④이뇨제　　□⑤기타 | → □아니오 |

**F. Symptoms of circulatory organs**

**영어**

## 32. Palpitation

1) Have you recently lost your consciousness?　□ Yes　□ No

2) Has the palpitation been lasting even now?　□ lasting　□ has disappeared

3) How long does the palpitation last or has it been lasting?

　____minutes · ____hours

4) How many times have you had palpitation?

　□ for the first time　□____times for the past one month

5) Do you get movement-related palpitations or do you get them at rest or early in the morning?

| □①movement-related　□②at rest<br>□③early in the morning | → □ No |

6) Are you aware of the following symptoms?

| □①chest pain　　□②weight loss　□③excessive sweating<br>□④irregular heartbeat　□⑤finger tremor | → □ No |

7) Do you take the following items?　(If you take it with you now, please show it to me.)

| □①herbal medicine　□②supplement<br>□③anti-obesity drug　□④diuretic　□⑤other | → □ No |

## 32. Palpitação

1) Tem perdido a consciência ultimamente?　□ Sim　□ Não

2) A palpitação ainda continua ou já passou?　□ Continua　□ Passou

3) Quanto tempo dura ou está durando a palpitação?　____minutos・____horas

4) Quantas vezes já teve palpitação?　□ primeira vez　□____vezes neste mês

5) Tem palpitação quando está movimentando o corpo ou quando está de repouso ou pela manhã cedo?

> □① quando está movimentando o corpo
> □② em repouso　□③ pela manhã cedo　→ □ Não

6) Percebe o sintoma abaixo?

> □① dor no peito　□② perda de peso　□③ muito suor
> □④ arritmia　□⑤ tremor na mão　→ □ Não

7) Está consumindo algo abaixo?　(mostre se tiver agora)

> □① medicamento fitoterápico　□② suplemento
> □③ medicamento para emagrecer　□④ diurético　□⑤ outro　→ □ Não

## 32. ใจสั่น

1) ไม่นานมานี้ เคยมีอาการหมดสติหรือไม่　□ เคย　□ ไม่เคย

2) ขณะนี้ยังมีอาการใจสั่นหรือหายดีแล้ว　□ ยังเจ็บ (ปวด)　□ หายดีแล้ว

3) มีอาการใจสั่นมานานเท่าไร และยังมีอาการต่อเนื่องหรือไม่　____นาที・____ชั่วโมง

4) มีอาการใจสั่นเป็นครั้งที่เท่าไร　□ เป็นครั้งแรก　□ ในช่วง 1เดือนที่ผ่านมามี ____ครั้ง

5) มีอาการใจสั่นเวลาเคลื่อนไหวร่างกาย หรือเวลานอนพักรักษาตัว หรือตอนเช้าตรู่หรือไม่

> □① เวลาเคลื่อนไหวร่างกาย　□② เวลานอนพักรักษาตัว
> □③ ตอนเช้าตรู่　→ □ ไม่มี

6) รู้สึกมีอาการดังต่อไปนี้หรือไม่

> □① เจ็บหน้าอก　□② น้ำหนักลดลง　□③ เหงื่อออกได้ง่าย
> □④ ชีพจรเต้นไม่เป็นจังหวะ　□⑤ มือสั่น　→ □ ไม่รู้สึก

7) เคยทานยาดังต่อไปนี้หรือไม่ (ขณะนี้ ถ้ามียานั้น กรุณาแสดงยาด้วย)

> □① ยาสมุนไพร　□② อาหารเสริม　□③ ยาลดความอ้วน
> □④ ยาขับปัสสาวะ　□⑤ อื่นๆ　→ □ ไม่ทาน

**중국어간체**

## 32. 心悸

1) 最近有发生昏倒的情况吗？　　□有　　□没有

2) 现在还持续心悸吗？已经没有了吗？　　□还在持续　　□没有了

3) 心悸持续了多长的时间？还在持续吗？

　　　____分钟・____小时

4) 这次第几次发生心悸　　□第一次　　□最近一个月以来第____次

5) 身体在动的时候会心悸吗？休息时或清晨时会心悸吗？

　　□①身体在动的时候　　□②休息时　　□③清晨　　　➜　□不会

6) 有感觉到下列症状吗？

　　□①胸痛　　　　□②体重减少　　□③冒汗
　　□④心律不整　　□⑤抖手　　　　　　　　　➜　□没有

7) 有吃下列的东西吗？　　（现在有带的话请出示）

　　□①汉方药　　□②健康食品　　□③减肥药
　　□④利尿剂　　□⑤其它　　　　　　　　　　➜　□没有

**중국어번체**

## 32 · 心悸

1) 最近是否發生昏倒的情況？　　□是　　□否

2) 現在是否還持續心悸？還是已經沒了？　　□還在持續　　□沒有了

3) 心悸持續了多長的時間？或是還在持續？

　　　____分鐘・____小時

4) 這是第幾次心悸？

　　□第一次　　□這個月以來第____次

5) 身體活動的時候是否會心悸？休息或清晨時會心悸嗎？

　　□①身體活動的時候　　□②休息時　　□③清晨時　　➜　□否

6) 是否覺得自己有下列症狀？

　　□①胸痛　　　　□②體重減少　　□③多汗
　　□④心律不整　　□⑤抖手　　　　　　　　　➜　□否

7) 是否服用下列東西？（現在有帶的話請出示）

　　□①中藥　　　　□②健康食品　　□③減肥藥
　　□④利尿劑　　　□⑤其他　　　　　　　　　➜　□否

**일본어**

## 32. 動悸

1)最近，意識を失うことがありますか？
　　　□はい　　□いいえ

2)動悸はいまも続いていますか，消失しましたか？
　　　□続いている　　□消失した

3)動悸はどのくらい続きますか，または続いていますか？
　　　____分間・____時間

4)何度目の動悸ですか？
　　　□はじめて　　□この1ヵ月で____回

5)動悸は体を動かしている時に出ますか，安静時や早朝に出ますか？

| □①体を動かしている時　　□②安静時　　□③早朝 |

　　　→　□いいえ

6)以下の症状を自覚しますか？

| □①胸痛　　□②体重減少　　□③汗かきになった |
| □④不整脈　□⑤手のふるえ |

　　　→　□いいえ

7)以下のものを摂取していますか？(いま持っていたら見せてください)

| □①漢方薬　　□②サプリメント　　□③やせ薬 |
| □④利尿薬　　□⑤その他 |

　　　→　□いいえ

# 비뇨생식기의 증상

〔별책 p24〕

**한국어**

## 33. 배뇨곤란

1) 언제부터 증상을 자각하고 있었습니까?

　　　____일 전·____주 전·____개월 전

2) 야간에 배뇨 때문에 몇 번 화장실에 갑니까?　　　____번

3) 아래의 증상이 있습니까?

> □①소변이 잘 나오지 않음　　□②소변 줄기가 약함
> □③소변이 다 나온 후에 또다시 소변이 나오기 시작함

→ □아니오

4) 아래의 증상을 자각합니까?

> □①배뇨통　　□②잔뇨감　　　□③하복부의 가려움
> □④요실금　　□⑤발기장애　　□⑥사정장애

→ □아니오

5) 아래의 약을 복용하고 있습니까?(지금 갖고 있으면 보여 주세요.)

> □①감기약　　　□②항알레르기약　　□③항경련약
> □④항부정맥약　□⑤신경안정약

→ □아니오

---

## G. Symptoms of genitourinary organs

**영어**

## 33. Difficulty in urination

1) Since when have been aware of the symptom?

　　　____days ago · ____weeks ago · ____months ago

2) How many times do you go to the toilet to pass urine during the night?

　　　____times

3) Do you have the following symptoms?

> □①urinary retention　　□②low pressure flow
> □③intermittent urination

→ □No

4) Do you have the following symptoms?

> □①urinary pain　　□②residual urine　　□③itch at lower abdomen
> □④incontinence　　□⑤impotence, ED　　□⑥ejaculation disorder

→ □No

5) Do you use the following medicine? (If you take it with you now, please show it to me)

> □①cold medicine　　□②antiallergic　　□③anticonvulsant
> □④bntiarrhtymic　　□⑤tranquilizer

→ □No

포르투갈어

## 33. Dificuldade em urinar

1) Desde quando percebe o sintoma?

_____dias atrás · _____semanas atrás · _____meses atrás

2) Quantas vezes acorda de madrugada para ir ao banheiro urinar?

_____vezes

3) Tem o sintoma abaixo?

☐① dificuldade em urinar ☐② falta de fluxo urinário
☐③ depois de terminada a micção, ainda sai urina

→ ☐ Não

4) Percebe o seguinte sintoma?

☐① dor ao urinar ☐② sensação de resto de urina
☐③ coceira na parte inferior do abdômen ☐④ incontinência urinária
☐⑤ disfunção erétil ☐⑥ distúrbio da ejaculação

→ ☐ Não

5) Está tomando o medicamento abaixo? (mostre se tiver agora)

☐① medicamento para gripe ☐② antialérgico
☐③ anticonvulsivo ☐④ antiarrítmico ☐⑤ tranquilizante

→ ☐ Não

태국어

## 33. ปัสสาวะขัด

1) รู้สึกมีอาการตั้งแต่เมื่อไร _____วันที่แล้ว · _____สัปดาห์ที่แล้ว · _____เดือนที่แล้ว

2) กลางคืนไปห้องน้ำกี่ครั้ง _____ครั้ง

3) มีอาการดังต่อไปนี้ หรือไม่

☐① ปัสสาวะขัด ☐② ปัสสาวะกระปริดกระปรอย
☐③ ปัสสาวะไม่ต่อเนื่อง

→ ☐ ไม่มี

4) รู้สึกมีอาการดังต่อไปนี้ หรือไม่

☐① ปวดแสบเวลาปัสสาวะ ☐② รู้สึกเหมือนปัสสาวะไม่สุด
☐③ คันที่ส่วนท้องช่องล่าง ☐④ ปัสสาวะเล็ด
☐⑤ โรคหย่อนสมรรถภาพทางเพศ (/ภาวะ ED)
☐⑥ การหลั่งน้ำอสุจิผิดปกติ

→ ☐ ไม่รู้สึก

5) ทานยาดังต่อไปนี้ หรือไม่ (ขณะนี้ ถ้ามียานั้น กรุณาแสดงยาด้วย)

☐① ยาแก้หวัด ☐② ยาแก้แพ้ ☐③ ยาแก้ชัก
☐④ ยาแก้โรคหัวใจเต้นผิดปกติ ☐⑤ ยาระงับประสาท

→ ☐ ไม่ทาน

# 33. 排尿困难

1) 什么时候开始感觉到有这样的症状？

　　　____天前 · ____星期前 · ____个月前

2) 晚上会上厕所几次？

　　　____次

3) 是否有下列的症状？

| □①排尿困难　　□②排尿细弱无力 |
| □③断断续续的排尿（排尿后又开始出尿） |

→ □无

4) 有感觉到下列症状吗？

| □①排尿时会痛　　□②有残尿的感觉　　□③下腹部有搔痒的感觉 |
| □④尿失禁　　　　□⑤勃起功能障碍　　□⑥射精功能障碍 |

→ □无

5) 是否有服用下列药物？（现在有带的话请出示）

| □①感冒药　　□②抗过敏的药物　　□③抗抽筋的药物 · 解痉药 |
| □④抗心律不整的药物　　　　□⑤精神安定药 |

→ □没有

---

# 33 · 排尿困難

1) 什麼時候開始覺得有這樣的症狀？

　　　____天前 · ____星期前 · ____個月前

2) 晚上睡覺會為了上廁所起來幾次？

　　　____次

3) 是否有下列症狀？

| □①尿液排不太出來　　□②排尿細弱無力　　□③斷斷續續的排尿 |

→ □否

4) 是否覺得自己有下列症狀？

| □①排尿時會痛　　□②有殘尿的感覺　　□③下腹部感到搔癢 |
| □④尿失禁　　　　□⑤勃起功能障礙　　□⑥射精功能障礙 |

→ □否

5) 是否服用下列藥物？（現在有帶的話請出示）

| □①感冒藥　　□②抗過敏的藥物　　□③解痙藥 |
| □④抗心律不整的藥物　　　　□⑤精神安定劑 |

→ □否

일본어

## 33. 排尿困難

1) いつ頃から症状を自覚していますか？

    ＿＿＿日前・＿＿＿週間前・＿＿＿ヵ月前

2) 夜間に何回，排尿のためトイレに行きますか？

    ＿＿＿回

3) 以下の症状はありますか？

| □①尿がなかなか出ない　□②尿の勢いがない<br>□③尿が出切った後また尿が出始める |
|---|

    → □いいえ

4) 以下の症状を自覚しますか？

| □①排尿痛　□②残尿感　　□③下腹部の掻痒感<br>□④尿失禁　□⑤勃起障害　□⑥射精障害 |
|---|

    → □いいえ

5) 以下の薬を内服していますか？(いま持っていたら見せてください)

| □①風邪薬　□②抗アレルギー薬　　□③抗痙攣薬<br>□④抗不整脈薬　□⑤精神安定薬 |
|---|

    → □いいえ

# G 비뇨생식기의 증상

〔별책 p25〕

**한국어**

## 34. 빈뇨(소변이 잦음)·배뇨통

1) 언제부터 증상을 자각하고 있었습니까?  _____일 전·_____주 전·_____개월 전

2) 배뇨 시나 소변이 찼을 때 통증이 있습니까?

☐①배뇨 시  ☐②소변이 찼을 때  ➡ ☐아니오

3) 아래의 증상이 있습니까?

☐①소변이 잘 나오지 않음  ☐②소변 줄기가 약함
☐③소변이 다 나온 후에 또다시 소변이 나오기 시작함  ➡ ☐아니오
☐④요통   ☐⑤발열   ☐⑥혈뇨

4) 긴장하면 소변이 잦습니까?  ☐예  ☐아니오

5) 야간에도 소변이 잦습니까?  ☐예  ☐아니오

6) 아래에 해당되는 것이 있습니까?

☐①당뇨병  ☐②신장병  ☐③고혈압  ➡ ☐아니오

7) 부기가 빠지는 약을 사용하고 있습니까?  ☐예  ☐아니오

---

**영어**

## G. Symptoms of genitourinary organs

## 34. Frequent urination/Urinary pain

1) Since when have you been aware of the symptom?

_____days ago · _____weeks ago · _____months ago

2) Do you have urinary pain or pain when the bladder is full?

☐①when passing urine   ☐②when the bladder is full ➡ ☐No

3) Do you have the following symptoms?

☐①urinary retention   ☐②low pressure flow
☐③intermittent urination   ☐④lower back pain  ➡ ☐No
☐⑤fever   ☐⑥bloody urine

4) Do you have frequent urination when you get tense?   ☐Yes   ☐No

5) Do you have frequent urination even during the night?   ☐Yes   ☐No

6) Do you have the following illnesses?

☐①diabetes   ☐②kidney disease   ☐③high blood pressure ➡ ☐No

7) Do you use medicine to reduce edema?   ☐Yes   ☐No

포르투갈어

## 34. Micção frequente/Micção dolorosa

1) Desde quando percebe o sintoma?

_____dias atrás · _____semanas atrás · _____meses atrás

2) Sente dores no momento de urinar ou quando está com a bexiga cheia?

□① no momento de urinar    □② com a bexiga cheia  ⟶ □ Não

3) Tem o sintoma abaixo?

□① dificuldade em urinar    □② falta de fluxo urinário

□③ depois de terminada a micção, ainda sai urina  ⟶ □ Não

□④ dor lombar    □⑤ febre    □⑥ sangue na urina

4) Tem micção frequente quando está nervoso (a)?

□ Sim    □ Não

5) Tem micção frequente de madrugada?

□ Sim    □ Não

6) Se enquadra em algo abaixo?

□① diabetes    □② doença renal    □③ hipertensão arterial  ⟶ □ Não

7) Toma medicamento para tirar o inchaço?    □ Sim    □ Não

---

G. อาการเกี่ยวกับระบบทางเดินปัสสาว

태국어

## 34. ปัสสาวะบ่อย · ปัสสาวะแสบ

1) รู้สึกอาการตั้งแต่เมื่อไร

_____วันที่แล้ว · _____สัปดาห์ที่แล้ว · _____เดือนที่แล้ว

2) รู้สึกเจ็บหรือแสบเมื่อถ่ายปัสสาวะ หรือเมื่ออั้นปัสสาวะหรือไม่

□① เมื่อถ่ายปัสสาวะ    □② เมื่ออั้นสะสมปัสสาวะ  ⟶ □ ไม่รู้สึก

3) มีอาการดังต่อไปนี้หรือไม่

□① ปัสสาวะขัด    □② ปัสสาวะกระปริดกระปรอย

□③ ปัสสาวะไม่ต่อเนื่อง  ⟶ □ ไม่มี

□④ ปวดหลัง    □⑤ มีไข้    □⑥ ปัสสาวะเป็นเลือด

4) เมื่อมีความตึงเครียด ไปปัสสาวะบ่อยหรือไม่    □ บ่อย    □ ไม่บ่อย

5) ช่วงกลางคืน ปัสสาวะบ่อยหรือไม่    □ บ่อย    □ ไม่บ่อย

6) เป็นโรคดังต่อไปนี้หรือไม่

□① โรคเบาหวาน    □② โรคไต    □③ ความดันโลหิตสูง  ⟶ □ ไม่เป็น

7) ใช้ยาแก้บวมหรือไม่    □ ใช้    □ ไม่ใช้

**중국어간체**

## 34. 尿频·排尿会痛

1）什么时候开始感觉到有这样的症状？
　　　____天前·____星期前·____个月前

2）排尿或尿积满的时候会感到疼痛吗？
　　□①排尿的时候　□②尿积满的时候　　➡　□不会

3）是否有下列症状？
　　□①尿液排不太出来　□②排尿细弱无力　□③断断续续的排尿
　　□④腰痛　　　　　　□⑤发烧　　　　　□⑥血　　➡　□没有

4）紧张的时候会变的频尿吗？
　　□会　□不会

5）晚上也频尿吗？
　　□是　□不是

6）是否患有下列疾病？
　　□①糖尿病　□②肾脏病　□③高血压　　➡　□否

7）是否有在服用消水肿的药
　　□有　□没有

**중국어번체**

## 34·頻尿·排尿疼痛

1）什麼時候開始覺得有這樣的症狀？
　　　____天前·____星期前·____個月前

2）排尿或尿液積滿的時候是否會感到疼痛？
　　□①排尿的時候　□②尿積滿的時候　　➡　□否

3）是否有下列症狀？
　　□①尿液排不太出來　□②排尿細弱無力　□③斷斷續續的排尿
　　□④腰痛　　　　　　□⑤發燒　　　　　□⑥血尿　　➡　□否

4）緊張的時候是否會變得頻尿？
　　□是　□否

5）晚上是否也頻尿？
　　□是　□否

6）是否患有下列疾病？
　　□①糖尿病　□②腎臟病　□③高血壓　　➡　□否

7）是否在服用消水腫的藥？
　　□是　□否

일본어

## 34. 頻尿・排尿痛

1) いつ頃から症状を自覚していますか？
　　　＿＿＿日前・＿＿＿週間前・＿＿＿ヵ月前

2) 排尿時や尿がたまった時に痛みを感じますか？
　　□①排尿時　□②尿満時　　──→　□いいえ

3) 以下の症状はありますか？

| □①尿がなかなか出ない | □②尿の勢いがない |
|---|---|
| □③尿が出切った後また尿が出始める | □④腰痛 |
| □⑤発熱 | □⑥血尿 |

──→　□いいえ

4) 緊張した時に頻尿になりますか？
　　□はい　　□いいえ

5) 夜間も頻尿ですか？
　　□はい　　□いいえ

6) 以下に該当するものはありますか？
　　□①糖尿病　　□②腎臓病　　□③高血圧症　　──→　□いいえ

7) むくみ(浮腫)をとる薬を使用していますか？
　　□はい　　□いいえ

# G 비뇨생식기의 증상

〔별책 p25〕

**한국어**

## 35. 배뇨량의 이상

1) 소변이 많다고 생각합니까? 적다고 생각합니까?　□많음　□적음

2) 언제부터 증상을 자각하고 있었습니까?

　　＿＿＿일 전 · ＿＿＿주 전 · ＿＿＿개월 전

3) 하루에 수분을 PET병(500mL)으로 몇 병 정도 섭취합니까?

　　＿＿＿병 ( ＿＿＿L )

4) 【핍뇨(배뇨량이 매우 적음)】아래의 증상이 있습니까?

| □①땀을 많이 흘리는 체질 □②설사 □③구토 □④혈뇨 □⑤몸이 부어 오름 | → □아니오 |
|---|---|

5) 【다뇨(배뇨량이 매우 많음)】항상 목이 마른 느낌이 들거나, 다른 사람보다 수분을 많이 섭취 하는 습관이 있습니까?

| □①입안이 마름 □②많이 마심 | → □아니오 |
|---|---|

6) 【다뇨(배뇨량이 매우 많음)】아래에 해당되는 것이 있습니까?

| □①당뇨병 □②신장병 □③고혈압 | → □아니오 |
|---|---|

7) 【다뇨(배뇨량이 매우 많음)】부기가 빠지는 약을 사용하고 있습니까?　□예　□아니오

## G. Symptoms of genitourinary organs

**영어**

## 35. Abnormal urine volume

1) Do you think your urine volume is large or small?　□ large　□ small

2) Since when have you been aware of the symptom?

　　＿＿＿days ago · ＿＿＿weeks ago · ＿＿＿months ago

3) How many 500mL plastic bottles of water do you drink a day?

　　＿＿＿bottles ( ＿＿＿L )

4) 【Small volume of urine】Do you have the following symptoms?

| □① excessive sweating □② diarrhea □③ vomiting □④ bloody urine □⑤ edema | → □ No |
|---|---|

5) 【Large volume of urine】Do you always feel thirsty or have a habit of drinking much more water than others?

| □① I feel always thirsty □② I drink a lot of water | → □ No |
|---|---|

6) 【Large volume of urine】Do you have the following illnesses?

| □① diabetes □② kidney disease □③ high blood pressure | → □ No |
|---|---|

7) 【Large volume of urine】Do you use medicine to reduce edema?

　　□ Yes　□ No

## 35. Volume anormal de urina

1) Você acha que o volume de sua urina é muito ou pouco?

&#9723; Muito    &#9723; Pouco

2) Desde quando percebe o sintoma?

_____ dias atrás · _____ semanas atrás · _____ meses atrás

3) Qual é a quantidade de líquido que toma por dia calculado em garrafas PET de 500 mL?

_____ garrafas (_____ L)

4) 【Pouca urina】 tem o sintoma abaixo?

&#9723;① muito suor    &#9723;② diarreia    &#9723;③ vômito

&#9723;④ sangue na urina    &#9723;⑤ inchaço no corpo   → &#9723; Não

5) 【Muita urina】 tem sensação de estar sempre com sede ou tem costume de tomar mais líquido do que outras pessoas?

&#9723;① sente a boca seca    &#9723;② toma bastante líquido   → &#9723; Não

6) 【Muita urina】 se enquadra em algo abaixo?

&#9723;① diabetes    &#9723;② doença renal    &#9723;③ hipertensão arterial   → &#9723; Não

7) 【Muita urina】 toma medicamento para tirar o inchaço?    &#9723; Sim    &#9723; Não

## 35. ความผิดปกติของปริมาณปัสสาวะ

1) คิดว่ามีปริมาณปัสสาวะมากหรือน้อย    &#9723; มาก    &#9723; น้อย

2) รู้สึกถึงอาการเช่นนี้ตั้งแต่เมื่อไ

_____ วันที่แล้ว · _____ สัปดาห์ที่แล้ว · _____ เดือนที่แล้ว

3) ดื่มน้ำขวดพลาสติก (500มิลลิลิตร (มล.)) วันละกี่ขวด _____ ขวด (_____ ลิตร (ล.))

4) 【ปัสสาวะน้อย】 มีอาการ ดังต่อไปนี้หรือไม่

&#9723;① เหงื่อออกได้ง่าย    &#9723;② ท้องร่วง (/ท้องเสีย)

&#9723;③ อาเจียน    &#9723;④ ฉี่เป็นเลือด    &#9723;⑤ บวมที่ร่างกาย   → &#9723; ไม่มี

5) 【ปัสสาวะมาก】 รู้สึกกระหายน้ำเป็นประจำ หรือดื่มน้ำมากกว่าคนอื่นไหม

&#9723;① รู้สึกกระหายน้ำ    &#9723;② ดื่มน้ำมาก   → &#9723; ไม่มี

6) 【ปัสสาวะมาก】 เป็นโรคดังต่อไปนี้หรือไม่

&#9723;① โรคเบาหวาน    &#9723;② โรคไต    &#9723;③ ความดันโลหิตสูง   → &#9723; ไม่เป็น

7) 【ปัสสาวะมาก】 ใช้ยาแก้บวมหรือไม่    &#9723; ใช่    &#9723; ไม่ใช่

## 35. 尿量异常

1）觉得自己尿很多或尿很少吗？

　　　□很多　　□很少

2）大约什么时候开始觉得有这样的症状？

　　　____天前 · ____星期前 · ____个月前

3）一天约摄取几瓶矿泉水瓶（500mL）的水分？

　　　____瓶（____升）

4）【少尿】是否有下列症状？

| □①容易出汗的体质 | □②拉肚子 | □③呕吐 |
| --- | --- | --- |
| □④血尿 | □⑤身体水肿 | |

　　　→　□否

5）【多尿】是否会一直感到口渴或比别人摄取更多的水分？

| □①会口渴 | □②喝很多 |
| --- | --- |

　　　→　□否

6）【多尿】是否患有下列疾病？

| □①糖尿病 | □②肾脏病 | □③高血压 |
| --- | --- | --- |

　　　→　□否

7）【多尿】是否有在服用消水肿的药？

　　　□有　　□没有

## 35 · 尿量異常

1）認為自己尿量很多或很少？

　　　□很多　　□很少

2）大約什麼時候開始覺得自己有這樣的症狀？

　　　____天前 · ____星期前 · ____個月前

3）一天約攝取幾瓶寶特瓶（500mL）的水分？

　　　____瓶（____L）

4）【少尿】是否有下列症狀？

| □①多汗體質 | □②拉肚子 | □③嘔吐 |
| --- | --- | --- |
| □④血尿 | □⑤身體水腫 | |

　　　→　□否

5）【多尿】是否一直感到口渴或比別人攝取更多的水分？

| □①會口渴 | □②喝很多 |
| --- | --- |

　　　→　□否

6）【多尿】是否患有下列疾病？

| □①糖尿病 | □②腎臟病 | □③高血壓 |
| --- | --- | --- |

　　　→　□否

7）【多尿】是否在服用消水腫的藥？

　　　□是　　□否

## 35. 尿量異常

1) 尿が多いと思いますか，少ないと思いますか？
　　□多い　　□少ない

2) いつ頃から症状を自覚していますか？
　　＿＿日前・＿＿週間前・＿＿ヵ月前

3) 1日にペットボトル(500mL)で何本くらい水分をとりますか？
　　＿＿本(＿＿L)

4)【乏尿】以下の症状はありますか？

| □①汗かき体質　□②下痢　□③嘔吐　□④血尿　□⑤体のむくみ(浮腫) | → □いいえ |
|---|---|

5)【多尿】いつも喉が渇いた感じや，他の人よりたくさん水分をとる習慣があり
　　ますか？

| □①口渇　□②飲水過多(多飲) | → □いいえ |
|---|---|

6)【多尿】以下に該当するものはありますか？

| □①糖尿病　□②腎臓病　□③高血圧症 | → □いいえ |
|---|---|

7)【多尿】むくみをとる薬を使用していますか？
　　□はい　　□いいえ

# G 비뇨생식기의 증상

〔별책 p26〕

**한국어**

## 36. 요실금

1) 소변이 마려운 느낌이 있는데 참지 못해서 흘러 나옵니까?

　　□예　　□아니오

2) 소변이 마려운 느낌이 전혀 없이 흘러 나옵니까?

　　□예　　□아니오

3) 기침이나 재채기, 뛰어오를 때 흘러 나옵니까?

　　□예　　□아니오

4) 소변이 잘 나오지 않거나 소변 줄기가 약한 증상이 있습니까?

　　□예　　□아니오

5) 임신 중 또는 출산 후에 요실금이 시작되었습니까?

　　□예　　□아니오

6) 하복부의 수술을 받았거나 자궁탈출, 탈장의 증상이 있습니까?

　　□①하복부의 수술　　□②자궁탈출　　□③탈장　　⟶　□아니오

**G. Symptoms of genitourinary organs**

**영어**

## 36. Incontinence

1) Do you wet your pants because you lose your control over the strong urge to pass urine?

　　□ Yes　　□ No

2) Do you wet your pants even if you don't feel like passing urine at all?

　　□ Yes　　□ No

3) Do you wet your pants when you cough, sneeze, or jump?

　　□ Yes　　□ No

4) Do you have difficulty passing urine or have a problem of low pressure flow?

　　□ Yes　　□ No

5) Did your incontinence begin when you were pregnant or after giving birth?

　　□ Yes　　□ No

6) Have you ever had your lower abdomen operated or had the symptom of uterine prolapse or abdominal hernia?

　　□① operation of lower abdomen　　□② uterine prolapse
　　□③ abdominal hernia　　⟶　□ No

포르투갈어

## 36. Incontinência urinária

1) Não consegue conter a urina quando sente vontade de urinar?

☐ Sim   ☐ Não

2) Sai urina mesmo sem sentir vontade de urinar?

☐ Sim   ☐ Não

3) Sai urina quando tosse, espirra ou dá um salto?

☐ Sim   ☐ Não

2) Tem sintomas como dificuldade de urinar ou falta de fluxo da urina?

☐ Sim   ☐ Não

5) A incontinência começou na época da gestação ou depois do parto?

☐ Sim   ☐ Não

6) Passou por cirurgia do abdômen inferior ou tem sintomas de prolapso uterino ou hérnia intestinal?

☐① cirurgia do abdômen inferior   ☐② prolapso uterino
☐③ hérnia intestinal   ⟶ ☐ Não

태국어

## 36. ปัสสาวะเล็ด

1) รู้สึกอยากถ่ายปัสสาวะ แต่ทนไม่ได้จนปัสสาวะเล็ดหรือไม่

☐ ใช่   ☐ ไม่ใช่

2) ปัสสาวะเล็ดโดยไม่รู้สึกว่าอยากถ่ายปัสสาวะหรือไม่

☐ ใช่   ☐ ไม่ใช่

3) ปัสสาวะเล็ดเวลาไอ จาม หรือกระโดดหรือไม่

☐ ใช่   ☐ ไม่ใช่

4) มีอาการปัสสาวะขัด หรือ ปัสสาวะกระปริดกระปรอยหรือไม่

☐ มี   ☐ ไม่มี

5) ในระหว่างตั้งครรภ์ หรือ หลังคลอด เริ่มมีอาการปัสสาวะเล็ดหรือไม่

☐ ใช่   ☐ ไม่ใช่

6) เคยเข้ารับการผ่าตัดส่วนท้องช่องล่าง หรือ มีอาการมดลูกยื่น หรือ ไส้เลื่อนหรือไม่

☐① การผ่าตัดส่วนท้องช่องล่าง   ☐② มดลูกยื่น   ☐③ ไส้เลื่อน   ⟶ ☐ ไม่เคย

중국어간체

## 36. 尿失禁

1）有尿意但还没忍住就漏尿了吗？
　　□是　□不是

2）完全没感觉到尿意就漏尿了吗？
　　□是　□不是

3）咳嗽、打喷嚏或跳跃的时候会漏尿吗？
　　□会　□不会

4）有尿液排不太出来或排尿细弱无力的问题吗？
　　□有　□没有

5）怀孕时或生产后开始尿失禁的吗？
　　□是　□不是

6）是否接受过下腹部的手术，或有子宫脱垂、脱肠的症状？
　　□①下腹部的手术　□②子宫脱垂　□③疝气（腹股沟疝）━━━▶ □否

중국어번체

## 36・尿失禁

1）有尿意但還沒忍住就漏尿了嗎？
　　□是　□否

2）是否完全沒感覺到尿意就漏尿了？
　　□是　□否

3）咳嗽、打噴嚏或跳躍的時候是否會漏尿？
　　□是　□否

4）是否有尿液排不太出來或排尿細弱無力的問題？
　　□是　□否

5）是否懷孕時或產後開始尿失禁？
　　□是　□否

6）是否接受過下腹部的手術，或有子宮脫垂、疝氣（脫腸）的症狀？
　　□①下腹部的手術　□②子宮脫垂　□③疝氣（脫腸）━━━▶ □否

일본어

## 36. 尿失禁

1) 尿を出したい感じがあり，我慢しきれず漏れますか？
　　□はい　□いいえ

2) 尿を出したい感じがまったくなしに漏れますか？
　　□はい　□いいえ

3) 咳やくしゃみ，とび跳ねた時に漏れますか？
　　□はい　□いいえ

4) 尿がなかなか出ない・尿の勢いがないという症状はありますか？
　　□はい　□いいえ

5) 妊娠中，または出産後に失禁が始まりましたか？
　　□はい　□いいえ

6) 下腹の手術を受けたことや，子宮脱・脱腸の症状はありますか？
　　□①下腹の手術　□②子宮脱　□③脱腸 ⟶ □いいえ

# 비뇨생식기의 증상

〔별책 p26〕

**한국어**

## 37. 혈뇨

1) 언제부터 증상을 자각하고 있었습니까?

　　　___일 전 ·  ___주 전

2) 배뇨 시나 소변이 찼을 때 통증을 느낍니까?

　　□①배뇨 시　　□②소변이 찼을 때　　　──▶　□아니오

3) 아래의 증상이 있습니까?

　　□①소변이 잘 나오지 않음　　□②소변 줄기가 약함

　　□③소변이 다 나온 후에 또다시 소변이 나오기 시작함　──▶　□아니오

4) 혈뇨는 아래의 증세와 함께 나타납니까?

　　□①요통　　□②발열　　□③격렬한 운동　　□④월경　──▶　□아니오

5) 혈뇨 전에 감기증상이 있었습니까?

　　□①예, 1주일 내에　　□②예, 1 ~ 2주 전에　　□③아니오

6) 요로결석에 걸린 적이 있습니까?

　　□예　　□아니오

**영어**

## G. Symptoms of genitourinary organs

## 37. Bloody urine

1) Since when have you been aware of the symptom?

　　　___days ago ·  ___weeks ago

2) Do you have urinary pain or have pain when the bladder is full?

　　□①when passing urine　　□②when the bladder is full　──▶　□ No

3) Do you have the following symptoms?

　　□①urinary retention　　□②low pressure flow

　　□③intermittent urination　──▶　□ No

4) Does the bloody urine go with the following conditions?

　　□①lower back pain　　□②fever

　　□③hard exercise　　□④menstruation　──▶　□ No

5) Did you have Flu-like symptoms before you had bloody urine?

　　□①Yes, within one week　　□②Yes, between a week and two weeks ago

　　□③No

6) Have you ever had urinary tract stones?

　　□ Yes　　□ No

포르투갈어

## 37. Sangue na urina

1) Desde quando percebe o sintoma?

____dias atrás・____semanas atrás

2) Sente dores no momento de urinar ou quando está com a bexiga cheia?

□① no momento de urinar　□② com a bexiga cheia ⟶ □ Não

3) Tem o sintoma abaixo?

□① dificuldade em urinar　□② falta de fluxo urinário
□③ depois de terminada a micção, ainda sai urina ⟶ □ Não

4) O sangue na urina está acompanhado com as seguintes situações?

□① dor lombar　　　　　　□② febre
□③ movimento físico intenso　□④ menstruação ⟶ □ Não

5) Tinha sintomas da febre antes de sair sangue na urina?

□① Sim, em menos de uma semna　□② Sim, entre uma e duas semanas
□③ Não

6) Já teve cálculo nas vias urinárias?　□ Sim　□ Não

태국어

## 37. ปัสสาวะเป็นเลือด

1) รู้สึกมีอาการตั้งแต่เมื่อไร

____วันที่แล้ว・____สัปดาห์ที่แล้ว

2) รู้สึกปวดเมื่อถ่ายปัสสาวะหรืออั้นปัสสาวะหรือไม่

□① เมื่อถ่ายปัสสาวะ　□② เมื่ออั้นปัสสาวะ ⟶ □ ไม่รู้สึก

3) มีอาการดังต่อไปนี้ หรือไม่

□① ปัสสาวะขัด　□② ปัสสาวะกระปริดกระปรอย
□③ ถ่ายปัสสาวะไม่ต่อเนื่อง ⟶ □ ไม่มี

4) เมื่อมีอาการปัสสาวะเป็นเลือด มีอาการดังต่อไปนี้หรือไม่

□① ปวดหลัง　　　　　□② มีไข้
□③ ออกกำลังกายหนัก　□④ ประจำเดือน ⟶ □ ไม่มี

5) ก่อนที่มีอาการปัสสาวะเป็นเลือด มีอาการเป็นหวัดไหม

□① มี, ภายใน 1สัปดาห์　□② มี, 1 ถึง 2 สัปดาห์ ที่ผ่านมา　□③ ไม่มี

6) เคยเป็นนิ่วในทางเดินปัสสาวะหรือไม่

□ เคย　□ ไม่เคย

**中国语간체**

## 37. 血尿

1)什么时候开始感觉有这种症状？

　　　　____天前・____星期前

2)排尿或尿液积满时会感到疼痛吗？

　　□①排尿时　　□②尿液积满时 ⟶ □不会

3)是否有下列症状？

　　□①尿排不太出来　　□②排尿细弱无力
　　□③断断续续的排尿 ⟶ □没有

4)血尿是否伴随着下列的症状出现？

　　□①腰痛　　□②发烧　　□③激烈运动　　□④生理期 ⟶ □否

5)在血尿之前有感冒症状吗？

　　□①有，一星期以内　　□②有，一至两个星期前　　□③没有

6)曾经有尿道结石的问题吗？

　　□有　　□没有

**中国语번체**

## 37・血尿

1)什麼時候開始發現有這種症狀？

　　　　____天前・____星期前

2)排尿或尿液積滿時是否會感到疼痛？

　　□①排尿時　　□②尿液積滿時 ⟶ □否

3)是否有下列症狀？

　　□①尿排不太出來　　□②排尿細弱無力
　　□③斷斷續續的排尿 ⟶ □沒有

4)血尿是否伴隨下列的症狀出現？

　　□①腰痛　　□②發燒　　□③激烈運動　　□④生理期 ⟶ □否

5)在血尿之前是否有感冒症狀？

　　□①是，一星期以內　　□②是，一至兩個星期前　　□③否

6)是否曾患有尿道結石的問題？

　　□是　　□否

## 37. 血尿

1) いつ頃から症状を自覚していますか？
　　　　＿＿＿日前・＿＿＿週間前

2) 排尿時や尿がたまった時に痛みを感じますか？
　　　□①排尿時　　□②尿満時 ⟶ □いいえ

3) 以下の症状はありますか？
　　　□①尿がなかなか出ない　　□②尿の勢いがない
　　　□③尿が出切った後また尿が出始める ⟶ □いいえ

4) 血尿は以下の状態に伴って出現しますか？
　　　□①腰痛　　□②発熱　　□③激しい運動　　□④生理 ⟶ □いいえ

5) 血尿の前に風邪症状がありましたか？
　　　□①はい，1週間以内に　　□②はい，1〜2週間前に　　□③いいえ

6) 尿路結石になったことがありますか？
　　　□はい　　□いいえ

# G 비뇨생식기의 증상

### 한국어

## 38. 발기장애

1) 몇 살때부터 불편함을 자각하고 있었습니까?

　　_____살

2) 사고나 수술로 인해 하복부에 불편함을 느낀 적이 있습니까?

　　☐예　　☐아니오

3) 아래의 증상을 자각하고 있습니까?

| ☐①불면 | ☐②스트레스 | ☐③탈모 |
|---|---|---|
| ☐④무기력 | ☐⑤몸이 저림 | ☐⑥근력저하 |

→ ☐아니오

4) 성교할 때 이외에 발기합니까?

　　☐예　　☐아니오

5) 음주나 내복약이 원인인 경우도 있습니다. 해당되는 것이 있습니까?

| ☐①강압제 | ☐②신경안정제 | ☐③호르몬약 |
|---|---|---|
| ☐④위약 | ☐⑤음주과다 | |

→ ☐아니오

## G. Symptoms of genitourinary organs

### 영어

## 38.Inpotence(ED)

1) Since what age have you been aware of ED?

　　_____y.o.

2) Have you had your lower abdomen injured by an accident or an operation?

　　☐ Yes　　☐ No

3) Are you aware of the following conditions?

| ☐① sleep loss | ☐② stress | ☐③ hair loss |
|---|---|---|
| ☐④ apathy | ☐⑤ numbness | ☐⑥ muscle weakness |

→ ☐ No

4) Do you get an erection except for sexual intercourse?

　　☐ Yes　　☐ No

5) Drinking and drugs can be a cause. Do you have the following causes?

| ☐① antihypertensive | ☐② tranquillizer | ☐③ hormone |
|---|---|---|
| ☐④ stomach medicine | ☐⑤ excessive drinking | |

→ ☐ No

## 38. Disfunção erétil

1) Desde que idade percebeu a disfunção?

_____ anos

2) Sofreu acidente ou problemas cirúrgicos no abdômen inferior?

☐ Sim   ☐ Não

3) Percebe as situações abaixo?

☐① insônia   ☐② estresse   ☐③ alopécia   ☐④ apatia
☐⑤ dormência no corpo   ☐⑥ fraqueza muscular   ⟶ ☐ Não

4) Tem ereção em momentos exceto no ato sexual?

☐ Sim   ☐ Não

5) O motivo pode ser bebida alcoólica ou medicamento que está tomando. Se enquadra em algum item?

☐① anti-hipertensivo   ☐② tranquilizante
☐③ medicamento hormonal
☐④ medicamento para o estômago
☐⑤ consumo excessivo de álcool   ⟶ ☐ Não

## 38. โรคหย่อนสมรรถภาพทางเพศ (/ภาวะ ED)

1) รู้สึกมีความผิดปกติตั้งแต่อายุเท่าไร

อายุ _____ ปี

2) เคยได้รับบาดเจ็บที่ส่วนท้องช่องล่างในอุบัติเหตุ หรือ การผ่าตัด หรือไม่

☐ เคย   ☐ ไม่เคย

3) รู้สึกอาการดังต่อไปนี้หรือไม่

☐① นอนไม่หลับ   ☐② ความเครียด   ☐③ ผมร่วง
☐④ ความเฉยเมย   ☐⑤ ชาตามร่างกาย   ☐⑥ กล้ามเนื้ออ่อนแรง   ⟶ ☐ ไม่รู้สึก

4) นอกจากเวลาร่วมเพศ อวัยวะเพศชายแข็งตัวได้หรือไม่

☐ ได้   ☐ ไม่ได้

5) สาเหตุของโรคอาจเกิดจากการดื่มสุราหรือยาทาน มีข้อที่ตรงกับตัวเลือกหรือไม่

☐① ยาลดความดันโลหิด   ☐② ยาระงับประสาท   ☐③ ยาฮอร์โมน
☐④ ยากระเพาะอาหาร   ☐⑤ การดื่มสุรามากเกินไป   ⟶ ☐ ไม่มี

## 38. 勃起障碍

1) 大约几岁开始觉得有障碍?

　　____岁

2) 下腹部曾经因为意外或手术造成功能障碍吗?

　　　□是　　□不是

3) 是否感觉到有下列的症状?

| | | |
|---|---|---|
| □①失眠 | □②压力 | □③掉发 |
| □④全身无力 | □⑤身体麻痹 | □⑥肌肉无力 |

→ □否

4) 性交之外的时候会勃起吗?

　　　□会　　□不会

5) 原因也有可能是喝酒或服用药物, 您是否符合下列各项?

| | | |
|---|---|---|
| □①降压剂 | □②精神安定剂 | □③荷尔蒙药 |
| □④胃药 | □⑤饮酒过量 | |

→ □否

제2부

G

## 38 · 勃起功能障礙

1) 大約幾歲開始發現有障礙?

　　____歲

2) 下腹部曾經因為意外或手術造成功能障礙嗎?

　　　□是　　□不是

3) 是否感覺到有下列的症狀?

| | | |
|---|---|---|
| □①失眠 | □②壓力 | □③掉髮 |
| □④全身無力 | □⑤身體麻痺 | □⑥肌肉無力 |

→ □否

4) 性交之外的時候會勃起嗎?

　　　□會　　□不會

5) 喝酒或服用藥物也有可能是原因, 下列各項是否有符合的項目?

| | | |
|---|---|---|
| □①降壓劑 | □②精神安定劑 | □③荷爾蒙藥 |
| □④胃藥 | □⑤飲酒過量 | |

→ □否

## 38. 勃起障害

1) 何歳頃から障害を自覚していますか？
　　____歳

2) 下腹部を事故や手術で障害したことがありますか？
　　□はい　　□いいえ

3) 以下の状態を自覚していますか？

| □①不眠 | □②ストレス | □③脱毛 |
|---|---|---|
| □④無気力 | □⑤体のしびれ | □⑥筋力低下 |

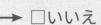 □いいえ

4) 性交時以外では勃起しますか？
　　□はい　　□いいえ

5) 飲酒や内服薬が原因の場合もあります．当てはまるものはありますか？

| □①降圧薬 | □②精神安定薬 | □③ホルモン薬 |
|---|---|---|
| □④胃薬 | □⑤飲酒過多 | |

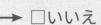 □いいえ

# 피부의 증상

〔별책 p28〕

**한국어**

## 39. 발진

**1) 어디에 발진이 생겼습니까?**

→〈신체구조 그림〉(x 페이지)이나 자신의 신체를 직접 가리켜 주세요.

**2) 입안에 발진이 있습니까?**

□예

□아니오

**3) 발진 전후에 발열이 있었습니까?**

□예

□아니오

**4) 원인으로 짐작되는 것이 있습니까?**

| | | |
|---|---|---|
| □①건강기능식품 | 지금 갖고 있으면 보여 주세요. | □⑥금속 |
| □②약품 | | □⑦화학물질 |
| □③음식물 | | □⑧벌레 |
| □④동물 | | □⑨일광 |
| □⑤식물 | | |
| □⑩기타 (구체적으로 그림을 그려 알려 주세요.) | | |

→□아니오

**5) 발진은 얼마나 지속됩니까?**

____분간·____시간

**6) 처음 발진입니까, 처음이 아닌 분은 몇 살 때부터 발진이 생겼습니까?**

□처음

□____살 때부터

## 39. Rash

1) Where do you have a rash?

→ Please use < Body picture > (p x ) or point directly to your body to show me where you have a rash

2) Do you have a rash in your mouth?

☐ Yes

☐ No

3) Did you have a fever before or after the rash?

☐ Yes

☐ No

4) Have you thought of the following causes?

| | | |
|---|---|---|
| ☐① supplement ┐ | If you take it with you now, | ☐⑥ metals |
| ☐② medicine ┘ → | please show it to me | ☐⑦ chemicals |
| ☐③ food | | ☐⑧ bug |
| ☐④ animal | | ☐⑨ sunlight |
| ☐⑤ plant | | |
| ☐⑩ other (please draw the picture and explain it in detail) | | |

→ ☐ No

5) How long have you had a rash?

____ minutes · ____ hours

6) Did you have a rash for the first time? If not, since what age have you had it?

☐ for the first time

☐ since about ____ y.o.

# 39. Erupção

1) Onde tem erupção?

→ Indique na < Figura do corpo > (pg. x ) ou aponte diretamente no seu corpo

2) Tem erupção dentro da boca?

☐ Sim

☐ Não

3) Teve febre antes ou depois do aparecimento da erupção?

☐ Sim

☐ Não

4) Tem ideia do seu motivo?

| | |
|---|---|
| ☐① suplemento ⎤→ mostre se tiver agora | ☐⑥ metal |
| ☐② droga ⎦ | ☐⑦ produto químico |
| ☐③ alimento | ☐⑧ inseto |
| ☐④ animal | ☐⑨ raio do sol |
| ☐⑤ vegetal | |

☐⑩ outro (me explique concretamente desenhando-o)

→ ☐ Não

5) A erupção continua por quanto tempo?

_____ minutos · _____ horas

6) É a primeira erupção? Se não é a primeira, desde quantos anos tem erupção?

☐ primeira

☐ desde os _____ anos

## 39. ผื่น

1) มีผื่นขึ้นที่ไหนบ้าง

⟶ กรุณาชี้บอกบริเวณที่มีอาการบนแผ่น ＜ภาพร่างกาย＞ (หน้า x) หรือร่างกายของตัวเอง

2) ในปากมีผื่นหรือไม่

☐ มี

☐ ไม่มี

3) ก่อนและหลังเป็นผื่น มีไข้ด้วยหรือไม่

☐ มี

☐ ไม่มี

4) คิดว่ามีสิ่งเหล่านี้เป็นสาเหตุหรือไม่

| | |
|---|---|
| ☐ ① อาหารเสริม ⟶ ขณะนี้ ถ้ามียานั้น กรุณาแสดงยาด้วย | ☐ ⑥ โลหะ |
| ☐ ② ยา | ☐ ⑦ สารเคมี |
| ☐ ③ อาหาร | ☐ ⑧ แมลง |
| ☐ ④ สัตว์ | ☐ ⑨ แสงแดด |
| ☐ ⑤ พืช | |

☐ ⑩ อื่นๆ (กรุณาอธิบายให้ละเอียดและชัดเจนด้วยวาดภาพ)

⟶ ☐ ไม่มี

5) มีผื่นมานานเท่าไร

_____ นาที · _____ ชั่วโมง

6) มีผื่นเป็นครั้งแรกหรือไม่ ถ้าไม่ได้เป็นครั้งแรก เริ่มมีผื่นตั้งแต่อายุเท่าไร

☐ เป็นครั้งแรก

☐ ตั้งแต่ อายุ _____ ปี

# 39. 起疹子

1）哪边长出疹子？

　　→ 请在＜人体图＞（见第 x 页）上或在自己身体上直接指出部位

2）口腔里面长疹子吗？

　　□是

　　□不是

3）长疹子之前或之后有发烧吗？

　　□有

　　□没有

4）有认为可能是长疹子原因的东西吗？

| □①健康食品 → 现在有带的话请出示 | □⑥金属 |
| □②药物 | □⑦化学物质 |
| □③食物 | □⑧昆虫 |
| □④动物 | □⑨阳光 |
| □⑤植物 | |
| □⑩其它（请画出具体的图画） | |

　　→ □没有

5）长疹子的时间持续了多久？

　　＿＿分钟 ・ ＿＿小时

6）这是第一次长疹子吗？不是的话，是几岁左右开始长疹子？

　　□第一次

　　□＿＿岁左右开始

## 39・起疹子

1) 哪邊起疹子？

→ 請從＜身體構造圖＞（第 x 頁）或直接從自己身上指出來

2) 是口腔裡面起疹子嗎？

☐是
☐否

3) 起疹子前後是有發燒情形？

☐是
☐否

4) 下列是否有可能是原因的項目？

☐①健康食品 ┐
☐②藥物　　 ├→ 現在有帶的話請出示
☐③食物
☐④動物
☐⑤植物

☐⑥金屬
☐⑦化學物質
☐⑧昆蟲
☐⑨陽光

☐⑩其他（請具體以圖畫表現）

└→ ☐否

5) 起疹子的情況持續了多久？

＿＿＿分鐘・＿＿＿小時

6) 是否第一次起疹子？不是的話，是幾歲左右開始起疹子？

☐第一次
☐＿＿＿歲左右開始

## 39. 発疹

1) どこに発疹が出ますか？
→ <体の図>(p x )か，体を直接指してください
2) 口の中に発疹はできますか？
□ はい
□ いいえ
3) 発疹の前後で発熱はありましたか？
□ はい
□ いいえ
4) 原因として思い当たるものはありますか？

| | | |
|---|---|---|
| □①サプリメント | → いま持っていたら見せてください | □⑥金属 |
| □②薬物 | | □⑦化学物質 |
| □③食べ物 | | □⑧虫 |
| □④動物 | | □⑨日光 |
| □⑤植物 | | |
| □⑩その他(具体的に絵を描いて教えてください) | | |

→ □ いいえ

5) 発疹はどのくらい持続しますか？
＿＿＿分間・＿＿＿時間
6) はじめての発疹ですか？　はじめてではない方は何歳頃から発疹が出ていますか？
□ はじめて
□ ＿＿＿歳頃から

# H 피부의 증상

〔별책 p29〕

한국어

## 40. 피부의 가려움

1) 처음 가려운 겁니까? 처음이 아닌 분은 몇 살 때부터 자각하고 있었습니까?
- □처음
- □____살 때부터

2) 전신이 가렵습니까? 신체의 일부가 가렵습니까?
- □전신
- □신체의 일부 ──▶〈신체구조 그림〉( x 페이지)이나 자신의 신체를 직접 가리켜 주세요.

3) 가려워서 긁은 상처 이외에도 발진이 생겼습니까?
- □예
- □아니오

4) 원인으로 짐작되는 것이 있습니까?

| | |
|---|---|
| □①건강기능식품 ┐ 지금 갖고 있으면 보여 | □⑥금속 |
| □②약물 ┘ 주세요. | □⑦화학물질 |
| □③음식물 | □⑧벌레 |
| □④동물 | □⑨일광 |
| □⑤식물 | |
| □⑩기타 (구체적으로 그림을 그려 알려 주세요.) | |

──▶□아니오

5) 피부가 건조하여 푸석푸석합니까?
- □예
- □아니오

# 40. Itch of skin

1) Did you have the itch for the first time? If not, since what age have you been aware of the itch?

☐ for the first time

☐ since about _____ y.o.

2) Does whole your body itch or a part of your body?

☐ whole body

☐ a part of the body ⟶ Please use < Body picture > (p x ) or point directly to your body to show me where it itches

3) Do you have a rash except scratches due to the itch?

☐ Yes

☐ No

4) Have you thought of the following causes?

☐① supplement ⎤
☐② medicine ⎦ ⟶ If you take it with you now, please show it to me

☐③ food

☐④ animal

☐⑤ plant

☐⑥ metals

☐⑦ chemicals

☐⑧ bug

☐⑨ sunlight

☐⑩ other (please draw the picture and explain it in detail)

⟶ ☐ No

5) Is your skin dry as a bone?

☐ Yes

☐ No

## 40. Comichão na pele(coceira)

1) É a primeira coceira? Se não é a primeira, desde quantos anos tem percebido a coceira?

　　☐ primeira

　　☐ desde os＿＿anos

2) Coça todo o corpo ou somente parte do corpo?

　　☐ todo o corpo

　　☐ parte do corpo ⟶ Indique na ＜ Figura do corpo ＞ (pg. x ) ou aponte direta-
　　　　　　　　　　　　 mente no seu corpo

3) Tem erupções além das feridas causadas pela coceira?

　　☐ Sim

　　☐ Não

4) Tem ideia do seu motivo?

| | | |
|---|---|---|
| ☐① suplemento ⟶ mostre se tiver agora | ☐⑥ metal | |
| ☐② droga | ☐⑦ produto químico | |
| ☐③ alimento | ☐⑧ inseto | |
| ☐④ animal | ☐⑨ raio do sol | |
| ☐⑤ vegetal | | |
| ☐⑩ outro (me explique concretamente desenhando-o) | | |

　　　　⟶ ☐ Não

5) A sua pele está ressecada?

　　☐ Sim

　　☐ Não

## 40. อาการผิวหนังคันอย่างรุนแรง

**1)** มีอาการคันเป็นครั้งแรกหรือไม่ ถ้าไม่ได้เป็นครั้งแรก รู้สึกว่ามีอาการตั้งแต่อายุเท่าไร

☐ เป็นครั้งแรก

☐ ตั้งแต่ อายุ _____ ปี

**2)** คันทั้งตัวหรือส่วนใดส่วนหนึ่งของร่างกาย

☐ ทั้งตัว

☐ ส่วนใดส่วนหนึ่งของร่างกาย   →   กรุณาชี้บอกบริเวณที่มีอาการบน < ภาพร่างกาย >

(หน้า x ) หรือร่างกายของตัวเองโดยตรง

**3)** นอกจากแผลรอยขีดข่วนเพราะคันยังมีผื่นขึ้นด้วยหรือไม่

☐ มี

☐ ไม่มี

**4)** คิดว่ามีสิ่งเหล่านี้เป็นสาเหตุหรือไม่

☐①อาหารเสริม   ⎤→ ขณะนี้ ถ้ามียานั้น กรุณาแสดงยาด้วย    ☐⑥โลหะ

☐②ยา   ⎦    ☐⑦สารเคมี

☐③อาหาร    ☐⑧แมลง

☐④สัตว์    ☐⑨แสงแดด

☐⑤พืช

☐⑩อื่นๆ (กรุณาอธิบายให้ละเอียดและชัดเจนด้วยวาดภาพ)

→ ☐ ไม่มี

**5)** ผิวแห้งหรือไม่

☐ แห้ง

☐ ไม่แห้ง

## 40. 皮肤感到搔痒

1）这是第一次搔痒症状吗？如果不是第一次，是几岁左右开始感觉到这种症状？

　　　　□第一次

　　　　□＿＿＿岁左右开始

2）是全身都感觉到搔痒吗？还是身体的一部分会痒？

　　　　□全身

　　　　□身体的一部分　　→　请在＜人体图＞（见第 x 页）上或在自己身体上直接指出
　　　　　　　　　　　　　　　部位

3）除了因为抓痒造成的伤口之外，有起疹子吗？

　　　　□有

　　　　□没有

4）有觉得可能是原因的东西吗？

| | |
|---|---|
| □①健康食品 ┐ | □⑥金属 |
| □②药物　　┘ → 现在有带的话请出示 | □⑦化学物质 |
| □③食物 | □⑧昆虫 |
| □④动物 | □⑨阳光 |
| □⑤植物 | |
| □⑩其它（请画出具体的图画） | |

　　　　　　→　□没有

5）皮肤干燥而发痒粗糙吗？

　　　　□是

　　　　□否

# 40 · 皮膚搔癢

1) 這是第一次有搔癢症狀嗎？如果不是第一次，是幾歲左右開始發現有這種症狀？

　　　　□第一次

　　　　□＿＿＿歲左右開始

2) 是否全身感覺到搔癢？或是身體的某個部分會癢？

　　　　□全身

　　　　□身體的某個部分　　──▶ 請從＜身體構造圖＞ (第 x 頁) 或直接從自己身上指出來

3) 除了因為抓癢造成的傷口之外，是否有起疹子？

　　　　□是

　　　　□否

4) 下列是否有可能是原因的項目？

| | |
|---|---|
| □①健康食品 ┐<br>　　　　　├──▶ 現在有帶的話請出示<br>□②藥物　　┘ | □⑥金屬 |
| □③食物 | □⑦化學物質 |
| □④動物 | □⑧昆蟲 |
| □⑤植物 | □⑨陽光 |
| □⑩其他 (請具體以圖畫表現) | |

　　└──▶ □否

5) 皮膚是否有乾燥粗糙的現象？

　　　　□是

　　　　□否

## 40. 皮膚の掻痒感 (かゆみ)

1) はじめてのかゆみですか？　はじめてではない方は何歳頃から自覚していますか？
  □ はじめて
  □ ＿＿＿歳頃から

2) 全身がかゆいですか，体の一部がかゆいですか？
  □ 全身
  □ 体の一部　──▶ <体の図>(p x )か，体を直接指してください

3) かゆみで引っ掻いた傷以外にも発疹は出ていますか？
  □ はい
  □ いいえ

4) 原因として思い当たるものはありますか？

| | | |
|---|---|---|
| □①サプリメント ┐ | いま持っていたら | □⑥金属 |
| □②薬物 ─────▶ | 見せてください | □⑦化学物質 |
| □③食べ物 | | □⑧虫 |
| □④動物 | | □⑨日光 |
| □⑤植物 | | |
| □⑩その他 (具体的に絵を描いて教えてください) | | |
|  └──▶ □いいえ | | |

5) 皮膚は乾いてカサカサしていますか？
  □ はい
  □ いいえ

〔별책 p30〕

**한국어**

## 41. 탈모

1) 머리 전체에서 머리카락이 빠집니까? 아니면 머리의 특정 부위에서 머리카락이 빠집니까?
　　□전체　　□특정 부위

2) 몇 살 때부터 빠지기 시작했습니까?
　　____살 때

3) 자기 스스로 머리카락을 쥐어 뜯습니까?
　　□예　　□아니오

4) 머리 이외의 털도 빠집니까?
　　□예　　➜〈신체구조 그림〉( x 페이지)이나 자신의 신체를 직접 가리켜 주세요.
　　□아니오

5) 가족 중에 탈모인 분이 계십니까?
　　□예　　□아니오

**H. Symptoms of skin**

**영어**

## 41. Hair loss

1) Do you lose your hair all over your head or focally?
　　□ all over the head　　□ focally

2) Since what age have you been losing your hair?
　　since about ____ y.o.

3) Do you pluck your hair yourself?
　　□ Yes　　□ No

4) Do you lose your hair apart from head hair?
　　□ Yes　　➜ Please use < Body picture > (p x ) or point directly to your body to show me where you lose your hair
　　□ No

5) Do you have a family member with hair loss?
　　□ Yes　　□ No

## 41. Alopécia

1) Cai cabelo de toda a cabeça ou de uma parte específica da cabeça?

☐ de toda a cabeça    ☐ parte específica da cabeça

2) Desde quantos anos começou a cair cabelo?

desde os_____anos

3) Está arrancando o seu próprio cabelo?

☐ Sim    ☐ Não

4) Cai cabelo de outra parte do corpo além da cabeça?

☐ Sim    ⟶ Indique na < Figura do corpo > (pg. x ) ou aponte diretamente no

seu corpo

☐ Não

5) Tem outras pessoas da família com alopécia?

☐ Sim    ☐ Não

## 41. ผมร่วง

1) ผมร่วงทั้งศีรษะหรือส่วนหนึ่งของศีรษะ

☐ ทั้งศีรษะ    ☐ ส่วนหนึ่งของศีรษะ

2) ผมเริ่มร่วง ตั้งแต่อายุเท่าไร

อายุ_____ปี

3) ถอนผมเองหรือไม่

☐ ถอน    ☐ ไม่ถอน

4) นอกจากศีรษะแล้ว ขนที่ส่วนอื่นของร่างกายหลุดไหม

☐ หลุด    ⟶ กรุณาชี้บอกบริเวณที่มีอาการบน < ภาพร่างกาย > (หน้า x )

หรือร่างกายของตัวเองโดยตรง

☐ ไม่หลุด

5) มีใครในครอบครัว มีอาการผมร่วงไหม

☐ มี    ☐ ไม่มี

## 41. 脱毛掉发

1）头发整体褪毛秃头吗？还是头部的特定地方才掉头发？

　　　□整体　　□特定的地方

2）几岁开始掉头发？

　　　____岁左右

3）是否有在揪自己的头发？

　　　□是　　□否

4）头发以外还有哪里褪毛吗？

　　　□有　　→　请在＜人体图＞（见第 x 页）上或在自己身体上直接指出部位

　　　□没有

5）家人中还有掉头发褪毛的人吗？

　　　□是　　□否

## 41 · 掉髮

1）是否整個頭部有掉髮的現象？還是頭部的特定部位有掉髮現象？

　　　□整個頭部　　□特定部位

2）幾歲左右開始掉髮？

　　　____歲左右

3）是否會拔自己的頭髮？

　　　□是　　□否

4）頭部以外的毛髮是否有脫落現象？

　　　□是　　→　請從＜身體構造圖＞（第 x 頁）或直接從自己身上指出來

　　　□否

5）家中其他人是否也有掉髮的現象？

　　　□是　　□否

일본어

## 41. 脱毛

1) 頭全体の髪の毛が抜けますか，それとも頭の特定の場所の髪の毛が抜けますか？
　　□全体　　□特定の場所

2) 何歳頃から抜け始めていますか？
　　＿＿歳頃

3) 自分で髪の毛をむしってしまいますか？
　　□はい　　□いいえ

4) 頭以外の毛は抜けますか？
　　□はい　　──→＜体の図＞(p x )か，体を直接指してください
　　□いいえ

5) 家族で脱毛の方はいますか？
　　□はい　　□いいえ

# 근골격계의 증상

## 42. 경부·어깨·상지의 통증

1) 아침에 일어났을 때 목이 아프거나 뻐근함을 자각합니까?
□예　　□아니오

2) 팔, 손가락, 얼굴에 저림이나 통증이 있습니까?
□①팔　　□②손가락　　□③얼굴 ⟶ □아니오

3) 교통사고나 상처, 스포츠로 인해 다친 곳이 있습니까?
□예 ⟶ 〈신체구조 그림〉(x 페이지)이나 자신의 신체를 직접 가리켜 주세요.
□아니오

4) 일로 인해 긴 시간을 같은 자세로 작업하고 있습니까?
□예　　□아니오

5) 아래의 증상을 자각하고 있습니까?
□①시력저하　　□②발열　　□③피부발진 ⟶ □아니오

---

## I. Symptoms of muscle and bone

영어

## 42. Neck/Shoulder/Arm pain

1) Are you aware of neck pain or stiffness when you get up in the morning?
□ Yes　　□ No

2) Do you have numbness or pain in your arms, hands, fingers, or face?
□① arms　　□② hands and fingers　　□③ face ⟶ □ No

3) Have you got some part injured by a traffic accident or sports?
□ Yes ⟶ Please use < Body picture > (p x ) or point directly to your body to show me where you have a problem
□ No

4) Do you keep the same position for a long time at your work place or else?
□ Yes　　□ No

5) Are you aware of the following symptoms?
□① blurred vision　　□② fever　　□③ skin rash ⟶ □ No

포르투갈어

## 42. Dores no pescoço/ombro/braço

1) Sente dores ou protuberâncias no pescoço ao acordar de manhã?

　　□ Sim 　　□ Não

2) Sente dores ou dormência no braço, dedo das mãos ou no rosto?

　　□① braço 　　□② dedo das mãos 　　□③ rosto ⟶ □ Não

3) Sofreu lesão em alguma parte do corpo por acidente de trânsito, ferimento ou esporte?

　　□ Sim ⟶ Indique na < Figura do corpo > (pg. x ) ou aponte diretamente no
　　　　　　　　seu corpo

　　□ Não

4) Realiza trabalho ou atividade na mesma posição por longo tempo?

　　□ Sim 　　□ Não

5) Percebe o sintoma abaixo?

　　□① diminuição da capacidade visual 　　□② febre 　　□③ erupção ⟶ □ Não

태국어

## 42. ปวดคอ • ปวดไหล่ • ปวดส่วนแขน

1) เมื่อตื่นขึ้นมาตอนเช้ารู้สึกปวดคอหรือปวดไหลไหม

　　□ รู้สึก 　　□ ไม่รู้สึก

2) แขน นิ้วมือ และใบหน้า มีอาการเจ็บปวดหรือเป็นเหน็บ(ชา)บ้างไหม

　　□① แขน 　　□② นิ้วมือ 　　□③ ใบหน้า ⟶ □ ไม่มี

3) มีส่วนที่ที่ได้รับบาดเจ็บจากอุบัติเหตุจราจร หรือการเล่นกีฬาหรือไม่

　　□ มี ⟶ กรุณาชี้บอกบริเวณที่มีอาการบน < ภาพร่างกาย > (หน้า x )
　　　　　　หรือร่างกายของตัวเองโดยตรง

　　□ ไม่มี

4) มักทำงานท่าเดี่ยวเป็นเวลานาน หรือไม่

　　□ ใช่ 　　□ ไม่ใช่

5) รู้สึกมีอาการดังต่อไปนี้หรือไม่

　　□① สายตาแย่ลง 　　□② มีไข้ 　　□③ ผื่น ⟶ □ ไม่รู้สึก

중국어간체

## 42. 颈部·肩膀·上肢(手臂)疼痛

1) 早上起床的时候自己觉得头颈疼痛·僵硬吗?

　　□是　□否

2) 手腕、手指、脸部有麻木或者疼痛感在循环吗?

　　□①手腕　□②手指　□③脸部 ──▶ □否

3) 有因为交通事故或者受伤·运动而导致的疼痛吗?

　　□有　──▶ 请在＜人体图＞(见第ｘ页)上或在自己身体上直接指出部位

　　□否

4) 工作中，经常长时间保持同一个姿势作业吗?

　　□是　□否

5) 以下的症状有自己感觉到吗?

　　□①视力降低　□②发烧　□③皮疹 ──▶ □否

중국어번체

## 42·頸部·肩膀·上肢(手臂)疼痛

1) 早上起床的時候，是否感到頸部痠痛或僵硬?

　　□是　□否

2) 手腕、手指、臉部是否一陣麻或痛?

　　□①手腕　□②手指　□③臉部 ──▶ □否

3) 是否有因為交通意外傷害、運動傷害等造成疼痛的部位?

　　□是　──▶ 請從＜身體構造圖＞(第ｘ頁)或直接從自己身上指出來

　　□否

4) 是否因為工作之類的原因長時間維持同一個姿勢做事?

　　□是　□否

5) 是否感到有下列症狀?

　　□①視力變差　□②發燒　□③皮膚起疹子 ──▶ □否

## 42. 頸部・肩・上肢痛

1) 朝，起床時に頸の痛み・しこりを自覚しますか？
　　□はい　　□いいえ

2) 腕，手指，顔にしびれや痛みが走りますか？
　　□①腕　　□②手指　　□③顔　　　　━━━▶　□いいえ

3) 交通事故やけが・スポーツで痛めたところはありますか？
　　□はい　　　━━▶＜体の図＞(ｐｘ)か，体を直接指してください
　　□いいえ

4) 仕事などで長時間同じ姿勢で作業していますか？
　　□はい　　□いいえ

5) 以下の症状を自覚していますか？
　　□①視力低下　　□②発熱　　□③皮疹　　━━━▶　□いいえ

# 근골격계의 증상

## 43. 요통

1) 처음 요통입니까? 처음이 아닌 분은 몇 개월 전부터 자각하고 있습니까?

  □처음   □____개월 전

2) 요통의 부위가 바뀝니까?

  □예   □아니오

3) 아래의 증상을 동반합니까?

  □①발열   □②혈뇨   □③배뇨곤란감   □④설사   □⑤복통   ⟶ □아니오

4) 일로 인해 허리에 부담을 주고 있습니까?

  □예   □아니오

5) 무거운 물건을 들었을 때나 허리를 틀었을 때, 넘어졌을 때 갑작스럽게 아픕니까?

  □예   □아니오

6) 몸을 앞으로 구부리거나 또는 뒤로 젖혀졌을 때 통증이 있습니까?

  □예   □아니오

## I. Symptoms of muscle and bone

영어

## 43. Lower back pain

1) Do you have the lower back pain for the first time? If not, since how many months ago have you been aware of the symptom?

  □ for the first time   □____months ago

2) Is the lower back pain moving?

  □ Yes   □ No

3) Does it go with the following symptoms?

  □① fever   □② bloody urine   □③ difficulty passing urine
  □④ diarrhea   □⑤ abdominal pain   ⟶ □ No

4) burden your lower back at your work place or else?

  □ Yes   □ No

5) Did it suddenly hurt when you lifted heavy goods, twisted your waist, or fell down?

  □ Yes   □ No

6) Does it hurt when you bend forward or bend backward?

  □ Yes   □ No

**포르투갈어**

## 43. Dor lombar

1) É a primeira dor lombar? Se não é a primeira, desde quantos meses atrás tem percebido a dor?

    ☐ Primeira     ☐ Desde _____ meses atrás

2) O local da dor lombar mudou?

    ☐ Sim     ☐ Não

3) É acompanhada pelo sintoma abaixo?

| | |
|---|---|
| ☐① febre | ☐② sangue na urina |
| ☐③ sensação de dificuldade em urinar | |
| ☐④ diarreia | ☐⑤ dor abdominal |

    → ☐ Não

4) Não está fazendo esforços demasiados na região lombar com o seu trabalho?

    ☐ Sim     ☐ Não

5) Começou a doer repentinamente quando levantou uma coisa pesada, quando torceu o corpo ou quando levou um tombo?     ☐ Sim     ☐ Não

6) Dói quando se inclina para frente ou para trás?     ☐ Sim     ☐ Não

---

I. อาการเกี่ยวกับระบบกล้ามเนื้

**태국어**

## 43. ปวดเอว

1) มีอาการปวดเอวเป็นครั้งแรกหรือไม่ ถ้าไม่ได้เป็นครั้งแรก รู้สึกปวดเอวตั้งแต่เมื่อไร

    ☐ เป็นครั้งแรก     ☐ _____ เดือนที่แล้ว

2) มีการย้ายตำแหน่งของบริเวณที่ปวดหลังหรือไม่

    ☐ มี     ☐ ไม่มี

3) มีอาการดังต่อไปนี้ด้วยหรือไม่

| | | |
|---|---|---|
| ☐① มีไข้ | ☐② ฉี่เป็นเลือด | ☐③ รู้สึกปัสสาวะขัด |
| ☐④ ท้องร่วง (/ท้องเสีย) | ☐⑤ ปวดท้อง | |

    → ☐ ไม่มี

4) ทำงานหรือกิจกรรมอื่นๆ ส่งผลกระทบต่อเอวหรือไม่

    ☐ ใช่     ☐ ไม่ใช่

5) ปวดอย่างกะทันหัน เวลาถือของหนัก เวลาบิดเอวหรือเวลาล้มหรือไม่

    ☐ ใช่     ☐ ไม่ใช่

6) มีอาการปวดเวลาก้มลงหรือเอนไปด้านหลังหรือไม่

    ☐ มี     ☐ ไม่มี

## 43. 腰痛

1）是初次感到腰痛吗？以前有没有类似症状发生？

　　□第一次　　□____几个月以前就开始腰痛

2）腰痛的地方有没有转移？

　　□有　　□没有

3）是否伴有以下症状？

| | | |
|---|---|---|
| □①发烧 | □②血尿 | □③小便感到排尿困难 |
| □④腹泻（拉肚子） | □⑤腹痛 | |

　　→ □没有

4）工作时是否加重腰部的负担？

　　□是　　□没有

5）在拿重物的时候、弯腰的时候、跌倒的时候是否突然感到腰痛？

　　□是　　□没有

6）向前弯腰，或者身体向后仰的时候，会出现疼痛吗？

　　□会　　□不会

## 43·腰痛

1）是否第一次腰痛？不是的話，幾個月前開始發現有腰痛症狀？

　　□第一次　　□____個月前

2）腰痛的部位是否會轉移？

　　□是　　□否

3）是否伴隨下列症狀？

| | | |
|---|---|---|
| □①發燒 | □②血尿 | □③感到排尿困難 |
| □④腹瀉（拉肚子） | □⑤肚子痛 | |

　　→ □否

4）工作內容是否會加重腰部的負擔？

　　□是　　□否

5）拿重物、彎腰、跌倒的時候是否會突然感到腰痛？

　　□是　　□否

6）身體向前彎或向後仰的時候，是否會感到腰痛？

　　□是　　□否

## 43. 腰痛

1) はじめての腰痛ですか？　はじめてではない方は何ヵ月前から自覚していますか？

　　　□はじめて　　□＿＿＿ヵ月前

2) 腰痛の場所は移動していますか？

　　　□はい　　□いいえ

3) 以下の症状を伴いますか？

　　　□①発熱　　□②血尿　　□③排尿困難感
　　　□④下痢　　□⑤腹痛　　　　　　　　　　　　　　　→　□いいえ

4) 仕事などで腰に負担をかけていますか？

　　　□はい　　□いいえ

5) 重いものを持った時や，腰をひねった時，転倒した時に急に痛くなりましたか？

　　　□はい　　□いいえ

6) 前かがみ，または後ろに反った時に痛みが出ますか？

　　　□はい　　□いいえ

# 근골격계의 증상

〔별책 p31〕

**한국어**

## 44. 하지통

1) 어느 부위가 아픕니까?

→ 〈신체구조 그림〉(x 페이지)이나 자신의 신체를 직접 가리켜 주세요.

2) 어떨 때에 아픈지 해당되는 것이 있습니까?

| | | |
|---|---|---|
| □①잘 때 | □②앉아 있을 때 | □③걷고 있을 때 |
| □④항상 아픔 | □⑤앞으로 구부릴 때 | □⑥뒤로 젖혀질 때 |

→ □아니오

3) 아플 때 아래의 증상을 동반합니까?

| | | |
|---|---|---|
| □①냉감 | □②종창 | □③발적(피부가 붉어짐) |
| □④발진 | □⑤피부 변색 | |

→ □아니오

---

## I. Symptoms of muscle and bone

**영어**

## 44. Leg pain

1) Where does it hurt?

→ Please use < Body picture > (p x ) or point directly to your body to show me where it hurts

2) Have you thought of the situation when it hurts among the following?

| | |
|---|---|
| □①when you sleep | □②when you are seated |
| □③when you are walking | □④all the time |
| □⑤when you bend forward | □⑥when you bend backward |

→ □No

3) Does it go with the following symptoms?

| | | |
|---|---|---|
| □①cold sensation | □②swelling | □③reddening |
| □④rash | □⑤skin color change | |

→ □No

포르투갈어

## 44. Dor na perna

1) Qual é a parte com dor?

→ Indique na < Figura do corpo > (pg. x ) ou aponte diretamente no seu corpo

2) Quando dói? O seu caso se enquadra em algum item a seguir?

☐① quando está deitado ☐② quando está sentado
☐③ quando está andando ☐④ dói sempre
☐⑤ quando se inclina para frente ☐⑥ quando se inclina para trás

→ ☐ Não

3) A dor está acompanhada do seguinte sintoma?

☐① sensação de frio ☐② inchaço ☐③ vermelhidão
☐④ erupção ☐⑤ alteração da cor da pele → ☐ Não

태국어

## 44. ปวดขา

1) มีอาการเจ็บ (/ปวด) ตรงไหนบ้าง

→ กรุณาชี้บอกบริเวณที่มีอาการบน < ภาพร่างกาย > (หน้า x )
หรือร่างกายของตัวเองโดยตรง

2) มีอาการเจ็บปวดในอิริยาบถต่อไปนี้หรือไม่

☐① เวลานอน ☐② เวลานั่ง ☐③ กำลังเดิน
☐④ เจ็บ (/ปวด) ตลอด ☐⑤ เวลาก้มลง ☐⑥ เวลาเอนไปด้านหลัง → ☐ ไม่มี

3) เวลารู้สึกเจ็บปวดมีอาการดังต่อไปนี้ด้วยหรือไม่

☐① รู้สึกหนาว ☐② บวม ☐③ ผิวอักเสบสี่แดง
☐④ ผื่น ☐⑤ ความผิดปกติของสีผิว → ☐ ไม่มี

중국어간체

## 44. 下肢(双腿)痛

1)什么部位痛?

⟶ 请在＜人体图＞(见第 x 页)或自己身体上指出来

2)什么时候会痛? 以下符合的项目有吗?

| | | |
|---|---|---|
| □①睡觉的时候 | □②坐着的时候 | □③走路的时候 |
| □④一直在痛 | □⑤(上半身)向前弯腰的时候 | |
| □⑥身子往后仰的时候 | | |

⟶ □不痛

3)痛的时候,伴有以下哪项症状?

| | | |
|---|---|---|
| □①发冷 | □②肿胀 | □③发红 |
| □④发疹 | □⑤皮肤变色 | |

⟶ □否

중국어번체

## 44 · 下肢(雙腿)疼痛

1)哪個部位會痛?

⟶ 請從＜身體構造圖＞(第 x 頁)或直接從自己身上指出來

2)什麼時候會痛?下列各項是否有符合的項目?

| | | |
|---|---|---|
| □①睡覺的時候 | □②坐著的時候 | □③走路的時候 |
| □④一直在痛 | □⑤身體向前彎的時候 | □⑥身體向後仰的時候 |

⟶ □否

3)疼痛的時候,是否伴隨下列症狀?

| | | |
|---|---|---|
| □①發冷 | □②腫脹 | □③發紅 |
| □④起疹子 | □⑤皮膚變色 | |

⟶ □否

## 44. 下肢痛

1) どの部分が痛みますか？

→ <体の図>(p x )か，体を直接指してください

2) どのような時に痛むか，当てはまるものはありますか？

| | | |
|---|---|---|
| □①寝ている時 | □②座っている時 | □③歩いている時 |
| □④いつも痛い | □⑤前かがみの時 | □⑥後ろに反る時 |

→ □いいえ

3) 痛い時，以下の症状を伴いますか？

| | | |
|---|---|---|
| □①冷感 | □②腫脹 | □③発赤 |
| □④発疹 | □⑤皮膚の変色 | |

→ □いいえ

# 정신·신경계의 증상

## 45. 두통

1) 처음 두통입니까?
　　□예　　□아니오(두통환자)

2) 얼마나 자주 아픕니까?
　　□①매일　　□②가끔(＿＿일 간격)
　　□③몇 개월 정도 연속하여 아프다가 사라짐

3) 어느 시간대에 아픕니까?

| | | |
|---|---|---|
| □①하루 종일 | □②수면 중 | □③아침 |
| □④낮 | □⑤저녁 | □⑥정해지지 않음 |

4) 아래와 같은 심한 통증입니까?

　　□눈을 에는 듯한 통증
　　□망치로 얻어맞은 듯한 통증　　→　□아니오

5) 오랜 시간 일하거나 작업 후에 두통이 나타납니까?
　　□예　　□아니오

6) 아래의 항목과 두통이 관련이 있습니까?

　　□①알콜　　□②특정한 음식물　　□③생리
　　□④수면부족　　□⑤내복약　　→　□아니오

7) 통증이 오기 전에 아래의 증상이 나타납니까?

　　□①눈이 따끔따끔함　□②몸의 저림　□③몸의 마비　→　□아니오

영어

## 45. Headache

1) Do you have a headache for the first time?

☐ Yes ☐ No, it is chronic

2) How often do you have a headache?

☐① everyday ☐② from time to time (every ____ days)

☐③ lasts for several months then disappears

3) When do you have a headache?

| ☐① all day long | ☐② while sleeping | ☐③ in the morning |
|---|---|---|
| ☐④ in the afternoon | ☐⑤ in the evening | ☐⑥ irregular |

4) Is it like the following severe pain?

☐ splitting pain as if the eyes are scooped out

☐ throbbing pain as if the head is hit by a hammer ⟶ ☐ No

5) Do you have a headache after you work for long?

☐ Yes ☐ No

6) Does the headache have something to do with the following episodes?

| ☐① alcohol | ☐② specific food | ☐③ menstruation |
|---|---|---|
| ☐④ lack of sleep | ☐⑤ internal medicine | |

⟶ ☐ No

7) Do you have the following symptoms before headache?

☐① eyes irritated by flashes of light ☐② numbness ☐③ palsy ⟶ ☐ No

**포르투갈어**

# 45. Dor de cabeça

1) É a primeira dor de cabeça?

　　☐ Sim　　☐ Não (tenho frequentes dores de cabeça)

2) Com que frequência tem dores?

　　☐① Todos os dias　　☐② De vez em quando (a cada ＿＿＿ dias)

　　☐③ É contínuo por alguns meses e passa

3) Qual é o horário que tem dores?

| | | |
|---|---|---|
| ☐① Dia todo | ☐② Enquanto está dormindo | ☐③ De manhã |
| ☐④ De tarde | ☐⑤ À tardinha | ☐⑥ Não está definido |

4) É uma dor intensa como indicada abaixo?

| |
|---|
| ☐ Uma dor como se estivesse retirando o olho |
| ☐ Uma dor como se estivesse sendo martelado |

　　　→ ☐ Não

5) Tem dor de cabeça depois de longo tempo de trabalho ou atividade?　　☐ Sim　　☐ Não

6) Os itens abaixo estão relacionados com a dor de cabeça?

| | | |
|---|---|---|
| ☐① Bebida alcoólica | ☐② Alimento específico | ☐③ Menstruação |
| ☐④ Falta de sono | ☐⑤ Medicamento que toma | |

　　　→ ☐ Não

7) Tem o sintoma abaixo antes da dor de cabeça?

| | |
|---|---|
| ☐① Olhos irritados como se estivesse cintilando | |
| ☐② Dormência do corpo | ☐③ Paralisia do corpo |

　　　→ ☐ Não

## 45. ปวดศีรษะ (/ปวดหัว)

1) ปวดศีรษะครั้งแรกหรือไม่

    ☐ ใช่    ☐ ไม่ใช่ (ปวดศีรษะเป็นประจำ)

2) ปวดศีรษะบ่อยไหม

    ☐ ① ทุกวัน    ☐ ② บางครั้ง ทุก (____) วัน

    ☐ ③ ปวดอย่างต่อเนื่องเป็นเวลาหลายเดือนแต่หายดีแล้ว

3) มีอาการปวด เวลาไหนบ้าง

| | | |
|---|---|---|
| ☐ ① ทั้งวัน | ☐ ② เวลานอน | ☐ ③ เช้า |
| ☐ ④ กลางวัน | ☐ ⑤ เย็น | ☐ ⑥ ไม่แน่ใจ |

4) ปวดรุนแรงดังต่อไปนี้ หรือไม่

| | |
|---|---|
| ☐ ปวดเหมือนถูกควักลูกตา | ☐ ปวดเหมือนถูกตีด้วยค้อน |

→ ☐ ไม่ใช่

5) หลังจากทำงานติดต่อกันเป็นเวลานานมีอาการปวดหัวหรือไม่    ☐ เกิด    ☐ ไม่เกิด

6) ตัวเลือกดังต่อไปนี้เกี่ยวข้องกับอาการปวดศีรษะหรือไม่

| | | |
|---|---|---|
| ☐ ① สุรา | ☐ ② อาหารเฉพาะอย่าง | ☐ ③ ประจำเดือน |
| ☐ ④ นอนไม่พอ | ☐ ⑤ ทานยา | |

→ ☐ ไม่เกี่ยว

7) ก่อนที่มีอาการปวด เกิดมีอาการดังต่อไปนี้หรือไม่

| | | |
|---|---|---|
| ☐ ① เห็นแสงแวบวาบ | ☐ ② ชาร่างกาย | ☐ ③ อัมพาต |

→ ☐ ไม่มี

## 45. 头痛

1）是初次感到头痛吗?

　　□是　　□否（长期有头痛问题）

2）多少频度一次头痛?

　　□①每天　　□②偶尔（每隔____几天）　　□③前几个月连续发痛以后消失了

3）在什么时间段发痛?

　　□①一整天　　　□②睡觉的时候　　　□③早上
　　□④中午　　　　□⑤晚上　　　　　　□⑥不固定

4）下面所示的剧痛有吗?

　　□眼睛像被刀剜一样痛
　　□像被榔头铁锤打过一样痛　　　——→　□没有

5）长时间的工作・劳动以后会头痛吗?

　　□会　　□不会

6）以下项目会和头痛有关系吗?

　　□①酒精　　　　□②特定的食物　　□③生理期
　　□④睡眠不足　　□⑤内服药　　　　　　　——→　□不会

7）疼痛以前是否有以下症状出现?

　　□①眼睛跳　　□②身体发麻　　□③身体麻痹（瘫痪）　——→　□没有

## 45·頭痛

1) 是否第一次感到頭痛？

　　　□是　□否 (長期有頭痛問題)

2) 頭痛的頻率是？

　　　□①每天　□②偶爾 (每隔____天)　□③連續幾個月頭痛之後就沒了

3) 什麼時段會痛？

| □①整天 | □②睡覺的時候 | □③早上 |
|---|---|---|
| □④中午 | □⑤晚上 | □⑥不固定 |

4) 是否有下列所示的劇痛情形？

□像眼睛被挖出來一樣的痛
□像被鐵鎚打到般的痛　　→　□否

5) 長時間工作、勞動之後是否會頭痛？

　　　□是　□否

6) 下列項目是否和您的頭痛有關？

| □①酒精 | □②特定的食物 | □③生理期 |
|---|---|---|
| □④睡眠不足 | □⑤內服藥 | |

→　□否

7) 在頭痛之前是否有下列症狀出現？

□①眼中出現閃光　□②身體發麻　□③身體麻痺 (癱瘓)　→　□否

일본어

## 45. 頭痛

1) はじめての頭痛ですか？

　　　□はい　□いいえ (頭痛持ち)

2) どのくらいの頻度で痛みますか？

　　　□①毎日　□②たまに (＿＿日おき)　□③数ヵ月ほど連続して出て消失

3) どの時間帯に痛みますか？

| | | |
|---|---|---|
| □①1日中 | □②睡眠中 | □③朝 |
| □④昼 | □⑤夕 | □⑥決まっていない |

4) 以下に示すような激しい痛みですか？

| |
|---|
| □眼をえぐられるような痛み |
| □ハンマーでなぐられたような痛み |

→ □いいえ

5) 長時間の仕事・作業の後に頭痛が出ますか？

　　　□はい　□いいえ

6) 以下の項目と頭痛が関係していますか？

| | | |
|---|---|---|
| □①アルコール | □②特定の食べ物 | |
| □③生理 | □④寝不足 | □⑤薬の内服 |

→ □いいえ

7) 痛みの前に以下の症状が出ますか？

| |
|---|
| □①眼がちかちかする (閃光感) |
| □②体のしびれ　□③体の麻痺 |

→ □いいえ

# J 정신·신경계의 증상

〔별책 p33〕

**한국어**

## 46. 불안

1) 불안감을 자각한 것은 언제부터입니까?

　　　　일 전·　　　주 전·　　　개월 전

2) 불안감은 악화되고 있습니까?　　□예　　□아니오

3) 뭔가 특정한 것에 대하여 불안을 느낍니까?　　□예　　□아니오

4) 주변의 주목을 받을 때 불안해져서 일이나 일상생활에 영향을 미치고 있습니까?

　　　　□예　　□아니오

5) 어느 순간 무서운 일이 일어날 것 같아서 참지 못하게 된 적이 있습니까?　　□예　　□아니오

6) 불안 때문에 뭔가를 절대 해서는 안 된다고 생각한 적이 있습니까?　　□예　　□아니오

7) 불안 때문에 아래의 증상이 나타난 적이 있습니까?

| □①동계(심장이 두근거림) | □②호흡곤란 | □③공황 |
| □④복통 | □⑤설사 | □⑥불면 |
| □⑦업무장애 | □⑧일상생활 장애 | |

→ □아니오

---

**J. Symptoms of neuropsychiatric system**

**영어**

## 46. Anxiety

1) Since when have you been aware of the anxiety?

　　　days ago ·　　　weeks ago ·　　　months ago

2) Is the anxiety getting worse?　　□ Yes　　□ No

3) Do you feel anxious to some specific thing?　　□ Yes　　□ No

4) Does the anxiety you feel when you are paid attention by people around affect your work and daily life?

　　□ Yes　　□ No

5) Do you become too anxious to stand by some chance thinking that something fearful might be happening?

　　□ Yes　　□ No

6) Have you ever thought that the anxiety drives you to do something?　　□ Yes　　□ No

7) Do you have the following symptoms from anxiety?

| □① palpitation | □② difficulty breathing | □③ panic |
| □④ abdominal pain | □⑤ diarrhea | □⑥ sleep loss |
| □⑦ affect work | □⑧ affect daily life | |

→ □ No

# 46. Ansiedade

1) Quando percebeu que tinha sensação de ansiedade?

_____dias atrás · _____semanas atrás · _____meses atrás

2) A sua ansiedde tem piorado?　☐ Sim　☐ Não

3) Sente ansiedade por algo determinado?　☐ Sim　☐ Não

4) Se a ansiedade surge quando recebe atenção da sua volta, isso influencia no trabalho ou na vida cotidiana?　☐ Sim　☐ Não

5) Por alguma razão sente-se incapaz de se conter por sentir medo de que algo possa ocorrer?　☐ Sim　☐ Não

6) Se sente pressionado a fazer algo pela ansiedade?　☐ Sim　☐ Não

7) Tem o sintoma abaixo pela ansiedade?

| | | |
|---|---|---|
| ☐① palpitação | ☐② falta de ar | ☐③ pânico |
| ☐④ dor abdominal | ☐⑤ diarreia | ☐⑥ insônia |
| ☐⑦ transtorno no trabalho | ☐⑧ transtorno na vida cotidiana | |

→ ☐ Não

# 46. วิตกกังวล

1) รู้สึกวิตกกังวลตั้งแต่เมื่อไร

_____วันที่แล้ว · _____สัปดาห์ที่แล้ว · _____เดือนที่แล้ว

2) อาการวิตกกังวลแย่ลงหรือไม่　☐ แย่ลง　☐ ไม่แย่ลง

3) รู้สึกไม่สบายใจกับบางสิ่งบางอย่างโดยเฉพาะหรือไม่　☐ รู้สึก　☐ ไม่รู้สึก

4) เวลาถูกคนรอบข้างเฝ้าสังเกตุ ทำให้รู้สึกไม่สบายใจ ส่งผลกระทบต่อการทำงานหรือชีวิตประจำวันหรือไม่　☐ ใช่　☐ ไม่ใช่

5) มีความกังวลเกินกว่าปกติ เพราะคิดว่ามีสิ่งที่น่ากลัวโดยไม่คาดคิดหรือไม่　☐ ใช่　☐ ไม่ใช่

6) คิดว่า ความวิตกกังวล ทำให้ต้องทำอะไรอย่างเด็ดขาดหรือไม่　☐ คิด　☐ ไม่คิด

7) ความวิตกกังวล ทำให้เกิดอาการดังต่อไปนี้หรือไม่

| | | |
|---|---|---|
| ☐① ใจสั่น | ☐② หายใจลำบาก | ☐③ ความหวาดกลัว |
| ☐④ ปวดท้อง | ☐⑤ ท้องร่วง (/ท้องเสีย) | ☐⑥ นอนไม่หลับ |
| ☐⑦ อุปสรรคในการทำงาน | ☐⑧ อุปสรรคในชีวิตประจำวัน | |

→ ☐ ไม่ใช่

## 46. 不安

1) 从何时开始自己觉得有不安的感觉？

　　___几天前 · ___几周前 · ___几个月前

2) 不安感有恶化吗？　　□有　□没有

3) 是否对某一特定的事物感到不安？　　□是　□否

4) 被周围所关注的时候而会感到不安，对工作和日常生活有影响吗？

　　　□是　□否

5) 被何种拍子，或发生恐怖事件的时候，不能够忍耐的时候有吗？

　　　□有　□没有

6) 感到不安以后是否有绝对要做的事情？（不做不行）

　　　□是　□否

7) 感到不安时，有以下症状吗？

| | | |
|---|---|---|
| □①悸动 | □②呼吸困难 | □③慌张 |
| □④腹痛（肚子痛） | □⑤腹泻（拉肚子） | □⑥睡不着 → □没有 |
| □⑦工作的障碍 | □⑧日常生活的障碍 | |

## 46 · 不安

1) 什麼時候開始感到不安？

　　　___天前 · ___星期前 · ___幾個月前

2) 不安的感覺是否惡化？　　□是　□否

3) 印象中是否因某些特定的事物而感到不安？　　□是　□否

4) 是否被周遭的人關注會感到不安，而對工作及日常生活造成影響？

　　　□是　□否

5) 是否曾在某些時候，意識到可能會發生恐怖的事情而無法忍耐？

　　　□是　□否

6) 感到不安時，是否有任何覺得非做不可的事情？

　　　□是　□否

7) 感到不安時，是否會有下列症狀？

| | | |
|---|---|---|
| □①心悸 | □②呼吸困難 | □③恐慌 |
| □④肚子痛 | □⑤拉肚子 | □⑥睡不著 → □否 |
| □⑦工作障礙 | □⑧妨礙日常生活 | |

# 46. 不安

1) 不安感を自覚したのはいつ頃からですか？
　　　　日前・　　　週間前・　　　ヵ月前

2) 不安感は悪化していますか？　□はい　□いいえ

3) 何か特定の物に対して不安を覚えますか？　□はい　□いいえ

4) 周りから注目される時に不安になるため，仕事や日常生活にも影響していますか？
　　　□はい　□いいえ

5) 何かの拍子に，怖いことが起こるような気がして我慢できなくなることがあります
　　か？
　　　□はい　□いいえ

6) 不安から何かを絶対しないといけないと思うことはありますか？
　　　□はい　□いいえ

7) 不安から，以下の症状が現れることがありますか？

| | | |
|---|---|---|
| □①動悸 | □②息苦しさ | □③パニック |
| □④腹痛 | □⑤下痢 | □⑥不眠 |
| □⑦仕事の障害 | □⑧日常生活の障害 | |

　　　　　　　　　　　　　　　　　　　　　　→　□いいえ

# 정신·신경계의 증상

〔별책 p33〕

**한국어**

## 47. 우울

1) 우울합니까?
   □①예, 견디기 어려움    □②예, 참을 수 있음    □③아니오

2) 밤에 잘 주무십니까?
   □예    □아니오

3) 식욕은 보통입니까?
   □①예    □②아니오, 하지만 먹고 있음    □③아니오, 먹지 못함

4) 지금 생활은 즐겁습니까?
   □①예    □②보통    □③아니오

5) 자신이 죽는 것이 다른 사람에게 좋다고 생각합니까?
   □예    □아니오

6) 쉽게 피곤해 진다고 생각합니까?    □예    □아니오

7) 자기 스스로 판단을 내릴 수 있습니까?    □예    □아니오

8) 죄책감 때문에 항상 괴롭습니까?    □예    □아니오

## J. Symptoms of neuropsychiatric syste

**영어**

## 47. Depression

1) Are you depressed?
   □①Yes, I cannot cope with it    □②Yes, but I can cope with it    □③No

2) Can you sleep long enough at night?
   □Yes    □No

3) Do you have an appetite as usual?
   □①Yes    □②No, but I am eating    □③No, I cannot eat

4) Are you satisfied with your present life now?
   □①Yes    □②Yes, so so    □③No

5) Do you think it is better to die for the sake of others?
   □Yes    □No

6) Do you think you easily get tired?    □Yes    □No

7) Can you make a judgment yourself?    □Yes    □No

8) Do you always suffer from sense of guilt?
   □Yes    □No

## 47. Depressão

1) Você está depressivo?

☐① Sim, não consegue aguentar ☐② Sim, mas consegue aguentar ☐③ Não

2) Está conseguindo dormir suficientemente à noite?

☐ Sim ☐ Não

3) Tem apetite normal?

☐① Sim ☐② Não, mas está comendo ☐③ Não, não consegue comer

4) Está satisfeito (a) com a sua vida atual?

☐① Sim ☐② Normal ☐③ Não

5) Acha que será melhor aos outros se morrer? ☐ Sim ☐ Não

6) Acha que se cansa fácil? ☐ Sim ☐ Não

7) Consegue fazer julgamentos por conta própria?

☐ Sim ☐ Não

8) Está sempre atormentado com sentimento de culpa?

☐ Sim ☐ Não

## 47. อารมณ์ซึมเศร้า

1) มีอารมณ์ซึมเศร้าหรือไม่

☐① ใช่,ทนไม่ได้ ☐② ใช่,ทนได้ ☐③ ไม่ใช่

2) กลางคืนนอนหลับได้ดีหรือไม่

☐ ได้ ☐ ไม่ได้

3) มีความอยากอาหารเป็นปกติหรือไม่

☐① มี ☐② ไม่มีแต่ทานได้ ☐③ ทานไม่ได้เลย

4) พอใจกับชีวิตประจำวันขณะนี้หรือไม่

☐① ใช่ ☐② ธรรมดา ☐③ ไม่ใช่

5) ท่านคิดว่าจะดีสำหรับผู้อื่นถ้าท่านตายไป

☐ ใช่ ☐ ไม่ใช่

6) คิดว่า เหนื่อยง่าย หรือไม่ ☐ ใช่ ☐ ไม่ใช่

7) ท่านสามารถตัดสินใจด้วยตัวเองได้หรือไม่ ☐ ได้ ☐ ไม่ได้

8) รู้สึกขุ่นหมองใจจากความรู้สึกผิดอยู่ เสมอๆหรือไม่

☐ รู้สึก ☐ ไม่รู้สึก

중국어간체

## 47. 感到抑郁

1) 忧郁吗?
　　　□①是的，受不了　　□②是的，可以忍受　　□③否

2) 晚上，睡得好吗?
　　　□是　　□否

3) 是否有食欲?
　　　□①是　　□②没有食欲，但是在吃　　□③没有食欲，吃不下

4) 现在的生活过得充实吗?
　　　□①是　　□②一般　　□③否

5) 是否觉得自己还是死了对其他人会比较好?
　　　□是　　□否

6) 是否容易感到疲劳?　　□是　　□否

7) 是否能自己判断下结论?　　□是　　□否

8) 总是有罪恶感吗?　　□是　　□否

중국어번체

## 47・抑鬱

1) 是否感到憂鬱?
　　　□①是，無法忍受　　□②是，還可以忍受　　□③否

2) 晚上睡得好嗎?
　　　□是　　□否

3) 是否有食慾?
　　　□①是　　□②否，但是會吃　　□③否，吃不下

4) 現在的生活過得充實嗎?
　　　□①是　　□②普通　　□③否

5) 是否覺得自己死了對其他人會比較好?
　　　□是　　□否

6) 是否容易感到疲倦?　　□是　　□否

7) 是否能自己做決定?　　□是　　□否

8) 是否因罪惡感而痛苦著?　　□是　　□否

# 47. 抑うつ

1) 憂うつですか？
　　□①はい，耐えられない　　□②はい，我慢できる　　□③いいえ

2) 夜，十分眠れますか？
　　□はい　　□いいえ

3) 食欲は普通にありますか？
　　□①はい　　□②いいえ，でも食べている　　□③いいえ，食べられない

4) いまの生活は充実していますか？
　　□①はい　　□②普通　　□③いいえ

5) 自分が死んだほうが，他の人にとってよいと思いますか？
　　□はい　　□いいえ

6) 疲れやすいと思いますか？
　　□はい　　□いいえ

7) 自分で判断を下せますか？
　　□はい　　□いいえ

8) いつも罪悪感にさいなまれていますか？
　　□はい　　□いいえ

〔별책 p34〕

한국어

## 48. 정신이상·행동이상

1) 최근에 교통사고나 머리에 타박상을 입은 적이 있습니까?
　　　□예　□아니오

2) 최근에 새로운 약을 복용하거나 건강기능식품을 사용하기 시작했습니까?
　　　　□예(지금 갖고 있으면 보여 주세요.)　　□아니오

3) 식사도 하지 않고 음주만 하고 있습니까?
　　　□예　　□아니오

4) 아래의 항목 중에 해당되는 것이 있습니까?

| □①당뇨병　□②신장병　□③경련 발작　□④발열 |
|---|
| □⑤마비　　□⑥두통　　□⑦불면　　□⑧체중감소 |

　→ □아니오

5) 아래의 항목 중에 해당되는 것이 있습니까?

| □①자해행위　　□②자살기도　　□③공황 |
|---|
| □④배회　　　　□⑤약물의존증　□⑥알콜의존증 |

　→ □아니오

6) 아래의 항목 중에 해당되는 것이 있습니까?

| □①침착성이 없음 |
|---|
| □②큰 소리로 혼자 말하기 |
| □③강박감에 사로잡힘 |
| □④집에서 나오지 않고 틀어박힘 |
| □⑤식사를 했는지 안했는지 잊어버림 |
| □⑥머리 속에서 소리가 들림 |
| □⑦다른 사람에게는 보이지 않는 물건이나 사람이 보임 |
| □⑧항상 남이 나를 흉보는 것 같은 느낌이 있음 |

　→ □아니오

# 48. Mental / Behavioral disorder

1) Have you recently experienced a traffic accident or a head bruise?

☐ Yes ☐ No

2) Have you recently started to use a new medicine or supplement?

☐ Yes (if you take it with you now, please show it to me) ☐ No

3) Do you drink without taking meals?

☐ Yes ☐ No

4) Do you have the following illnesses?

| | | | |
|---|---|---|---|
| ☐① diabetes | ☐② kidney disease | ☐③ convulsion | ☐④ fever |
| ☐⑤ palsy | ☐⑥ headache | ☐⑦ sleep loss | |
| ☐⑧ weight loss | | | |

→ ☐ No

5) Do you have the following episodes?

| | | |
|---|---|---|
| ☐① self injury | ☐② suicide attempt | ☐③ panic |
| ☐④ roaming | ☐⑤ drug addiction | ☐⑥ alcoholism |

→ ☐ No

6) Do you have the following episodes?

☐① restlessness
☐② talking loud to yourself
☐③ being obsessive to something
☐④ social withdrawal
☐⑤ forgetting if you had a meal
☐⑥ hearing voice inside your head
☐⑦ being able to see what others cannot
☐⑧ feeling always being told bad things about you

→ ☐ No

포르투갈어

## 48. Psicopatia/Comportamento anormal

1) Sofreu recentemente um acidente de trânsito ou contusão na cabeça?

☐ Sim   ☐ Não

2) Começou a tomar um novo medicamento ou usar suplemento recentemente?

☐ Sim (mostre se tiver agora)   ☐ Não

3) Está deixando de comer para tomar sempre bebida alcoólica?

☐ Sim   ☐ Não

4) Tem algum item abaixo que se enquadra?

☐① diabetes   ☐② doença renal   ☐③ ataque de convulsão
☐④ febre   ☐⑤ paralisia   ☐⑥ dor de cabeça   → ☐ Não
☐⑦ insônia   ☐⑧ perda de peso

5) Tem algum item abaixo que se enquadra?

☐① ato de ferimento próprio   ☐② tentativa de suicídio
☐③ pânico   ☐④ caminhar sem destino   → ☐ Não
☐⑤ dependência de drogas   ☐⑥ alcoolismo

6) Tem algum item abaixo que se enquadra?

☐① tem inquietação
☐② fala consigo mesmo em voz alta
☐③ fica preso em algo de forma compulsiva
☐④ não consegue sair de casa e fica em retiro
☐⑤ esquece se comeu ou não   → ☐ Não
☐⑥ ouve vozes dentro da própria cabeça
☐⑦ vê coisas ou pessoas que outras pessoas não veem
☐⑧ sente que os outros estão falando mal de você

# 48. ความผิดปกติทางจิต • ความผิดปกติของพฤติกรรม

**1)** เมื่อไม่นานมานี้ เคยประสบอุบัติเหตุทางจราจร หรือ ได้รับบาดเจ็บที่ศีรษะหรือไม่

☐ เคย  ☐ ไม่เคย

**2)** เมื่อไม่นานมานี้เริ่มใช้ยาใหม่หรืออาหารเสริมหรือไม่

☐ ใช้ (ขณะนี้ ถ้ามียานั้น กรุณาแสดงยาด้วย)  ☐ ไม่ใช้

**3)** ไม่ทานอาหารดื่มแต่เหล้าเท่านั้นหรือไม่

☐ ใช่  ☐ ไม่ใช่

**4)** ในตัวเลือกดังต่อไปนี้ มีข้อที่ตรงกับตัวเลือกหรือไม่

| | | |
|---|---|---|
| ☐①โรคเบาหวาน | ☐②โรคไต | ☐③อาการชัก |
| ☐④มีไข้ | ☐⑤อัมพาต | ☐⑥ปวดศีรษะ (/ปวดหัว) |
| ☐⑦นอนไม่หลับ | ☐⑧น้ำหนักลดลง | |

→ ☐ ไม่มี

**5)** ในตัวเลือกดังต่อไปนี้ มีข้อที่ตรงกับตัวเลือกหรือไม่

| | | |
|---|---|---|
| ☐①การทำร้ายตนเอง | ☐②การฆ่าตัวตาย | ☐③ความหวาดกลัว |
| ☐④การเดินไปรอบๆ อย่างไม่มีจุดหมาย | | ☐⑤ติดยา |
| ☐⑥โรคพิษสุราเรื้อรัง | | |

→ ☐ ไม่มี

**6)** มีข้อที่ตรงกับตัวดังต่อไปนี้หรือไม่

☐①กระสับกระส่าย
☐②พูดคนเดียว อย่างเสียงดังมาก
☐③หมกมุ่น
☐④เก็บตัวอยู่ในบ้าน
☐⑤ลืมว่าทานอาหารแล้วหรือไม่
☐⑥ได้ยินเสียงในศีรษะ
☐⑦มองเห็นคนหรือสิ่งของที่คนอื่น ๆ ไม่สามารถมองเห็นได้
☐⑧รู้สึกเหมือนโดนคนอื่นด่าตลอดเวลา

→ ☐ ไม่มี

## 48. 精神异常·行动异常

1）最近，是否遭受过交通事故或头部打击？

  ☐是 ☐否

2）最近，是否在开始使用新药物的内服或者是开始使用增补保健药？

  ☐是 ☐否

3）经常不吃饭，光喝酒？

  ☐是 ☐否

4）以下符合的项目有？

| | | | |
|---|---|---|---|
| ☐①糖尿病 | ☐②肾脏病 | ☐③发作 | ☐④发烧 |
| ☐⑤麻痹 | ☐⑥头痛 | ☐⑦失眠 | ☐⑧体重减轻 |

  → ☐否

5）以下符合的项目有？

| | | |
|---|---|---|
| ☐①自残行为 | ☐②自杀企图 | ☐③恐慌 |
| ☐④徘徊不定 | ☐⑤药物成瘾 | ☐⑥酒精中毒 |

  → ☐否

6）以下符合的项目有？

☐①不能冷静

☐②大声地自言自语

☐③强迫性地执着于某件事

☐④不能走出家门，闭门不出

☐⑤有没有吃过饭也忘记了的健忘

☐⑥脑中会听到其他声音

☐⑦看得到其他人看不到的东西

☐⑧总是觉得别人在说自己的坏话

  → ☐否

# 48・精神異常・行動異常

1) 最近是否發生交通意外或頭部撞擊？

　　□是　　□否

2) 最近是否開始服用新的藥物或健康食品？

　　□是 (現在有帶的話請出示)　　□否

3) 是否經常光喝酒不吃飯？

　　□是　　□否

4) 下列各項是否有符合的項目？

| □①糖尿病 | □②腎臟病 | □③癲癇發作 | □④發燒 |
| □⑤麻痺 | □⑥頭痛 | □⑦失眠 | □⑧體重減輕 |

　　→ □否

5) 下列各項是否有符合的項目？

| □①自殘行為 | □②自殺企圖 | □③恐慌 |
| □④徘徊不定 (來回踱步) | □⑤藥物成癮 | □⑥酒精中毒 |

　　→ □否

6) 下列各項是否有符合的項目？

□①無法冷靜
□②大聲地自言自語
□③強迫性地執著於某件事
□④無法出門，足不出戶
□⑤健忘到連有沒吃過飯都忘記
□⑥腦中會聽到其他聲音
□⑦看得到別人看不見的人事物
□⑧總是覺得別人在說自己壞話

　　→ □否

## 48. 精神異常・行動異常

1) 最近，交通事故・頭部打撲を経験しましたか？
　　　　□はい　　□いいえ

2) 最近，新たな薬物の内服やサプリメントの使用を開始しましたか？
　　　　□はい (いま持っていたら見せてください)　　□いいえ

3) 食事もとらず，飲酒ばかりしていますか？
　　　　□はい　　□いいえ

4) 以下の項目に当てはまるものはありますか？

| □①糖尿病 | □②腎臓病 | □③痙攣発作 | □④発熱 |
|---|---|---|---|
| □⑤麻痺 | □⑥頭痛 | □⑦不眠 | □⑧体重減少 |

→ □いいえ

5) 以下の項目に当てはまるものはありますか？

| □①自傷行為 | □②自殺企図 | □③パニック |
|---|---|---|
| □④徘徊 | □⑤薬物依存症 | □⑥アルコール依存症 |

→ □いいえ

6) 以下の項目に当てはまるものはありますか？

□①落ち着きのなさ (焦燥感)
□②大きな声の独り言
□③強迫的にこだわってしまう
□④家から出られず引きこもる
□⑤食事をしたかどうか，もの忘れする
□⑥頭の中に声が聞こえる
□⑦他の人には見えない物や人が見える
□⑧いつも悪口を言われているような気がする

→ □いいえ

# J 정신·신경계의 증상

〔별책 p35〕

한국어

## 49. 건망증

1) 건망증이 심해서 일상생활에 불편함을 느낀 적이 있습니까?　□예　□아니오

2) 건망증을 자각한 것은 언제부터입니까?　＿＿＿일 전·＿＿＿주 전·＿＿＿개월 전

3) 건망증은 악화되고 있습니까?　□예　□아니오

4) 아래에 해당되는 것이 있습니까?

□①자택의 위치를 모름
□②전날 저녁식사를 했는지 안 했는지 기억하지 못함
□③지인의 이름이 생각나지 않음
□④문장을 몇 번 읽어도 이해하지 못함
□⑤중요한 용건을 잊어 버림
→ □아니오

5) 최근에 교통사고나 머리에 타박상을 입은 적이 있습니까?　□예　□아니오

6) 최근에 새로운 약을 복용하거나 건강기능식품을 사용하기 시작했습니까?
(지금 갖고 있으면 보여 주세요.)

□①약　□②건강기능식품　→ □아니오

영어

## J. Symptoms of neuropsychiatric system

## 49. Forgetfulness

1) Do you feel your daily life disturbed because of your increasing forgetfulness?
　□ Yes　□ No

2) When did you become aware of forgetfulness?
　＿＿＿ days ago · ＿＿＿ weeks ago · ＿＿＿ months ago

3) Is your forgetfulness getting worse?　□ Yes　□ No

4) Do you have the following episodes?

□① getting lost on the way home
□② forgetting if you had supper on the previous day
□③ being unable to recall the name of your acquaintance
□④ being unable to understand the sentence even if you read it over and over
　　again
□⑤ forgetting important things to do
→ □ No

5) Have you recently experienced a traffic accident or a head bruise?　□ Yes　□ No

6) Have you recently started to use a new medicine or a supplement? (if you take it with you now, please show it to me)

□① medicine　□② supplement　→ □ No

## 49. Esquecimento

1) Sente que tem problema na sua vida cotidiana pelo seu intenso esquecimento?

☐ Sim　☐ Não

2) Quando percebeu que tinha esquecimento?

_____ dias atrás ·　_____ semanas atrás ·　_____ meses atrás

3) O esquecimento tem piorado?　☐ Sim　☐ Não

4) Tem algum item abaixo que se enquadra?

☐① não se lembra onde fica a sua casa

☐② não se lembra se jantou no dia anterior

☐③ não se lembra do nome dos amigos　　　　　　　　　⟶　☐ Não

☐④ não consegue compreender uma frase mesmo lendo várias vezes

☐⑤ se esquece de compromissos importantes

5) Sofreu recentemente um acidente de trânsito ou contusão na cabeça?

☐ Sim　☐ Não

6) Começou a tomar um novo medicamento ou usar suplemento recentemente? (mostre se tiver agora)

☐① medicamento　☐② suplemento　⟶　☐ Não

## 49. ขี้ลืม

1) รู้สึกว่าการหลงลืมที่มากขึ้นเป็นอุปสรรคในชีวิตประจำวันไหม　☐ รู้สึก　☐ ไม่รู้สึก

2) รู้สึกว่ามีอาการขี้ลืมเมื่อไร

_____ วันที่แล้ว ·　_____ สัปดาห์ที่แล้ว ·　_____ เดือนที่แล้ว

3) อาการขี้ลืมแย่ลงหรือไม่　☐ แย่ลง　☐ ไม่แย่

4) ในตัวเลือกดังต่อไปนี้มีข้อที่ตรงกับตัวเลือกหรือไม่

☐① จำทางกลับบ้านของตนไม่ได้　☐② จำไม่ได้ว่า เมื่อวานได้ทานอาหารเย็นแล้วหรือไม่

☐③ นึกชื่อเพื่อนของตนออกไม่ได้　☐④ อ่านประโยคหลายครั้งแต่ไม่เข้าใจ

☐⑤ ลืมธุระสำคัญไป

⟶　☐ ไม่มี

5) เมื่อไม่นานมานี้ เคยประสบอุบัติเหตุทางจราจร หรือ ได้รับบาดเจ็บที่ศีรษะหรือไม่

☐ เคย　☐ ไม่เคย

6) เมื่อไม่นานมานี้ได้เริ่มใช้ยาใหม่หรืออาหารเสริมหรือไม่ (ขณะนี้ ถ้ามียานั้น กรุณาแสดงยาด้วย)

☐① ใช้ยา　☐② ทานอาหารเสริม　⟶　☐ ไม่ได้ใช้

## 49. 健忘

1) 是否觉得健忘严重妨碍到日常生活？

　　□是　□否

2) 从什么时候开始察觉到自己健忘？

　　____几天前 · ____几个星期前 · ____几个月前

3) 忘记东西，健忘在恶化吗？

　　□是　□否

4) 以下符合的项目有？

| |
|---|
| □①分不清楚自己的家住在哪里　□②不记得前一天晚饭有没有吃 |
| □③想不起来认识的人的名字　□④文章读过好几遍也不能理解 |
| □⑤会忘记重要的事情 |

　　→ □否

5) 最近，是否有遭遇交通事故或头部打击？

　　□是　□否

6) 是否有开始服用药物的内服或健康食品？（现在有带的话请出示）

| |
|---|
| □①有开始服药　□②健康食品 |

　　→ □否

## 49 · 健忘

1) 是否覺得健忘嚴重到妨礙日常生活？

　　□是　□否

2) 從什麼時候開始發現自己健忘？

　　____天前 · ____個星期前 · ____個月前

3) 健忘是否在惡化？

　　□是　□否

4) 下列各項是否有符合的項目？

| |
|---|
| □①分不清楚自己的住家在哪裡　□②不記得前一天有沒有吃晚餐 |
| □③想不起來認識的人的名字　□④文章讀過好幾次也無法理解 |
| □⑤會忘記重要的事情 |

　　→ □否

5) 最近是否有發生交通意外或頭部撞擊？

　　□是　□否

6) 最近是否開始服用新的藥物或健康食品？（現在有帶的話請出示）

| |
|---|
| □①藥物　□②健康食品 |

　　→ □否

## 49. もの忘れ

1) もの忘れがひどく，日常生活に支障を感じていますか？
　　□はい　□いいえ

2) もの忘れを自覚したのはいつ頃からですか？
　　____日前・____週間前・____ヵ月前

3) もの忘れは悪化していますか？
　　□はい　□いいえ

4) 以下に当てはまるものはありますか？

□①自宅の場所がわからなくなる
□②前日に夕食をとったかどうか覚えていない
□③知人の名前が思い出せない
□④文章を何回読んでも理解できない
□⑤大事な用事を忘れてしまう
　　　　　　→□いいえ

5) 最近，交通事故・頭部打撲を経験しましたか？
　　□はい　□いいえ

6) 最近，新たな薬物の内服やサプリメントの使用を開始しましたか？（いま持っていたら見せてください）
　　□①薬　□②サプリメント　　→□いいえ

# J 정신·신경계의 증상

## 50. 저림·지각이상

1) 저림, 지각이상의 부위를 가리켜 주세요.

　　➡ 〈신체구조 그림〉(x 페이지)이나 자신의 신체를 직접 가리켜 주세요.

2) 저림, 지각이상은 발끝이나 손끝에서 점점 퍼지고 있습니까?　　□예　　□아니오

3) 아래의 행위에 대하여 이상을 느낍니까?

| □①눈을 깜박임 | □②삼킴 | □③보행 |
| □④배뇨 | □⑤배변 | □⑥발기 |

　　➡ □아니오

4) 지각이상으로 인해 아래의 현상이 나타나고 있습니까?

| □①기분이 처짐 | □②불면 |
| □③일이나 집안일을 할 수 없음 | |

　　➡ □아니오

5) 아래에 해당되는 지각이상이 있습니까?

| □①통증 | □②뜨거움 | □③차가움 |
| □④가려움 | □⑤뭔가 만지고 있는 감각 | |

　　➡ □아니오

6) 각각의 지각이상에 대하여 아래의 어느 것에 해당됩니까?

□①통증
□②뜨거움
□③차가움
□④가려움
□⑤뭔가 만지고 있는 감각

□①이상하게 강하게 느껴짐
□②아무렇지도 않은데 뭔가 느껴짐
□③이상하게 잘 느껴지지 않음
□④없음

영어

## 50. Numbness / Abnormal sense

1) Please show me the part where you have numbness or abnormal sense.

→ Please use < Body picture > ( p x ) or point directly to your body

2) Is numbness or abnormal sense spreading out from toes and tips?

☐ Yes　☐ No

3) Do you have the following disorder?

| | |
|---|---|
| ☐① twinkling | ☐② swallowing |
| ☐③ walking | ☐④ passing urine |
| ☐⑤ bowel movement | ☐⑥ erection |

→ ☐ No

4) Are you affected by abnormal sense in the following form?

| | |
|---|---|
| ☐① depression | ☐② sleep loss |
| ☐③ unable to work or housework | |

→ ☐ No

5) Do you have the following abnormal sense?

| | | |
|---|---|---|
| ☐① pain | ☐② heat | ☐③ cold |
| ☐④ itch | ☐⑤ being touched by something | |

→ ☐ No

6) Do they each have the following characteristics?

☐① pain
☐② heat
☐③ cold
☐④ itch
☐⑤ being touched by something

☐① abnormally strong feeling
☐② feeling without apparent cause
☐③ abnormally dull feeling
☐④ none

# 50. Dormência/Anormalidade sensitiva

1) Indique o local onde sente dormência ou anormalidade sensitiva

→ Indique na < Figura do corpo > (pg. x ) ou aponte diretamente no seu corpo

2) A dormência ou anormalidade sensitiva começa pela ponta dos pés ou dedos e se espalha?　☐ Sim　☐ Não

3) Sente transtorno quando realiza o ato abaixo?

☐① piscar　　　　☐② engolir
☐③ andar　　　　☐④ micção　——→ ☐ Não
☐⑤ defecação　　☐⑥ ereção

4) Tem o sintoma abaixo pela anormalidade sensitiva?

☐① depressão　　　　☐② insônia
☐③ incapacidade para fazer o trabalho ou afazeres domésticos　——→ ☐ Não

5) Tem alguma anormalidade sensitiva abaixo que se enquadra?

☐① dor　　☐② calor　　☐③ frio　　☐④ coceira
☐⑤ sensação de algo estar tocando　——→ ☐ Não

6) Algum dos sintomas à esquerda se enquadra para cada um à direita?

☐① dor
☐② calor
☐③ frio
☐④ coceira
☐⑤ sensação de algo estar tocando

☐① sinto extremamente forte
☐② sinto mesmo não havendo nada
☐③ extrema difuculdade de sentir
☐④ nenhum

## 50. ชา (/เป็นเหน็บ) · รู้สึกผิดปกติ

1) กรุณาบอกบริเวณ ที่ มี อาการชา · ความรู้สึก ที่ผิดปกติ

→ กรุณาชี้บอกบริเวณที่มีอาการบน < ภาพร่างกาย > (หน้า x )
หรือร่างกายของตัวเองโดยตรง

2) อาการชา · ความรู้สึกที่ผิดปกติ แพร่กระจายจากปลายนิ้ว และ นิ้วเท้าหรือไม่

☐ ใช่    ☐ ไม่ใช่

3) รู้สึกว่า มีอุปสรรคในการกระทำดังต่อไปนี้หรือไม่

☐① กะพริบตา         ☐② การกลืน
☐③ การเดิน            ☐④ การถ่ายปัสสาวะ      → ☐ ไม่รู้สึก
☐⑤ การถ่ายอุจจาระ   ☐⑥ การแข็งตัวองคชาติ

4) ความรู้สึกที่ผิดปกติ มีผลกระทบต่อไปนี้หรือไม่

☐① อารมณ์ซึมเศร้า           ☐② นอนไม่หลับ       → ☐ ไม่มี
☐③ ไม่สามารถทำงาน หรือ งานบ้าน

5) มีข้อที่ตรงกับตัวดังต่อไปนี้หรือไม่

☐① ความเจ็บปวด    ☐② ความร้อน    ☐③ ความหนาว   → ☐ ไม่มี
☐④ คัน              ☐⑤ รู้สึกว่าถูกสัมผัสอยู่

6) ความเจ็บปวด · ความร้อน · ความหนาว · คัน รู้สึกว่าถูกสัมผัสอยู่ดังกล่าว
มีข้อที่ตรงกับตัวเลือกดังต่อไปนี้หรือไม่

☐① ความเจ็บปวด
☐② ความร้อน                              ☐① รู้สึกมากเกินไป
☐③ ความหนาว                             ☐② ไม่มีอะไรแต่รู้สึกได้
☐④ คัน                                    ☐③ แทบไม่รู้สึกถึงความผิดปกติ
☐⑤ รู้สึกว่าถูกสัมผัสอยู่                   ☐④ ไม่มี

## 50. 麻痹·知觉异常

1）麻痹·知觉异常的地方请指出来

➡️ 请在＜人体图＞（见第 x 页）上或在自己身体上直接指出部位

2）麻痹·知觉异常的情况是否从脚趾·手指开始扩散开来？

☐是　☐否

3）在做以下行为时，是否感到有障碍？

☐①眨眼　　　　☐②吞咽
☐③走路　　　　☐④排尿　　➡️　☐否
☐⑤排便　　　　☐⑥勃起

4）知觉异常对是否出现以下影响？

☐①情绪低落　☐②失眠　　☐③不能工作或做不到家务　➡️　☐否

5）符合知觉异常的以下症状以下有吗？

☐①疼痛　　　☐②发热　　　☐③发冷
☐④发痒　　　☐⑤被什么触摸的感觉　➡️　☐否

6）下列各项，分别对应符合的项目是

☐①疼痛
☐②发热
☐③发冷　　　　　　　　☐①强烈地感觉到异常
☐④发痒　　　　　　　　☐②没有什么却感觉到
☐⑤被什么触摸的感觉　　☐③对异常变得感觉迟缓
　　　　　　　　　　　　☐④无

## 50・麻痺・知覺異常

1) 請指出發生麻痺・知覺異常的部位。

→ 請從＜身體構造圖＞（第 x 頁）或直接從自己身上指出來

2) 麻痺・知覺異常的症狀是否從腳趾、手指開始擴散開來？

□是　□否

3) 進行下列行為時，是否感到困難？

□①眨眼　　　　　□②吞嚥
□③走路　　　　　□④排尿　　　→　□否
□⑤排便　　　　　□⑥勃起

4) 是否因知覺異常而出現下列的情況？

□①情緒低落　　□②失眠　　□③無法工作或做家事　　→　□否

5) 是否有下列知覺異常的症狀？

□①疼痛　　　　□②發熱　　□③發冷
□④發癢　　　　□⑤被什麼觸摸的感覺　　→　□否

6) 針對疼痛、發熱、發冷、發癢、被什麼觸摸的感覺，下列哪些符合？

□①疼痛
□②發熱
□③發冷　　　　　　　　　□①強烈地感覺到異常
□④發癢　　　　　　　　　□②明明什麼都沒有卻感覺得到
□⑤被什麼觸摸的感覺　　　□③對異常狀態感覺遲緩
　　　　　　　　　　　　　□④無

# 50. しびれ・知覚異常

1) しびれ・知覚異常の場所を示してください.

→ <体の図>(p x )か，体を直接指してください

2) しびれ・知覚異常は足先・指先から拡がってきていますか？

□はい　□いいえ

3) 以下の行為の中に障害を感じますか？

| | |
|---|---|
| □①まばたき | □②飲み込み(嚥下) |
| □③歩行 | □④排尿 |
| □⑤排便 | □⑥勃起 |

→ □いいえ

4) 知覚異常のために以下の影響が出ていますか？

| | |
|---|---|
| □①気分の落ち込み | □②不眠 |
| □③仕事や家事ができない | |

→ □いいえ

5) 当てはまる知覚異常が以下にありますか？

| | | |
|---|---|---|
| □①痛み | □②熱さ | □③冷たさ |
| □④かゆみ | □⑤何かが触っている感じ | |

→ □いいえ

6) それぞれに対して，以下のいずれかが当てはまりますか？

□①痛み
□②熱さ
□③冷たさ
□④かゆみ
□⑤何かが触っている感じ

□①異常に強く感じられる
□②何もないのに感じてしまう
□③異常に感じにくくなっている
□④特になし

# J 정신·신경계의 증상

**한국어**

## 51. 근력저하

1) 힘을 쓸 수 없는 부위를 가리켜 주세요.

    ➡️〈신체구조 그림〉(x페이지)이나 자신의 신체를 직접 가리켜 주세요.

2) 언제부터 근력이 저하되고 있습니까?

    ____일 전·____주 전·____개월 전

3) 근력이 저하된 부위의 근육을 잡으면 통증이 있습니까?

    □예　　□아니오

4) 아래의 증상을 동반합니까?

    □①저림　　□②지각이상　　□③등의 통증　　□④떨림　　➡️ □아니오

5) 아래의 행위에 대하여 이상을 느낍니까?

    □①눈을 깜박임　　□②삼킴　　□③보행

    □④배뇨　　□⑤배변　　□⑥발기　　➡️ □아니오

**영어**

## 51. Muscle weakness

1) Please point to the part you feel weak.

    ➡️ Please use < Body picture > (p x ) or point directly to your body.

2) Since when has the muscle weakness been getting worse?

    ____days ago · ____weeks ago · ____months ago

3) Does the weakened muscle hurt when you pinch it?

    □ Yes　　□ No

4) Does it go with the following symptoms?

    □①numbness　　□②abnormal sensation

    □③back pain　　□④tremor　　➡️ □ No

5) Do you think you are disturbed in the following actions?

    □①twinkling　　□②swallowing　　□③walking

    □④passing urine　　□⑤bowl movement　　□⑥erection　　➡️ □ No

## 51. Fraqueza muscular

1) Indique a parte onde tem fraqueza muscular

→ Indique na < Figura do corpo > (pg. x ) ou aponte diretamente no seu corpo

2) Desde quando continua a ter fraqueza muscular?

_____ dias atrás · _____ semanas atrás · _____ meses atrás

3) Sente dor ao beliscar o músculo da parte onde tem fraqueza muscular?

☐ Sim ☐ Não

4) Está acompanhada ao sintoma abaixo?

☐① dormência ☐② anormalidade sensitiva
☐③ dor nas costas ☐④ tremor
→ ☐ Não

5) Sente transtorno quando realiza o ato abaixo?

☐① piscar ☐② engolir ☐③ andar
☐④ micção ☐⑤ defecação ☐⑥ ereção
→ ☐ Não

## 51. กล้ามเนื้ออ่อนแรง

1) กรุณาบ่งชี้ส่วนที่ไม่มีแรง

→ กรุณาชี้บอกบริเวณที่มีอาการบน < ภาพร่างกาย > (หน้า x )
หรือร่างกายของตัวเองโดยตรง

2) เริ่มมีอาการกล้ามเนื้ออ่อนแอลงตั้งแต่เมื่อไร

_____ วันที่แล้ว · _____ สัปดาห์ที่แล้ว · _____ เดือนที่แล้ว

3) หยิกกล้ามเนื้ออ่อนแรงแล้ว เจ็บหรือไม่

☐ เจ็บ ☐ ไม่เจ็บ

4) มีอาการดังต่อไปนี้ด้วยหรือไม่

☐① เป็นเหน็บ ☐② ความรู้สึกที่ผิดปกติ
☐③ ปวดหลัง ☐④ สั้น
→ ☐ ไม่มี

5) รู้สึกว่า มีอุปสรรคในการกระทำดังต่อไปนี้หรือไม่

☐① กะพริบตา ☐② กลืน ☐③ การเดิน
☐④ การถ่ายปัสสาวะ ☐⑤ การถ่ายอุจจาระ
☐⑥ การแข็งตัวองคชาติ
→ ☐ ไม่รู้สึก

중국어간체

## 51. 肌肉无力

1）请指出用不上力气的地方。

→ 请在＜人体图＞（见第 x 页）上或在自己身体上直接指出部位

2）什么时候开始肌肉的力量变弱的？

____几天前 · ____几周前 · ____几个月前

3）肌肉力量变弱的地方，捏肌肉的地方会伴有疼痛吗？

□是　□否

4）是否伴有以下症状？

□①麻木，麻痹　　□②知觉异常
□③后背疼痛　　　□④发抖、哆嗦　　→　□否

5）在做以下行为时，是否感到有障碍？

□①眨眼　　□②吞咽　　□③走路
□④排尿　　□⑤排便　　□⑥勃起　　→　□否

---

중국어번체

## 51 · 肌肉無力

1）請指出感到無力的部位。

→ 請從＜身體構造圖＞（第 x 頁）或直接從自己身上指出來

2）什麼時候開始變得肌肉無力？

____天前 · ____星期前 · ____個月前

3）捏肌肉無力的地方是否會感到疼痛？

□是　□否

4）是否伴隨下列症狀？

□①發麻　□②知覺異常　□③背痛　□④發抖　→　□否

5）進行下列行為時，是否感到有困難？

□①眨眼　　□②吞咽　　□③走路
□④排尿　　□⑤排便　　□⑥勃起　　→　□否

# 51. 筋力低下

1) 力が入らない場所を示してください
　　　→ <体の図>(p x )か，体を直接指してください
2) いつ頃から筋力低下は進行していますか？
　　　____日前・____週間前・____ヵ月前
3) 筋力が低下した場所の筋肉をつまむと痛みを伴いますか？
　　　□はい　□いいえ
4) 以下の症状を伴いますか？

| □①しびれ | □②知覚異常 | □③背中の痛み | □④ふるえ |
|---|---|---|---|

→ □いいえ

5) 以下の行為に障害を感じますか？

| □①まばたき | □②飲み込み(嚥下) | □③歩行 |
|---|---|---|
| □④排尿 | □⑤排便 | □⑥勃起 |

→ □いいえ

# J 정신·신경계의 증상

〔별책 p37〕

## 52. 진전(손의 떨림)

1) 떨리는 부위를 가리켜 주세요.

→ 〈신체구조 그림〉( x 페이지)이나 자신의 신체를 직접 가리켜 주세요.

2) 그 부위를 움직였을 때 떨립니까? 가만히 있을 때 떨립니까?

□①움직였을 때　　□②가만히 있을 때　　□③양쪽

3) 글을 쓸 때나 긴장했을 때 떨립니까?

□①글을 쓸 때　□②긴장했을 때 ────→ □아니오

4) 아래의 항목 중에 해당되는 것이 있습니까?

□①걷기 시작할 때 발이 굳어버림　　□②잘 넘어짐
□③저리거나 지각이상을 느낌　　□④체중감소_____kg ────→ □아니오

## 52. Tremor(of hand)

1) Please show me where it tremors.

→ Please use < Body picture > (p x ) or point directly to your body

2) Is the tremor motion-related or appearing when you stay still?

□①when I move　　□②when I stay still　　□③both of above

3) Do you have a tremor when you write a character or when you get nervous?

□①when I write a character　　□②when I get nervous ────→ □ No

4) Do you have the following symptoms?

□①weakness of the legs when you make a first step
□②frequent fall down　　□③numbness or abnormal sensation ────→ □ No
□④weight loss_____kg

## 52. Tremor〔tremor da mão〕

1) Indique o local onde sente tremor

→ Indique na < Figura do corpo > (pg. x ) ou aponte diretamente no seu corpo

2) Treme quando movimenta esta parte? Ou treme quando está de repouso?

| ☐① quando movimenta | ☐② quando está de repouso | ☐③ ambos |

3) Treme ao escrever ou quando fica nervoso (a) ?

☐① ao escrever ☐② quando fico nervoso (a) ──→ ☐ Não

4) Tem algum item abaixo que se enquadra?

☐① a perna fica paralisada ao começar a andar
☐② tomba com facilidade
☐③ sente dormência ou anormalidade sensitiva ──→ ☐ Não
☐④ perda de peso: ____ kg

---

## 52. อาการสั่น〔มือสั่น〕

1) กรุณาบ่งชี้ส่วนที่สั่น

→ กรุณาชี้บอกบริเวณที่มีอาการบน < ภาพร่างกาย > (หน้า x )
หรือร่างกายของตัวเองโดยตรง

2) มีอาการสั่น เวลาขยับส่วนนั้นๆ หรือเวลาอยู่นิ่งๆ หรือไม่

☐① เวลาขยับ ☐② เวลาอยู่นิ่งๆ ☐③ ทั้งสองข้อที่กล่าวมา

3) เวลาเขียนตัวอักษร · เวลาตึงเครียดมีอาการสั่นหรือไม่

☐① เวลาเขียนตัวอักษร ☐② เวลาตึงเครียด ──→ ☐ ไม่สั่น

4) ในข้อดังต่อไปนี้ มีข้อที่ตรงกับตัวเลือกหรือไม่

☐① เมื่อเริ่มเดินขาอ่อนแรงง่าย ☐② หกล้มง่าย
☐③ รู้สึกชา · ความรู้สึกที่ผิดปกติ ──→ ☐ ไม่มี
☐④ น้ำหนักลด _____ กิโลกรัม (กก.)

중국어간체

## 52. 颤抖（手发抖）

1）请指出发抖的部位。

　　⟶ 请在＜人体图＞（见第 x 页）上或在自己身体上直接指出部位

2）发抖的部位动的时候发抖吗？ 还是不动的时候发抖？

　　☐①动的时候　　☐②不动的时候　　☐③两者都有

3）写字的时候・紧张的时候会发抖吗？

　　☐①写字的时候　　☐②紧张的时候 ⟶ ☐否

4）以下项目符合的有？

　　☐①起步的时候双腿发软　　　☐②经常摔跤
　　☐③感觉到麻痹或者知觉异常　　☐④体重减少到＿＿kg ⟶ ☐否

---

중국어번체

## 52・顫抖（抖手）

1）請指出發抖的部位。

　　⟶ 請從＜身體構造圖＞（第 x 頁）或直接從自己身上指出來

2）這個部位是在活動的時候發抖嗎？ 或是不動的時候發抖？

　　☐①活動的時候　　☐②不動的時候　　☐③兩者都有

3）寫字或緊張的時候是否會發抖？

　　☐①寫字的時候　　☐②緊張的時候 ⟶ ☐否

4）下列各項是否有符合的項目？

　　☐①起步的時候雙腿發軟　　　☐②經常跌倒
　　☐③感到麻痹或者知覺異常　　☐④體重減輕了＿＿公斤 ⟶ ☐否

# 52. 振戦 ( 手のふるえ )

1) ふるえる部位を示してください

    → <体の図>(p x )か，体を直接指してください

2) その部位を動かした時にふるえますか，静かにしている時にふるえますか？

| □①動かした時 | □②静かにしている時 | □③両方 |
| --- | --- | --- |

3) 文字を書く時・緊張した時にふるえますか？

| □①文字を書く | □②緊張 |
| --- | --- |

→ □いいえ

4) 以下の項目に当てはまるものはありますか？

| □①歩き出す時足がすくむ | □②よく転ぶ |
| --- | --- |
| □③しびれや知覚異常を感じる | □④体重減少＿＿kg |

→ □いいえ

# K 부인과의 증상

〔별책 p38〕

**한국어**

## 53. 월경장애

1) 월경주기는 25~38일입니까?   □예   □아니오(____일 주기)

2) 주기는 거의 일정합니까?   □예   □아니오

3) 월경에 대하여 어느 쪽에 해당됩니까?
   □①월경은 거의 없었음
   □②이전에는 문제가 없었는데 불편함을 느낌

4) 월경 1주일 전부터 두통, 부종, 불쾌감이 심해지거나 일상생활에 지장이 있습니까?
   □예   □아니오

5) 월경통증이나 출혈로 인해 일상생활에 지장이 있습니까?   □예   □아니오

6) 아래의 항목 중에 해당되는 것이 있습니까?

| □①체중감소 | □②임신 | □③수유 중 |
|---|---|---|
| □④출산 시 과다 출혈 | □⑤갱년기장애 | □⑥체중증가 |

→ □아니오

**영어**

## 53. Menstrual disorder

1) Is your menstrual cycle between 25 and 38 days?   □Yes   □No (____days cycle)

2) Is the cycle almost regular?   □Yes   □No

3) Do you have the following episodes?
   □①rarely had menstruation
   □②had no problem before but the disorder has appeared

4) Is your daily life affected because you have a headache, edema, and bad mood about a week before menstruation?
   □Yes   □No

5) Is your daily life affected because of menstrual pain or bleeding?
   □Yes   □No

6) Do you have the following episodes?

| □①weight loss | □②pregnancy | □③breast-feeding |
|---|---|---|
| □④excessive blood loss at delivery | | |
| □⑤menopause disorder | □⑥weight gain | |

→ □No

**포르투갈어**

## 53. Distúrbio menstrual

1) O ciclo menstrual é de 25 a 38 dias? ☐ Sim ☐ Não (ciclo de _____ dias)

2) O ciclo é quase estável? ☐ Sim ☐ Não

3) Qual dos itens se enquadra sobre a sua menstruação?

☐① Quase não teve menstruação

☐② Não tinha problemas antes e agora tem transtornos

4) A dor de cabeça, inchaço ou o mau estar piora cerca de 1 semana antes da menstruação, e causa problemas na vida cotidiana?

☐ Sim ☐ Não

5) A cólica menstrual ou o sangramento causa problemas na vida cotidiana?

☐ Sim ☐ Não

6) Tem algum item abaixo que se enquadra?

☐① perda de peso  ☐② gravidez  ☐③ em amamentação
☐④ perda excessiva de sangue no parto
☐⑤ climatério  ☐⑥ ganho de peso  →  ☐ Não

---

**태국어**

K. อาการแผนกนารีเวชวิทยา

## 53. ประจำเดือนผิดปกติ

1) รอบประจำเดือนมีระยะเวลา 25–38 วันไหม  ☐ ใช่  ☐ ไม่ใช่ (ทุกๆ _____ วัน )

2) ประจำเดือนมาสม่ำเสมอหรือไม่  ☐ ใช่  ☐ ไม่ใช่

3) ขณะมีประจำเดือน มีอาการตรงกับตัวเลือกไหน

☐① มีประจำเดือนน้อยมาก

☐② เมื่อก่อนไม่มีปัญหา แต่เพิ่งมีประจำเดือนผิดปกติบ้าง

4) ก่อนที่จะเริ่มประจำเดือน มีอาการปวดหัว • บวม • ไม่สบายใจหนัก เป็นอุปสรรคต่อชีวิตประจำวันหรือไม่

☐ มี  ☐ ไม่มี

5) อาการปวดท้องประจำเดือนหรือเลือดออก เป็นอุปสรรคต่อชีวิตประจำวันหรือไม่

☐ มี  ☐ ไม่มี

6) ในข้อดังต่อไปนี้ มีข้อที่ตรงกับตัวหรือไม่

☐① น้ำหนักลดลง  ☐② ตั้งครรภ์  ☐③ กำลังเลี้ยงลูกด้วยน้ำนมอยู่
☐④ เลือดออกผิดปกติเวลาคลอด
☐⑤ วัยทอง/มีอาการผิดปกติในวัยหมดระดู  ☐⑥ น้ำหนักเพิ่ม  →  ☐ ไม่มี

**中国어간체**

## 53. 月经障碍

1) 月经周期是，25～38天吗？

　　　　□是　　□否 (＿＿＿天周期)

2) 周期是否基本定期？

　　　　□是　　□否

3) 有关月经，下面符合的是？

　　　　□①几乎没有月经

　　　　□②以前没有出现过的问题，现在出现了障碍

4) 来月经的前一个星期，是否会出现头痛·浮肿·心情不好的症状？

　　　　□是　　□否

5) 因为月经的疼痛和出血，对日常生活产生影响吗？

　　　　□是　　□否

6) 以下项目有符合的是？

| □①体重减轻 | □②怀孕 | □③正在哺乳期 |
|---|---|---|
| □④生产时失血过多 | □⑤更年期障碍 | □⑥体重增加 |

→ □否

**中国어번체**

## 53. 經期不順

1) 月經的週期是否為25～38天？

　　　　□是　　□否 (週期為＿＿＿＿天)

2) 週期是否很規律？

　　　　□是　　□否

3) 關於月經，下列哪一項符合？

　　　　□①幾乎沒有月經

　　　　□②以前沒有問題但現在有不順的情形

4) 月經來的一個星期前開始，頭痛、水腫、心情不好的情況是否惡化，進而影響到日常生活？

　　　　□是　　□否

5) 是否因為經痛和出血，對日常生活造成影響？

　　　　□是　　□否

6) 下列各項是否有符合的項目？

| □①體重減輕 | □②懷孕 | □③正在哺餵母乳 |
|---|---|---|
| □④生產時失血過多 | □⑤更年期障礙 | □⑥體重增加 |

→ □否

일본어

## 53. 月経障害

1) 月経周期は，25〜38日ですか？　□はい　□いいえ (＿＿日周期)

2) 周期はほぼ一定していますか？　□はい　□いいえ

3) 月経について，どちらに当てはまりますか？
　　　□①月経はほとんどなかった
　　　□②以前は問題なかったが障害があらわれた

4) 月経の1週間前くらいから，頭痛・むくみ・気分不良がひどくなり，日常生活に支障が出ますか？
　　　□はい　□いいえ

5) 月経の痛みや出血のため，日常生活に支障が出ますか？
　　　□はい　□いいえ

6) 以下の項目で当てはまるものはありますか？

| □①体重減少 | □②妊娠 | □③授乳中 |
|---|---|---|
| □④出産時多量失血 | □⑤更年期障害 | □⑥体重増加 |

→ □いいえ

# K 부인과의 증상

**한국어** 〔별책 p38〕

## 54. 유방의 이상

1) 출산 후는 아니지만 모유가 나옵니까?

　　□예　　□아니오

2) 아래의 증상이 있습니까?

| □①유방 응어리 | □②발적 (피부가 붉어짐) |
|---|---|
| □③종창 (부기) | □④통증 |

→ □아니오

3) 유방이나 유두가 안쪽으로 들어가 있습니까?

　　□예　　□아니오

4) 남성인데 유방이 아프거나 또는 커졌습니까?

　　□예　　□아니오

K. Symptoms of gynecologic fie

**영어**

## 54. Abnormalities in breasts

1) Do you secrete breast milk even when not after delivery?

　　□ Yes　　□ No

2) Do you have the following symptoms?

| □① lump in breast | □② reddening |
|---|---|
| □③ swelling | □④ pain |

→ □ No

3) Do you find any depression of your breasts or nipples?

　　□ Yes　　□ No

4) Do your breasts hurt or have they grown unlike a man?

　　□ Yes　　□ No

포르투갈어

## 54. Problemas na mama

1) Sai leite mesmo não sendo pós-parto?

☐ Sim   ☐ Não

2) Tem o sintoma abaixo?

| ☐① nódulo da mama | ☐② vermelhidão |
| ☐③ inchaço | ☐④ dor |

→ ☐ Não

3) A mama ou o mamilo está afundado?

☐ Sim   ☐ Não

4) Mesmo sendo homem a mama dói ou está maior?

☐ Sim   ☐ Não

태국어

## 54. เต้านมผิดปกติ

1) แม้ไม่ใช่ช่วงหลังคลอด แต่มีน้ำนมออกมาหรือไม่

☐ มี   ☐ ไม่มี

2) มีอาการดังต่อไปนี้หรือไม่

| ☐① ก้อนเนื้อที่เต้านม | ☐② ผิวอักเสบสี่แดง |
| ☐③ บวม | ☐④ อาการปวด |

→ ☐ ไม่มี

3) เต้านม หรือ หัวนมบุบหรือไม่

☐ บุบ   ☐ ไม่บุบ

4) แม้ว่าเป็นผู้ชาย ก็มีอาการเจ็บเต้านม หรือ ขนาดเต้านมใหญ่ขึ้นหรือไม่

☐ ใช่   ☐ ไม่ใช่

중국어간체

## 54. 乳房的异常

1) 并非产后，却还是分泌母乳吗？

　　　□是　　□否

2) 是否有以下症状？

　　□①乳房发硬　　□②发红　　□③肿胀　　□④疼痛　　→　□否

3) 乳房或乳头是否凹陷？

　　　□是　　　□否

4) 但是发生乳房疼痛或者变大的症状吗？

　　　□是　　□否

중국어번체

## 54 · 乳房異常

1) 並非產後，卻還是分泌母乳嗎？

　　　□是　　□否

2) 是否有下列症狀？

　　□①乳房有硬塊　　□②發紅　　□③腫脹　　□④疼痛　　→　□否

3) 乳房或乳頭是否凹陷？

　　　□是　　　□否

4) 雖是男性，但乳房卻有疼痛或者變大的症狀嗎？

　　　□是　　□否

## 54. 乳房の異常

1) 出産後ではないが母乳が出ますか？
　　□はい　□いいえ

2) 以下の症状がありますか？

| □①乳房のしこり | □②発赤 |
| □③腫脹 | □④疼痛 |

→ □いいえ

3) 乳房や乳頭が奥にへこんでいますか？
　　□はい　□いいえ

4) 男性なのに乳房が痛む，または大きくなっていますか？
　　□はい　□いいえ

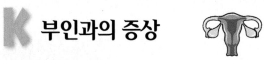 

# K 부인과의 증상

〔별책 p39〕

**한국어**

## 55. 골반통

1) 통증이 있는 부위를 가리켜 주세요.

→ 〈신체구조 그림〉( x 페이지)이나 자신의 신체를 직접 가리켜 주세요.

2) 지속적인 통증입니까? 증강과 경감을 반복하는 통증입니까?

☐ 지속적인 통증 　☐ 증강과 경감을 반복하는 통증

3) 임신일 가능성이 있습니까? 　☐ 예 　☐ 아니오

4) 통증에 대하여 아래의 항목 중에 해당되는 것이 있습니까?

☐ ① 월경주기와 관련있음
☐ ② 출산 후에 나타남
☐ ③ 이상한 냉대하를 동반함
☐ ④ 타박상을 입었거나 넘어진 후에 나타남
☐ ⑤ 성관계와 관련있음

→ ☐ 아니오

5) 아래의 증상을 동반합니까?

☐ ① 하혈 　☐ ② 설사 　☐ ③ 배변 시 통증
☐ ④ 변비 　☐ ⑤ 발열 　☐ ⑥ 냉대하의 증가
☐ ⑦ 빈뇨 (소변이 잦음) 　☐ ⑧ 혈뇨

→ ☐ 아니오

## K. Symptoms of gynecologic fie

**영어**

## 55. Pelvic pain

1) Please show me where it hurts?

→ Please use < Body picture > (p x ) or point directly to your body

2) Is it a lasting pain or a pain repeating alternately up and down?

☐ lasting 　☐ repeating alternately up and down

3) Are you possibly expecting?

☐ Yes 　☐ No

4) Have you thought that the following episodes are related to the pain?

☐ ① menstrual cycle 　☐ ② delivery
☐ ③ abnormal discharge 　☐ ④ bruise or fall down
☐ ⑤ sexual intercourse

→ ☐ No

5) Do you have the following symptoms?

☐ ① bloody stool 　☐ ② diarrhea
☐ ③ pain in bowel movement 　☐ ④ constipation
☐ ⑤ fever 　☐ ⑥ increased vaginal discharge
☐ ⑦ frequent urination 　☐ ⑧ bloody urine

→ ☐ No

포르투갈어

# 55. Dor pélvica

1) Indique a parte com dor

→ Indique na < Figura do corpo > (pg. x ) ou aponte diretamente no seu corpo

2) É uma dor contínua?     Ou uma dor que piora ou acalma alternadamente?

☐ Dor contínua     ☐ Dor que piora ou acalma alternadamente

3) Tem possibilidade de estar grávida?

☐ Sim     ☐ Não

4) Tem algum item abaixo que se enquadra sobre a dor?

☐① está relacionado com o ciclo mesntrual
☐② aparecimento depois do parto
☐③ está acompanhado a um corrimento vaginal anormal     → ☐ Não
☐④ aparecimento depois de contusão ou queda
☐⑤ está associada a relação sexual

5) Está acompanhada ao sintoma abaixo?

☐① sangue nas fezes     ☐② diarreia
☐③ dor ao defecar     ☐④ constipação     → ☐ Não
☐⑤ febre     ☐⑥ aumento do corrimento vaginal
☐⑦ micção frequente     ☐⑧ sangue na urina

태국어

# 55. ปวดกระดูกเชิงกราน

1) กรุณาชี้บอกบริเวณ ที่ มี อาการ เจ็บปวด

→ กรุณาชี้บอกส่วนของร่างกายที่มีอาการบน < ภาพร่างกาย > (หน้า x )
หรือร่างกายของตัวเองโดยตรง

2) ปวดตลอดเวลาหรืออาการปวดเกิดขึ้นซ้ำๆ หรือไม่     ☐ ปวดตลอดเวลา     ☐ ปวดซ้ำๆ

3) กำลังตั้งครรภ์อยหรืออาจตั้งครรภ์หรือไม่     ☐ มี     ☐ ไม่มี

4) ในข้อต่อไปนี้ มีข้อที่ตรงกับอาการปวดหรือไม่

☐① เกี่ยวข้องกับรอบประจำเดือน     ☐② ปวดหลังคลอด
☐③ ตกขาวผิดปกติ     ☐④ ปวดหลังฟกช้ำ หรือ หลังล้ม     → ☐ ไม่ตรง
☐⑤ เกี่ยวข้องกับการร่วมเพศ

5) มีอาการดังต่อไปนี้ด้วยหรือไม่

☐① อุจจาระปนเลือด     ☐② ท้องร่วง (/ท้องเสีย)
☐③ อาการปวดในการถ่ายอุจจาระ     ☐④ ท้องผูก
☐⑤ มีไข้     ☐⑥ ตกขาวมากขึ้น     → ☐ ไม่มี
☐⑦ ปัสสาวะบ่อย     ☐⑧ ฉี่เป็นเลือด

중국어간체

## 55. 骨盆痛

1）请指出疼痛的地方。

　　→ 请直接手指指＜人体图＞（见第 x 页）或者直接指身体部位

2）是持续性的疼痛吗？反复增强或者减轻疼痛吗？

　　□持续性的疼痛　　□反复增强或者减轻疼痛

3）是否有可能怀孕了？

　　□是　　□否

4）有关疼痛以下的项目符合的是？

　　□①与月经周期有关系　　□②在生产以后出现
　　□③伴有异常的白带　　　□④撞伤或跌倒后出现　　→ □否
　　□⑤和性交有关系

5）是否伴有以下症状

　　□①便血　　□②腹泻、拉肚子　　□③排便时伴有疼痛
　　□④便秘　　□⑤发热　　　　　　□⑥白带的增加　　→ □否
　　□⑦尿频　　□⑧血尿

---

중국어번체

## 55・骨盆痛

1）請指出疼痛的部位。

　　→ 請從＜身體構造圖＞（第 x 頁）或直接從自己身上指出來

2）是否為持續性的疼痛？或是反覆增強與減弱的疼痛？

　　□持續性的疼痛　　□反覆增強與減弱

3）是否有可能懷孕了？

　　□是　　□否

4）關於疼痛下列有符合的項目嗎？

　　□①與月經週期有關　　　□②在產後出現
　　□③伴有異常的分泌物　　□④撞傷或跌倒後出現　　→ □否
　　□⑤和性行為有關

5）是否伴隨下列症狀？

　　□①便血　　□②腹瀉、拉肚子　　□③排便時會疼痛
　　□④便秘　　□⑤發燒　　　　　　□⑥分泌物增加　　→ □否
　　□⑦頻尿　　□⑧血尿

## 55. 骨盤痛

1) 痛みの場所を示してください

　　　→ <体の図>(p x )か，体を直接指してください

2) 持続性の痛みですか？　増強と軽減を繰り返す痛みですか？

　　　□持続性の痛み　　□増強と軽減を繰り返す痛み

3) 妊娠している可能性はありますか？

　　　□はい　　□いいえ

4) 痛みについて以下の項目が当てはまりますか？

| □①月経周期と関係している　□②出産後に出現 |
| --- |
| □③異常なおりものを伴う　　□④打撲や転倒後に出現 |
| □⑤性交と関係している |

　→　□いいえ

5) 以下の症状を伴いますか？

| □①下血　　□②下痢　　□③排便時の疼痛 |
| --- |
| □④便秘　　□⑤発熱　　□⑥おりものの増加 |
| □⑦頻尿　　□⑧血尿 |

　→　□いいえ

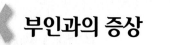 부인과의 증상

한국어

## 56. 갱년기장애(남성도 포함)

1) 40세 후반부터 50세 전반 사이에 아래의 증상을 자각하게 되었습니까?

| | | |
|---|---|---|
| □①얼굴이 화끈거림 | □②상기 | □③현기증 |
| □④불면 | □⑤피로 | □⑥어깨 결림 |
| □⑦동계(심장이 두근거림) | □⑧탈모 | □⑨무기력감 |
| □⑩불안감 | □⑪안절부절못함 | □⑫기분이 처짐 |

→ □아니오

2) 40세 후반부터 50세 전반 사이에 월경불순, 발기장애가 시작되었습니까?

□예  □아니오

3) 40세 후반부터 살이 찌게 되었습니까?

□예  □아니오

영어

## 56. Menopause disorder(including men)

1) Have you become aware of the following symptoms from late forties to early fifties?

| | | |
|---|---|---|
| □① hot flash | □② hot flush | □③ dizziness |
| □④ sleep loss | □⑤ tiredness | □⑥ shoulder stiffness |
| □⑦ palpitation | □⑧ hair loss | □⑨ apathy |
| □⑩ anxiety | □⑪ being annoyed | □⑫ depressive mood |

→ □ No

2) Have you had irregular menstruation or impotence (ED) from late forties to early fifties?

□ Yes  □ No

3) Have you had obesity advancing from late forties?

□ Yes  □ No

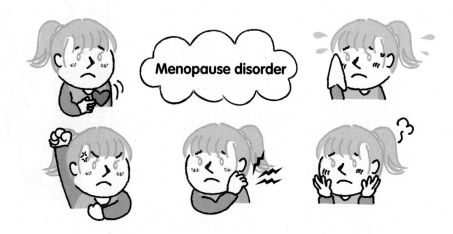

Menopause disorder

포르투갈어

## 56. Climatério (inclusive homens)

1) Tem percebido o sintoma abaixo entre os finais dos 40 ao início dos 50 anos de idade?

□① sensação de calor
□② sensação de calor subindo à cabeça acompanhado de mal estar
□③ vertigem □④ insônia □⑤ fadiga □⑥ dor no ombro
□⑦ palpitação □⑧ alopécia □⑨ sensação de moleza
□⑩ ansiedade □⑪ sensação de irritação □⑫ estado depressivo

→ □ Não

2) Tem tido ciclo menstrual irregular ou disfunção erétil entre os finais dos 40 ao início dos 50 anos de idade?

□ Sim □ Não

3) A obesidade se acentuou a partir de finais dos 40 anos?

□ Sim □ Não

---

태국어

## 56. วัยทอง (รวมถึงเพศชาย)

1) ตั้งแต่อายุ 40 ปลายๆ ถึง 50 ต้นๆ รู้สึกมีอาการดังต่อไปนี้หรือไม่

□① หน้าแดง □② ตัวร้อน □③ เวียนหัว
□④ นอนไม่หลับ □⑤ เมื่อยล้า □⑥ อาการปวดไหล่
□⑦ ใจสั่น □⑧ ผมร่วง □⑨ ไร้อารมณ์
□⑩ วิตกกังวล □⑪ หงุดหงิด □⑫ อารมณ์ซึมเศร้า

→ □ ไม่รู้สึก

2) ตั้งแต่อายุ 40 ปลายๆ ถึง 50 ต้นๆ ประจำเดือนมาไม่ปกติ หรือเป็นโรคหย่อนสมรรถภาพทางเพศ (/ ภาวะ ED) หรือไม่

□ เป็น □ ไม่เป็น

3) ตั้งแต่อายุ 40 ปลายๆ น้ำหนักเพิ่มขึ้นอย่างต่อเนื่อง หรือไม่

□ ใช่ □ ไม่ใช่

중국어간체

## 56. 更年期障碍(包括男性)

1) 从40岁后半到50岁前半期，是否自己发觉有以下症状？

☐①感到发热　☐②面红耳赤，头部充血上火　☐③晕眩，头晕眼花
☐④失眠　☐⑤疲劳　☐⑥肩酸，肩头肌肉僵硬
☐⑦心悸　☐⑧毛发脱落　☐⑨感到没有力气
☐⑩不安感　☐⑪感到烦躁　☐⑫情绪低落

→ ☐否

2) 从40岁后半到50岁前半期，是否变得生理不顺·勃起障碍？
　　☐是　☐否

3) 从40岁后半期开始是否变得肥胖了？
　　☐是　☐否

중국어번체

## 56 · 更年期障礙(包括男性)

1) 40歲後半到50歲前半這段時間，是否感到自己有下列症狀？

☐①異常發熱　☐②頭臉異常發熱　☐③暈眩　☐④失眠
☐⑤疲勞　☐⑥肩頸痠痛　☐⑦心悸　☐⑧掉髮
☐⑨感到無力　☐⑩不安感　☐⑪感到煩躁　☐⑫情緒低落

→ ☐否

2) 40歲後半到50歲前半這段期間，是否有生理不順、勃起障礙的問題？
　　☐是　☐否

3) 是否從40歲後半開始變得肥胖？
　　☐是　☐否

更年期障碍

## 56. 更年期障害 (男性も含む)

1) 40歳後半から50歳前半にかけて，以下の症状を自覚するようになりましたか？

| □①ほてり | □②のぼせ | □③めまい |
|---|---|---|
| □④不眠 | □⑤疲労 | □⑥肩こり |
| □⑦動悸 | □⑧脱毛 | □⑨無気力感 |
| □⑩不安感 | □⑪イライラ感 | □⑫気分の落ち込み |

→ □いいえ

2) 40歳後半から50歳前半にかけて，生理不順・勃起障害になりましたか？

　　□はい　　□いいえ

3) 40歳後半から肥満が進んできましたか？

　　□はい　　□いいえ

更年期障害

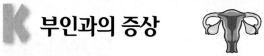

# K 부인과의 증상

〔별책 p40〕

**한국어**

## 57. 부정출혈·냉대하

1) 임신일 가능성이 있습니까?
　　□예　　□아니오

2) 월경 이외의 출혈입니까?
　　□예　　□아니오

3) 폐경 후의 출혈입니까?
　　□예　　□아니오

4) 성관계와 관련된 출혈입니까?
　　□예　　□아니오

5) 부인과의 검진을 받았습니까?
　　□예　──→　[ ＿＿＿년＿＿＿월＿＿＿일 ]
　　□아니오

6) 하복부의 가려움이나 통증이 있습니까?
　　□예　　□아니오

7) 냉대하에 희거나 투명한 것 이외의 색깔이 있거나 또는 악취가 있습니까?
　　□①예, 이상한 색깔　　□②예, 악취　　□③아니오

**K. Symptoms of gynecologic fiel**

**영어**

## 57. Irregular bleeding/Discharge

1) Are you possibly expecting?
　　□ Yes　　□ No

2) Is it a non-menstrual bleeding?
　　□ Yes　　□ No

3) Is it a bleeding after menopause?
　　□ Yes　　□ No

4) Is it a bleeding related to sexual intercourse?
　　□ Yes　　□ No

5) Have you had a gynecologic check-up?
　　□ Yes ──→ [ ＿＿＿ (year) ＿＿＿ (month) ＿＿＿ (day) ]
　　□ No

6) Does your lower abdomen itch or hurt?
　　□ Yes　　□ No

7) Do you have colored vaginal discharge rather than white or transparent, or does it smell?
　　□①Yes, strange colored　　□②Yes, it smells　　□③No

**포르투갈어**

# 57. Sangramento anormal/Corrimento vaginal

1) Tem possibilidade de estar grávida?

☐ Sim  ☐ Não

2) É sangramento que não é da menstruação?

☐ Sim  ☐ Não

3) É sangramento após a menopausa?

☐ Sim  ☐ Não

4) É sangramento associado a relação sexual?

☐ Sim  ☐ Não

5) Realizou exame ginecológico?

☐ Sim ⟶ ____ (ano) ____ (mês) ____ (dia)

☐ Não

6) Tem coceira ou dor na parte inferior do abdômen?

☐ Sim  ☐ Não

7) O corrimento tem coloração exceto branca ou transparente, ou ainda tem mau cheiro?

☐①Sim, tem coloração estranha  ☐②Sim, tem mau cheiro  ☐③Não

---

**K.** อาการแผนกนารีเวชวิทยา

**태국어**

# 57. เลือดออกผิดปกติ • ตกขาว (/ระดูขาว)

1) กำลังตั้งครรภ์อยู่หรืออาจตั้งครรภ์หรือไม่

☐ มี  ☐ ไม่มี

2) เป็นเลือดที่ไม่ใช่ ประจำเดือนออกมาหรือไม่

☐ ใช่  ☐ ไม่ใช่

3) เป็นเลือดออกหลังหมดประจำเดือนหรือไม่

☐ ใช่  ☐ ไม่ใช่

4) เป็นเลือดออกที่เกี่ยวข้องกับการร่วมเพศหรือไม่

☐ ใช่  ☐ ไม่ใช่

5) เคยรับการตรวจทางนารีเวชวิทยาหรือไม่

☐ เคย ⟶ ปี ค.ศ. ____ เดือน ____ วันที่ ____

☐ ไม่เคย

6) ส่วนท้องช่องล่างมีอาการปวดหรือ มีอาการคันหรือไม่

☐ มี  ☐ ไม่มี

7) ตกขาวมีสีอื่นนอกจากสีขาวสีใสๆ หรือว่ามีกลิ่นหรือไม่

☐①มีสีแปลกๆ  ☐②มีกลิ่น  ☐③ไม่มี

## 57. 经期外的出血 · 阴道分泌物（白带）

1）是否可能是怀孕？
　　□是　□否

2）月经以外出血吗？
　　□是　□否

3）闭经以后出血吗？
　　□是　□否

4）是因为性交的关系而出血的吗？
　　□是　□否

5）是否接受过妇科检查？
　　□是 ⟶ ___年___月___日
　　□否

6）是否有腹部以下发痒或者疼痛？
　　□是　□否

7）白带有白色或者透明的颜色以外，是否还有恶臭？
　　□①是，奇怪的颜色　□②是，有恶臭　□③否

## 57 · 非經期出血 · 分泌物

1）是否有可能是懷孕了？
　　□是　□否

2）是否為經期外的出血？
　　□是　□否

3）是否為停經以後的出血？
　　□是　□否

4）是和性行為有關的出血嗎？
　　□是　□否

5）是否接受過婦產科檢查？
　　□是 ⟶ ___年___月___日
　　□否

6）下腹部是否有發癢或疼痛問題？
　　□是　□否

7）分泌物是否為白色或透明以外的顏色？或者發出惡臭？
　　□①是，奇怪的顏色　□②是，發出惡臭　□③否

## 57. 不正出血・おりもの

1) 妊娠の可能性はありますか？
    ☐ はい   ☐ いいえ

2) 月経以外の出血ですか？
    ☐ はい   ☐ いいえ

3) 閉経後の出血ですか？
    ☐ はい   ☐ いいえ

4) 性交と関係している出血ですか？
    ☐ はい   ☐ いいえ

5) 婦人科検診を受けましたか？
    ☐ はい  →  ___年___月___日
    ☐ いいえ

6) 下腹部のかゆみや痛みはありますか？
    ☐ はい   ☐ いいえ

7) おりものに白や透明以外の色がついている，または悪臭がしますか？
    ☐ ①はい，変な色   ☐ ②はい，悪臭   ☐ ③いいえ

# 제3부

## 진찰·검사·약에 대하여

제3부에서는 문진 후의 진찰·검사, 앞으로의 치료방침(통원·입원, 약제의 처방이나 생활지도 등)을 환자에게 설명합니다.

1. 진찰의 설명
2. 검사의 설명
3. 치료의 설명
4. 다음 외래예약의 설명
5. 약의 종류·명칭·모양의 설명
6. 생활지도의 설명

# 1 진찰의 설명

〔별책 p41〕

**한국어**

1) 혈압을 측정하겠습니다. 어느 쪽이든 팔을 내밀어 주세요.
　　□예　□하고 싶지 않음　□못 하겠음

2) 눈의 움직임을 확인하겠습니다. 얼굴을 정면으로 향한 채 제 손가락의 움직임을 눈동자로 따라 오세요.
　　□예　□하고 싶지 않음　□못 하겠음

3) 눈을 관찰하겠습니다. 눈꺼풀을 보겠습니다.
　　□예　□하고 싶지 않음

4) 목이 부었는지 확인하겠습니다. 위를 봐 주세요.
　　□예　□하고 싶지 않음　□못 하겠음

5) 목안이 부었는지 확인하겠습니다. 입을 벌리고 '아'하고 소리를 내 주세요.
　　□예　□하고 싶지 않음　□못 하겠음

6) 가슴의 청진과 타진을 하겠습니다. 상반신의 옷을 벗으시거나 걷어 올려 주세요.
　　□예　□하고 싶지 않음　□못 하겠음

7) 등의 청진과 타진을 하겠습니다. 등을 보여 주세요.
　　□예　□하고 싶지 않음　□못 하겠음

8) 복부의 청진과 타진을 하겠습니다. 침대에 옆으로 누우셔서 배를 보이시고 양쪽 무릎을 세워 주세요.
　　□예　□하고 싶지 않음　□못 하겠음

9) 발의 부종을 확인하겠습니다.
　　□예　□하고 싶지 않음

10) 혼자 서서 걸어 보세요.
　　□예　□하고 싶지 않음　□못 하겠음

**영어**

1) I will take your blood pressure. Please put either side of your arm here.

☐ Yes   ☐ I don't want to do it   ☐ I can't do it

2) Let me check your eye movement. Please follow my fingertip with your eyes with your face up.

☐ Yes   ☐ I don't want to do it   ☐ I can't do it

3) Let me check your eyes. I will see your eyelids.

☐ Yes   ☐ I don't want to do it

4) Let me check the swelling of your neck. Please look upward.

☐ Yes   ☐ I don't want to do it   ☐ I can't do it

5) Let me check the swelling of the throat. Please open your mouth and say"Ah".

☐ Yes   ☐ I don't want to do it   ☐ I can't do it

6) Let me hear your chest sound with stethoscope and percussion. Please take off your clothes or roll it up.

☐ Yes   ☐ I don't want to do it   ☐ I can't do it

7) Let me examine your back with stethoscope and percussion. Please turn your back.

☐ Yes   ☐ I don't want to do it   ☐ I can't do it

8) Let me examine your abdomen with stethoscope and percussion. Please lie face up on the bed, expose your abdomen and draw up your knees.

☐ Yes   ☐ I don't want to do it   ☐ I can't do it

9) Let me check the edema in your feet.

☐ Yes   ☐ I don't want to do it

10) Please stand up and walk by yourself.

☐ Yes   ☐ I don't want to do it   ☐ I can't do it

**포르투갈어**

1) Vamos medir a pressão arterial. Me passe um dos braços.

☐ Tudo bem  ☐ Não quero fazer  ☐ Não consigo fazer

2) Vamos verificar o movimento do olho. Vire o rosto de frente e siga o movimento do meu dedo somente com os olhos.

☐ Tudo bem  ☐ Não quero fazer  ☐ Não consigo fazer

3) Vamos observar o olho. Irei verificar a pálpebra.

☐ Tudo bem  ☐ Não quero fazer

4) Vamos verificar o inchaço do pescoço. Vire para cima.

☐ Tudo bem  ☐ Não quero fazer  ☐ Não consigo fazer

5) Vamos verificar o inchaço da garganta. Abra a boca e diga "Aaaaaa".

☐ Tudo bem  ☐ Não quero fazer  ☐ Não consigo fazer

6) Vamos fazer um exame de ausculta ou percussão do peito. Tire ou levante a roupa da parte superior.

☐ Tudo bem  ☐ Não quero fazer  ☐ Não consigo fazer

7) Vamos fazer um exame de ausculta ou percussão das costas. Vire de costas.

☐ Tudo bem  ☐ Não quero fazer  ☐ Não consigo fazer

8) Vamos fazer um exame de ausculta ou percussão da barriga. Deite-se na cama, mostre a barriga e dobre os joelhos.

☐ Tudo bem  ☐ Não quero fazer  ☐ Não consigo fazer

9) Vamos verificar o inchaço da perna.

☐ Tudo bem  ☐ Não quero fazer

10) Fique de pé e ande sozinho (a) .

☐ Tudo bem  ☐ Não quero fazer  ☐ Não consigo fazer

1) จะวัดความดันโลหิต กรุณายื่นแขนข้างหนึ่งออกมาด้วย
　　☐ ต้องการ　　☐ ไม่ต้องการ　　☐ ทำไม่ได้

2) จะตรวจการเคลื่อนไหวของตา กรุณาหันหน้ามองตรงไปด้านหน้า ให้กรอกตาตามนิ้วมือของดิฉัน
　　☐ ต้องการ　　☐ ไม่ต้องการ　　☐ ทำไม่ได้

3) จะสังเกตตา ขอวินิจฉัยเปลือกตา
　　☐ ต้องการ　　☐ ไม่ต้องการ

4) จะตรวจคอที่บวม กรุณาหันหน้าไปข้างบน
　　☐ ต้องการ　　☐ ไม่ต้องการ　　☐ ทำไม่ได้

5) จะตรวจลำคอที่บวม กรุณาอ้าปากด้วยออกเสียงว่า "อา"
　　☐ ต้องการ　　☐ ไม่ต้องการ　　☐ ทำไม่ได้

6) จะตรวจการเต้นของหัวใจ • การเคาะหน้าอก กรุณาถอดเสื้อผ้าครึ่งบนหรือถกเสื้อขึ้น
　　☐ ต้องการ　　☐ ไม่ต้องการ　　☐ ทำไม่ได้

7) จะตรวจการเต้นของหัวใจ • การเคาะหลัง กรุณาหันไปด้านหลัง
　　☐ ต้องการ　　☐ ไม่ต้องการ　　☐ ทำไม่ได้

8) จะตรวจการเต้น • การเคาะท้อง กรุณานอนบนเตียงแล้ว เปิดหน้าท้องและตั้งหัวเข่าด้วย
　　☐ ต้องการ　　☐ ไม่ต้องการ　　☐ ทำไม่ได้

9) จะตรวจเท้าบวม
　　☐ ต้องการ　　☐ ไม่ต้องการ

10) กรุณายืนขึ้นลองเดินคนเดียว
　　☐ ต้องการ　　☐ ไม่ต้องการ　　☐ ทำไม่ได้

**중국어간체**

1）测量血压，请伸出一只手臂。

　　　☐ 好　☐ 不想测　☐ 不会

2）确认眼睛的传动，脸就这样朝着正前方，眼睛请跟着我的手指动。

　　　☐ 好　☐ 不想做　☐ 做不到

3）观察眼睛，请让我翻开眼皮。

　　　☐ 好　☐ 不想做

4）确认脖子的肿胀情况。请向上仰起。

　　　☐ 好　☐ 不想做　☐ 做不到

5）确认喉咙的肿胀情况，请张开嘴巴并说"啊—"。

　　　☐ 好　☐ 不想做　☐ 做不到

6）叩诊探听胸腔的声音。请脱掉上半身的衣服，或者把衣服翻上去。

　　　☐ 好　☐ 不想做　☐ 做不到

7）叩诊探听后背的声音。请脱掉上半身的衣服，或者把衣服翻上去。

　　　☐ 好　☐ 不想做　☐ 做不到

8）叩诊探听。请平躺在床上，露出肚子，曲起双膝。

　　　☐ 好　☐ 不想做　☐ 做不到

9）确认脚的灵活性。

　　　☐ 好　☐ 不想做

10）请一个人站起来走两步试试看。

　　　☐ 好　☐ 不想做　☐ 做不到

중국어번체

1) 現在測量血壓，請伸出一隻手臂。
　　□好　□不想做　□沒辦法做
2) 現在確認眼球的轉動，請臉朝正面，眼睛跟著我的手指轉動。
　　□好　□不想做　□沒辦法做
3) 現在檢查眼睛，請讓我翻開眼皮檢查。
　　□好　□不想做
4) 現在確認脖子腫脹的情況，請頭向上仰。
　　□好　□不想做　□沒辦法做
5) 現在確認喉嚨腫脹的情況，請張開嘴巴發出「啊」的聲音。
　　□好　□不想做　□沒辦法做
6) 現在進行胸腔聽診、叩診，請將上衣脫掉或往上拉。
　　□好　□不想做　□沒辦法做
7) 現在進行背部聽診、叩診，請轉向背面。
　　□好　□不想做　□沒辦法做
8) 現在進行肚子的聽診、叩診，請躺到床上，露出肚子，膝蓋彎曲。
　　□好　□不想做　□沒辦法做
9) 現在確認腳腫脹的情況。
　　□好　□不想做
10) 請自己站起來走看看。
　　□好　□不想做　□沒辦法做

**일본어**

1) 血圧を測定します．どちらかの腕を出してください．
　　□はい　□やりたくない　□できない

2) 眼の動きを確認します．顔を真正面に向けたままで，私の指の動きを眼だけで追ってください．
　　□はい　□やりたくない　□できない

3) 眼の観察をします．まぶたを見せていただきます．
　　□はい　□やりたくない

4) 頸の腫れを確認します．上を向いてください．
　　□はい　□やりたくない　□できない

5) 喉の腫れを確認します．口を開けて「アー」と声を出してください．
　　□はい　□やりたくない　□できない

6) 胸の聴診・打診を行います．上半身の服を脱ぐか，めくり上げてください．
　　□はい　□やりたくない　□できない

7) 背中の聴診・打診を行います．背中を向けてください．
　　□はい　□やりたくない　□できない

8) おなかの聴診・打診を行います．ベッドに横になり，おなかを出し，両膝を立ててください．
　　□はい　□やりたくない　□できない

9) 足のむくみを確認します．
　　□はい　□やりたくない

10) 1人で立って歩いてみてください．
　　□はい　□やりたくない　□できない

# 2 검사의 설명

〔별책 p42〕

**한국어**

1) 검사의 목적 부위를 제시하겠습니다.

| □①일반적인 선별검사 | □②감염증 | □③혈액 | □④뇌 | |
|---|---|---|---|---|
| □⑤눈 | □⑥귀 | □⑦폐 | □⑧심장 | □⑨간장 |
| □⑩신장 | □⑪위 | □⑫장 | □⑬호르몬 | □⑭방광 |
| □⑮난소 | □⑯자궁 | □⑰뼈 | | |

→ □알겠습니다　□모르겠습니다

2) 혈액검사가 필요합니다. 채혈하겠습니다.　　　□예　□하고 싶지 않음

3) 채혈은 아래와 같이 진행합니다.

| □①식사와 상관없음　□②공복 |
|---|
| □③약 복용 후 2시간 |

→ □알겠습니다　□모르겠습니다

4) 소변검사가 필요합니다. 화장실에서 컵에 소변을 받아 오세요.
　　□예　□하고 싶지 않음　□못 하겠음

5) 소변 채취는 아래와 같이 소변을 제출해 주세요.

| □①진료 시　□②아침 제일 첫번째 |
|---|

→ □예　□하고 싶지 않음　□못 하겠음

6) 심전도검사가 필요합니다. 침대에 옆으로 누우시면 앞가슴에 6군데 전극을 붙이겠습니다.
　　□예　□하고 싶지 않음

7) 가래검사가 필요합니다. 정해진 용기에 가래를 받아서 제출해 주세요.
　　□예　□하고 싶지 않음　□못 하겠음

8) 변검사가 필요합니다. 지정한 용기에 변을 받아서 제출해 주세요.
　　□예　□하고 싶지 않음　□못 하겠음

9) 아래의 검사를 진행하겠습니다. 검사하는 신체부위는 〈신체구조 그림〉(x 페이지)으로 제시하겠습니다.

| □①방사선　□②초음파검사 |
|---|
| □③CT　□④MRI　□⑤PET |

→ □예　□하고 싶지 않음

10) 검사에서는 아래의 조영제를 사용합니다.

| □①요오드계　□②가돌리늄계 |
|---|

→ □알겠습니다　□모르겠습니다

11) 조영제나 약 알레르기가 있습니까?　　□예, 조영제　□예, 약　□아니요

12) 임신일 가능성이 있습니까?　　□예　□아니오

13) 신장이 나쁘다고 들은 적이 있습니까?　　□예　□아니오

14) 검사예약이 필요하므로 예약가능한 날짜와 시간을 제시하겠습니다.

　　　　____월____일____시____분
　　　　____월____일____시____분

15) 검사를 받을 수 있는 날짜와 시간을 알려 주세요.

　　　　____월____일____시____분
　　　　____월____일____시____분

16) 검사를 받는 날짜와 시간을 제시하겠습니다. 늦지 않게 와 주세요.

　　____월____일____시____분

□알겠습니다　□모르겠습니다

영어

1) Let me show you the targeted part of examination.

☐① general screening test ☐② infectious disease ☐③ blood
☐④ brain ☐⑤ eye ☐⑥ ear ☐⑦ lung ☐⑧ heart
☐⑨ liver ☐⑩ kidney ☐⑪ stomach ☐⑫ bowl ☐⑬ hormone
☐⑭ bladder ☐⑮ ovary ☐⑯ womb ☐⑰ bone

→ ☐ Yes ☐ I don't understand

2) You need a blood test. Let me take your blood.

☐ Yes ☐ I don't want to do it

3) We will take your blood under the following condition.

☐① having nothing to do with meals
☐② no meal
☐③ two hours after taking medicine

→ ☐ I understand
☐ I don't understand

4) You need your urine tested. Will you please go to the toilet and take your urine in this cup?

☐ Yes ☐ I don't want to do it ☐ I can't do it

5) Will you please give us your urine at the following time?

☐① when you visit a doctor
☐② first urination in the morning

→ ☐ Yes ☐ No, I don't want to do it
☐ I can't do it

6) I will take an electrocardiogram. Will you please lie on you back so that I can apply six electrodes on your chest?

☐ Yes ☐ No, I don't want to do it

7) You need your phlegm tested. Will you please spit out phlegm to the container given and hand it to us?

☐ Yes ☐ No. I don't want to do it ☐ I can't do it

8) You need a stool test. Will you please put your stool in the container given and hand it to us?

☐ Yes ☐ No, I don't want to do it ☐ No, I can't do it

9) Let us do the following examinations. Let me use < Body picture > (p x ) to show you where we examine.

☐① X-ray ☐② ultrasound
☐③ CT ☐④ MRI ☐⑤ PET

→ ☐ Yes ☐ I don't want to do it

10) We will use the following contrast media for the exam.

☐① iodinated contrast media
☐② gadolinium-based contrast media

→ ☐ I understand
☐ I don't understand

11) Are you allergic to contrast medias or medicine?

    ☐ Yes, to contrasts    ☐ Yes, to medicine    ☐ No

12) Are you possibly expecting?

    ☐ Yes    ☐ No

12) Are you possibly expecting?

    ☐ Yes    ☐ No

13) Have you ever been told that something is wrong with your kidneys?

    ☐ Yes    ☐ No

14) You need to make an appointment for the examination. Let me show you the date and time available.

                         ____ (month) ____ (day) ____ (hour) ____ (minute)
                         ____ (month) ____ (day) ____ (hour) ____ (minute)

15) Let me know your convenient date and time.

                         ____ (month) ____ (day) ____ (hour) ____ (minute)
                         ____ (month) ____ (day) ____ (hour) ____ (minute)

16) Let me show you the date and time for examination. Please be sure not to be late.

____ (month) ____ (day) ____ (hour) ____ (minute)

                         ☐ I understand    ☐ I don't understand

포르투갈어

1) Indicarei a parte do corpo para o exame.

| | | |
|---|---|---|
| ☐①triagem geral | ☐②doença infecciosa | ☐③sangue |
| ☐④cérebro   ☐⑤olho | ☐⑥ouvido   ☐⑦pulmão | ☐⑧coração |
| ☐⑨fígado   ☐⑩rim | ☐⑪estômago   ☐⑫intestino | ☐⑬hormônio |
| ☐⑭bexiga   ☐⑮ovário | ☐⑯útero | ☐⑰osso |

⟶ ☐ Sim, entendi   ☐ Não, não entendi

2) É necessário fazer o exame de sangue. Vamos coletar o sangue.

☐ Tudo bem   ☐ Não quero fazer

3) O exame de sangue será feito sob as condições abaixo.

☐①sem relação com a refeição
☐②em jejum
☐③2 horas depois de tomar o medicamento

⟶ ☐ Sim, entendi
☐ Não, não entendi

4) É necessário fazer o exame de urina. Vá ao banheiro e colete a urina no copo.

☐ Tudo bem   ☐ Não quero fazer   ☐ Não posso fazer

5) Colete e entregue a urina abaixo.

☐①do momento da consulta
☐②da manhã ao acordar

⟶ ☐ Tudo bem
☐ Não quero fazer
☐ Não posso fazer

6) É necessário fazer o exame de eletrocardiograma. Deite-se na cama e iremos fixar os 6 eletrodos na parte dianteira do peito.

☐ Tudo bem   ☐ Não quero fazer

7) É necessário fazer o exame de escarro. Coloque no recipiente determinado e entregue o material.

☐ Tudo bem   ☐ Não quero fazer   ☐ Não posso fazer

8) É necessário fazer o exame de fezes. Coloque no recipiente determinado e entregue o material.

☐ Tudo bem   ☐ Não quero fazer   ☐ Não posso fazer

9) Faremos o exame abaixo. Indicarei a parte do corpo na < Figura do corpo > (pg. x ) que passará pelo exame.

☐①Raio X   ☐②ultrassom
☐③TC   ☐④MRI   ☐⑤PET

⟶ ☐ Tudo bem
☐ Não quero fazer

10) O exame usa o meio de contraste abaixo.

☐①à base de iodo
☐②à base de gadolínio

⟶ ☐ Sim, entendi
☐ Não, não entendi

11) Tem alergia ao meio de contraste ou ao medicamento?

☐ Sim, meio de contraste    ☐ Sim, medicamento    ☐ Não

12) Tem possibilidade de estar grávida?

☐ Sim    ☐ Não

13) Já lhe disseram que tem problema no rim?

☐ Sim    ☐ Não

14) É necessário fazer reserva no exame. Indicarei a data e horário da reserva.

_____ (mês) _____ (dia) ,às_____h_____min

_____ (mês) _____ (dia) ,às_____h_____min

15) Me informe a data e horário que poderá fazer o exame.

_____ (mês) _____ (dia) ,às_____h_____min

_____ (mês) _____ (dia) ,às_____h_____min

16) Indicarei a data e horário do exame. Venha sem se atrasar.

_____ (mês) _____ (dia) ,às_____h_____min

☐ Sim, entendi    ☐ Não, não entendi

1) บ่งชี้ถึงบริเวณที่ตรวจ

| | | | | |
|---|---|---|---|---|
| ☐① การคัดกรองทั่วไป | ☐② โรคติดต่อ | ☐③ เลือด | ☐④ สมอง | ☐⑤ ตา |
| ☐⑥ หู | ☐⑦ ปอด | ☐⑧ หัวใจ | ☐⑨ ตับ | ☐⑩ ไต |
| ☐⑪ กระเพาะอาหาร | ☐⑫ ลำไส้ | ☐⑬ ฮอร์โมน | | |
| ☐⑭ กระเพาะปัสสาวะ | ☐⑮ รังไข่ | ☐⑯ มดลูก | ☐⑰ กระดูก | |

→ ☐ เข้าใจแล้ว   ☐ ไม่เข้าใจ

2) มีความจำเป็นในการตรวจเลือด จะขอเจาะเลือด

☐ ต้องการ   ☐ ไม่ต้องการ

3) จะขอเจาะเลือดมีเงื่อนไขดังต่อไปนี้

☐① ไม่เกี่ยวกับอาหาร
☐② ขาดอาหาร → ☐ เข้าใจแล้ว   ☐ ไม่เข้าใจ
☐③ 2ชั่วโมงหลังทานยา

4) มีความจำเป็นในการตรวจปัสสาวะ กรุณานำปัสสาวะใส่มาในถ้วย

☐ ต้องการ   ☐ ไม่ต้องการ   ☐ รับไม่ได้

5) สำหรับการตรวจปัสสาวะ กรุณาส่งปัสสาวะดังต่อไปนี้

☐① เมื่อไปหาหมอ
☐② ปัสสาวะครั้งแรกตอนเช้า → ☐ ต้องการ   ☐ ไม่ต้องการ   ☐ ทำไม่ได้

6) มีความจำเป็นในการตรวจคลื่นไฟฟ้าหัวใจ กรุณานอนบนเตียงแล้ว ติดขั้วไฟฟ้า 6 ที่บน หน้าอกด้านหน้า

☐ ต้องการ   ☐ ไม่ต้องการ

7) มีความจำเป็นในการตรวจเสมหะ กรุณาส่งเสมหะใส่ในภาชนะที่กำหนดไว้

☐ ต้องการ   ☐ ไม่ต้องการ   ☐ รับไม่ได้

8) มีความจำเป็นในการตรวจอุจจาระ กรุณาส่งอุจจาระใส่ใน ภาชนะที่กำหนดไว้

☐ ต้องการ   ☐ ไม่ต้องการ   ☐ รับไม่ได้

9) มีการตรวจดังต่อไปนี้ บ่งชี้ให้บริเวณ ที่ การตรวจ บน < ภาพ ร่างกาย > (หน้า x )

☐① เอกซเรย์   ☐② การตรวจอัลตาซาวด์   ☐③ ซีทีสแกน
☐④ การตรวจเอ็มอาร์ไอ (/การตรวจเอ็กซ์เรย์ด้วยคลื่นแม่เหล็กไฟฟ้า)
☐⑤ โพซิตรอนอีมิสชันโทโมกราฟี (/การตรวจเอกซ์เรย์ด้วยโพสิตรอน)

→ ☐ เข้าใจแล้ว   ☐ ไม่เข้าใจ

10) ในการตรวจใช้สารทึบแสงดังต่อไปนี้

☐① สารทึบแสงน้ำมันไอโอดีน
☐② สารทึบแสงแกโดลิเนียม → ☐ เข้าใจแล้ว   ☐ ไม่เข้าใจ

11) มีแพ้สารทึบแสง・แพ้ยาหรือไม่

    □ มี, แพ้สารทึบแสง   □ มี, แพ้ยา   □ ไม่มี

12) กำลังตั้งครรภ์อยู่ หรืออาจตั้งครรภ์หรือไม่

    □ มี   □ ไม่มี

13) เคยมีหมอบอกว่า ไตไม่ค่อยดีหรือไม่

    □ เคย   □ ไม่เคย

14) การตรวจต้องนัดเวลาล่วงหน้า วันนัดมีดังต่อไปนี้

    เดือน _____วันที่ _____นาฬิกา _____นาที _____

    เดือน _____วันที่ _____นาฬิกา _____นาที _____

15) กรุณาบอกวันที่ที่สามารถเข้ารับการตรวจได้

    เดือน _____วันที่ _____นาฬิกา _____นาที _____

    เดือน _____วันที่ _____นาฬิกา _____นาที _____

16) บ่งชี้ให้วันที่จะเข้ารับการตรวจ กรุณาอย่ามาช้า

    เดือน _____วันที่ _____นาฬิกา _____นาที _____

                                         □ เข้าใจแล้ว   □ ไม่เข้าใจ

1）表示检查的目的部位。

| | | | | |
|---|---|---|---|---|
| □①一般的审查 | □②感染症 | □③血液 | □④脑 | □⑤眼睛 |
| □⑥耳 | □⑦肺 | □⑧心脏 | □⑨肝脏 | □⑩肾脏 |
| □⑪胃 | □⑫肠 | □⑬荷尔蒙 | □⑭膀胱 | □⑮卵巢 |
| □⑯子宫 | □⑰骨骼 | | | |

→ □我明白了　□不明白

2）需要检查血液。由我来验血。

□好　□不想做

3）验血进行有以下几项条件。

| |
|---|
| □①和用餐没关系 |
| □②空腹 |
| □③服用药物后2个小时 |

→ □我明白了
□不明白

4）需要检查尿液。请到厕所用杯子采集尿液。

□好　□不想做　□做不到

5）尿检时，请提交以下的尿液。

| |
|---|
| □①门诊时 |
| □②早上起床后的第一次尿液 |

→ □好　□不想做　□做不到

6）需要检查心电图。请平躺在床上，我会在前胸的6个地方贴上电极贴片。

□好　□不想做

7）有必要检查痰。

□好　□不想做　□做不到

8）需要检查大便。请将大便放入指定容器后，提交。

□好　□不想做　□做不到

9）进行以下项目的体检。检查的身体部位，如＜人体图＞所示（见第 x 页）。

| | | |
|---|---|---|
| □①X光 | □②B超 | □③CT |
| □④MRI | □⑤PET | |

→ □好　□不想做

10）在检查中，使用以下造影剂。

| |
|---|
| □①碘 |
| □②钆（银白色金属） |

→ □我明白了　□不明白

11）有没有对造影剂·药物过敏？

□有，造影剂过敏　□有，药物过敏　□没有

12）是否有怀孕的可能？

□有　□不可能

13）是否曾被诊断出有肾脏问题？

□有　□没有

14）因为需要预约检查时间，请写下预约可能的时间。

_____月_____日_____点_____分

_____月_____日_____点_____分

15）请告之可以接受检查的时间。

_____月_____日_____点_____分

_____月_____日_____点_____分

16）通知体检的日期时间，请不要迟到。

_____月_____日_____点_____分

□我明白了　□不明白

1) 下面指出的是要檢查的項目。

> □①一般的篩檢　□②傳染病　□③血液　□④腦　□⑤眼
> □⑥耳　□⑦肺　□⑧心臟　□⑨肝臟　□⑩腎臟
> □⑪胃　□⑫腸　□⑬荷爾蒙　□⑭膀胱　□⑮卵巢
> □⑯子宮　□⑰骨頭
>
> → □瞭解了　□不瞭解

2) 需要檢查血液，請讓我抽血做檢驗。

> □好　□不想做

3) 抽血需要在下列條件下進行。

> □①和用餐無關
> □②空腹　→ □瞭解了　□不瞭解
> □③服用藥物後兩小時

4) 需要做尿液篩檢，請到廁所用杯子採集尿液。

> □好　□不想做　□沒辦法做

5) 尿檢時，請提交下列所示的尿液。

> □①到醫院後解的尿液
> □②早上起床後第一次解的尿液　→ □好　□不想做　□沒辦法做

6) 需要做心電圖檢查，請躺到床上，我會在您前胸的六個地方貼電極貼片。

> □好　□不想做

7) 需要檢查痰，請將痰裝到指定的容器裡提交。

> □好　□不想做　□沒辦法做

8) 需要檢查糞便，請將糞便裝到指定的容器裡提交。

> □好　□不想做　□沒辦法做

9) 現在進行下列的檢查。檢查的部位將從＜身體構造圖＞（第 x 頁）中指出。

> □①照Ｘ光　□②超音波檢查　□③CT（電腦斷層）　→ □好
> □④MRI（核磁共振顯影）　□⑤PET（正子電腦斷層造影）　□不想做

10) 檢查將使用下列的顯影劑。

> □①含碘顯影劑
> □②含釓（Gadolinium，一種稀土金屬）顯影劑　→ □瞭解了　□不瞭解

11) 是否對顯影劑或任何藥物有過敏現象？

> □是，顯影劑　□是，藥物　□否

12) 是否有可能懷孕了？

> □是　□否

13) 是否曾被診斷出有腎臟問題？

> □是　□否

14) 需要預約檢查的時間，可預約的日期及時間如下。

＿＿月＿＿日＿＿點＿＿分

＿＿月＿＿日＿＿點＿＿分

15) 請告知可以接受檢查的時間。

＿＿月＿＿日＿＿點＿＿分

＿＿月＿＿日＿＿點＿＿分

16) 檢查的日期及時間如下所示，請不要遲到。

＿＿月＿＿日＿＿點＿＿分

□瞭解了　□不瞭解

일본어

1) 検査の目的部位を示します.

□①一般的なスクリーニング　□②感染症　□③血液
□④脳　　　　□⑤眼　　　□⑥耳　　　□⑦肺　　　□⑧心臓
□⑨肝臓　　　□⑩腎臓　　□⑪胃　　　□⑫腸　　　□⑬ホルモン
□⑭膀胱　　　□⑮卵巣　　□⑯子宮　　□⑰骨

　　　　　　→ □わかりました　□わかりません

2) 血液検査が必要です. 採血させていただきます.
　　□はい　□やりたくない

3) 採血は, 以下の条件で行います.

□①食事と無関係
□②食事ぬき　　　　　→ □わかりました　□わかりません
□③薬内服後2時間

4) 尿検査が必要です. トイレでコップに採尿してください.
　　□はい　□やりたくない　□できない

5) 採尿は, 以下の尿を提出してください.

□①来診時
□②朝一番　　　　　　→ □はい　□やりたくない　□できない

6) 心電図の検査が必要です. ベッドに横になり, 前胸部に6ヵ所電極を貼らせていただきます.
　　□はい　□やりたくない

7) 喀痰検査が必要です. 所定の容器に痰を入れて, 提出してください.
　　□はい　□やりたくない　□できない

8) 検便検査が必要です. 所定の容器に便を入れて, 提出してください.
　　□はい　□やりたくない　□できない

9) 以下の検査を行います. 検査する体の部位は, <体の図>で示します(p x ).

□①レントゲン　　　□②超音波検査　　　　　□わかりました
□③CT　□④MRI　□⑤PET　　　　　　　　□わかりません

10) 検査では以下の造影剤を使用します.

□①ヨード系
□②ガドリニウム系　　　→ □わかりました　□わかりません

11) 造影剤・薬アレルギーはありますか？
　　□はい, 造影剤　□はい, 薬　□いいえ

12) 妊娠の可能性はありますか？
　　□はい　□いいえ

13) 腎臓が悪いと言われたことはありますか？
　　□はい　□いいえ

14) 検査の予約が必要ですので，予約可能な日時を示します．

　　　　　　　　　　　　　　　　　____月____日____時____分
　　　　　　　　　　　　　　　　　____月____日____時____分

15) 検査を受けることが可能な日時を教えてください．

　　　　　　　　　　　　　　　　　____月____日____時____分
　　　　　　　　　　　　　　　　　____月____日____時____分

16) 検査を行う日時を示します．遅れずに来てください．

　　　____月____日____時____分

　　　　　　　　　　　　　　　□わかりました　□わかりません

# 3 치료의 설명

1) 약 복용이 필요합니다.
　　　　□알겠습니다　□하고 싶지 않음　□할 수 없음

2) 약을 드리니 지시에 따라 복용하세요.
　　　　□알겠습니다　□하고 싶지 않음　□못 하겠음

3) 이 약은 지금 바로 복용하세요.
　　　　□알겠습니다　□하고 싶지 않음　□못 하겠음

4) 처방전을 드릴테니 병원 외부 약국에서 약을 구입하세요.
　　　　□알겠습니다　□하고 싶지 않음　□못 하겠음

5) 주사의 종류는 아래와 같습니다.
　　　┌ ①□피하　②□근육　③□혈관 ┐
　　　　□알겠습니다　□하고 싶지 않음

6) 약을 주사하는 부위를 〈신체구조 그림〉( x 페이지)으로 제시하겠습니다.
　　　　□알겠습니다　□하고 싶지 않음

7) 링거로 약을 투여하겠습니다. 필요한 시간은 아래와 같습니다.
　　　┌ □___분간　□___시간 ┐
　　　　□알겠습니다　□하고 싶지 않음

8) 링거로 수분과 전해질 또는 당분의 보급을 하겠습니다. 필요한 시간은 아래와 같습니다.
　　　┌ □___분간　□___시간 ┐
　　　　□알겠습니다　□하고 싶지 않음

9) 상처가 곪지 않도록 세정 또는 소독을 하겠습니다.
　　　　□알겠습니다　□하고 싶지 않음

10) 상처를 봉합하겠습니다.
　　　　□알겠습니다　□하고 싶지 않음

11) 폐에 효과를 볼 수 있도록 약을 흡입해 주세요.
　　　　□알겠습니다　□하고 싶지 않음　□못 하겠음

12) 전문의의 추가적인 진찰이 필요하기에 병원을 소개하겠습니다.
　　　　□알겠습니다　□가고 싶지 않음　□갈 수 없음

13) 입원치료가 필요합니다. ┬ □본 병원에 입원
　　　　　　　　　　　　　└ □다른 병원을 소개
　　　　□알겠습니다　□하고 싶지 않음　□못 하겠음

14) 동의를 안 하시는 경우, 생명이 위태로울 수가 있습니다.
　　　　□알겠습니다　□모르겠습니다

**영어**

1) You need to take a medicine.

☐ Yes    ☐ I don't want to do it    ☐ I can't do it

2) We will give you medicine. Please follow the direction before you take medicine.

☐ Yes, I understand    ☐ I don't want to do it    ☐ I can't do it

3) Please take this medicine right now.

☐ Yes, I understand    ☐ I don't want to do it    ☐ I can't do it

4) We give you a prescription. Please buy the medicine at a pharmacy outside hospital.

☐ I understand    ☐ I don't want to do it    ☐ I can't do it

5) The followings are injection routes.

| ☐① subcutaneous | ☐② intramuscular | ☐③ intravenous |

☐ I understand    ☐ I don't want to do it

6) Let me use < Body picture > (p x ) to show you where I give you a shot.

☐ I understand    ☐ I don't want to do it

7) Let me give you medicine through drip infusion. The following is the time required.

| ____ minutes · ____ hours |

☐ I understand    ☐ I don't want to do it

8) Water, electrolytes and glucose are given through drip infusion. The following is the time required.

| ____ minutes · ____ hours |

☐ I understand    ☐ I don't want to do it

9) Let me irrigate or disinfect the wound to prevent purulency.

☐ I understand    ☐ I don't want to do it

10) Let me stitch the wound.

☐ I understand    ☐ I don't want to do it

11) Please inhale the medicine so that it goes to the lungs and make it most effective.

☐ I understand    ☐ I don't want to do it    ☐ I can't do it

12) You need to see a specialist. Let me introduce you a hospital.

☐ I understand    ☐ I don't want to visit    ☐ I can't visit

13) You need to be admitted. ——┬— ☐ admitted to our hospital
　　　　　　　　　　　　　　　 └— ☐ admitted to other hospital

☐ I understand    ☐ I don't want to do it    ☐ I can't do it

14) In case you don't agree, you will risk your life.

☐ I understand    ☐ I don't understand

1) É necessário tomar medicamento.

☐ Sim, entendi   ☐ Não quero fazer   ☐ Não posso fazer

2) Daremos o medicamento aqui. Tome conforme as instruções.

☐ Sim, entendi   ☐ Não quero fazer   ☐ Não posso fazer

3) Tome este medicamento agora mesmo.

☐ Sim, entendi   ☐ Não quero fazer   ☐ Não posso fazer

4) Daremos uma prescrição médica aqui. Compre o medicamento na farmácia fora do hospital.

☐ Sim, entendi   ☐ Não quero fazer   ☐ Não posso fazer

5) A via de injeção do medicamento será a seguir.

| ☐① intradérmica ☐② intramuscular ☐③ intravenosa |

☐ Sim, entendi   ☐ Não quero fazer

6) Indicarei a parte do corpo na <Figura do corpo> (pg. x ) onde será aplicada a injeção.

☐ Sim, entendi   ☐ Não quero fazer

7) Vamos aplicar o medicamento em soro. O tempo necessário é o seguinte.

| ____ minutos · ____ horas |

☐ Sim, entendi   ☐ Não quero fazer

8) Vamos repor líquido/eletrólitos/glicose em soro. O tempo necessário é o seguinte.

| ____ minutos · ____ horas |

☐ Sim, entendi   ☐ Não quero fazer

9) Vamos lavar ou desinfetar para não supurar.

☐ Sim, entendi   ☐ Não quero fazer

10) Vamos costurar o ferimento.

☐ Sim, entendi   ☐ Não quero fazer

11) Deve-se inalar o medicamento para que faça efeito no pulmão.

☐ Sim, entendi   ☐ Não quero fazer   ☐ Não posso fazer

12) É necessária a consulta de um médico com conhecimentos específicos. Apresentaremos um hospital.

☐ Sim, entendi   ☐ Não quero ir   ☐ Não posso ir

13) É necessário se internar. ┬ ☐ internação neste hospital
　　　　　　　　　　　　　└ ☐ apresentação de outro hospital

☐ Sim, entendi   ☐ Não quero fazer   ☐ Não posso fazer

14) Se não concordar, poderá correr risco de vida.

☐ Sim, entendi   ☐ Não, não entendi

태국어

1) มีความจำเป็นต้องทานยา

  ☐ เข้าใจแล้ว   ☐ ไม่ต้องการ   ☐ ทานไม่ได้

2) เดี๋ยวจะจ่ายยาให้ กรุณาทานยาตามที่สั่งอย่างเคร่งครัด

  ☐ เข้าใจแล้ว   ☐ ไม่ต้องการ   ☐ ทานไม่ได้

3) กรุณาทานยานี้ทันที

  ☐ เข้าใจแล้ว   ☐ ไม่ต้องการ   ☐ ทานไม่ได้

4) เดี๋ยวจะออกใบสั่งยาให้ที่ที่นี่ กรุณาไปซื้อยาที่ที่ร้านขายยานอกโรงพยาบาล

  ☐ เข้าใจแล้ว   ☐ ไม่ต้องการ   ☐ ซื้อไม่ได้

5) ฉีดยาผ่านบริเวณดังต่อไปนี้

  | ☐① ใต้ผิวหนัง   ☐② กล้ามเนื้อ   ☐③ เส้นเลือด |

  ☐ เข้าใจแล้ว   ☐ ไม่ต้องการ

6) บ่งชี้ส่วนที่ฉีดยาบน < ภาพร่างกาย > (หน้า x )

  ☐ เข้าใจแล้ว   ☐ ไม่ต้องการ

7) ให้ยาทางสายน้ำเกลือ ใช้เวลาดังต่อไปนี้

  | _____ นาที      _____ ชั่วโมง |

  ☐ เข้าใจแล้ว   ☐ ไม่ต้องการ

8) ให้น้ำอิเล็กโทรไลต์ หรือ น้ำตาล ทางสายน้ำเกลือ ใช้เวลาดังต่อไปนี้

  | _____ นาที      _____ ชั่วโมง |

  ☐ เข้าใจแล้ว   ☐ ไม่ต้องการ

9) จะขอล้างแผล หรือ ฆ่าเชื้อ เพื่อไม่ให้เป็นหนอง

  ☐ เข้าใจแล้ว   ☐ ไม่ต้องการ

10) จะเย็บบาดแผล

  ☐ เข้าใจแล้ว   ☐ ไม่ต้องการ

11) จะให้สูดยา เพื่อให้ได้ผลต่อปอด

  ☐ เข้าใจแล้ว   ☐ ไม่ต้องการ   ☐ ทำไม่ได้

12) มีความจำเป็นต้องรับการตรวจโรคจากแพทย์ผู้เชี่ยวชาญเฉพาะทาง ดังนั้นจะแนะนำโรงพยาบาลให้

  ☐ เข้าใจแล้ว   ☐ ไม่อยากไป   ☐ ไปไม่ได้

13) มีความจำเป็นต้องเข้าโรงพยาบาล ──┌─ ☐ เข้าโรงพยาบาลแห่งนี้
      └─ ☐ จะแนะนำโรงพยาบาล แห่งอื่นๆ

  ☐ เข้าใจแล้ว   ☐ ไม่ต้องการ   ☐ ทำไม่ได้

14) ในกรณีที่ไม่เข้ารับการรักษาอาจเป็นอันตรายถึงชีวิต

  ☐ เข้าใจแล้ว   ☐ ไม่เข้าใจ

1）需服用药物。

　　□好，我明白了　　□不想做　　□做不到

2）给您这些药，请按照说明书服用。

　　□好，我明白了　　□不想做　　□做不到

3）这个药请现在马上服用。

　　□好，我明白了　　□不想做　　□做不到

4）我这边给您处方，请到医院外的药局去购买。

　　□好，我明白了　　□不想做　　□做不到

5）药物注射的途径如下。

　　　□①皮下注射　　□②肌肉注射　　□③血管注射

　　□我明白了　　□不想做

6）药物注射的部位如＜人体图＞（见第 x 页）所示。

　　□好，我明白了　　□不想做

7）挂盐水（吊针）投药．所需要的时间如下所示。

　　　＿＿＿分钟　　＿＿＿小时

　　□好，我明白了　　□不想做

8）现在要用挂盐水（吊针）的方式补充水分、电解质或是糖分，所需要的时间如下所示。

　　　＿＿＿分钟　　＿＿＿小时

　　□好，我明白了　　□不想做

9）为了避免化脓，现在进行清洗或者消毒。

　　□好，我明白了　　□不想做

10）缝合伤口。

　　□好，我明白了　　□不想做

11）这个药对肺部恢复起到效果，请吸入。

　　□好，我明白了　　□不想做　　□做不到

12）有必要请有专业知识的医生诊察，介绍医院给您。

　　□好，我明白了　　□不想做　　□做不到

13）有必要住院治疗。──┬─□入住该医院
　　　　　　　　　　　└─□介绍其他医院

　　□好，我明白了　　□不想做　　□做不到

14）如果您不接受的话，可能会危及到生命。

　　□我明白了　　□不明白

1) 需服用藥物。

　　　□瞭解了　　□不想服用　　□沒辦法服用

2) 這邊給您這些藥，請依照指示服用。

　　　□瞭解了　　□不想服用　　□沒辦法服用

3) 這個藥請現在馬上服用。

　　　□瞭解了　　□不想服用　　□沒辦法服用

4) 這邊給您處方箋，請到院外的藥局購買藥品。

　　　□瞭解了　　□不想做　　□沒辦法做

5) 藥物注射的方式如下。

　　　| □①皮下注射　　□②肌肉注射　　□③血管注射 |

　　　□瞭解了　　□不想做

6) 注射的部位將從將從＜身體構造圖＞（第 x 頁）中指出。

　　　□瞭解了　　□不想做

7) 現在要用打點滴的方式注射藥物，需要花費時間如下。

　　　| ＿＿分鐘　　＿＿小時 |

　　　□瞭解了　　□不想做

8) 現在要用打點滴的方式補充水分、電解質或葡萄糖，需要花費的時間如下。

　　　| ＿＿分鐘　　＿＿小時 |

　　　□瞭解了　　□不想做

9) 為了避免化膿，現在進行清洗或消毒。

　　　□瞭解了　　□不想做

10) 現在要縫合傷口。

　　　□瞭解了　　□不想做

11) 為了讓藥物對肺部起到效果，請吸進去。

　　　□瞭解了　　□不想做　　□沒辦法做

12) 需要請專門的醫師做進一步的診斷，會介紹醫院給您。

　　　□瞭解了　　□不想做　　□沒辦法做

13) 需要住院治療。　━━━┳━□在本院住院

　　　　　　　　　　　　　┗━□介紹其他醫院

　　　□瞭解了　　□不想住院　　□沒辦法住院

14) 如果您無法接受，可能會危急到生命。

　　　□瞭解了　　□不瞭解

일본어

1) 薬の内服が必要です.
　　□わかりました　□やりたくない　□できない

2) こちらで薬をお渡ししますので，指示通りに内服してください.
　　□わかりました　□やりたくない　□できない

3) この薬は，いますぐ内服してください.
　　□わかりました　□やりたくない　□できない

4) こちらで処方箋を出しますので，院外薬局にて薬を購入してください.
　　□わかりました　□やりたくない　□できない

5) 薬を注射する経路は以下の通りです.
　　□①皮下　　□②筋肉　　□③血管
　　□わかりました　□やりたくない

6) 薬を注射する部位を<体の図>(p x )に示します.
　　□わかりました　□やりたくない

7) 点滴で薬を投与します. 必要な時間は以下の通りです
　　＿＿分間・＿＿時間
　　□わかりました　□やりたくない

8) 点滴で水分・電解質または糖分の補給をします. 必要な時間は以下の通りです.
　　＿＿分間・＿＿時間
　　□わかりました　□やりたくない

9) 化膿しないように，洗浄または消毒をします.
　　□わかりました　□やりたくない

10) 傷口を縫います.
　　□わかりました　□やりたくない

11) 薬を肺に効かせるため，吸入していただきます.
　　□わかりました　□やりたくない　□できない

12) 専門の知識を持った医師の診察が必要ですので，病院を紹介します.
　　□わかりました　□行きたくない　□行けない

13) 入院の必要があります. ──┬□当院に入院
　　　　　　　　　　　　　　 └□他病院を紹介
　　□わかりました　□やりたくない　□できない

14) 了承いただけない場合，命にかかわります.
　　□わかりました　□わかりません

# 4 다음 외래예약의 설명

〔별책 p44〕

**한국어**

1) 다음 진찰예약이 필요합니다.

　　□알겠습니다　　□모르겠습니다

2) 예약가능한 날짜와 시간을 제시하겠습니다.

　　　　　　　　　　　　　　　　　_____월_____일_____시_____분
　　　　　　　　　　　　　　　　　_____월_____일_____시_____분

　　□알겠습니다　　□모르겠습니다

3) 다음 진찰을 받을 수 있는 날짜와 시간을 알려주세요.

　　　　　　　　　　　　　　　　　_____월_____일_____시_____분
　　　　　　　　　　　　　　　　　_____월_____일_____시_____분

　　□알겠습니다　　□모르겠습니다

4) 다음 진찰을 받는 날짜와 시간을 제시하겠습니다. 늦지 않게 와 주세요.

　　_____월_____일_____시_____분

　　　　　　　　　　　　　　　　　□알겠습니다　　□모르겠습니다

---

## 4. Explanation of next appointment

**영어**

1) You need next appointment.

　　□ I understand　　□ I don't understand

2) Let me show you the date and time available.

　　　　　　　　____ (month) ____ (day) ____ (hour) ____ (minute)
　　　　　　　　____ (month) ____ (day) ____ (hour) ____ (minute)

　　□ I understand　　□ I don't understand

3) Let me know your convenient date and time next time.

　　　　　　　　____ (month) ____ (day) ____ (hour) ____ (minute)
　　　　　　　　____ (month) ____ (day) ____ (hour) ____ (minute)

　　□ I understand　　□ I don't understand

4) Let me show you the date and time of your next visit. Please be sure not to be late.

　____ (month) ____ (day) ____ (hour) ____ (minute)

　　　　　　　　　　　　　　　□ I understand　　□ I don't understand

**포르투갈어**

1) É necessário fazer a reserva da próxima consulta.

☐ Sim, entendi   ☐ Não, não entendi

2) Indicarei a data e horário possível da próxima reserva.

_____ (mês) _____ (dia) ,às_____ h_____ min

_____ (mês) _____ (dia) ,às_____ h_____ min

☐ Sim, entendi   ☐ Não, não entendi

3) Me informe a data e horário que poderá receber a próxima consulta.

_____ (mês) _____ (dia) ,às_____ h_____ min

_____ (mês) _____ (dia) ,às_____ h_____ min

☐ Sim, entendi   ☐ Não, não entendi

4) Indicarei a data e horário da próxima consulta. Venha sem se atrasar.

_____ (mês) _____ (dia) ,às_____ h_____ min_____

☐ Sim, entendi   ☐ Não, não entendi

**태국어**

4. คำอธิบายเกี่ยวกับการนัดแผนกคนไข้นอกครั้งต่อไ

1) มีความจำเป็นต้องนัดวันรับการตรวจโรคครั้งต่อไป

☐ เข้าใจแล้ว   ☐ ไม่เข้าใจ

2) บ่งชี้วันนัด

เดือน _____วันที่ _____นาฬิกา _____นาที _____

เดือน _____วันที่ _____นาฬิกา _____นาที _____

☐ เข้าใจแล้ว   ☐ ไม่เข้าใจ

3) กรุณาระบุวันที่สามารถมารับการตรวจโรคครั้งต่อไปได้

เดือน _____วันที่ _____นาฬิกา _____นาที _____

เดือน _____วันที่ _____นาฬิกา _____นาที _____

☐ เข้าใจแล้ว   ☐ ไม่เข้าใจ

4) บ่งชี้วันที่มาโรงพยาบาลครั้งต่อไป กรุณาอย่ามาช้า

เดือน _____วันที่ _____นาฬิกา _____นาที _____

☐ เข้าใจแล้ว   ☐ ไม่เข้าใจ

**중국어간체**

1) 有必要预约下次来诊时间。
　　　□我明白了　　□不明白
2) 可以预约的时间如下所示。

　　　　　　　　　　　　　　　____月____日____点____分
　　　　　　　　　　　　　　　____月____日____点____分

　　　□我明白了　　□不明白
3) 请告诉我下次可以接受诊察的日期和间。

　　　　　　　　　　　　　　　____月____日____点____分
　　　　　　　　　　　　　　　____月____日____点____分

　　　□我明白了　　□不明白
4) 下次的诊察时间如下所示，请不要迟到。
　　____月____日____点____分

　　　　　　　　　　　　　　　□我明白了　　□不明白

**중국어번체**

1) 需要預約下次的診療。
　　　□瞭解了　　□不瞭解
2) 可預約的日期及時間如下。

　　　　　　　　　　　　　　　____月____日____點____分
　　　　　　　　　　　　　　　____月____日____點____分

　　　□瞭解了　　□不瞭解
3) 請告知可以接受診療的日期及時間。

　　　　　　　　　　　　　　　____月____日____點____分
　　　　　　　　　　　　　　　____月____日____點____分

　　　□瞭解了　　□不瞭解
4) 下次診療的日期及時間如下，請不要遲到。
　　____月____日____點____分

　　　　　　　　　　　　　　　□瞭解了　　□不瞭解

**일본어**

1) 次回の診察の予約が必要です．
　　□わかりました　□わかりません
2) 予約可能な日時を示します．

　　　　　　　　　　　　　____月____日____時____分
　　　　　　　　　　　　　____月____日____時____分

　　□わかりました　□わかりません
3) 次回の診察を受けることが可能な日時を教えてください．
　　　　　　　　　　　　　____月____日____時____分
　　　　　　　　　　　　　____月____日____時____分

　　□わかりました　□わかりません
4) 次回の診察を行う日時を示します．遅れずに来てください．
　　(____月____日____時____分)

　　　　　　　　　　　□わかりました　□わかりません

# 5 약의 종류·명칭·모양의 설명

한국어　　〔별책 p44〕

## 【종류】

1) 아래의 증상을 개선하기 위해 이 약을 처방하겠습니다. ──→ 〈증상 리스트〉(10페이지)

　　□알겠습니다　□모르겠습니다

2) 이 약의 이름은 (＿＿＿＿＿＿)입니다.

　　□알겠습니다　□모르겠습니다

3) 이것은 먹는 약입니다. 약의 모양은 아래와 같습니다.

　　┌─────────────────────────────────────┐
　　│ □①알약　□②구강내 붕괴정　□③캡슐　□④가루약　□⑤물약 │
　　└─────────────────────────────────────┘
　　└─→ □알겠습니다　□모르겠습니다

4) 알약, 캡슐, 가루약은 물과 함께 복용해 주세요.

　　□알겠습니다　□모르겠습니다

5) 구강내 붕괴정은 입안에서 녹습니다.

　　□알겠습니다　□모르겠습니다

6) 이것은 붙이는 약입니다. 아래에 제시하는 부위에 붙여 주세요.

　　┌───────────────┐
　　│ □환부　□앞가슴 │ ──→ □알겠습니다　□모르겠습니다
　　└───────────────┘

7) 이것은 흡입제입니다. 사용방법은 직접 확인해 주세요.

　　□알겠습니다　□모르겠습니다

8) 이것은 설하제입니다. 혀 아래에서 녹여 주세요.

　　□알겠습니다　□모르겠습니다

9) 이것은 좌약입니다. 항문에 삽입하면 녹아서 흡수됩니다.

　　□알겠습니다　□모르겠습니다

10) 이것은 눈과 코에 넣는 약입니다. 아래에 제시하는 부위에 넣으세요.

　　┌───────────┐
　　│ □눈　□코 │ ──→ □알겠습니다　□모르겠습니다
　　└───────────┘

11) 이 약은 입안을 헹군 후 삼키지 말고 뱉으세요.

　　□알겠습니다　□모르겠습니다

## 【복용 유형】

12) 약을 복용하는 시간은 아래와 같습니다.

　　□알겠습니다　□모르겠습니다

　　□①아침, 점심, 저녁
　　□②아침, 점심
　　□③아침, 저녁
　　□④아침　　　　　　　　　□①식전
　　□⑤점심, 저녁　　　　　　□②식후
　　□⑥점심　　　　　　　　　□③식후 2시간
　　□⑦저녁

13) 약을 복용하는 시간은 아래와 같습니다.

□기상 시 □취침 전 ➞ □알겠습니다 □모르겠습니다

14) 약은 아래의 빈도로 사용하세요.

□①매일
□②____일에 1번 ➞ □알겠습니다 □모르겠습니다
□③____주에 1번

15) 당분간 약을 계속 사용할 필요가 있습니다.

□알겠습니다 □모르겠습니다

16) 약을 계속 사용하는 기간은 아래와 같습니다.

____일간

□알겠습니다 □모르겠습니다

17) 약은 증상이 나타났을 때 사용하세요.

□알겠습니다 □모르겠습니다

18) 약의 효과가 나타나지 않을 때 연속해서 사용할 수 있는 회수는 아래와 같습니다.

____번

□알겠습니다 □모르겠습니다

19) 하루에 약을 사용할수 있는 회수는 아래와 같습니다.

____번

□알겠습니다 □모르겠습니다

20) 이 약으로 인해 아래의 증상이 나타났을 경우, 바로 상담해 주세요.

➞〈증상 리스트〉(10페이지)

□알겠습니다 □모르겠습니다

21) 이 약으로 인해 아래의 증상이 나타나기 쉽기 때문에 주의해 주세요.

➞〈증상 리스트〉(10페이지)

□알겠습니다 □모르겠습니다

22) 이 약은 자신의 판단으로 중지 가능합니다.

□알겠습니다 □모르겠습니다

23) 이 약은 자신의 판단으로 중지하지 마세요.

□알겠습니다 □모르겠습니다

24) 이 약을 복용 중에는 임신과 수유는 금지입니다.

□알겠습니다 □모르겠습니다

25) 약을 사용한 후 몸에 이상이 생긴 경우, 먼저 약의 사용을 중지하시고 속히 의사에게 연락하세요.

□알겠습니다 □모르겠습니다

**영어**

**【Category】**

1) I will prescribe you this medicine to relieve you from the following symptoms.

→ < List of symptoms > (p11)

☐ I understand   ☐ I don't understand

2) The name of this medicine is _____ .

☐ I understand   ☐ I don't understand

3) This is an oral medicine. The following is type of tablets.

☐ ① tablet     ☐ ② OD (Oral disintegrant)
☐ ③ capsule   ☐ ④ powdered   ☐ ⑤ liquid

→ ☐ I understand   ☐ I don't understand

4) Please take tablets, capsule and liquid medicine with water.

☐ I understand   ☐ I don't understand

5) Please dissolve the OD in your mouth.

☐ I understand   ☐ I don't understand

6) This is a patch. Please apply to the following part.

☐ affected part
☐ chest front   → ☐ I understand   ☐ I don't understand

7) This is an inhalant. Please make sure how to use it before you take it.

☐ I understand   ☐ I don't understand

8) This is a sublingual tablet. Please dissolve it beneath the tongue.

☐ I understand   ☐ I don't understand

9) This is a suppository. Insert it into the anus, and it will be absorbed.

☐ I understand   ☐ I don't understand

10) This is an eye/nose drop. Please drop onto the following part.

☐ eye
☐ nose   → ☐ I understand   ☐ I don't understand

11) This is a gargle. Please don't drink it.

☐ I understand   ☐ I don't understand

**【Instruction of oral administration】**

12) Let me show you when to take the medicine as follows.

☐ I understand   ☐ I don't understand

☐① in the morning, afternoon, and evening
☐② in the morning and afternoon
☐③ in the morning and evening ⎯⎯⎯⎯⎯⎯ ☐① before meals
☐④ in the morning ⎯⎯⎯⎯⎯⎯ ☐② after meals
☐⑤ in the afternoon and evening ⎯⎯⎯⎯⎯ ☐③ two hours after meals
☐⑥ in the afternoon
☐⑦ in the evening

13) Let me show you when to take the medicine as follows.

☐ when you get up
☐ before you go to bed ⟶ ☐ I understand
☐ I don't understand

14) Please take the medicine in the following frequency.

☐① everyday
☐② once in ____ days ⟶ ☐ I understand
☐③ once in ____ weeks ☐ I don't understand

15) You need to take the medicine for a while.    ☐ I understand    ☐ I don't understand

16) Let me show you how long you have to take the medicine as follows.
____ days    ☐ I understand    ☐ I don't understand

17) Please take this medicine only when you develop a symptom.
☐ I understand    ☐ I don't understand

18) Let me show you the maximum frequency of taking medicine when it doesn't work well.
____ times    ☐ I understand    ☐ I don't understand

19) Let me show you the maximum times a day as follows.
____ times    ☐ I understand    ☐ I don't understand

20) If you have the following symptoms after you take this medicine, please consult to me
as soon as possible.    ⟶ < List of symptoms > (p11)
☐ I understand    ☐ I don't understand

21) Please pay attention to the following symptoms this medicine is likely to cause.
⟶ < List of symptoms > (p11)    ☐ I understand    ☐ I don't understand

22) You can stop taking this medicine by yourself.
☐ I understand    ☐ I don't understand

23) Please don't stop taking this medicine by yourself.
☐ I understand    ☐ I don't understand

24) While you are using this medicine, you must avoid pregnancy and breast-feeding.
☐ I understand    ☐ I don't understand

25) If you feel something unusual right after taking the medicine, please stop taking it im
mediately and contact to the doctor.
☐ I understand    ☐ I don't understand

**【Tipo】**

1) Irei prescrever este medicamento para melhorar o sintoma abaixo.

⟶ < Lista de sintomas > (pg.12)

☐ Sim, entendi    ☐ Não, não entendi

2) O nome deste medicamento é (_____) .

☐ Sim, entendi    ☐ Não, não entendi

3) Este é um medicamento para tomar. Indicarei abaixo a sua forma.

☐① Comprimido    ☐② Comprimido OD    ☐③ Cápsula
☐④ Medicamento em pó    ☐⑤ Medicamento líquido

⟶ ☐ Sim, entendi    ☐ Não, não entendi

4) Tome o comprimido/cápsula/medicamento em pó juntamente com água.

☐ Sim, entendi    ☐ Não, não entendi

5) O comprimido OD é para derreter dentro da boca.

☐ Sim, entendi    ☐ Não, não entendi

6) Este é um emplasto. Fixe na região indicada abaixo.

☐ área afetada
☐ parte dianteira do peito    ⟶    ☐ Sim, entendi
☐ Não, não entendi

7) Este é um medicamento para inalar. Use uma vez para verificar como usar.

☐ Sim, entendi    ☐ Não, não entendi

8) Este é um comprimido sublingual. Dissolva debaixo da língua.

☐ Sim, entendi    ☐ Não, não entendi

9) Este é um supositório. Ao introduzir no ânus irá derreter e será absorvido.

☐ Sim, entendi    ☐ Não, não entendi

10) Este é um colírio/solução nasal. Use na parte indicada abaixo.

☐ olho
☐ nariz    ⟶    ☐ Sim, entendi
☐ Não, não entendi

11) Este é um medicamento para gargarejo. Não engula.

☐ Sim, entendi    ☐ Não, não entendi

**【Como tomar o medicamento】**

12) Indicarei abaixo quando usar o medicamento.

☐ Sim, entendi    ☐ Não, não entendi

□① de manhã/de tarde/de noite ┐
□② de manhã/de tarde
□③ de manhã/de noite ────────┐ ┌─ □① antes da refeição
□④ de manhã ──────────────────┤ ├─ □② depois da refeição
□⑤ de tarde/de noite ─────────┘ └─ □③ 2 horas depois da refeição
□⑥ de tarde
□⑦ de noite

13) Indicarei abaixo o horário para usar o medicamento.

□ ao acordar          □ Sim, entendi
□ antes de dormir  ➜  □ Não, não entendi

14) Use o medicamento com a frequência abaixo.

□① todos os dias
□② 1 vez a cada ____ dia (s)         □ Sim, entendi
□③ 1 vez a cada ____ semana (s)  ➜  □ Não, não entendi

15) É necessário usar o medicamento por algum tempo.

□ Sim, entendi    □ Não, não entendi

16) Indicarei abaixo os dias que deve continuar a usar o medicamento.

____ dia (s)    □ Sim, entendi    □ Não, não entendi

17) Use o medicamento quando tiver o sintoma.    □ Sim, entendi    □ Não, não entendi

18) Indicarei abaixo quantas vezes poderá usar continuadamente o medicamento quando este não tiver muito efeito.    ____ vezes    □ Sim, entendi    □ Não, não entendi

19) Indicarei abaixo quantas vezes poderá usar o medicamento por dia.

____ vezes    □ Sim, entendi    □ Não, não entendi

20) Se aparecer o sintoma abaixo usando este medicamento, entre em contato imediata-mente conosco.    ➜ < Lista de sintomas > (pg.12)

□ Sim, entendi    □ Não, não entendi

21) Tome cuidado pois poderá aparecer o sintoma abaixo usando este medicamento.

➜ < Lista de sintomas > (pg.12)    □ Sim, entendi    □ Não, não entendi

22) Você poderá parar de tomar este medicamento por decisão própria.

□ Sim, entendi    □ Não, não entendi

23) Não pare de tomar este medicamento por decisão própria.

□ Sim, entendi    □ Não, não entendi

24) É proibido engravidar ou amamentar enquanto estiver tomando este medicamento.

□ Sim, entendi    □ Não, não entendi

25) Se sentir alguma anormalidade no corpo após começar a tomar o medicamento, pare de tomá-lo e entre em contato imediatamente com o médico.

□ Sim, entendi    □ Não, não entendi

# 5. คำอธิบายเกี่ยวกับยา (ประเภท·ชื่อ·รูปลักษณะ)

## 【ประเภทยา】

1) จะออกใบสั่งยาให้ท่าน เพื่อรักษาอาการดังต่อไปนี้ ⟶ < รายชื่ออาการ > (หน้า 13)
　　□เข้าใจแล้ว 　□ไม่เข้าใจ

2) ยานี้ชื่อ (＿＿) 　□เข้าใจแล้ว 　□ไม่เข้าใจ

3) นี่เป็นยารับประทาน ประเภทของยาเม็ดมีดังต่อไปนี้

| □①ยาเม็ด | □②ยาอม | □③ยาแคปซูล | □④ยาผง | □⑤ยาน้ำ |
|---|---|---|---|---|

　　⟶ □เข้าใจแล้ว 　□ไม่เข้าใจ

4) กรุณาทานยาเม็ด · ยาแคปซูล · ยาผง พร้อมกับน้ำด้วย 　□เข้าใจแล้ว 　□ไม่เข้าใจ

5) อมยาอมให้ละลายในปาก 　□เข้าใจแล้ว 　□ไม่เข้าใจ

6) นี่เป็นยาสำหรับแปะ กรุณาแปะยาบริเวณที่บ่งชี้ดังต่อไปนี้

| □บริเวณที่มีอาการ | ⟶ □เข้าใจแล้ว |
|---|---|
| □หน้าอกด้านหน้า | □ไม่เข้าใจ |

7) นี่เป็นยาสูด กรุณาตรวจวิธีการใช้ให้ถูกต้องด้วย 　□เข้าใจแล้ว 　□ไม่เข้าใจ

8) นี่เป็นยาเม็ดอมใต้ลิ้น กรุณาอมให้ละลายใต้ลิ้น 　□เข้าใจแล้ว 　□ไม่เข้าใจ

9) นี่เป็นยาเหน็บทวาร (ช่องคลอด) เหน็บยาแล้วยาจะละลายและถูกดูดซึม
　　□เข้าใจแล้ว 　□ไม่เข้าใจ

10) นี่เป็นยาหยอดตา · ยาหยอดจมูก กรุณาหยอดยาบริเวณที่บ่งชี้ดังต่อไปนี้

| □ตา | ⟶ □เข้าใจแล้ว |
|---|---|
| □จมูก | □ไม่เข้าใจ |

11) นี่เป็นยากลั้วคอ กรุณาอย่ากลืนลงไปในกระเพาะ 　□เข้าใจแล้ว 　□ไม่เข้าใจ

## 【วิธีการใช้ยา】

12) บ่งชี้กำหนดเวลาการใช้ยา ดังต่อไปนี้
　　□เข้าใจแล้ว 　□ไม่เข้าใจ
　　□①เช้า กลางวัน เย็น
　　□②เช้า กลางวัน
　　□③เช้า เย็น 　　　　　　　□①ก่อนอาหาร
　　□④เช้า 　　　　　　　　　□②หลังอาหาร
　　□⑤กลางวัน เย็น 　　　　　□③หลังอาหาร 2ชั่วโมง
　　□⑥กลางวัน
　　□⑦เย็น

13) บ่งชี้เวลาที่ใช้ยาดังต่อไปนี้

| □เมื่อตื่นนอน | ⟶ □เข้าใจแล้ว |
|---|---|
| □ก่อนนอน | □ไม่เข้าใจ |

14) กรุณาใช้ยาตามความถี่ดังต่อไปนี้

□ ① ทุกวัน
□ ② _____ วันต่อครั้ง → □ เข้าใจแล้ว
□ ③ _____ สัปดาห์ต่อครั้ง □ ไม่เข้าใจ

15) ช่วงระยะเวลาหนึ่งต้องใช้ยาอย่างต่อเนื่อง
□ เข้าใจแล้ว □ ไม่เข้าใจ

16) บ่งชี้จำนวนวันที่ใช้ยาดังต่อไปนี้
(_____ วัน)
□ เข้าใจแล้ว □ ไม่เข้าใจ

17) กรุณาใช้ยา เมื่อมีอาการ
□ เข้าใจแล้ว □ ไม่เข้าใจ

18) บ่งชี้ความถี่ที่ใช้ยาอย่างต่อเนื่องได้เท่าไร เมื่อใช้ยา แต่ไม่ได้ผล
(_____ ครั้ง)
□ เข้าใจแล้ว □ ไม่เข้าใจ

19) บ่งชี้ความถี่ที่ใช้ยาได้ในหนึ่งวัน ด้านล่างนี้
(_____ ครั้ง)
□ เข้าใจแล้ว □ ไม่เข้าใจ

20) ทานยานี้แล้ว เกิดมีอาการดังต่อไปนี้ ให้รีบปรึกษาแพทย์หรือเภสัชกร
→ < รายชื่ออาการ > (หน้า 13)
□ เข้าใจแล้ว □ ไม่เข้าใจ

21) ทานยานี้แล้ว จะมีอาการต่อไปนี้ได้ง่าย โปรดระมัดระวังด้วย
→ < รายชื่ออาการ > (หน้า 13)
□ เข้าใจแล้ว □ ไม่เข้าใจ

22) คุณสามารถตัดสินใจหยุดใช้ยานี้ได้ด้วยตัวเอง
□ เข้าใจแล้ว □ ไม่เข้าใจ

23) กรุณาอย่าหยุดใช้ยานี้โดยการตัดสินใจด้วยตัวเอง
□ เข้าใจแล้ว □ ไม่เข้าใจ

24) ระหว่างใช้ยานี้ ห้ามตั้งครรภ์ • เลี้ยงลูกด้วยนมแม่อย่างเด็ดขาด
□ เข้าใจแล้ว □ ไม่เข้าใจ

25) เมื่อมีอาการผิดปกติหลังการใช้ยา ให้หยุดใช้ยา และรีบติดต่อแพทย์ทันที
□ เข้าใจแล้ว □ ไม่เข้าใจ

## 【种类】

1) 为了改善以下的症状，开出下列药的处方。　　──→ ＜症状列表＞（见第14页）
　　　□我明白了　□不明白

2) 这个药的名字是（＿＿＿）。
　　　□我明白了　□不明白

3) 这个药是喝的药水，药剂类型如下所示。
　　| □①药片、片剂　□②OD药（含片）　□③胶囊　□④药粉　□⑤药水 |
　　└──→ □我明白了　□不明白

4) 药片·胶囊·药粉请和水一起服用。
　　　□我明白了　□不明白

5) OD药含入口中溶解。
　　　□我明白了　□不明白

6) 这是贴片。贴的部位如下所示。
　　| □患部　□前胸部 | ──→ □我明白了　□不明白

7) 这是吸入的药。请实际确认使用方法。
　　　□我明白了　□不明白

8) 这是舌下药片。请放入舌下溶解。
　　　□我明白了　□不明白

9) 这是塞入药。请塞入肛门处溶解吸收。
　　　□我明白了　□不明白

10) 这是眼药水·点鼻药。请滴入下列部位。
　　| □眼睛　□鼻子 | ──→ □我明白了　□不明白

11) 这是漱口的药，请不要喝下去。
　　　□我明白了　□不明白

## 【内服的情况】

12) 服用药的时间以下所示。
　　　□我明白了　□不明白

　　□①早中晚
　　□②早中
　　□③早晚
　　□④早上　　　　　　□①饭前
　　□⑤中午和晚上　　　□②饭后
　　□⑥中午　　　　　　□③饭后2小时
　　□⑦晚上

13）服用药的时间以下所示。

□起床时　□睡觉前　──▶　□我明白了　□不明白

14）药物请按以下频度服用。

□①每天
□②＿＿天一次　──▶　□我明白了　□不明白
□③＿＿周一次

15）有必要持续服用一点时间的药。

□我明白了　□不明白

16）持续服药的日数如下所示。

＿＿天里
□我明白了　□不明白

17）药，请在症状发生时服用。

□我明白了　□不明白

18）药的效果不好的时候，可以持续使用的次数如下所示。

＿＿次
□我明白了　□不明白

19）一天里服用药的次数，以下所示。

＿＿次
□我明白了　□不明白

20）这个药在服用过程中，如有以下症状发生，请马上商谈。

──▶ ＜症状列表＞（见第14页）
□我明白了　□不明白

21）这个药，容易产生以下症状，请注意。

──▶ ＜症状列表＞（见第14页）
□我明白了　□不明白

22）这个药，可以根据自己的判断停药。

□我明白了　□不明白

23）这个药，不可以根据自己的判断停药。

□我明白了　□不明白

24）这个药的内服，孕妇·哺乳期禁止。

□我明白了　□不明白

25）此药开始服用后如发生异常情况，请先停止用药，尽快和医生联系。

□我明白了　□不明白

## 【種類】

1) 為了改善下列症狀，會開下列藥物。　　→＜症狀列表＞（見第15頁）

　　□瞭解了　　□不瞭解

2) 這個藥的名稱是（＿＿）。

　　□瞭解了　　□不瞭解

3) 這是內用藥，藥劑類型如下所示。

　　┌─────────────────────────────────────────┐
　　│ □①藥片、片劑　□②OD片（口含錠）　□③膠囊　□④藥粉　□⑤藥水 │
　　└─┬───────────────────────────────────────┘
　　　　└──→ □瞭解了　　□不瞭解

4) 藥片、膠囊、藥粉請和水一起服用。

　　□瞭解了　　□不瞭解

5) OD片請含在口中使其溶解。

　　□瞭解了　　□不瞭解

6) 這是貼片，請貼在下列所示的部位。

　　┌───────────┐
　　│ □患部　□前胸 │──→ □瞭解了　　□不瞭解
　　└───────────┘

7) 這是吸入藥，請確認好實際的使用方法。

　　□瞭解了　　□不瞭解

8) 這是舌下錠，請含在舌下使其溶解。

　　□瞭解了　　□不瞭解

9) 這是塞劑，請塞入肛門使其溶解吸收。

　　□瞭解了　　□不瞭解

10) 這是點眼·點鼻藥，請滴在下面所示的部位。

　　┌─────────┐
　　│ □眼　□鼻 │──→ □瞭解了　　□不瞭解
　　└─────────┘

11) 這是漱口藥，請不要喝下去。

　　□瞭解了　　□不瞭解

## 【服用方式】

12) 服用藥物的時間如下所示。

　　□瞭解了　　□不瞭解

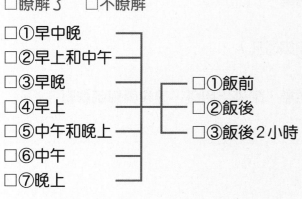

□①早中晚
□②早上和中午
□③早晚
□④早上　　　　　□①飯前
□⑤中午和晚上　　□②飯後
□⑥中午　　　　　□③飯後2小時
□⑦晚上

13) 服用藥物的時間如下所示。

□起床時　□就寢前 ⟶ □瞭解了　□不瞭解

14) 請依照下列的頻率服用藥物。

□①每天
□②＿＿＿天一次 ⟶ □瞭解了
□③＿＿＿星期一次 　□不瞭解

15) 暫時需要繼續服用藥物。

□瞭解了　□不瞭解

16) 服用藥物的天數如下所示。

＿＿＿天

□瞭解了　□不瞭解

17) 請在症狀出現的時候服用藥物。

□瞭解了　□不瞭解

18) 藥效不明顯的時候，可以連續服用的次數如下。

＿＿＿次

□瞭解了　□不瞭解

19) 一天內可以服用藥物的次數如下。

＿＿＿次

□瞭解了　□不瞭解

20) 若因為這個藥引發下列症狀，請立刻與我們聯繫。

⟶ ＜症狀列表＞（見第15頁）

□瞭解了　□不瞭解

21) 這個藥容易引發下列症狀，請留心注意。

⟶ ＜症狀列表＞（見第15頁）

□瞭解了　□不瞭解

22) 這個藥可以依照自己的判斷停止服用。

□瞭解了　□不瞭解

23) 請不要依照自己的判斷擅自停止用藥。

□瞭解了　□不瞭解

24) 服用這個藥的時候，禁止懷孕或哺餵母乳。

□瞭解了　□不瞭解

25) 開始服用藥物後若身體產生異常現象，請停止用藥，盡快與醫師聯繫。

□瞭解了　□不瞭解

## 【種類】

1) 以下の症状を改善するために，この薬を処方します． → <症状リスト>(p16)

　　□わかりました　□わかりません

2) この薬の名前は(＿＿＿＿＿＿)です．

　　□わかりました　□わかりません

3) これは，飲み薬です．剤形を以下に示します．

　　┌─────────────────────────────────────┐
　　│□①錠剤　□②OD錠　□③カプセル　□④粉薬　□⑤水薬│
　　└─────────────────────────────────────┘
　　　　└─→□わかりました　□わかりません

4) 錠剤・カプセル・粉薬は水と一緒に内服してください．

　　□わかりました　□わかりません

5) OD錠は口の中で溶かします．

　　□わかりました　□わかりません

6) これは貼り薬です．以下に示す部位に貼り付けてください．

　　┌──────────┐
　　│□患部　□前胸部│ ──→ □わかりました　□わかりません
　　└──────────┘

7) これは吸入薬です．使い方を実際に確認してください．

　　□わかりました　□わかりません

8) これは舌下錠です．舌の下で溶かしてください．

　　□わかりました　□わかりません

9) これは座薬です．肛門に挿入すると溶けて吸収されます．

　　□わかりました　□わかりません

10) これは点眼・点鼻薬です．以下に示す部位に滴下してください．

　　┌──────┐
　　│□眼　□鼻│ ──→ □わかりました　□わかりません
　　└──────┘

11) これはうがい薬です．飲み込まないでください．

　　□わかりました　□わかりません

## 【内服パターン】

12) 薬を使用するタイミングを以下に示します．

　　□わかりました　□わかりません

　　□①朝昼夕
　　□②朝昼
　　□③朝夕　　　　　　　　□①食前
　　□④朝　　　　　　　　　□②食後
　　□⑤昼夕　　　　　　　　□③食後2時間
　　□⑥昼
　　□⑦夕

13) 薬を使用する時間を以下に示します.

　　□起床時　□就寝前 ────→ □わかりました　□わかりません

14) 薬は以下の頻度で使ってください.

　　□①毎日　□②＿＿＿日に1度
　　□③＿＿＿週間に1度） ────→ □わかりました
　　　　　　　　　　　　　　　　　□わかりません

15) しばらく薬を続ける必要があります.
　　□わかりました　□わかりません

16) 薬を続ける日数を以下に示します.
　（＿＿＿回）
　　□わかりました　□わかりません

17) 薬は，症状が出た時に使ってください.
　　□わかりました　□わかりません

18) 薬の効きが悪い時，連続して使用できる回数を示します.
　（＿＿＿回）
　　□わかりました　□わかりません

19)1日に薬を使用できる回数を以下に示します.
　（＿＿＿回）
　　□わかりました　□わかりません

20) この薬により，以下の症状が出た場合，すぐ相談してください.
　　────→ <症状リスト>(p16)
　　□わかりました　□わかりません

21) この薬により，以下の症状が出やすいので，注意してください.
　　────→ <症状リスト>(p16)
　　□わかりました　□わかりません

22) この薬は，自分の判断で中止可能です.
　　□わかりました　□わかりません

23) この薬は，自分の判断で中止しないでください.
　　□わかりました　□わかりません

24) この薬の内服中は，妊娠・授乳禁止です.
　　□わかりました　□わかりません

25) 薬の使用開始後に体の異常を生じた場合，まず薬を中止し，早急に医師に連絡してください.
　　□わかりました　□わかりません

# 6 생활지도의 설명

〔별책 p46〕

**한국어**

1) 【운동요법】운동은 생활습관병의 예방이나 스트레스의 경감에 도움이 됩니다. 하루에 2번 15분 이상의 보행운동을 주 3회 이상 하는 것을 권합니다. 출퇴근이나 쇼핑 등 일상생활 중에서 함께 하시면 효과적입니다.　　　　　□알겠습니다　　□모르겠습니다

2) 【식사요법】식사요법의 목적은 환자분의 몸에 과잉한 성분의 섭취를 줄이고 부족한 성분의 섭취를 늘림으로써 질병의 진행이나 발증을 방지하는 것입니다.
　　□알겠습니다　　□모르겠습니다

3) 하루의 섭취 칼로리 목표치를 제시하겠습니다.

표준체중(kg)은　[신장＿＿＿(m)×신장＿＿＿(m)×22]로 계산합니다.
　　　　　　　　　　　　　　　→ 표준체중:＿＿＿＿＿＿kg

□①표준체중＿＿＿(kg)×25kcal
□②표준체중＿＿＿(kg)×25-30kcal　　하루의 섭취 칼로리 목표치:
□③표준체중＿＿＿(kg)×30-35kcal　　＿＿＿＿＿＿kcal

　　　→□알겠습니다　　□모르겠습니다

4) 아래의 성분이 부족합니다.

□①칼슘　　□②철　　□③비타민　　□④섬유질

　　　→□알겠습니다　　□모르겠습니다

5) 알레르기의 원인이 되는 성분을 섭취하지 않도록 주의하세요.
　　□알겠습니다　　□모르겠습니다

6) 아래 성분의 섭취량을 줄여 주세요.

□①염분　　□②단백질　　□③당　　□④푸린체가 많은 식품　　□⑤콜레스테롤

　　　→□알겠습니다　　□모르겠습니다

7) 하루의 염분 섭취 목표치를 제시하겠습니다.

□①5g 이하　　□②6g 이하　　□③6-7g　　□④7-8g　　□⑤8-9g

　　　→□알겠습니다　　□모르겠습니다

3) 하루의 단백질 섭취 목표치를 제시하겠습니다.

표준체중(kg)은　[신장＿＿＿(m)×신장＿＿＿(m)×22]로 계산합니다.
　　　　　　　　　　　　　　　→ 표준체중:＿＿＿＿＿＿kg

□①표준체중＿＿＿(kg)×0. 6-0. 8그램
□②표준체중＿＿＿(kg)×0. 8-1. 0그램　　하루의 단백질 섭취 목표치:
□③표준체중＿＿＿(kg)×1. 0-1. 2그램　　＿＿＿＿＿＿g

　　　→□알겠습니다　　□모르겠습니다

9) 구체적인 식사내용에 대하여 식생활의 차이를 고려하다면 자국어로 된 설명서를 직접 구하는 것이 가장 좋습니다.　□알겠습니다　□모르겠습니다

10) 한국어로 된 영양지도 책자를 희망하십니까?　□예　□아니오

11) 【음수】500mL PET병으로 아래에 제시하는 양의 물 또는 차를 하루에 마시도록 하세요.
　　＿＿병(＿＿L)　□알겠습니다　□모르겠습니다

12) 수면부족은 집중력 등 정신활동 능력을 저하시킵니다.
　　　□알겠습니다　□모르겠습니다

13) 수면부족은 비만과 당뇨병 등 생활습관병에 걸리기 쉽습니다.
　　　□알겠습니다　□모르겠습니다

14) 이상적인 수면시간은 개인차가 있지만 7시간 정도라고 합니다.
　　　□알겠습니다　□모르겠습니다

15) 규칙적인 취침과 기상을 합시다. 불면증이 있으면 증상에 따라 대처하여 수면시간을 확보하는 것이 바람직합니다.　□알겠습니다　□모르겠습니다

16) 적당한 음주와 균형있는 식사를 즐기는 것이 몸에 좋다고 합니다.
　　　□알겠습니다　□모르겠습니다

17) 음주에 치우친 생활은 간장애와 지방 축적,필요영양소의 결핍을 초래합니다.
　　　□알겠습니다　□모르겠습니다

18) 알콜 도수와 음주량으로 계산한 순알콜 섭취량은 하루에 15g 정도입니다만, 마시지 않는 날도 정하는 것이 바람직합니다.
　　　□알겠습니다　□모르겠습니다

19) 체격지수가 25 이상을 비만, 18. 5 이하를 저체중으로 판단합니다.

> 체격지수는 [체중＿＿＿(kg)÷신장＿＿＿(m)÷신장＿＿＿(m)]로 계산합니다.
> 　　　　　　→ 체격지수:＿＿＿＿＿＿

　　　→□알겠습니다　□모르겠습니다

20) 당신의 체격은 아래와 같습니다.

> □①비만　□②보통　□③저체중　　→□알겠습니다　□모르겠습니다

21) 비만의 개선에는 식사 칼로리 제한이 중요합니다. 운동으로 소비 칼로리를 늘이면 더욱 효과적입니다.　□알겠습니다　□모르겠습니다

22) 식사 칼로리 제한을 계속하면 체중이 눈에 보일 정도로 줄지 않아도 신체에 미치는 부하는 경감합니다.　□알겠습니다　□모르겠습니다

23) 담배에는 정신을 안정시키는 작용이 있지만 신체에는 독입니다.
　　　□알겠습니다　□모르겠습니다

24) 금연을 권합니다.　□하겠습니다　□싫습니다　□못 하겠음

25) 금연 치료를 하는 병원에는 금연을 보조하는 약도 있습니다.
　　　□금연 외래진료를 희망함
　　　□금연 외래진료를 희망하지 않음

1) **【Exercise therapy】** Exercise will help you to prevent life-style diseases and reduce stresses. I would recommend you to walk for more than 15 minutes twice a day and three times a week. If you do it on the way to work or to daily activities such as shopping, it would be effective. ☐ I understand ☐ I don't understand

2) **【Diet therapy】** The purpose of diet therapy is to prevent the development or worsening the disease by reducing excessive amount of contents for your body and supplying contents you lack. ☐ I understand ☐ I don't understand

3) Let me show you the set point of calories taken.

> Average weight (kg) is calculated by [height _____ (m) x height _____ (m) x22]
>
> ⟶ average weight: _____ kg
>
> ☐ ① average weight _____ (kg) × 25kcal
> ☐ ② average weight _____ (kg) × 25-30kcal  ⟶ the set point of calories taken:
> ☐ ③ average weight _____ (kg) × 30-35kcal  _____ kcal

⟶ ☐ I understand ☐ I don't understand

4) You lack the following contents.

> ☐ ① calcium ☐ ② iron ☐ ③ vitamin ☐ ④ fiber

⟶ ☐ I understand ☐ I don't understand

5) Please be sure not to take contents causing allergy.

☐ I understand ☐ I don't understand

6) Please avoid the following ingredients.

> ☐ ① salt ☐ ② protein ☐ ③ sugar ☐ ④ purine rich food ☐ ⑤ cholesterol

⟶ ☐ I understand ☐ I don't understand

7) Let me show you the set point of salt intake.

> ☐ ① 5g or less ☐ ② 6g or less ☐ ③ 6-7g ☐ ④ 7-8g ☐ ⑤ 8-9g

⟶ ☐ I understand ☐ I don't understand

8) Let me show you the set point of protein you take a day.

> Average weight (kg) is calculated by [height _____ (m) x height _____ (m) x22]
>
> ⟶ average weight: _____ kg
>
> ☐ ① average weight _____ (kg) × 0.6 -0.8g
> ☐ ② average weight _____ (kg) × 0.8 -1.0g  ⟶ the set point of protein:
> ☐ ③ average weight _____ (kg) × 1.0 -1.2g  _____ g

⟶ ☐ I understand ☐ I don't understand

9) As for the details of diet contents, considering the difference of dietary life, I would recommend you to get an explanation in your own language.

☐ I understand　　☐ I don't understand

10) Do you like to have a nutrition guidance in Korean?

☐ Yes　　☐ No

11) **[Taking water]** Please take the following volume of water or tea with a 500mL plastic bottle. ____ bottles (____ L)

☐ I understand　　☐ I don't understand

12) Lack of sleep will make your mental activities diminished such as concentration loss.

☐ I understand　　☐ I don't understand

13) Lack of sleep causes you life-style diseases such as obesity and diabetes etc.

☐ I understand　　☐ I don't understand

14) Ideal sleeping hours is thought be 7 hours, though there are individual differences.

☐ I understand　　☐ I don't understand

15) Please keep it in mind to go to bed and get up as regular as possible. If you lack of sleep, I would recommend you to apply appropriate treatment to guarantee your sleep.

☐ I understand　　☐ I don't understand

16) It is said to be good for your health to have an adequate volume of alcohol and well balanced food.

☐ I understand　　☐ I don't understand

17) Too much drinking alcohol will cause a liver disease, fat gain, or lack of necessary nutrients.

☐ I understand　　☐ I don't understand

18) It is recommended that you take some 15g pure alcohol per day calculated by degree and volume of alcohol intake, and that you have no drinking day as well.

☐ I understand　　☐ I don't understand

19) BMI 25 and above is diagnosed as obesity, 18.5 and less is underweighted.

| BMI is calculated by [weight____ (kg) /height____ (m) /height____ (m)] |
|---|
| ⟶ BMI: _____ |

⟶ ☐ I understand　　☐ I don't understand

20) Let me figure out your body type.

| ☐① obese　☐② average　☐③ underweight |
|---|

⟶ ☐ I understand　　☐ I don't understand

21) It is important to control caloric intake to improve obesity. It would be more effective, if you increase calorie consumption by exercise.

☐ I understand　　☐ I don't understand

22) If you keep controlling caloric intake, the burden on your body will decrease though your weight itself is not visually decreasing.

☐ I understand.  ☐ I don't understand.

23) Tobacco is poisonous, though it is said that it eases your tension.

☐ I understand.  ☐ I don't understand.

24) I would recommend you to quit smoking.

☐ I understand.  ☐ I don't understand.  ☐ I can't do it.

25) The hospital which has the non-smoking outpatient department has medicine to help you quit smoking.

☐ Want to visit the non-smoking department
☐ Do not want to visit the non-smoking department

1) **[Terapia por exercícios físicos]** o exercício físico ajuda a reduzir o estresse e prevenir doenças causadas pelos maus hábitos do cotidiano. Recomendamos que faça caminhadas de mais de 15 minutos de duração duas vezes por dia pelo menos três vezes por semana. Será eficiente se incluir tais exercícios no cotidiano, como no deslocamento para o trabalho e compras.  ☐ Sim, entendi  ☐ Não, não entendi

2) **[Dieta]** o objetivo da dieta é se abster da ingestão excessiva de nutrientes para o seu corpo, e aumentar o consumo do nutrientes em falta, para prevenir o aparecimento ou progressão da doença.  ☐ Sim, entendi  ☐ Não, não entendi

3) Indicarei a meta de consumo calórico diário.

> O peso padrão (kg) é calculado pela fórmula
>
> [altura____ (m) × altura____ (m) × 22]
> → peso padrão: _____ kg
>
> ☐① peso padrão____ (kg) × 25 kcal ⎤       meta de consumo calórico
> ☐② peso padrão____ (kg) × 25-30 kcal ⎬→ diário:
> ☐③ peso padrão____ (kg) × 30-35 kcal ⎦       _____ kcal

   → ☐ Sim, entendi  ☐ Não, não entendi

4) Está faltando os seguintes nutrientes.

> ☐① cálcio  ☐② ferro  ☐③ vitamina  ☐④ fibras

   → ☐ Sim, entendi  ☐ Não, não entendi

5) Procure não ingerir alérgenos.  ☐ Sim, entendi  ☐ Não, não entendi

6) Evite consumir os elementos abaixo.

> ☐① sal  ☐② proteína  ☐③ açúcar       ☐ Sim, entendi
> ☐④ alimentos ricos em purinas  ☐⑤ colesterol       ☐ Não, não entendi

7) Indicarei a meta de consumo diário de sal.

> ☐① menos de 5g  ☐② menos de 6g  ☐③ 6-7g  ☐④ 7-8g  ☐⑤ 8-9g

   → ☐ Sim, entendi  ☐ Não, não entendi

8) Indicarei a meta de consumo diário de proteína.

> O peso padrão (kg) é calculado pela fórmula
>
> [altura____ (m) × altura____ (m) × 22]
> → peso padrão: _____ kg
>
> ☐① peso padrão____ (kg) × 0,6-0,8g ⎤       meta de consumo diário de
> ☐② peso padrão____ (kg) × 0,8-1,0g ⎬→ proteína:
> ☐③ peso padrão____ (kg) × 1,0-1,2g ⎦       _____ g

   → ☐ Sim, entendi  ☐ Não, não entendi

9) Para saber o conteúdo exato das refeições, é melhor conseguir explicações em seu idioma nativo, dadas as diferenças culturais na alimentação.

☐ Sim, entendi ☐ Não, não entendi

10) Deseja levar um panfleto de instrução nutricional em coreano?

☐ Sim ☐ Não

11) **[Ingestão de água]** tome água ou chá na quantidade indicada abaixo, por dia, calculado em garrafa PET de 500mL. ____ garrafas (____L)

☐ Sim, entendi ☐ Não, não entendi

12) A falta de sono diminui a concentração e a capacidade de atividade mental.

☐ Sim, entendi ☐ Não, não entendi

13) A falta de sono faz a pessoa se tornar mais suscetível às doenças causadas pelos maus hábitos do cotidiano, como obesidade ou diabetes.

☐ Sim, entendi ☐ Não, não entendi

14) Pensa-se que o tempo de sono ideal é de cerca de 7 horas, mesmo contando as diferenças individuais.

☐ Sim, entendi ☐ Não, não entendi

15) Tenha sempre um horário regular para dormir e para acordar. Se tiver sintomas de insônia, é desejável assegurar o sono fazendo tratamento de acordo com o sintoma.

☐ Sim, entendi ☐ Não, não entendi

16) Diz-se que a ingestão moderada de bebida alcoólica e a refeição balanceada faz bem ao corpo.

☐ Sim, entendi ☐ Não, não entendi

17) Um estilo de vida com muita bebida alcoólica causa distúrbios no fígado, armazenamento de gordura e deficiência de nutrientes necessários ao corpo.

☐ Sim, entendi ☐ Não, não entendi

18) É aconselhável que a quantidade de ingestão de álcool puro por dia seja de cerca de 15 gramas, valor este calculado pelo índice de álcool da bebida e a sua quantidade ingerida, portanto, deve-se ter dias sem consumo de bebida alcoólica.

☐ Sim, entendi ☐ Não, não entendi

19) O índice de massa corporal acima de 25 significa obesidade e abaixo de 18,5 magreza.

O índice de massa corporal é calculado pela fórmula
[peso____ (kg) ÷ altura____ (m) ÷ altura____ (m)]
↳ massa corporal:_____

↳ ☐ Sim, entendi ☐ Não, não entendi

20) Abaixo indicarei o seu tipo físico.

☐① Obeso (a)  ☐② Normal  ☐③ Magro (a)
→ ☐ Sim, entendi  ☐ Não, não entendi

21) A dieta com limitação calórica é muito importante para acabar com a obesidade. Será mais eficiente se elevar a queima das calorias pelos exercícios físicos.

☐ Sim, entendi  ☐ Não, não entendi

22) Dar continuidade à dieta com limitação calórica reduzirá o encargo ao seu corpo, mesmo que seu peso não caia consideravelmente.

☐ Sim, entendi  ☐ Não, não entendi

23) O cigarro tem efeito de acalmar a mente, mas é nocivo ao corpo humano.

☐ Sim, entendi  ☐ Não, não entendi

24) Recomendamos parar de fumar.

☐ Sim, vou parar de fumar  ☐ Não quero  ☐ Não consigo

25) Hospitais com atendimento a pacientes fumantes fornecem medicamentos no tratamento para parar de fumar.

☐ Desejo receber atendimento a pacientes fumantes
☐ Não desejo receber atendimento a pacientes fumantes

Terapia por exercícios físicos

Dieta

1) **[วิธีรักษาโรคด้วยการออกกำลังกาย]** การออกกำลังกายช่วยการป้องกันของโรคที่เกิดจาก
การใช้ชีวิตประจำวันที่ไม่ถูกต้องและช่วยลดความเครียดขอแนะนำการออกกำลังกายอย่างน้อย 3
ครั้งต่อสัปดาห์ และการเดินเล่นอย่างน้อย 15 นาทีวันละ 2 ครั้งการออกกำลังกายจะมี
ประสิทธิภาพมากขึ้น เมื่อรวมเข้ากับชีวิตประจำวัน เช่น การเดินทางไปทำงาน และช้อปปิ้ง
   ☐ เข้าใจแล้ว   ☐ ไม่เข้าใจ

2) **[วิธีรักษาโรคด้วยการควบคุมอาหาร]** วิธีรักษาโรคด้วยการควบคุมอาหาร มีวัตถุประสงค์เพื่อ
ป้องกันโรคและการลุกลามของโรค โดยการงดทานสารอาหารที่มีมากเกินไปและเพิ่มปริมาณ
สารอาหารที่ขาดสำหรับร่างกายของท่าน   ☐ เข้าใจแล้ว   ☐ ไม่เข้าใจ

3) บ่งชี้ แคลอรี่ที่ควรบริโภคต่อวัน

น้ำหนักมาตรฐาน (กิโลกรัม (กก.)) คำนวณโดย

[ความสูง_____ เมตร ✕ ความสูง_____ เมตร ✕ 22]

→ น้ำหนักมาตรฐาน:_____กิโลกรัม (กก.)

☐① น้ำหนักมาตรฐาน_____กิโลกรัม (กก.) ✕ 25 กิโลแคลอรี่
☐② น้ำหนักมาตรฐาน_____กิโลกรัม (กก.) ✕ 25-30 กิโลแคลอรี่
☐③ น้ำหนักมาตรฐาน_____กิโลกรัม (กก.) ✕ 30-35 กิโลแคลอรี่

แคลอรี่ที่ควรบริโภค:
_____กิโลแคลอรี่

→ ☐ เข้าใจแล้ว   ☐ ไม่เข้าใจ

4) ขาดสารอาหารดังต่อไปนี้

☐① แคลเซียม   ☐② ธาตุเหล็ก
☐③ วิตามิน   ☐④ ไฟเบอร์

→ ☐ เข้าใจแล้ว   ☐ ไม่เข้าใจ

5) กรุณาหลีกเลี่ยงสารอาหารที่ก่อให้เกิดโรคภูมิแพ้   ☐ เข้าใจแล้ว   ☐ ไม่เข้าใจ

6) กรุณางดสารอาหารดังต่อไปนี้

☐① เกลือ   ☐② โปรตีน   ☐③ น้ำตาล
☐④ อาหารที่มีสารพิวรีนมาก   ☐⑤ ไขมัน

→ ☐ เข้าใจแล้ว   ☐ ไม่เข้าใจ

7) บ่งชี้ปริมาณเกลือที่ควรบริโภคต่อวัน

☐① 5กรัม (ก.) หรือน้อยกว่า   ☐② 6กรัม (ก.) หรือน้อยกว่า
☐③ 6-7กรัม (ก.)   ☐④ 7-8กรัม (ก.)   ☐⑤ 8-9กรัม (ก.)

→ ☐ เข้าใจแล้ว   ☐ ไม่เข้าใจ

8) บ่งชี้ปริมาณโปรตีนที่ควร บริโภคต่อวัน

น้ำหนักมาตรฐาน (กิโลกรัม (กก.)) คำนวณโดย

[ความสูง_____เมตร × ความสูง_____เมตร × 22]

→ น้ำหนักมาตรฐาน:_____กิโลกรัม (กก.)

□① น้ำหนักมาตรฐาน_____กิโลกรัม (กก.) × 0.6-0.8กรัม (ก.)
□② น้ำหนักมาตรฐาน_____กิโลกรัม (กก.) × 0.8-1.0กรัม (ก.)
□③ น้ำหนักมาตรฐาน_____กิโลกรัม (กก.) × 1.0-1.2กรัม (ก.)

ปริมาณโปรตีนที่ควรบริโภค:
_____กรัม (ก.)

→ □ เข้าใจแล้ว    □ ไม่เข้าใจ

9) สำหรับข้อมูลของอาหารอย่างรายละเอียด โดยคำนึงถึงความแตกต่างจากวิธีการรับประทาน อาหาร ท่านจะได้รับคำอธิบายที่ดีที่สุดเป็นภาษาแม่ของท่าน
    □ เข้าใจแล้ว    □ ไม่เข้าใจ

10) ต้องการโบรชัวร์คำแนะนำโภชนาการ เป็นภาษาญี่ปุ่นหรือไม่
    □ ต้องการ    □ ไม่ต้องการ

11) **[น้ำดื่ม]** โดยใช้ขวด 500 มิลลิลิตร (มล.) กรุณาดื่มน้ำหรือน้ำชาในวันหนึ่ง ปริมาณดังต่อไปนี้
    _____ ขวด (_____ ลิตร (ล.))
    □ เข้าใจแล้ว    □ ไม่เข้าใจ

12) การนอนหลับไม่เพียงพอ จะลดความสามารถในการทำกิจกรรมทางจิตลง อาทิเช่น ลดสมาธิ ในการทำงาน
    □ เข้าใจแล้ว    □ ไม่เข้าใจ

13) การนอนหลับไม่เพียงพออาจเป็นโรคที่เกิดจากการใช้ชีวิตประจำวันที่ไม่ถูกต้องจะทำให้เป็น โรคอื่นๆได้ง่าย เช่น โรคอ้วนและโรคเบาหวาน
    □ เข้าใจแล้ว    □ ไม่เข้าใจ

14) เวลานอนของแต่ละบุคคลไม่เท่ากันแต่เวลานอนพักผ่อนที่เพียงพอประมาณ 7 ชั่วโมงต่อวัน
    □ เข้าใจแล้ว    □ ไม่เข้าใจ

15) พยายามเข้านอนและตื่นนอนให้ถูกสุขลักษณะ ถ้ามีปัญหาในการนอน พยายามจัดหาเวลานอน พักผ่อนให้เพียงพอ
    □ เข้าใจแล้ว    □ ไม่เข้าใจ

16) กล่าวได้ว่าการเพลิดเพลินไปกับการทานอาหารที่สมดุลและดื่มเครื่องดื่ม แอลกอฮอล์อย่างพอดีจะส่งผลดีต่อร่างกาย
    □ เข้าใจแล้ว    □ ไม่เข้าใจ

17) ชีวิตที่ติดเครื่องดื่มแอลกอฮอล์เป็นสาเหตุของตับทำงานผิดปกติ การสะสมไขมัน และภาวะ
ขาดสารอาหาร
    ☐ เข้าใจแล้ว    ☐ ไม่เข้าใจ

18) ควรได้รับปริมาณแอลกอฮอล์บริสุทธิ์ประมาณ 15 กรัมต่อวัน คำนวณจากความเข้มข้น
และปริมาณในการได้รับ รวมถึงคำนวณจากวันที่งดดื่มแอลกอฮอล์
    ☐ เข้าใจแล้ว    ☐ ไม่เข้าใจ

19) วินิจฉัยค่าดัชนีมวลกายมีมากกว่า 25 เป็นโรคอ้วน,น้อยกว่า 18.5 ผอม
คำนวณค่าดัชนีมวลกายได้โดย

ค่าดัชนีมวลกายคำนวณได้โดย
[น้ำหนัก____ (กิโลกรัม (กก.)) ÷ ความสูง____ (เมตร) ÷ ความสูง____ (เมตร)]
→ ค่าดัชนีมวลกาย:_____

    → ☐ เข้าใจแล้ว    ☐ ไม่เข้าใจ

20) บ่งชี้รูปร่างของท่านดังต่อไปนี้
☐①อ้วน    ☐②สมส่วน    ☐③ผอม  → ☐ เข้าใจแล้ว    ☐ ไม่เข้าใจ

21) การจำกัดแคลอรี่ในอาหารเป็นวิธีที่สำคัญในการลดความอ้วน ถ้าเพิ่มจำนวนการเผาผลาญ
แคลอรี่โดยการออกกำลังกายจะทำให้มีประสิทธิภาพมากยิ่งขึ้น
    ☐ เข้าใจแล้ว    ☐ ไม่เข้าใจ

22) การจำกัดแคลอรี่ในอาหารอย่างต่อเนื่อง แม้ว่า น้ำหนักจะไม่ลดลงโดยกายภาพ แต่ช่วย
ลดภาระการเผาผลาญในร่างกายได้
    ☐ เข้าใจแล้ว    ☐ ไม่เข้าใจ

23) บุหรี่มีผลต่อจิตใจช่วยให้เกิดความรู้สึกผ่อนคลายแต่เป็นพิษต่อร่างกาย
    ☐ เข้าใจแล้ว    ☐ ไม่เข้าใจ

24) ขอแนะนำให้งดสูบบุหรี่
    ☐ ต้องการ    ☐ ไม่ต้องการ    ☐ ทำไม่ได้

25) โรงพยาบาลที่มีห้องงดสูบบุหรี่ กจะมียาที่ช่วยเลิกสูบบุหรี่ด้วย
    ☐ ต้องการมาหาที่ห้องงดสูบบุหรี่
    ☐ ไม่ต้องการมาหาที่ห้องงดสูบบุหรี่

1) 【运动疗法】运动，对预防生活习惯病和减轻压力有很大帮助．建议进行一星期3次以上、一天2次每次进行超过15分钟的步行运动。 上下班时间或者逛街购物等日常生活中投入运动也是很有效果的。 □我明白了 □不明白

2) 【饮食疗法】饮食疗法的目的是，通过控制人体过多摄取的成分，增加摄取不足的成分，从而防止疾病的进展和发病。 □我明白了 □不明白

3) 提示一天摄取的卡路里指标。

> 标准体重（kg）是，根据[身高＿＿＿（m）×身高＿＿＿（m）×22]来计算
> → 标准体重：＿＿＿＿＿＿kg
>
> □①标准体重＿＿＿（kg）×25 kcal
> □②标准体重＿＿＿（kg）×25-30 kcal → 一天摄取的卡路里指标：
> □③标准体重＿＿＿（kg）×30-35kcal ＿＿＿＿＿＿＿kcal

→ □我明白了 □不明白

4) 以下的成分摄取不足。

> □①钙 □②铁 □③维他命 □④纤维

→ □我明白了 □不明白

5) 对会引起过敏的成分，请不要摄取。 □我明白了 □不明白

6) 请控制以下的成分。

> □①盐分 □②蛋白质 □③糖分
> □④引起肥胖体质的过多食品 □⑤胆固醇

→ □我明白了 □不明白

7) 提示一天摄取盐分的指标。

> □①5g 以下 □②6g 以下 □③6-7g □④7-8g □⑤8-9g

→ □我明白了 □不明白

8) 提示一天摄取蛋白质的指标。

> 标准体重（kg）是，根据[身高＿＿＿（m）×身高＿＿＿（m）×22]来计算
> → 标准体重：＿＿＿＿＿＿kg
>
> □①标准体重＿＿＿（kg）×0.6-0.8g
> □②标准体重＿＿＿（kg）×0.8-1.0g → 一天摄取蛋白质的指标：
> □③标准体重＿＿＿（kg）×1.0-1.2g ＿＿＿＿＿＿＿g

→ □我明白了 □不明白

9) 对于具体的饮食内容，考虑到饮食生活的差异，用您的本国母语来说明，最好自己着手来做。 □我明白了 □不明白

10) 希望要韩语的营养指导手册吗? □是 □否

11)【饮水】500mL 的矿泉水瓶，一天请饮用以下所示的量的水或者是茶。

      ____瓶（____L）

      □我明白了　□不明白

12）睡眠不足会引起注意力不集中等神经性活动能力的衰退。

      □我明白了　□不明白

13）睡眠不足会容易引起肥胖，糖尿病等生活习惯所造成的疾病。

      □我明白了　□不明白

14）理想的睡眠时间是，可能会有个人差，但是值得参考的是7个小时左右。

      □我明白了　□不明白

15）请养成规律正确的就寝和起床习惯．失眠的话建议应该快速对症下药，确保睡眠。

      □我明白了　□不明白

16）适度的酒精和良好的饮食平衡，对身体来说是有益的。

      □我明白了　□不明白

17）过度依赖酒精的生活会引起肝脏功能障碍并储存脂肪·缺乏必要地营养素。

      □我明白了　□不明白

18）以酒精度数和饮用的量来计算，纯酒精的摄取量为一天15克左右，最好是多安排不饮酒的日数。

      □我明白了　□不明白

19）判断体格指数25以上为肥胖，18.5以下为瘦。

体格指数以[体重____（kg）÷身高____（m）÷身高____（m）]来计算

      → 体格指数：_____

      → □我明白了　□不明白

20）以下表示你的体格。

□①肥胖　□②普通　□③偏瘦 → □我明白了　□不明白

21）对于肥胖的改善，控制食物的卡路里是非常重要的。运动对于消耗卡路里，有着非常明显的效果。　□我明白了　□不明白

22）在饮食上持续控制卡路里的话，就算看不出体重有明显地减轻，也能减少对身体造成的负担。　□我明白了　□不明白

23）吸烟会造成精神衰弱，对身体有害。　□我明白了　□不明白

24）奉劝戒烟。　□我戒烟　□不愿意　□做不到

25）在有戒烟门诊的医院里，也有帮助戒烟的药。

      □希望去戒烟门诊

      □不希望去戒烟门诊

中国어번체

1)【運動療法】運動可以幫助預防一些生活習慣造成的疾病或減輕壓力。建議一星期3天以上、一天2次以上進行超過15分鐘的運動。配合通勤、購物等日常活動會更有效果。
　　□瞭解了　□不瞭解

2)【飲食療法】飲食療法的目的，是避免身體攝取過多的成分，並加強攝取缺乏的成分，以預防疾病的惡化或症狀發作情形。
　　□瞭解了　□不瞭解

3) 一天攝取的卡路里目標值如下所示。

標準體重 (kg) 是用 [身高＿＿ (m) × 身高＿＿ (m) ×22] 計算出來的
　　　　　　　　　　→ 目標體重：＿＿＿＿kg

□①標準體重＿＿ (kg) ×25kcal
□②標準體重＿＿ (kg) ×25-30kcal
□③標準體重＿＿ (kg) ×30-35kcal
　　　　　　　　　　→ 一天攝取的卡路里目標值：
　　　　　　　　　　＿＿＿＿kcal

　　→ □瞭解了　□不瞭解

4) 您缺乏下列成分。

□①鈣　□②鐵　□③維他命　□④纖維素
　　→ □瞭解了　□不瞭解

5) 請避免攝取會造成過敏的成分。
　　□瞭解了　□不瞭解

6) 請避免攝取下列成分。

□①鹽分　□②蛋白質　□③糖　□④普林含量高的食品　□⑤膽固醇
　　→ □瞭解了　□不瞭解

7) 一天的鹽分攝取目標值如下。

□①5g以下　□②6g以下　□③6-7g以下　□④7-8g以下　□⑤8-9g以下
　　→ □瞭解了　□不瞭解

8) 一天的蛋白質攝取目標值如下。

標準體重 (kg) 是用 [身高＿＿ (m) × 身高＿＿ (m) ×22] 計算出來的
　　　　　　　　　　→ 目標體重：＿＿＿＿kg

□①標準體重＿＿ (kg) ×0.6-0.8g
□②標準體重＿＿ (kg) ×0.8-1.0g
□③標準體重＿＿ (kg) ×1.0-1.2g
　　　　　　　　　　→ 一天的蛋白質攝取目標值：
　　　　　　　　　　＿＿＿＿g

　　→ □瞭解了　□不瞭解

9) 關於具體的飲食內容，考慮到飲食習慣的不同，最好能自行取得以您的母語撰寫的說明。
　　□瞭解了　□不瞭解

10) 是否需要韓文的營養指導手冊。

　　□是　　□否

11)【飲水】以一罐500mL寶特品為單位，一天內請飲用下列所示的水或茶。

　　____罐（____L）

　　□瞭解了　　□不瞭解

12) 睡眠不足會引起注意力不集中等精神活動能力的衰退。

　　□瞭解了　　□不瞭解

13) 睡眠不足會容易引起肥胖，糖尿病等生活習慣造成的疾病。

　　□瞭解了　　□不瞭解

14) 雖然有個人差異，但理想的睡眠時間是大約是7個小時左右。

　　□瞭解了　　□不瞭解

15) 請養成規律的就寢和起床習慣。失眠的話建議盡快對症下藥，以確保睡眠品質。

　　□瞭解了　　□不瞭解

16) 適度飲用酒精和均衡的飲食對身體有益。

　　□瞭解了　　□不瞭解

17) 過度依賴酒精的生活會導致肝臟功能問題、囤積脂肪、缺乏必要的營養素。

　　□瞭解了　　□不瞭解

18) 以酒精濃度和飲用量來計算，純酒精的攝取量為一天15克左右，最好多安排不飲酒的日子。

　　□瞭解了　　□不瞭解

19) 身體質量指數25以上為肥胖，18.5以下為偏瘦。

| 身體質量指數可以用[體重____ (kg) ÷ 身高____ (m) ÷ 身高____ (m)]計算出來 |
| --- |
| → 身體質量指數：_____ |

　　→ □瞭解了　　□不瞭解

20) 您的體格如下。

| □①肥胖　　□②普通　　□③偏瘦 | → □瞭解了　　□不瞭解 |
| --- | --- |

21) 對於改善肥胖問題，控制飲食的卡路里是非常重要的，以運動來幫助消耗卡路里會更有效果。　　□瞭解了　　□不瞭解

22) 在飲食上持續控制卡路里的話，就算看不出體重有明顯地減輕，也能減少對身體造成的負擔。　　□瞭解了　　□不瞭解

23) 抽菸雖然可以讓心情平靜，但對身體有害。　　□瞭解了　　□不瞭解

24) 建議您戒菸。　　□願意戒菸　　□不願意　　□沒辦法戒

25) 在有戒菸門診的醫院裡，也有協助戒菸的藥。

　　□想去戒菸門診

　　□不想去戒菸門診

일본어

1) 【運動療法】運動は，生活習慣病の予防やストレスの軽減に役立ちます．1日2回の15分間以上の歩行運動を週3回以上行うことをお勧めします．通勤や買い物など日常生活に組み込むと効果的です．

　　　　　□わかりました　　□わかりません

2) 【食事療法】食事療法の目的は，あなたの体にとって過剰な成分の摂取を控え，不足している成分の摂取を増やすことで，病気の進展や発症を防ぐことにあります．

　　　　　□わかりました　　□わかりません

3) 1日の摂取カロリー目標値を示します．

標準体重は [身長_____(m)×身長_____(m)×22] で計算します

　　　　　→ 目標体重：_____kg

□①標準体重_____(kg)×25 kcal
□②標準体重_____(kg)×25-30 kcal
□③標準体重_____(kg)×30-35kcal

摂取カロリー目標値：_____kcal

　　　→ □わかりました　　□わかりません

4) 以下の成分が不足しています．

①□カルシウム　②□鉄　③□ビタミン　④□繊維

　　　→ □わかりました　　□わかりません

5) アレルギーの原因成分を摂取しないようにしてください．

　　　　　□わかりました　　□わかりません

6) 以下の成分を控えてください．

□①塩分　□②タンパク質　□③糖
□④プリン体の多い食品　□⑤コレステロール

→ □わかりました
　　□わかりません

7) 1日当たりの塩分摂取目標値を示します．

□①5g以下　□②6g以下　□③6-7g　□④7-8g　□⑤8-9g

　　　→ □わかりました　　□わかりません

8) 1日当たりのタンパク質摂取目標値を示します．

標準体重は，[身長_____(m)×身長_____(m)×22] で計算します

　　　　　→ 目標体重：_____kg

□①標準体重_____(kg)×0.6-0.8g
□②標準体重_____(kg)×0.8-1.0g
□③標準体重_____(kg)×1.0-1.2g

タンパク質摂取目標値：_____g

　　　→ □わかりました　　□わかりません

9) 具体的な食事内容については，食生活の違いを考慮すると，自国語での説明をご自身で手に入れていただくのが一番です．□わかりました　□わかりません

10) 韓国語での栄養指導パンフレットを希望されますか？　□はい　□いいえ

11)【飲水】500mL のペットボトルで，以下に示す量の水またはお茶を1日に飲むようにしてください．＿＿本(＿＿L) □わかりました　□わかりません

12) 睡眠不足では集中力などの精神活動能力が低下します．
　　　□わかりました　□わかりません

13) 睡眠不足では肥満や糖尿病などの生活習慣病になりやすくなります．
　　　□わかりました　□わかりません

14) 理想的な睡眠時間は，個人差はありますが7時間程度と考えられています．
　　　□わかりました　□わかりません

15) 規則正しい就寝と起床を心がけましょう．不眠があれば症状に即した対処を行うことで睡眠を確保することが望ましいです．
　　　□わかりました　□わかりません

16) 適度のアルコールとバランスの良い食事を楽しむことは，体に良いと言われています．　　　　　　　　　　□わかりました　□わかりません

17) アルコールに偏った生活は肝臓障害や脂肪の蓄積・必要栄養素の欠乏を生じます．　　　　　　　　　　□わかりました　□わかりません

18) アルコール度数と飲んだ量から計算される純アルコール摂取量が1日15g程度，飲まない日もつくることが望ましいです．
　　　□わかりました　□わかりません

19) 体格指数が25以上を肥満，18.5以下をやせと判断します．

体格指数は
[体重＿＿＿＿(kg)÷身長＿＿＿＿(m)÷身長＿＿＿＿(m)]で計算できます
　　　　　　　　→　体格指数：＿＿＿＿＿＿

　　　→□わかりました　□わかりません

20) あなたの体格を以下に示します．
□①肥満　□②普通　□③やせ　→　□わかりました　□わかりません

21) 肥満の改善には食事カロリー制限が重要です．運動により消費カロリーを増加すればさらに効果的です．　　　□わかりました　□わかりません

22) 食事カロリー制限を続ければ，体重が目に見えて減らなくても，体への負荷は軽減します．　　　　　□わかりました　□わかりません

23) タバコには精神を落ち着ける作用がありますが，体には毒です．
　　　□わかりました　□わかりません

24) 禁煙をお勧めします．　　　　　□やります　□やりません　□できない

25) 禁煙外来のある病院には，禁煙をサポートする薬もあります．
　　　□禁煙外来を希望する　□禁煙外来を希望しない

A. 신체부위
B. 검사·진단·치료
C. 증상
D. 병명
E. 약제 등
F. 지도·수속·기타

| 한국어 | 영어 | 포르투갈어 |
|---|---|---|
| **신체부위** | **parts of body** | **partes do corpo** |
| ㄱ ① 각막 | ① cornea | ① córnea |
| ② 간장 | ② liver | ② fígado |
| ③ 갑상선 | ③ thyroid | ③ tireoide |
| ④ 겨드랑이 | ④ armpit | ④ embaixo da axila |
| ⑤ 견갑골 | ⑤ shoulder blade | ⑤ omoplata |
| ⑥ 결장 | ⑥ colon | ⑥ cólon |
| ⑦ 경골 | ⑦ tibia | ⑦ tíbia |
| ⑧ 경추 | ⑧ cervical spine | ⑧ vértebra cervical |
| ⑨ 고관절 | ⑨ hip joint | ⑨ articulação do quadril |
| ⑩ 고막 | ⑩ eardrum | ⑩ tímpano |
| ⑪ 고환 | ⑪ testis | ⑪ testículo |
| ⑫ 골반 | ⑫ pelvis | ⑫ pélvis |
| ⑬ 관자놀이 | ⑬ temple | ⑬ têmporas |
| ⑭ 귀 | ⑭ ear | ⑭ ouvido |
| ⑮ 근육 | ⑮ muscle | ⑮ músculo |
| ⑯ 기관 | ⑯ trachea | ⑯ traqueia |
| ㄴ ⑰ 난관 | ⑰ fallopian tube | ⑰ trompa de falópio |
| ⑱ 난소 | ⑱ ovary | ⑱ ovário |
| ⑲ 넓적다리 | ⑲ thigh | ⑲ coxa |
| ⑳ 뇌 | ⑳ brain | ⑳ cérebro |
| ㉑ 눈 | ㉑ eye | ㉑ olho |
| ㉒ 눈꺼풀 | ㉒ eyelid | ㉒ pálpebra |
| ㉓ 늑골 | ㉓ rib | ㉓ costela |
| ㄷ ㉔ 담낭 | ㉔ gall bladder | ㉔ vesícula biliar |
| ㉕ 대장 | ㉕ large intestine | ㉕ intestino grosso |
| ㉖ 대퇴골 | ㉖ femur | ㉖ fêmur |
| ㉗ 동공 | ㉗ pupil | ㉗ pupila |
| ㉘ 등 | ㉘ back | ㉘ costa |
| ㄹ ㉙ 림프절(림프선) | ㉙ lymph nodes | ㉙ linfonodos(glândula linfática) |
| ㅁ ㉚ 망막 | ㉚ retina | ㉚ retina |
| ㉛ 맹장 | ㉛ appendix | ㉛ apêndice |
| ㉜ 목젖(구개수) | ㉜ uvula | ㉜ úvula |
| ㉝ 무릎 | ㉝ knee | ㉝ joelho |

| 태국어 | 중국어간체 | 중국어번체 | 일본어 |
|---|---|---|---|
| ส่วนต่าง ๆ ของร่างกาย | 身体的部位 | 身體部位 | 体の部位 |
| ①กระจกตา | ①角膜 | ①角膜 | ①角膜(かくまく) |
| ②ตับ | ②肝脏 | ②肝臟 | ②肝臓(かんぞう) |
| ③ต่อมไทรอยด์ | ③甲状腺 | ③甲狀腺 | ③甲状腺(こうじょうせん) |
| ④รักแร้ | ④腋下 | ④腋下 | ④脇の下(わきのした) |
| ⑤กระดูกสะบัก | ⑤肩胛骨 | ⑤肩胛骨 | ⑤肩甲骨(けんこうこつ) |
| ⑥ปลายลำไส้ใหญ่ | ⑥结肠 | ⑥結腸 | ⑥結腸(けっちょう) |
| ⑦กระดูกหน้าแข้ง | ⑦胫骨 | ⑦脛骨 | ⑦脛骨(けいこつ) |
| ⑧กระดูกสันหลังส่วนคอ | ⑧颈椎 | ⑧頸椎 | ⑧頸椎(けいつい) |
| ⑨สะโพก | ⑨髋关节 | ⑨髖關節 | ⑨股関節(こかんせつ) |
| ⑩แก้วหู | ⑩鼓膜 | ⑩鼓膜 | ⑩鼓膜(こまく) |
| ⑪ลูกอัณฑะ / กระโปก | ⑪睾丸 | ⑪睾丸 | ⑪睾丸(こうがん) |
| ⑫กระดูกเชิงกราน | ⑫骨盆 | ⑫骨盆 | ⑫骨盤(こつばん) |
| ⑬ขมับ | ⑬太阳穴 | ⑬太陽穴 | ⑬こめかみ |
| ⑭หู | ⑭耳朵 | ⑭耳朵 | ⑭耳(みみ) |
| ⑮กล้ามเนื้อ | ⑮肌肉 | ⑮肌肉 | ⑮筋肉(きんにく) |
| ⑯หลอดลม | ⑯气管 | ⑯氣管 | ⑯気管(きかん) |
| ⑰ท่อนำไข่ | ⑰输卵管 | ⑰輸卵管 | ⑰卵管(らんかん) |
| ⑱รังไข่ | ⑱卵巢 | ⑱卵巢 | ⑱卵巣(らんそう) |
| ⑲ต้นขา | ⑲大腿 | ⑲大腿 | ⑲腿(もも) |
| ⑳สมอง | ⑳脑 | ⑳腦 | ⑳脳(のう) |
| ㉑ตา | ㉑眼 | ㉑眼 | ㉑眼(め) |
| ㉒เปลือกตา | ㉒眼皮 | ㉒眼皮 | ㉒まぶた |
| กระดูกซี่โครง | ㉓肋骨 | ㉓肋骨 | ㉓肋骨(ろっこつ) |
| ㉔ถุงน้ำดี | ㉔胆囊 | ㉔膽囊 | ㉔胆嚢(たんのう) |
| ㉕ลำไส้ใหญ่ | ㉕大肠 | ㉕大腸 | ㉕大腸(だいちょう) |
| ㉖กระดูกต้นขา | ㉖股骨 | ㉖股骨 | ㉖大腿骨(だいたいこつ) |
| ㉗รูม่านตา | ㉗瞳孔 | ㉗瞳孔 | ㉗瞳孔(どうこう) |
| ㉘หลัง | ㉘背面 | ㉘背面 | ㉘背中(せなか) |
| ㉙ต่อมน้ำเหลือง | ㉙淋巴结(淋巴腺) | ㉙淋巴結(淋巴腺) | ㉙リンパ節(りんぱせつ)(リンパ腺(りんぱせん)) |
| ㉚จอประสาทตา | ㉚视网膜 | ㉚視網膜 | ㉚網膜(もうまく) |
| ㉛ไส้ติ่ง | ㉛盲肠 | ㉛盲腸 | ㉛盲腸(もうちょう) |
| ㉜เพดานปาก | ㉜悬雍垂(小舌头) | ㉜懸雍垂(小舌頭) | ㉜喉ちんこ(のど)(口蓋垂(こうがいすい)) |
| ㉝เข่า | ㉝膝盖 | ㉝膝蓋 | ㉝膝(ひざ) |

| 한국어 | 영어 | 포르투갈어 |
|---|---|---|
| **신체부위** | **parts of body** | **partes do corpo** |
| ㉞ 무릎뼈(슬개골) | ㉞ kneecap | ㉞ patela |
| ㉟ 발 | ㉟ foot | ㉟ perna |
| ㊱ 발뒤꿈치 | ㊱ heel | ㊱ calcanhar |
| ㊲ 발목 | ㊲ ankle | ㊲ tornozelo |
| ㊳ 발바닥 | ㊳ sole | ㊳ planta do pé (sola) |
| ㊴ 방광 | ㊴ bladder | ㊴ bexiga |
| ㊵ 배 | ㊵ abdomen | ㊵ região abdominal |
| ㊶ 배꼽 | ㊶ umbilicus(belly button) | ㊶ umbigo |
| ㊷ 볼 | ㊷ cheek | ㊷ bochecha |
| ㊸ 부신 | ㊸ adrenal gland | ㊸ glândula adrenal |
| ㊹ 비골 | ㊹ fibula(calf bone) | ㊹ fíbula |
| ㊺ 비장 | ㊺ spleen | ㊺ baço |
| ㊻ 뼈 | ㊻ bone | ㊻ osso |
| ㊼ 사랑니 | ㊼ wisdom tooth | ㊼ dente do siso |
| ㊽ 상완골 | ㊽ humerus | ㊽ úmero |
| ㊾ 선골 | ㊾ sacrum | ㊾ sacro |
| ㊿ 소장 | ㊿ small intestine | ㊿ intestino delgado |
| ⑤① 손 | ⑤① hand | ⑤① mão |
| ⑤② 손목 | ⑤② wrist | ⑤② punho |
| ⑤③ 쇄골 | ⑤③ clavicle | ⑤③ clavícula |
| ⑤④ 식도 | ⑤④ esophagus | ⑤④ esôfago |
| ⑤⑤ 신경 | ⑤⑤ nerve | ⑤⑤ nervo |
| ⑤⑥ 신장 | ⑤⑥ kidney | ⑤⑥ rim |
| ⑤⑦ 심장 | ⑤⑦ heart | ⑤⑦ coração |
| ⑤⑧ 십이지장 | ⑤⑧ duodenum | ⑤⑧ duodeno |
| ⑤⑨ 안구 | ⑤⑨ eyeball | ⑤⑨ globo ocular |
| ⑥⓪ 엉덩이 | ⑥⓪ buttocks | ⑥⓪ nádegas |
| ⑥① 연골 | ⑥① cartilage | ⑥① cartilagem |
| ⑥② 영구치 | ⑥② permanent tooth | ⑥② dente permanente |
| ⑥③ 요골 | ⑥③ radius(radial bone) | ⑥③ radio (osso radio) |
| ⑥④ 요추 | ⑥④ lumbar vertebra | ⑥④ vértebra lombar |
| ⑥⑤ 위 | ⑥⑤ stomach | ⑥⑤ estômago |
| ⑥⑥ 이마 | ⑥⑥ forehead | ⑥⑥ testa |
| ⑥⑦ 인대 | ⑥⑦ ligamen | ⑥⑦ ligamento |
| ⑥⑧ 인후 | ⑥⑧ throat | ⑥⑧ garganta |

ㅂ

ㅅ

ㅇ

A. 신체부위

B. 검사·진단·치료

C. 증상

D. 병명

E. 약제 등

F. 지도·수속·기타

| 태국어<br>ส่วนต่าง ๆ ของร่างกาย | 중국어간체<br>身体的部位 | 중국어번체<br>身體部位 | 일본어<br>体の部位 |
|---|---|---|---|
| ㉞กระดูกสะบ้าหัวเข่า | ㉞膝盖骨（髌骨） | ㉞膝蓋骨（髕骨） | ㉞膝蓋骨（膝のお皿）<br><small>しつがいこつ ひざ さら</small> |
| ㉟เท้า | ㉟脚 | ㉟腳 | ㉟足<br><small>あし</small> |
| ㊱ส้นเท้า | ㊱脚跟 | ㊱腳跟 | ㊱かかと |
| ㊲ข้อเท้า | ㊲脚踝 | ㊲腳踝 | ㊲足首<br><small>あしくび</small> |
| ㊳ฝ่าเท้า | ㊳脚底 | ㊳腳底 | ㊳足底<br><small>そくてい</small> |
| ㊴กระเพาะปัสสาวะ | ㊴膀胱 | ㊴膀胱 | ㊴膀胱<br><small>ぼうこう</small> |
| ㊵ท้อง | ㊵肚子 | ㊵肚子 | ㊵おなか |
| ㊶สะดือ | ㊶肚脐 | ㊶肚臍 | ㊶臍<br><small>へそ</small> |
| ㊷แก้ม | ㊷面颊、脸蛋 | ㊷臉頰 | ㊷頬<br><small>ほほ</small> |
| ㊸ต่อมหมวกไต | ㊸肾上腺 | ㊸腎上腺 | ㊸副腎<br><small>ふくじん</small> |
| ㊹กระดูกน่อง | ㊹腓骨 | ㊹腓骨 | ㊹腓骨<br><small>ひこつ</small> |
| ㊺ม้าม | ㊺脾脏 | ㊺脾臟 | ㊺脾臓<br><small>ひぞう</small> |
| ㊻กระดูก | ㊻骨骼 | ㊻骨骼 | ㊻骨<br><small>ほね</small> |
| ㊼ฟันคุด | ㊼智齿 | ㊼智齒 | ㊼親不知<br><small>おやしらず</small> |
| ㊽กระดูกต้นแขน | ㊽肱骨 | ㊽肱骨 | ㊽上腕骨<br><small>じょうわんこつ</small> |
| ㊾กระดูกสันหลังส่วนกระเบนเหน็บ | ㊾骶骨 | ㊾骶骨 | ㊾仙骨<br><small>せんこつ</small> |
| ㊿ลำไส้เล็ก | ㊿小肠 | ㊿小腸 | ㊿小腸<br><small>しょうちょう</small> |
| 51มือ | 51手 | 51手 | 51手<br><small>て</small> |
| 52ข้อมือ | 52手腕 | 52手腕 | 52手首<br><small>てくび</small> |
| 53กระดูกไหปลาร้า | 53锁骨 | 53鎖骨 | 53鎖骨<br><small>さこつ</small> |
| 54หลอดอาหาร | 54食道 | 54食道 | 54食道<br><small>しょくどう</small> |
| 55เส้นประสาท | 55神经 | 55神經 | 55神経<br><small>しんけい</small> |
| 56ไต | 56肾脏 | 56腎臟 | 56腎臓<br><small>じんぞう</small> |
| 57หัวใจ | 57心脏 | 57心臟 | 57心臓<br><small>しんぞう</small> |
| 58ดูโอดินัม | 58十二指肠 | 58十二指腸 | 58十二指腸<br><small>じゅうにしちょう</small> |
| 59ลูกตา | 59眼球 | 59眼球 | 59眼球<br><small>がんきゅう</small> |
| 60ก้น | 60臀部、屁股 | 60臀部（屁股） | 60尻<br><small>しり</small> |
| 61กระดูกอ่อน | 61软骨 | 61軟骨 | 61軟骨<br><small>なんこつ</small> |
| 62ฟันแท้ | 62恒齿 | 62恆齒 | 62永久歯<br><small>えいきゅうし</small> |
| 63กระดูกของแขน | 63桡骨 | 63橈骨 | 63橈骨<br><small>とうこつ</small> |
| 64กระดูกสันหลังส่วนบั้นเอว | 64腰椎 | 64腰椎 | 64腰椎<br><small>ようつい</small> |
| 65กระเพาะอาหาร | 65胃 | 65胃 | 65胃<br><small>い</small> |
| 66หน้าผาก | 66额头 | 66額頭 | 66おでこ |
| 67เอ็น | 67韧带 | 67韌帶 | 67靱帯<br><small>じんたい</small> |
| 68คอ | 68喉咙 | 68喉嚨 | 68喉<br><small>のど</small> |

| 한국어 | 영어 | 포르투갈어 |
|---|---|---|
| **신체부위** | **parts of body** | **partes do corpo** |
| ㉉ 잇몸 | ㉉ gum | ㉉ gengiva |
| ㉛ 자궁 | ㉛ womb | ㉛ útero |
| ㉑ 장딴지 | ㉑ calf | ㉑ barriga da perna |
| ㉒ 정강이 | ㉒ shin | ㉒ canela |
| ㉓ 젖니 | ㉓ milk tooth | ㉓ dente de leite |
| ㉔ 직장 | ㉔ rectum | ㉔ reto |
| ㉕ 척골 | ㉕ ulna | ㉕ ulna |
| ㉖ 척수 | ㉖ spinal cord | ㉖ medula espinhal |
| ㉗ 척추 | ㉗ spine | ㉗ coluna vertebral |
| ㉘ 추간판 | ㉘ intervertebral disc | ㉘ disco intervertebral |
| ㉙ 추체 | ㉙ vertebral body | ㉙ corpo vertebral |
| ㉚ 충수 | ㉚ appendix | ㉚ apêndice |
| ㉛ 췌장 | ㉛ pancreas | ㉛ pâncreas |
| ㉜ 치아 | ㉜ teeth | ㉜ dente |
| ㉝ 코 | ㉝ nose | ㉝ nariz |
| ㉞ 탯줄 | ㉞ umbilical cord | ㉞ cordão umbilical |
| ㉟ 턱 | ㉟ chin(jaw) | ㉟ queixo |
| ㊱ 팔꿈치 | ㊱ elbow | ㊱ cotovelo |
| ㊲ 폐 | ㊲ lung | ㊲ pulmão |
| ㊳ 항문 | ㊳ anus | ㊳ ânus |
| ㊴ 허리 | ㊴ waist | ㊴ cintura |
| ㊵ 혀 | ㊵ tongue | ㊵ língua |
| ㊶ 흉골 | ㊶ sternum | ㊶ esterno |
| ㊷ 흉막 | ㊷ pleura | ㊷ pleura |
| ㊸ 흉추 | ㊸ thoracic vertebra | ㊸ vértebra torácica |
| ㊹ 힘줄 | ㊹ tendon | ㊹ tendão |

| 태국어 | 중국어간체 | 중국어번체 | 일본어 |
|---|---|---|---|
| ส่วนต่าง ๆของร่างกาย | 身体的部位 | 身體部位 | 体の部位 |
| ⑥⑨เหงือก | ⑥⑨牙龈 | ⑥⑨牙齦 | ⑥⑨歯ぐき |
| ⑦⓪มดลูก | ⑦⓪子宫 | ⑦⓪子宫 | ⑦⓪子宮 |
| ⑦①น่อง | ⑦①腿肚 | ⑦①小腿 | ⑦①ふくらはぎ |
| ⑦②หน้าแข้ง | ⑦②胫、小腿 | ⑦②胫骨 | ⑦②脛 |
| ⑦③ฟันน้ำนม | ⑦③乳牙 | ⑦③乳牙 | ⑦③乳歯 |
| ⑦④ทวารหนัก | ⑦④直肠 | ⑦④直肠 | ⑦④直腸 |
| ⑦⑤กระดูกปลายแขนท่อนใน | ⑦⑤尺骨 | ⑦⑤尺骨 | ⑦⑤尺骨 |
| ⑦⑥ไขสันหลัง | ⑦⑥脊髓 | ⑦⑥脊髓 | ⑦⑥脊髄 |
| ⑦⑦กระดูกสันหลัง | ⑦⑦脊椎 | ⑦⑦脊椎 | ⑦⑦脊椎 |
| ⑦⑧หมอนรองกระดูกสันหลัง | ⑦⑧椎间盘 | ⑦⑧椎間盤 | ⑦⑧椎間板 |
| ⑦⑨กระดูกสันหลัง | ⑦⑨椎体 | ⑦⑨椎體 | ⑦⑨椎体 |
| ⑧⓪ไส้ติ่ง | ⑧⓪阑尾 | ⑧⓪闌尾 | ⑧⓪虫垂 |
| ⑧①ตับอ่อน | ⑧①胰脏 | ⑧①胰臟 | ⑧①膵臓 |
| ⑧②ฟัน | ⑧②牙齿 | ⑧②牙齒 | ⑧②歯 |
| ⑧③จมูก | ⑧③鼻 | ⑧③鼻 | ⑧③鼻 |
| ⑧④สายสะดือ | ⑧④脐带 | ⑧④臍帶 | ⑧④臍の緒 |
| ⑧⑤คาง | ⑧⑤下巴 | ⑧⑤下巴 | ⑧⑤あご |
| ⑧⑥ข้อศอก | ⑧⑥肘 | ⑧⑥肘 | ⑧⑥肘 |
| ⑧⑦ปอด | ⑧⑦肺 | ⑧⑦肺 | ⑧⑦肺 |
| ⑧⑧ทวารหนัก | ⑧⑧肛门 | ⑧⑧肛門 | ⑧⑧肛門 |
| ⑧⑨เอว | ⑧⑨腰 | ⑧⑨腰 | ⑧⑨腰(ウェスト) |
| ⑨⓪ลิ้น | ⑨⓪舌头 | ⑨⓪舌頭 | ⑨⓪舌 |
| ⑨①กระดูกสันอก | ⑨①胸骨 | ⑨①胸骨 | ⑨①胸骨 |
| ⑨②เยื่อหุ้มปอด | ⑨②胸膜 | ⑨②胸膜 | ⑨②胸膜 |
| ⑨③กระดูกสันหลังส่วนอก | ⑨③胸椎 | ⑨③胸椎 | ⑨③胸椎 |
| ⑨④เส้นเอ็น | ⑨④肌腱 | ⑨④肌腱 | ⑨④腱 |

| 한국어 | 영어 | 포르투갈어 |
|---|---|---|
| **검사·진단·치료** | **medical examination/ diagnosis/treatment** | **exame/diagnóstico/ tratamento** |
| ① AED(자동 제세동기) | ① AED(automated external defibrillator) | ① desfibrilador externo semiautomático (DESA) |
| ② CT(컴퓨터 단층촬영법) | ② CT(computerized tomography) | ② TC (tomografia computadorizada) |
| ③ MRI(자기공명영상법) | ③ MRI(magnetic resonance imaging) | ③ MRI(imagem por ressonância magnética) |
| ④ PET(양전자방출 단층촬영법) | ④ PET(positron emission tomography) | ④ PET(tomografia por emissão de pósitrons) |
| ㄱ ⑤ 가돌리늄계 | ⑤ gadolinium-based contrast media | ⑤ à base de gadolínio |
| ⑥ 가래검사 | ⑥ sputum examination | ⑥ exame do escarro |
| ⑦ 간호사 | ⑦ nurse | ⑦ enfermeira |
| ⑧ 검사 | ⑧ examination | ⑧ exame |
| ⑨ 겸자분만 | ⑨ forceps delivery | ⑨ parto a fórceps |
| ⑩ 경관영양 | ⑩ tube feeding | ⑩ alimentação por sonda |
| ⑪ 경피적 | ⑪ percutaneous | ⑪ percutânea |
| ⑫ 고음 | ⑫ high-pitched sound | ⑫ som alto |
| ⑬ 관장 | ⑬ enema | ⑬ enema |
| ⑭ 구급실 | ⑭ emergency room | ⑭ unidade de emergência |
| ⑮ 구급차 | ⑮ ambulance | ⑮ ambulância |
| ⑯ 국소마취 | ⑯ local anesthesia | ⑯ anestesia local |
| ⑰ 기관삽관 | ⑰ endotracheal intubation | ⑰ entubação endotraqueal |
| ⑱ 기초체온 | ⑱ basal body temperature | ⑱ temperatura basal |
| ⑲ 긴급 | ⑲ urgent | ⑲ emergência |
| ⑳ 긴급연락처 | ⑳ emergency contact | ⑳ contato de emergência |
| ㉑ 깁스고정 | ㉑ plaster bandage | ㉑ imobilização com gesso |
| ㄴ ㉒ 내과 | ㉒ internal medicine | ㉒ medicina interna |
| ㉓ 내진대 | ㉓ pelvic examination table | ㉓ mesa de exame pélvico |
| ㉔ 뇌파 | ㉔ electroencephalogram | ㉔ eletroencefalograma |
| ㉕ 눈을 깜박임 | ㉕ twinkling | ㉕ piscar |
| ㄷ ㉖ 대변 검사 | ㉖ steel test | ㉖ exame de fezes |
| ㉗ 도뇨 | ㉗ urethral catheterization | ㉗ cateterismo uretral |
| ㅁ ㉘ 마취 | ㉘ anesthesia | ㉘ anestesia |

| 태국어 | 중국어간체 | 중국어번체 | 일본어 |
|---|---|---|---|
| **การตรวจ/การวินิจฉัย/ การรักษา** | **检查·诊断·治疗** | **檢查·診斷·治療** | **検査・診断・治療** |
| ①เครื่องกระตุกหัวใจ ไฟฟ้าภายนอกชนิดอัตโนมัติ | ①AED(自动体外心脏去颤器) | ①AED(自動體外心臟去顫器) | ①ＡＥＤ(自動体外式除細動器)<br>えーいーでぃ じどうたいがいしきじょさいどうき | 
| ②ซีทีสแกน /เครื่องตรวจวินิจฉัยโรคเอกซ์เรย์คอมพิวเตอร์ | ②CT(计算机断层扫描) | ②CT(電腦斷層掃描) | ②ＣＴ(コンピュータ断層撮影法)<br>しーてぃ こんぴゅーただんそうさつえいほう |
| ③การตรวจเอ็มอาร์ไอ / การตรวจ เอ็กซ์เรย์ด้วยคลื่นแม่เหล็ก | ③MRI(核磁共振检查) | ③MRI(核磁共振顯影) | ③ＭＲＩ (磁気共鳴画像法)<br>えむあーるあい じききょうめいがぞうほう |
| ④ไฟฟ้าโพซิตรอนอีมิสชันโทโมกราฟี / การตรวจเอกซ์เรย์ด้วย โพสิตรอน | ④PET(正子计算机断层造影) | ④PET(正子電腦斷層造影) | ④PET(ポジトロン放出 断層撮影法)<br>ぺっと ぽじとろんほうしゅつだんそうさつえいほう |
| ⑤สารทึบแสงแกโดลิเนียม | ⑤钆(银白色金属)显影剂 | ⑤含釓(一種稀土金屬)顯影劑 | ⑤ガドリニウム系<br>がどりにうむけい |
| ⑥การตรวจเสมหะ | ⑥吐痰检查 | ⑥痰液檢查 | ⑥喀痰検査<br>かくたんけんさ |
| ⑦นางพยาบาล | ⑦护士 | ⑦護士 | ⑦看護師<br>かんごし |
| ⑧ตรวจโรค | ⑧检查 | ⑧檢查 | ⑧検査<br>けんさ |
| ⑨การคลอดโดยใช้คีม | ⑨钳子分娩 | ⑨產鉗分娩 | ⑨鉗子分娩<br>かんしぶんべん |
| ⑩การให้อาหารทางสายยาง | ⑩管饲 | ⑩管飼 | ⑩経管栄養<br>けいかんえいよう |
| ⑪ฉีดเข้าทางผิวหนัง | ⑪经皮 | ⑪經皮 | ⑪経皮的<br>けいひてき |
| ⑫เสียงความถี่สูง | ⑫高音 | ⑫高音 | ⑫高音<br>こうおん |
| ⑬สวนทวาร | ⑬浣肠 | ⑬浣腸 | ⑬浣腸<br>かんちょう |
| ⑭ห้องฉุกเฉิน | ⑭急救室 | ⑭急救室 | ⑭救急室<br>きゅうきゅうしつ |
| ⑮รถพยาบาล | ⑮救护车 | ⑮救護車 | ⑮救急車<br>きゅうきゅうしゃ |
| ⑯ยาชาแบบเฉพาะที่ | ⑯局部麻醉 | ⑯局部麻醉 | ⑯局所麻酔<br>きょくしょますい |
| ⑰ช่วยหายใจใส่ท่อช่วยหายใจ | ⑰气管插管 | ⑰氣管插管 | ⑰気管挿管<br>きかんそうかん |
| ⑱อุณหภูมิร่างกายพื้นฐาน | ⑱基础体温 | ⑱基礎體溫 | ⑱基礎体温<br>きそたいおん |
| ⑲ฉุกเฉิน | ⑲紧急的 | ⑲緊急的 | ⑲緊急の<br>きんきゅう |
| ⑳ติดต่อฉุกเฉิน | ⑳紧急联络处 | ⑳緊急聯絡處 | ⑳緊急連絡先<br>きんきゅうれんらくさき |
| ㉑เฝือก | ㉑石膏绷带固定 | ㉑石膏固定(上石膏) | ㉑ギプス固定<br>ぎぷすこてい |
| ㉒อายุรกรรม | ㉒内科 | ㉒內科 | ㉒内科<br>ないか |
| ㉓เก้าอี๊ตรวจภายใน | ㉓内诊台 | ㉓內診台 | ㉓内診台<br>ないしんだい |
| ㉔คลื่นสมอง | ㉔脑波 | ㉔腦波 | ㉔脳波<br>のうは |
| ㉕กะพริบตา | ㉕眨眼 | ㉕眨眼 | ㉕まばたき |
| ㉖การทดสอบอุจจาระ | ㉖大便化验 | ㉖大便化驗 | ㉖検便<br>けんべん |
| ㉗การสวนปัสสาวะ / สายสวนปัสสาวะ | ㉗导尿 | ㉗導尿 | ㉗導尿<br>どうにょう |
| ㉘ยาชา/ ยาสลบ | ㉘麻醉 | ㉘麻醉 | ㉘麻酔<br>ますい |

| 한국어 | 영어 | 포르투갈어 |
| --- | --- | --- |
| **검사·진단·치료** | **medical examination/ diagnosis/treatment** | **exame/diagnóstico/ tratamento** |
| ㉙맘모그래피 | ㉙mammography | ㉙mamografia |
| ㉚맥박 | ㉚pulse | ㉚pulsação |
| ㉛면역 | ㉛immunity | ㉛imunidade |
| ㉜목발 | ㉜crutches | ㉜muleta |
| ㉝몸을 움직이고 있을 때 | ㉝movement-related | ㉝quando está movimentando o corpo |
| ㉞물리요법 | ㉞physical therapy | ㉞fisioterapia |
| ㉟발치(이를 뽑음) | ㉟tooth extraction | ㉟extração dentária |
| ㊱방사선검사 | ㊱X-ray examination | ㊱exame radiológico |
| ㊲배뇨 | ㊲passing urine | ㊲micção |
| ㊳배변 | ㊳bowel movement | ㊳defecação |
| ㊴백혈구 | ㊴white blood cell | ㊴leucócito |
| ㊵변 | ㊵stool | ㊵fezes |
| ㊶변 잠혈검사 | ㊶fecal occult blood test | ㊶exame de sangue oculto nas fezes |
| ㊷보행 | ㊷walking | ㊷andar |
| ㊸봉합 | ㊸suture | ㊸costurar |
| ㊹부인과 | ㊹gynecology | ㊹ginecologia |
| ㊺부작용 | ㊺side effect | ㊺efeitos colaterais |
| ㊻분만 | ㊻delivery | ㊻parto |
| ㊼붕대 | ㊼bandage | ㊼atadura |
| ㊽브릿지 | ㊽bridge | ㊽ponte |
| ㊾비뇨기과 | ㊾urology | ㊾urologia |
| ㊿산부인과 | ㊿obstetrics | ㊿obstetrícia |
| 51산성 | 51acidity | 51acidez |
| 52상처 | 52wound | 52ferida |
| 53생체조직 | 53body tissue | 53tecido vivo |
| 54성관계 | 54sexual intercourse | 54ato sexual |
| 55세균 | 55germ | 55bactéria |
| 56세정 | 56lavage | 56lavagem |
| 57소독 | 57sterilization | 57desinfecção |
| 58소변 | 58urine | 58urina |
| 59소변검사 | 59urine test | 59exame de urina |
| 60소아과 | 60pediatrics | 60pediatria |
| 61수술 | 61operation | 61cirurgia |

| 태국어 | 중국어간체 | 중국어번체 | 일본어 |
|---|---|---|---|
| การตรวจ/การวินิจฉัย/ การรักษา | 检查·诊断·治疗 | 檢查·診斷·治療 | 検査・診断・治療 |
| ㉙การตรวจเอกซเรย์เต้านม | ㉙乳房专用X线照相术 | ㉙乳房X光攝影檢查 | ㉙マンモグラフィー |
| ㉚ชีพจร | ㉚脉搏 | ㉚脈搏 | ㉚脈拍 |
| ㉛ภูมิคุ้มกัน | ㉛免疫 | ㉛免疫 | ㉛免疫 |
| ㉜ไม้ยันรักแร้ | ㉜拐杖 | ㉜拐杖 | ㉜松葉杖 |
| ㉝เวลาออกกำลังกาย | ㉝身体活动的时候 | ㉝身體活動的時候 | ㉝運動時 |
| ㉞การรักษาด้วยวิธีกายภาพบำบัด | ㉞物理治疗 | ㉞物理治療 | ㉞理学療法 |
| ㉟การถอนฟัน | ㉟拔牙 | ㉟拔牙 | ㉟抜歯 |
| ㊱การตรวจเอกซเรย์ | ㊱X光检查 | ㊱X光檢查 | ㊱レントゲン検査 |
| ㊲ถ่ายปัสสาวะ | ㊲排尿 | ㊲排尿 | ㊲排尿 |
| ㊳การถ่ายอุจจาระ | ㊳排便 | ㊳排便 | ㊳排便 |
| ㊴ปริมาณเม็ดเลือดขาว | ㊴白血球 | ㊴白血球 | ㊴白血球 |
| ㊵อุจจาระ | ㊵粪便 | ㊵糞便 | ㊵便 |
| ㊶การตรวจเพื่อหาเลือดในอุจจาระ | ㊶血便检查 | ㊶糞便潛血檢查 | ㊶便潜血検査 |
| ㊷การเดิน | ㊷走路 | ㊷走路 | ㊷歩行 |
| ㊸การเย็บแผล | ㊸缝合 | ㊸縫合 | ㊸縫う |
| ㊹นรีเวช | ㊹妇科 | ㊹婦科 | ㊹婦人科 |
| ㊺ผลข้างเคียง | ㊺副作用 | ㊺副作用 | ㊺副作用 |
| ㊻การทำคลอด | ㊻分娩 | ㊻分娩 | ㊻分娩 |
| ㊼ผ้าพันแผล | ㊼绷带 | ㊼繃帶 | ㊼包帯 |
| ㊽สะพานฟัน | ㊽桥梁 | ㊽牙橋 | ㊽ブリッジ |
| ㊾การศึกษาเกี่ยว กับระบบปัสสาวะ | ㊾泌尿科 | ㊾泌尿科 | ㊾泌尿器科 |
| ㊿สูติศาสตร์ | ㊿产科 | ㊿產科 | ㊿産科 |
| 51ความเป็นกรด | 51酸性 | 51酸性 | 51酸性 |
| 52บาดแผล | 52伤口 | 52傷口 | 52傷口 |
| 53เนื้อเยื่อทางชีวภาพ | 53活组织 | 53活組織 | 53生体組織 |
| 54พฤติกรรมทางเพศ | 54性行为 | 54性行為 | 54性行為 |
| 55เชื้อโรค | 55细菌 | 55細菌 | 55ばい菌 |
| 56ชำระล้างออก | 56清洗 | 56清洗 | 56洗浄 |
| 57การฆ่าเชื้อ | 57消毒 | 57消毒 | 57消毒 |
| 58ปัสสาวะ | 58尿液 | 58尿液 | 58尿 |
| 59การตรวจปัสสาวะ | 59尿检 | 59驗尿 | 59検尿 |
| 60กุมารเวชศาสตร์ | 60儿科 | 60小兒科 | 60小児科 |
| 61การผ่าตัด | 61手术 | 61手術 | 61手術 |

| 한국어 | 영어 | 포르투갈어 |
|---|---|---|
| **검사·진단·치료** | **medical examination/ diagnosis/treatment** | **exame/diagnóstico/ tratamento** |
| ⑥②수유 중 | ⑥②breast-feeding | ⑥②em amamentação |
| ⑥③수혈 | ⑥③blood transfusion | ⑥③transfusão de sangue |
| ⑥④식욕 | ⑥④appetite | ⑥④apetite |
| ⑥⑤실을 뽑음 | ⑥⑤suture removal | ⑥⑤remoção do ponto |
| ⑥⑥심료내과 | ⑥⑥psychosomatic medicine | ⑥⑥medicina psicossomática |
| ⑥⑦심장 카테터 | ⑥⑦cardiac catheter | ⑥⑦cateter cardíaco |
| ⑥⑧심전도 | ⑥⑧electrocardiogram | ⑥⑧eletrocardiograma |
| ⑥⑨안과 | ⑥⑨ophthalmology | ⑥⑨oftalmologia |
| ⑦⓪안정 | ⑦⓪rest | ⑦⓪descanso |
| ⑦①알레르기 | ⑦①allergy | ⑦①alergia |
| ⑦②알칼리성 | ⑦②alkalinity | ⑦②alcalino |
| ⑦③양성 | ⑦③positive | ⑦③positivo |
| ⑦④여명 | ⑦④life expectancy | ⑦④expectativa de vida |
| ⑦⑤예방접종 | ⑦⑤vaccination | ⑦⑤vacinação preventiva |
| ⑦⑥외과 | ⑦⑥surgery | ⑦⑥clínica cirúrgica |
| ⑦⑦요도 카테터 | ⑦⑦urethral catheter | ⑦⑦cateter uretral |
| ⑦⑧요산 | ⑦⑧uric acid | ⑦⑧ácido úrico |
| ⑦⑨요오드계 | ⑦⑨iodinated contrast media | ⑦⑨à base de iodo |
| ⑧⓪원내감염 | ⑧⓪hospital infection | ⑧⓪infecção hospitalar |
| ⑧①유방암검사 | ⑧①breast cancer examination | ⑧①exame da mama |
| ⑧②음성 | ⑧②negative | ⑧②negativo |
| ⑧③의사 | ⑧③docter | ⑧③médico |
| ⑧④의치(틀니) | ⑧④denture | ⑧④prótese(dentadura) |
| ⑧⑤이비인후과 | ⑧⑤ENT(Ear, nose and throat) | ⑧⑤otorrinolaringologia |
| ⑧⑥임산부 검진 | ⑧⑥prenatal check-up | ⑧⑥exame pré-natal |
| ⑧⑦임신 | ⑧⑦pregnancy | ⑧⑦gravidez |
| ⑧⑧임신 주수 | ⑧⑧gestational age | ⑧⑧semana de gestação |
| ⑧⑨재활치료 | ⑧⑨rehabilitation | ⑧⑨reabilitação |
| ⑨⓪저음 | ⑨⓪low-pitched sound | ⑨⓪som baixo |
| ⑨①적혈구 | ⑨①red blood cell | ⑨①eritrócito |
| ⑨②전신마취 | ⑨②general anesthesia | ⑨②anestesia geral |
| ⑨③정신과 | ⑨③psychiatry | ⑨③psiquiatria |
| ⑨④정형외과 | ⑨④orthopedic surgery | ⑨④ortopedia |
| ⑨⑤제왕절개 | ⑨⑤caesarean section | ⑨⑤cesariana |

ㅇ

ㅈ

A. 신체부위

B. 검사·진단·치료

C. 증상

D. 병명

E. 약제 등

F. 지도·수속·기타

| 태국어 | 중국어간체 | 중국어번체 | 일본어 |
|---|---|---|---|
| **การตรวจ/การวินิจฉัย/การรักษา** | **检查·诊断·治疗** | **檢查·診斷·治療** | **検査・診断・治療** |
| ⑤ช่วงเลี้ยงลูกด้วยน้ำนมแม่ | ⑥哺乳期 | ⑥哺乳期 | ⑥授乳中 |
| ⑤การถ่ายเลือด | ⑥输血 | ⑥輸血 | ⑥輸血 |
| ⑤ความอยากอาหาร | ⑥食欲 | ⑥食慾 | ⑥食欲 |
| ⑤การตัดไหมที่เย็บแผลออก | ⑥拆线 | ⑥拆線 | ⑥抜糸 |
| ⑤เวชศาสตร์กายจิต | ⑥心疗内科 | ⑥心療內科 | ⑥心療内科 |
| ⑤สายสวนหัวใจ | ⑥心脏导管 | ⑥心臟導管 | ⑥心臓カテーテル |
| ⑤ภาพคลื่นไฟฟ้าหัวใจ | ⑥心电图 | ⑥心電圖 | ⑥心電図 |
| ⑤จักษุวิทยา | ⑥眼科 | ⑥眼科 | ⑥眼科 |
| ⑦การพักผ่อน | ⑦休息 | ⑦休息 | ⑦安静 |
| ⑦โรคภูมิแพ้ | ⑦过敏 | ⑦過敏 | ⑦アレルギー |
| ⑦เป็นด่าง | ⑦碱性 | ⑦鹼性 | ⑦アルカリ性 |
| ⑦ผลบวก/โพสิตีฟ | ⑦阳性 | ⑦陽性 | ⑦陽性 |
| ⑦ช่วงชีวิตที่เหลือ | ⑦剩余寿命 | ⑦剩餘壽命 | ⑦余命 |
| ⑦การฉีดวัคซีนป้องกันโรค | ⑦预防接种 | ⑦預防接種 | ⑦予防接種 |
| ⑦ศัลยกรรม | ⑦外科 | ⑦外科 | ⑦外科 |
| ⑦สายสวนปัสสาวะ | ⑦导尿管 | ⑦導尿管 | ⑦尿道カテーテル |
| ⑦กรดยูริค | ⑦尿酸 | ⑦尿酸 | ⑦尿酸 |
| ⑦สารทึบแสงน้ำมันไอโอดีน | ⑦碘 | ⑦含碘 | ⑦ヨード系 |
| ⑧ติดเชื้อระหว่างอยู่ในโรงพยาบาล | ⑧院内感染 | ⑧院內感染 | ⑧院内感染 |
| ⑧การตรวจมะเร็งเต้านม | ⑧乳癌检查 | ⑧乳癌檢查 | ⑧乳がん検査 |
| ⑧ผลลบ/นากาตีฟ | ⑧阴性 | ⑧陰性 | ⑧陰性 |
| ⑧หมอ | ⑧医生 | ⑧醫生 | ⑧医師 |
| ⑧ฟันปลอม | ⑧假牙 | ⑧假牙 | ⑧義歯(入れ歯) |
| ⑧หูจมูกและลำคอ | ⑧耳鼻喉科 | ⑧耳鼻喉科 | ⑧耳鼻咽喉科 |
| ⑧การตรวจครรภ์ | ⑧孕妇产检 | ⑧孕婦產檢 | ⑧妊婦検診 |
| ⑧ตั้งครรภ์ | ⑧怀孕 | ⑧懷孕 | ⑧妊娠 |
| ⑧อายุครรภ์ | ⑧怀孕周数 | ⑧懷孕週數 | ⑧妊娠週数 |
| ⑧การฟื้นฟูสมรรถภาพ | ⑧复健 | ⑧復健 | ⑧リハビリテーション |
| ⑨เสียงความถี่ต่ำ | ⑨低音 | ⑨低音 | ⑨低音 |
| ⑨เม็ดเลือดแดง | ⑨红血球 | ⑨紅血球 | ⑨赤血球 |
| ⑨ยาชาทั้งตัว | ⑨全身麻醉 | ⑨全身麻醉 | ⑨全身麻酔 |
| ⑨จิตเวช | ⑨精神科 | ⑨精神科 | ⑨精神科 |
| ⑨ผ่าตัดกระดูก | ⑨矫形外科 | ⑨整形外科 | ⑨整形外科 |
| ⑨การคลอดบุตรโดยการผ่าท้อง | ⑨剖腹生产 | ⑨剖腹生產 | ⑨帝王切開 |

| 한국어 검사·진단·치료 | 영어 medical examination/ diagnosis/treatment | 포르투갈어 exame/diagnóstico/ tratamento |
|---|---|---|
| ㉖ 중절(인공임신중절) | ㉖ abortion | ㉖ aborto(aborto provocado) |
| ㉗ 지병(만성질환) | ㉗ chronic disease | ㉗ doença crônica |
| ㉘ 진찰 | ㉘ consultation | ㉘ consulta médica |
| ㉙ 집중치료실 | ㉙ ICU(intensive care unit) | ㉙ unidade de terapia intensiva |
| **ㅊ** ⑩⓪ 채혈 | ⑩⓪ blood sampling | ⑩⓪ coleta de sangue |
| ⑩① 체온 | ⑩① body temperature | ⑩① temperatura corporal |
| ⑩② 초음파검사 | ⑩② ultrasound | ⑩② exame de ultrassom |
| ⑩③ 촉진 | ⑩③ palpation | ⑩③ palpação |
| ⑩④ 축뇨(일정 기간의 오줌을 모음) | ⑩④ pooled urine sample | ⑩④ coleta de urina |
| ⑩⑤ 치과 | ⑩⑤ dentistry | ⑩⑤ odontologia |
| ⑩⑥ 치료 | ⑩⑥ treatment | ⑩⑥ tratamento |
| ⑩⑦ 치열교정 | ⑩⑦ orthodontics | ⑩⑦ ortodontia |
| ⑩⑧ 치열교정기 | ⑩⑧ braces | ⑩⑧ aparelho dentário |
| ⑩⑨ 치유 | ⑩⑨ cure | ⑩⑨ cura |
| **ㅋ** ①⑩ 카테터 | ①⑩ catheter | ①⑩ catéter |
| ①① 콜레스테롤 | ①① cholesterol | ①① colesterol |
| **ㅌ** ①② 태아 | ①② fetus | ①② feto |
| **ㅍ** ①③ 포도당액 | ①③ glucose solution | ①③ solução de glicose |
| ①④ 피부과 | ①④ dermatology | ①④ dermatologia |
| ①⑤ 피임 | ①⑤ contraception | ①⑤ contracepção |
| **ㅎ** ①⑥ 학대 | ①⑥ abuse | ①⑥ abuso |
| ①⑦ 혈당치(혈장 글루코스) | ①⑦ blood sugar(plasma glucose) | ①⑦ nível de glicose sanguíneo(glucose plasmática |
| ①⑧ 혈소판 | ①⑧ platelet | ①⑧ plaqueta |
| ①⑨ 혈압측정 | ①⑨ blood pressure measurement | ①⑨ medição da pressão arterial |
| ①②⓪ 혈액검사 | ①②⓪ blood test | ①②⓪ exame de sangue |
| ①②① 호르몬 | ①②① hormone | ①②① hormônio |
| ①②② 화학요법 | ①②② chemical therapy | ①②② quimioterapia |
| ①②③ 후유증 | ①②③ aftereffect | ①②③ sequela |
| ①②④ 흉강배액 | ①②④ chest drainage | ①②④ drenagem torácica |
| ①②⑤ 흉강천자 | ①②⑤ thoracentesis | ①②⑤ toracocentese |
| ①②⑥ 흡입 | ①②⑥ inhalation | ①②⑥ inalação |

Sidebar tabs: A. 신체부위 / B. 검사·진단·치료 / C. 증상 / D. 병명 / E. 약제 등 / F. 지도·수속·기타

| 태국어 การตรวจ/การวินิจฉัย/การรักษา | 중국어간체 检查·诊断·治疗 | 중국어번체 檢查·診斷·治療 | 일본어 検査・診断・治療 |
|---|---|---|---|
| ⑯ทำแท้ง | ⑯流产（人工流产、堕胎） | ⑯流產（人工流產、墮胎） | ⑯中絶（人工妊娠中絶）<br>ちゅうぜつじんこうにんしんちゅうぜつ |
| ⑰โรคประจำตัว | ⑰慢性病 | ⑰慢性病 | ⑰持病（慢性疾患）<br>じびょう まんせいしっかん |
| ⑱การตรวจโรค | ⑱诊疗 | ⑱診療 | ⑱診察<br>しんさつ |
| ⑲หน่วยรักษาพยาบาลผู้ป่วยขั้น วิกฤต(ไอซียู) | ⑲加护病房 | ⑲加護病房 | ⑲集中治療室<br>しゅうちゅうちりょうしつ |
| ⑩การเจาะเลือดเพื่อตรวจ | ⑩验血 | ⑩抽血 | ⑩採血<br>さいけつ |
| ⑪อุณหภูมิของร่างกาย | ⑪体温 | ⑪體溫 | ⑪体温<br>たいおん |
| ⑫การตรวจอุลตร้าซาวด์ | ⑫超音波检查 | ⑫超音波檢查 | ⑫超音波検査<br>ちょうおんぱけんさ |
| ⑬การคลำ / การตรวจร่างกายโดยการสัมผัส ด้วยมือฝ่ามือหรือหลังมือ | ⑬触诊 | ⑬觸診 | ⑬触診<br>しょくしん |
| ⑭การเก็บปัสสาวะ | ⑭收集尿液 | ⑭收集尿液 | ⑭蓄尿<br>ちくにょう |
| ⑮ทันตกรรม | ⑮牙科 | ⑮牙科 | ⑮歯科<br>しか |
| ⑯การรักษา | ⑯治疗 | ⑯治療 | ⑯治療<br>ちりょう |
| ⑰การจัดฟัน | ⑰牙齿矫正 | ⑰牙齒矯正 | ⑰歯列矯正<br>しれつきょうせい |
| ⑱การจัดฟันด้วยเครื่องมือจัดฟัน | ⑱牙齿矫正器 | ⑱牙齒矯正器 | ⑱歯列矯正器<br>しれつきょうせいき |
| ⑲การหายจากโรค / บาดแผลหาย | ⑲治疗 | ⑲治癒 | ⑲治癒<br>ちゆ |
| ⑩การใช้หลอดสวน | ⑩导管 | ⑩導管 | ⑩カテーテル<br>かてーてる |
| ⑪ไขมัน/คอเลสเตอรอล | ⑪胆固醇 | ⑪膽固醇 | ⑪コレステロール<br>これすてろーる |
| ⑫ลูกในท้อง/ทารกในครรภ์ | ⑫胎儿 | ⑫胎兒 | ⑫胎児<br>たいじ |
| ⑬สารละลายน้ำตาลกลูโคส | ⑬葡萄糖溶液 | ⑬葡萄糖液 | ⑬ブドウ糖液<br>ぶどうとうえき |
| ⑭โรคผิวหนัง | ⑭皮肤科 | ⑭皮膚科 | ⑭皮膚科<br>ひふか |
| ⑮การคุมกำเนิด | ⑮避孕 | ⑮避孕 | ⑮避妊<br>ひにん |
| ⑯การทำทารุณกรรม | ⑯虐待 | ⑯虐待 | ⑯虐待<br>ぎゃくたい |
| ⑰ระดับน้ำตาลในเลือด | ⑰血浆葡萄糖 | ⑰血漿葡萄糖 | ⑰血糖値<br>けっとうち<br>（血漿グルコース）<br>けっしょうぐるこーす |
| ⑱เม็ดเลือด | ⑱血小板 | ⑱血小板 | ⑱血小板<br>けっしょうばん |
| ⑲การวัดความดันโลหิต | ⑲测定血压 | ⑲量血壓 | ⑲血圧測定<br>けつあつそくてい |
| ⑳การตรวจเลือด | ⑳血压检查 | ⑳驗血 | ⑳血液検査<br>けつえきけんさ |
| ㉑ฮอร์โมน | ㉑荷尔蒙 | ㉑荷爾蒙 | ㉑ホルモン<br>ほるもん |
| ㉒การรักษาโดยใช้ยาเคมีบำบัด | ㉒化学疗法 | ㉒化療 | ㉒化学療法<br>かがくりょうほう |
| ㉓อาการของโรคที่แสดงออก มา ภายหลัง | ㉓后遗症 | ㉓後遺症 | ㉓後遺症<br>こういしょう |
| ㉔การระบายทรวงอก | ㉔胸腔引流 | ㉔胸腔引流 | ㉔胸腔ドレナージ<br>きょうくうどれなーじ |
| ㉕การเจาะโพรงเยื่อหุ้มปอด | ㉕胸腔穿刺术 | ㉕胸腔穿刺術 | ㉕胸腔穿刺<br>きょうくうせんし |
| ㉖การสูด | ㉖吸入 | ㉖吸入 | ㉖吸入<br>きゅうにゅう |

A. 신체부위
B. 검사·진단·치료
C. 증상
D. 병명
E. 약제 등
F. 지도·수속·기타

| 한국어 | 영어 | 포르투갈어 |
| --- | --- | --- |
| 증 상 | symptom | sintomas |
| ① 가래 | ① phlegm | ① escarro |
| ② 가려움 | ② itch | ② coceira |
| ③ 가벼운 통증 | ③ mild pain | ③ dor leve |
| ④ 가슴의 통증 | ④ chest pain | ④ dor no peito |
| ⑤ 간헐적인 통증 | ⑤ intermittent pain | ⑤ dor intermitente |
| ⑥ 객혈 | ⑥ bloody spit | ⑥ escarro com sangue |
| ⑦ 갱년기장애 | ⑦ menopause disorder | ⑦ climatério |
| ⑧ 건망증 | ⑧ forgetfulness | ⑧ esquecimento |
| ⑨ 결막염 | ⑨ conjunctivitis | ⑨ conjuntivite |
| ⑩ 경련(열성경련) | ⑩ fever convulsion | ⑩ convulsão(convulsão febril) |
| ⑪ 고름 | ⑪ pus | ⑪ pus |
| ⑫ 골반통 | ⑫ pelvic pain | ⑫ dor pélvica |
| ⑬ 관절염 | ⑬ arthritis | ⑬ artrite |
| ⑭ 구역질 | ⑭ nausea | ⑭ náusea |
| ⑮ 구토 | ⑮ vomit | ⑮ vomitar |
| ⑯ 권태감 | ⑯ dullness | ⑯ fadiga |
| ⑰ 귀지 | ⑰ earwax | ⑰ cerume |
| ⑱ 귀출혈 | ⑱ ear bleeding | ⑱ sangramento pelo ouvido |
| ⑲ 귀통증 | ⑲ earache | ⑲ dor no ouvido |
| ⑳ 근력저하 | ⑳ muscle weakness | ⑳ fraqueza muscular |
| ㉑ 급성 | ㉑ acute | ㉑ agudo |
| ㉒ 기분이 나쁨 | ㉒ be in a bad mood | ㉒ mau humor |
| ㉓ 기침 | ㉓ cough | ㉓ tosse |
| ㉔ 난청 | ㉔ hearing loss | ㉔ dificuldade na escuta |
| ㉕ 내출혈 | ㉕ internal bleeding | ㉕ sangramento interno |
| ㉖ 냉감 | ㉖ cold sensation | ㉖ sensação de frio |
| ㉗ 냉대하 | ㉗ vaginal discharge | ㉗ corrimento vaginal |
| ㉘ 눈곱 | ㉘ gum | ㉘ goma nos olhos |
| ㉙ 눈의 통증 | ㉙ sore eye | ㉙ dor nos olhos |
| ㉚ 다뇨 | ㉚ large volume of urine | ㉚ muita urina |
| ㉛ 다래끼/ 눈다랭이 | ㉛ sty | ㉛ terçol |
| ㉜ 동계(심장이 두근거림) | ㉜ palpitation | ㉜ palpitação |

| 태국어 | 중국어간체 | 중국어번체 | 일본어 |
|---|---|---|---|
| **อาการของโรค** | **症状** | **症状** | **症状** |
| เสลด | ① 痰 | ① 痰 | ① 痰（たん） |
| คัน | ② 痒（的感觉） | ② 癢 | ② かゆみ（掻痒）（そうよう） |
| ปวดเล็กน้อย | ③ 微痛 | ③ 輕微疼痛 | ③ 軽い痛み（かるいいた） |
| อาการเจ็บหน้าอก | ④ 胸腔疼痛 | ④ 胸腔疼痛 | ④ 胸痛（きょうつう） |
| อาการปวดเป็นระยะๆ | ⑤ 间歇性疼痛 | ⑤ 間歇性的疼痛 | ⑤ 間欠的な痛み（かんけつてきいた） |
| ไอเป็นเลือด | ⑥ 咳血 | ⑥ 咳血 | ⑥ 喀血（かっけつ） |
| วัยทอง /<br>มีอาการผิดปกติในวัยหมดระดู | ⑦ 更年期障碍 | ⑦ 更年期障礙 | ⑦ 更年期障害（こうねんきしょうがい） |
| ขี้ลืม | ⑧ 健忘 | ⑧ 健忘 | ⑧ もの忘れ（わす） |
| โรคตาแดง / โรคเยื่อบุตาขาวอักเสบ | ⑨ 结膜炎 | ⑨ 結膜炎 | ⑨ 結膜炎（けつまくえん） |
| อาการชักจากไข้สูง | ⑩ 抽搐、痉挛、惊厥 | ⑩ 抽搐（熱痙攣） | ⑩ ひきつけ（熱性痙攣）（ねっせいけいれん） |
| หนอง | ⑪ 脓 | ⑪ 膿 | ⑪ 膿（うみ） |
| ปวดกระดูกเชิงกราน | ⑫ 骨盆痛 | ⑫ 骨盆腔痛 | ⑫ 骨盤痛（こつばんつう） |
| ปวดตามข้อ | ⑬ 关节炎 | ⑬ 關節炎 | ⑬ 関節炎（かんせつえん） |
| รู้สึกอยากอาเจียน | ⑭ 恶心 | ⑭ 噁心 | ⑭ 悪心（おしん） |
| อาเจียน | ⑮ 呕吐 | ⑮ 嘔吐 | ⑮ 嘔吐（おうと） |
| ความเบื่อหน่าย | ⑯ 倦怠感 | ⑯ 倦怠感 | ⑯ 倦怠感（けんたいかん） |
| ขี้หู | ⑰ 耳垢、耳屎 | ⑰ 耳垢 | ⑰ 耳垢（みみあか） |
| เลือดออกจากหู | ⑱ 耳朵出血 | ⑱ 耳內出血 | ⑱ 耳出血（じしゅっけつ） |
| เจ็บหู | ⑲ 耳朵痛 | ⑲ 耳朵痛 | ⑲ 耳痛（じつう） |
| กล้ามเนื้ออ่อนแรง | ⑳ 肌肉无力 | ⑳ 肌肉無力 | ⑳ 筋力低下（きんりょくていか） |
| รุนแรง | ㉑ 急性 | ㉑ 急性 | ㉑ 急性（きゅうせい） |
| อารมณ์ไม่ดี | ㉒ 心情不好 | ㉒ 心情不好 | ㉒ 機嫌が悪い（きげんわる） |
| ไอ | ㉓ 咳嗽 | ㉓ 咳嗽 | ㉓ 咳（せき） |
| หูหนวก | ㉔ 重听 | ㉔ 重聽 | ㉔ 難聴（なんちょう） |
| เลือดออกภายใน | ㉕ 内出血 | ㉕ 內出血 | ㉕ 内出血（ないしゅっけつ） |
| รู้สึกหนาว | ㉖ 发冷 | ㉖ 發冷 | ㉖ 冷感（れいかん） |
| ระดูขาว / ตกขาว | ㉗ 白带、月经 | ㉗ 陰道分泌物 | ㉗ おりもの |
| ขี้ตา | ㉘ 眼屎 | ㉘ 眼屎 | ㉘ 目やに（め） |
| เจ็บตา | ㉙ 眼睛痛 | ㉙ 眼睛痛 | ㉙ 眼痛（がんつう） |
| ปัสสาวะมาก | ㉚ 多尿 | ㉚ 多尿 | ㉚ 多尿（たにょう） |
| ตากุ้งยิง | ㉛ 麦粒肿 / 针眼 | ㉛ 針眼 | ㉛ ものもらい |
| ใจสั่น / หัวใจเต้นแรง | ㉜ 心悸、心跳 | ㉜ 心悸 | ㉜ 動悸（どうき） |

| 한국어 | 영어 | 포르투갈어 |
|---|---|---|
| **증 상** | **symptom** | **sintomas** |
| ㉝동상 | ㉝chilblain | ㉝frieira |
| ㉞두드러기 | ㉞hives | ㉞urticária |
| ㉟두중감 | ㉟heavy-headed feeling | ㉟sensação pesada da cabeça |
| ㊱두통 | ㊱headache | ㊱dor de cabeça |
| ㊲둔통 | ㊲dull pain | ㊲dor em peso |
| ㊳떨림 | ㊳tremor | ㊳tremor |
| ㊴만성 | ㊴chronic | ㊴crônico |
| ㊵무기력감 | ㊵apathy | ㊵apatia |
| ㊶무좀 | ㊶athlete's foot | ㊶pé de atleta |
| ㊷발기장애 | ㊷impotence(ED) | ㊷disfunção erétil |
| ㊸발적 | ㊸reddening of skin | ㊸vermelhidão |
| ㊹발진 | ㊹rash | ㊹erupção cutânea |
| ㊺배뇨곤란 | ㊺difficulty in urination | ㊺dificuldade em urinar |
| ㊻배뇨량의 이상 | ㊻abnormal urine volume | ㊻volume anormal de urina |
| ㊼배뇨통 | ㊼urinary pain | ㊼micção dolorosa |
| ㊽배회 | ㊽roaming | ㊽caminhar sem destino |
| ㊾베인 상처 | ㊾cut | ㊾corte |
| ㊿변비 | ㊿constipation | ㊿constipação |
| 51복부팽만 | 51abdominal fullness | 51sensação de plenitude abdominal |
| 52복수 | 52ascites | 52ascite |
| 53복시(겹보임) | 53double vision | 53visão dupla |
| 54복통 | 54abdominal pain | 54dor abdominal |
| 55부어 오름 | 55get swollen | 55inchar |
| 56부정맥 | 56irregular heartbeat/arrhythmia | 56arritmia |
| 57부정출혈 | 57abnormal bleeding | 57sangramento anormal |
| 58부종 | 58edema | 58edema |
| 59불면 | 59sleep loss(insomnia) | 59insônia |
| 60불안 | 60anxiety | 60ansiedade |
| 61불임 | 61infertility | 61infertilidade |
| 62불쾌감 | 62discomfort | 62desconforto |
| 63비만 | 63obesity | 63obesidade |
| 64비출혈(코피) | 64nasal bleeding | 64sangramento nasal |

| 태국어 | 중국어간체 | 중국어번체 | 일본어 |
|---|---|---|---|
| 아가란이로ค | 症 状 | 症 狀 | 症 状 |
| ③มือหรือเท้าหรือใบหูบวมและปวด เพราะความเย็นจัด | ㉝冻伤、冻疮 | ㉝凍傷 | ㉝しもやけ |
| ④โรคลมพิษ | ㉞荨麻疹 | ㉞蕁麻疹 | ㉞蕁麻疹 (じんましん) |
| ⑤มีความรู้สึกหนักๆ ตื้อๆ | ㉟头重感 (脑袋昏沉) | ㉟頭腦昏沉 | ㉟頭重感 (ずじゅうかん) |
| ⑥ปวดหัว / ปวดศีรษะ | ㊱头痛 | ㊱頭痛 | ㊱頭痛 (ずつう) |
| ⑦ปวดตื้อๆ | ㊲闷痛、隐痛 | ㊲悶痛 | ㊲鈍痛 (どんつう) |
| ⑧สั่น | ㊳发抖、哆嗦 | ㊳顫抖 (發抖) | ㊳ふるえ (振戦) (しんせん) |
| ⑨เรื้อรัง | ㊴慢性的 | ㊴慢性的 | ㊴慢性 (まんせい) |
| ⑩การไร้อารมณ์ | ㊵感到没有力气 | ㊵感到無力 | ㊵無気力感 (むきりょくかん) |
| ⑪น้ำกัดเท้า | ㊶脚癣、足癣 | ㊶汗泡狀白癬 (足癬) | ㊶水虫 (みずむし) |
| ⑫โรคหย่อนสมรรถภาพทางเพศ (/ภาวะ ED) | ㊷勃起功能障碍 | ㊷勃起功能障礙 | ㊷勃起障害 (ぼっきしょうがい) |
| ㉕ผิวอักเสบสีแดง | ㊸红肿 | ㊸紅腫 | ㊸発赤 (ほっせき) |
| ㉖ผื่นแดง | ㊹发疹 | ㊹起疹子 | ㊹発疹 (ほっしん) |
| ㉗ปัสสาวะขัด | ㊺排尿困难 | ㊺排尿困難 | ㊺排尿困難 (はいにょうこんなん) |
| ㉘ความผิดปกติของ ปริมาณปัสสาวะ | ㊻尿量异常 | ㊻尿量異常 | ㊻尿量異常 (にょうりょういじょう) |
| ㉙ปัสสาวะแสบ | ㊼排尿会痛 | ㊼排尿疼痛 | ㊼排尿痛 (はいにょうつう) |
| ㉚การเดินไปรอบๆ อย่างไม่มีจุดหมาย | ㊽徘徊不定 | ㊽徘徊不定 (來回踱步) | ㊽徘徊 (はいかい) |
| ㉛บาดแผลที่ถูกมีดบาด | ㊾切伤 | ㊾割傷 | ㊾切り傷 (き)(きず) |
| ㉜ท้องผูก | ㊿便秘 | ㊿便祕 | ㊿便秘 (べんぴ) |
| ㉝ท้องเฟ้อ | ⑤腹部肿胀 | ⑤腹部脹氣 | ⑤腹部膨満 (ふくぶぼうまん) |
| ㉞ท้องมาน | ⑤腹水 | ⑤腹水 | ⑤腹水 (ふくすい) |
| ㉟อาการมองเห็นภาพซ้อน | ⑤复视 | ⑤複視 | ⑤複視 (ふくし) |
| ㊱ปวดท้อง | ⑤腹痛 | ⑤肚子痛 | ⑤腹痛 (ふくつう) |
| ㊲บวม | ⑤肿胀 | ⑤腫脹 | ⑤腫れる (は) |
| ㊳ชีพจรเต้นไม่เป็นจังหวะ | ⑤心律不正 | ⑤心律不整 | ⑤不整脈 (ふせいみゃく) |
| ㊴เลือดออกผิดปกติ | ⑤非月经期出血 | ⑤非經期出血 | ⑤不正出血 (ふせいしゅっけつ) |
| ㊵อาการบวมน้ำ | ⑤水肿 | ⑤水腫 | ⑤浮腫 (むくみ) (ふしゅ) |
| ㊶นอนไม่หลับ | ⑤失眠 | ⑤失眠 | ⑤不眠 (ふみん) |
| ㊷วิตกกังวล | ⑥不安 | ⑥不安 | ⑥不安 (ふあん) |
| ㊸เป็นหมัน | ⑥不孕症 | ⑥不孕症 | ⑥不妊 (ふにん) |
| ㊹ไม่สบายอารมณ์ | ⑥不舒服 | ⑥不舒服 | ⑥不快感 (ふかいかん) |
| ㊺ความอ้วน | ⑥肥胖 | ⑥肥胖 | ⑥肥満 (ひまん) |
| ㊻เลือดกำเดา | ⑥流鼻血 | ⑥流鼻血 | ⑥鼻出血 (びしゅっけつ) |

| 한국어 | 영어 | 포르투갈어 |
|---|---|---|
| **증 상** | **symptom** | **sintomas** |
| ㉖빈뇨(소변이 잦음) | ㉖frequent urination | ㉖micção frequente |
| ㉖산통(복부경련통) | ㉖abdominal cramps | ㉖cólica(dor abdominal) |
| ㉗설사 | ㉗diarrhea | ㉗diarreia |
| ㉘속쓰림 | ㉘heartburn | ㉘azia |
| ㉙소화불량 | ㉙indigestion | ㉙indigestão |
| ㉚쇼크 | ㉚shock | ㉚choque |
| ㉛쉽게 피로해짐 | ㉛fatigability | ㉛fatigabilidade |
| ㉜스트레스 | ㉜stress | ㉜estresse |
| ㉝습진 | ㉝rash | ㉝eczema |
| ㉞시력장애 | ㉞vision disorder | ㉞diminuição da capacidade visu |
| ㉟식욕부진 | ㉟appetite loss | ㉟falta de apetite |
| ㊱식욕이상 | ㊱abnormal appetite | ㊱transtornos de apetite |
| ㊲식은땀 | ㊲cold sweat | ㊲suor frio |
| ㊳신경통 | ㊳nerve pain | ㊳neuralgia |
| ㊴심한 통증 | ㊴severe pain | ㊴dor forte |
| ㊵안절부절못함 | ㊵being annoyed | ㊵sensação de irritação |
| ㊶어깨결림 | ㊶shoulder stiffness | ㊶dor no ombro |
| ㊷얼굴이 화끈거림 | ㊷hot flash | ㊷sensação de calor |
| ㊸연하장애(삼킴곤란) | ㊸swallowing disorder | ㊸distúrbio de deglutição |
| ㊹열 | ㊹fever | ㊹febre |
| ㊺열이 있음 | ㊺have a fever | ㊺ter febre |
| ㊻염증 | ㊻inflammation | ㊻inflamação |
| ㊼영양불량,영양실조 | ㊼malnutrition | ㊼desnutrição |
| ㊽요실금 | ㊽incontinence | ㊽incontinência urinária |
| ㊾요통 | ㊾lower back pain | ㊾dor lombar |
| ㊿욕창 | ㊿bedsores | ㊿escaras(feridas)de decúbito |
| 91우울 | 91depression | 91depressão |
| 92월경장애 | 92menstrual disorder | 92distúrbio menstrual |
| 93월경통 | 93menstrual pain | 93cólica menstrual |
| 94위산과다 | 94hyperacidity | 94hiperacidez |
| 95유착 | 95adhesion | 95aderência |
| 96의식불명 | 96loss of consciousness | 96perda da consciência |
| 97의존증 | 97addiction | 97dependência |
| 98이루 | 98ear discharge | 98secreção do ouvido |
| 99이명(귀울림) | 99ear ringing | 99zumbido |

ㅅ

ㅇ

A. 신체부위

B. 검사·진단·치료

C. 증상

D. 병명

E. 약제 등

F. 지도·수속·기타

| 아카라 오ン로크 (อาการของโรค) | 症狀 | 症狀 | 症狀 |
|---|---|---|---|
| ⑤⑤ ถ่ายปัสสาวะบ่อย | 65 尿频 | 65 頻尿 | 65 頻尿（ひんにょう） |
| ⑤⑥ ปวดท้องแบบลำไส้บิด | 66 腹绞痛 | 66 腹絞痛 | 66 疝痛（腹部の痙攣痛）（せんつう ふくぶ けいれんつう） |
| ⑤⑦ ท้องร่วง / ท้องเสีย | 67 腹泻（拉肚子） | 67 腹瀉（拉肚子） | 67 下痢（げり） |
| ⑤⑧ แสบหน้าอก | 68 胃灼热、胃口难受 | 68 胸口灼熱 | 68 胸焼け（むねやけ） |
| ⑤⑨ อาหารไม่ย่อย | 69 消化不良 | 69 消化不良 | 69 消化不良（しょうかふりょう） |
| ⑥⑩ อาการช็อก | 70 休克 | 70 休克 | 70 ショック（しょっく） |
| ⑥① ความอ่อนเพลียของร่างกาย | 71 易疲劳 | 71 易疲劳 | 71 易疲労（いひろう） |
| ⑥② ความเครียด | 72 压力 | 72 壓力 | 72 ストレス（すとれす） |
| ⑥③ ผื่นสีแดง | 73 湿疹 | 73 濕疹 | 73 湿疹（しっしん） |
| ⑥④ สายตาผิดปกติ | 74 视力障碍 | 74 視力障礙 | 74 視力障害（しりょくしょうがい） |
| ⑥⑤ เบื่ออาหาร | 75 食欲不振 | 75 食慾不振 | 75 食欲不振（しょくよくふしん） |
| ⑥⑥ ความอยากอาหารผิดปกติ | 76 食欲异常 | 76 食慾異常 | 76 食欲異常（しょくよくいじょう） |
| ⑥⑦ เหงื่อออก | 77 发冷或发汗 | 77 發冷或冒汗 | 77 冷汗（ひやあせ） |
| ⑥⑧ อาการปวดตามเส้นประสาท | 78 神经痛 | 78 神經痛 | 78 神経痛（しんけいつう） |
| ⑥⑨ ปวดรุนแรง | 79 剧痛 | 79 劇痛 | 79 激痛（げきつう） |
| ⑦⑩ หงุดหงิด | 80 感到烦躁 | 80 感到煩躁 | 80 イライラ感（いらいらかん） |
| ⑦① อาการปวดไหล่ | 81 肩酸、肩头肌肉僵硬 | 81 肩頸痠痛 | 81 肩こり（かた） |
| ⑦② หน้าแดง | 82 感到发热 | 82 異常發熱 | 82 ほてり |
| ⑦③ ความผิดปกติในการกลืนอาหาร | 83 吞咽困难 | 83 吞嚥困難 | 83 嚥下障害（えんげしょうがい） |
| ⑦④ ไข้/เป็นไข้ | 84 体温、发烧 | 84 發燒 | 84 熱（ねつ） |
| ⑦⑤ มีไข้ | 85 有热度 | 85 發燒 | 85 熱がある（ねつ） |
| ⑦⑥ อักเสบ | 86 炎症 | 86 發炎 | 86 炎症（えんしょう） |
| ⑦⑦ ภาวะขาดสารอาหาร | 87 营养不良・营养失调 | 87 營養不良・營養失調 | 87 栄養不良・栄養失調（えいようふりょう えいようしっちょう） |
| ⑦⑧ ปัสสาวะเล็ด | 88 尿失禁 | 88 尿失禁 | 88 尿失禁（にょうしっきん） |
| ⑦⑨ ปวดเอว | 89 腰痛 | 89 腰痛 | 89 腰痛（ようつう） |
| ⑧⑩ แผลกดทับ | 90 褥疮 | 90 褥瘡 | 90 床ずれ（褥創）（とこ じょくそう） |
| ⑧① อารมณ์ซึมเศร้า | 91 感到抑郁 | 91 抑鬱 | 91 抑うつ（よく） |
| ⑧② ประจำเดือนผิดปกติ | 92 经痛 | 92 經期不順 | 92 月経障害（げっけいしょうがい） |
| ⑧③ ปวดประจำเดือน | 93 生理痛 | 93 生理痛 | 93 生理痛（せいりつう） |
| ⑧④ ภาวะกรดมากกว่าปกติ | 94 胃酸过多 | 94 胃酸過多 | 94 胃酸過多（いさんかた） |
| ⑧⑤ การยึดติด | 95 粘连 | 95 沾黏 | 95 癒着（ゆちゃく） |
| ⑧⑥ หมดสติ | 96 失去意识 | 96 失去意識 | 96 意識消失（いしきしょうしつ） |
| ⑧⑦ การติดยาเสพติด | 97 依存症 | 97 成癮 | 97 依存症（いぞんしょう） |
| ⑧⑧ หูน้ำหนวก | 98 耳朵流出分泌物 | 98 耳漏（耳朵流出分泌物） | 98 耳だれ（みみ） |
| ⑧⑨ หูอื้อ | 99 耳鸣 | 99 耳鳴 | 99 耳鳴り（みみな） |

| 한국어 증 상 | 영어 symptom | 포르투갈어 sintomas |
|---|---|---|
| ⑩ 인후통 | ⑩ sore throat | ⑩ dor de garganta |
| ⑩ 입덧 | ⑩ morning sickness | ⑩ enjoo de gravidez |
| ㅈ ⑩ 자살기도 | ⑩ suicide attempt | ⑩ tentativa de suicídio |
| ⑩ 자해행위 | ⑩ self injury | ⑩ ato de ferimento próprio |
| ⑩ 잔뇨감 | ⑩ residual urine | ⑩ sensação de resto de urina |
| ⑩ 잔변감 | ⑩ residual stool | ⑩ sensação de evacuação incompleta |
| ⑩ 재채기 | ⑩ sneeze | ⑩ espirro |
| ⑩ 저림 | ⑩ numbness | ⑩ dormência |
| ⑩ 전도 | ⑩ fall down | ⑩ queda |
| ⑩ 전이 | ⑩ metastasis | ⑩ metástase |
| ⑩ 정신이상 | ⑩ mental disorder | ⑩ psicopatia |
| ⑪ 졸음 | ⑪ drowsiness | ⑪ sonolência |
| ⑫ 죄책감 | ⑫ guilt | ⑫ culpa |
| ⑬ 지각이상 | ⑬ abnormal sense | ⑬ anormalidade sensitiva |
| ⑭ 진통 | ⑭ labor pains | ⑭ trabalho de parto |
| ⑮ 질출혈 | ⑮ vaginal bleeding | ⑮ sangramento vaginal |
| ⑯ 집중력 저하 | ⑯ loss of concentration | ⑯ diminuição de concentração |
| ⑰ 찌르는 듯한 통증 | ⑰ sharp pain | ⑰ dor aguda |
| ⑱ 찔린 상처 | ⑱ stab | ⑱ punhalada |
| ㅊ ⑲ 찰과상 | ⑲ abrasion | ⑲ escoriação |
| ⑳ 천명(쌕쌕거리는 숨소리) | ⑳ wheezing | ⑳ chiado |
| ㉑ 청력장애 | ㉑ hearing difficulty | ㉑ distúrbios auditivos |
| ㉒ 체중감소 | ㉒ weight loss | ㉒ perda de peso |
| ㉓ 체중증가 | ㉓ weight gain | ㉓ ganho de peso |
| ㉔ 충치 | ㉔ bad tooth | ㉔ cáries |
| ㉕ 충혈(눈) | ㉕ bloodshot eye | ㉕ congestão |
| ㅋ ㉖ 콧물 | ㉖ runny nose | ㉖ coriza |
| ㅌ ㉗ 탈모 | ㉗ hair loss | ㉗ alopécia |
| ㉘ 탈수 | ㉘ dehydration | ㉘ desidratação |
| ㉙ 토혈 | ㉙ bloody vomit | ㉙ vômito com sangue |
| ㉚ 통증 | ㉚ pain | ㉚ dor pungente |
| ㉛ 트림 | ㉛ belch | ㉛ arrôto |
| ㅍ ㉜ 편타성 손상 | ㉜ whiplash injury | ㉜ efeito chicote |

| 태국어 | 중국어간체 | 중국어번체 | 일본어 |
|---|---|---|---|
| อาการของโรค | 症 状 | 症 状 | 症 状 |
| ⑩เจ็บคอ | ⑩喉咙的疼痛 | ⑩喉嚨痛 | ⑩喉の痛み |
| ⑩แพ้ท้อง | ⑩孕吐、妊娠反应 | ⑩孕吐 | ⑩つわり |
| ⑩การฆ่าตัวตาย | ⑩自杀企图 | ⑩自殺企圖 | ⑩自殺企図 |
| ⑩การทำร้ายตนเอง | ⑩自残行为 | ⑩自殘行為 | ⑩自傷行為 |
| ⑩รู้สึกเหมือนปัสสาวะไม่สุด | ⑩有残尿的感觉 | ⑩有殘尿的感覺 | ⑩残尿感 |
| ⑩มีความรู้สึกว่า ถ่ายอุจจาระ ไม่สุด | ⑩残便的感觉 | ⑩殘便的感覺 | ⑩残便感 |
| ⑩จาม | ⑩喷嚏 | ⑩打噴嚏 | ⑩くしゃみ |
| ⑩ซา / เป็นเหน็บ | ⑩麻木、麻痹 | ⑩發麻 | ⑩しびれ |
| ⑩ล้ม | ⑩跌倒 | ⑩跌倒 | ⑩転倒 |
| ⑩การแพร่กระจาย | ⑩转移 | ⑩轉移 | ⑩転移 |
| ⑩ประสาทเสีย | ⑩精神异常 | ⑩精神異常 | ⑩精神異常 |
| ⑪ความรู้สึกง่วงนอน | ⑪打瞌睡 | ⑪睡意 | ⑪眠気 |
| ⑫ความรู้สึกความผิด | ⑫罪恶感 | ⑫罪惡感 | ⑫罪悪感 |
| ⑬รู้สึกผิดปกติ | ⑬知觉异常 | ⑬知覺異常 | ⑬知覚異常 |
| ⑭อาการปวดครรภ์ | ⑭阵痛 | ⑭陣痛 | ⑭陣痛 |
| ⑮เลือดออกทางช่องคลอด | ⑮阴道出血 | ⑮陰道出血 | ⑮膣出血 |
| ⑯ขาดสมาธิ | ⑯集中精力的低下退化 | ⑯注意力不集中 | ⑯集中力の低下 |
| ⑰ปวดเหมือนถูกทิ่มแทง | ⑰尖锐的疼痛 | ⑰刺痛 | ⑰鋭い痛み |
| ⑱แผลถูกแทง | ⑱刺伤 | ⑱刺傷 | ⑱刺し傷 |
| ⑲แผลถลอก | ⑲擦伤 | ⑲擦傷 | ⑲擦り傷 |
| ⑳เสียงหืดหอบขณะหายใจ | ⑳哮喘 | ⑳喘鳴 | ⑳喘鳴 |
| ㉑หูตึง | ㉑听力障碍 | ㉑聽力障礙 | ㉑聴力障害 |
| ㉒การลดน้ำหนัก | ㉒体重减少 | ㉒體重減少 | ㉒体重減少 |
| ㉓การเพิ่มน้ำหนัก | ㉓体重增加 | ㉓體重增加 | ㉓体重増加 |
| ㉔ฟันผุ | ㉔蛀牙 | ㉔蛀牙 | ㉔虫歯(う歯) |
| ㉕เลือดคั่งในตา | ㉕充血 | ㉕充血 | ㉕充血[目の] |
| ㉖น้ำมูก | ㉖鼻水 | ㉖鼻水 | ㉖鼻水 |
| ㉗ผมร่วง | ㉗脱毛掉发 | ㉗掉髮 | ㉗脱毛 |
| ㉘ร่างกายขาดน้ำ | ㉘脱水 | ㉘脱水 | ㉘脱水 |
| ㉙อาเจียนเป็นเลือด | ㉙吐血 | ㉙吐血 | ㉙吐血 |
| ㉚อาการปวด | ㉚疼痛疼痛 | ㉚疼痛 | ㉚疼痛 |
| ㉛เรอ | ㉛打嗝 | ㉛打嗝 | ㉛げっぷ |
| ㉜อาการบาดเจ็บบริเวณคอจาก การถูกแรงกระแทกโดยตรง | ㉜鞭抽式损伤 | ㉜揮鞭症候群 | ㉜むち打ち症 |

| 한국어 | 영어 | 포르투갈어 |
|---|---|---|
| **증 상** | **symptom** | **sintomas** |
| ⑬ 피로 | ⑬ tiredness | ⑬ fadiga |
| ⑭ 핍뇨 | ⑭ small volume of urine | ⑭ pouca urina |
| ⑮ 하지통 | ⑮ leg pain | ⑮ dor na perna |
| ⑯ 하혈 | ⑯ bloody stool | ⑯ sangue nas fezes |
| ⑰ 한기 | ⑰ chill | ⑰ calafrio |
| ⑱ 행동이상 | ⑱ behavioral disorder | ⑱ comportamento anormal |
| ⑲ 현기증 | ⑲ dizziness | ⑲ vertigem |
| ⑭ 혈뇨 | ⑭ bloody urine | ⑭ sangue na urina |
| ⑭ 혈변 | ⑭ bloody stool | ⑭ sangue nas fezes |
| ⑭ 호흡곤란 | ⑭ difficulty breathing | ⑭ dificuldade respiratória |
| ⑭ 혼수 | ⑭ coma | ⑭ coma |
| ⑭ 화농(곪음) | ⑭ purulence | ⑭ supuração |
| ⑭ 화상 | ⑭ burn | ⑭ queimadura |
| ⑭ 환각(환시 ,환청등) | ⑭ hallucination(visual, auditory etc.) | ⑭ alucinação(alucinação visual o alucinação auditiva) |
| ⑭ 황달 | ⑭ jaundice | ⑭ icterícia |
| ⑭ 흰색 변 | ⑭ white stool | ⑭ fezes brancas |

ㅎ

| 태국어 | 중국어간체 | 중국어번체 | 일본어 |
|---|---|---|---|
| **อาการของโรค** | **症 状** | **症 状** | **症 状** |
| ⑬ความเมื่อยล้า | ⑬疲劳 | ⑬疲勞 | ⑬疲労（ひろう） |
| ⑭ปัสสาวะน้อย | ⑭少尿 | ⑭少尿 | ⑭乏尿（ぼうにょう） |
| ⑮ปวดส่วนขา | ⑮下肢（双腿）痛 | ⑮下肢（雙腿）疼痛 | ⑮下肢痛（かしつう） |
| ⑯ถ่ายอุจจาระมีเลือดปน | ⑯血便 | ⑯血便 | ⑯下血（げけつ） |
| ⑰ร้อนๆหนาวๆ | ⑰发冷 | ⑰發冷 | ⑰寒気（さむけ） |
| ⑱พฤติกรรมผิดปกติ | ⑱行动异常 | ⑱行動異常 | ⑱行動異常（こうどういじょう） |
| ⑲เวียนหัว | ⑲头晕眼花 | ⑲頭暈（暈眩） | ⑲めまい |
| ⑭ฉีเป็นเลือด | ⑭血尿 | ⑭血尿 | ⑭血尿（けつにょう） |
| ⑭ถ่ายอุจจาระปนเลือด | ⑭血便 | ⑭血便 | ⑭血便（けつべん） |
| ⑭หายใจลำบาก | ⑭呼吸困难 | ⑭呼吸困難 | ⑭呼吸困難（こきゅうこんなん） |
| ⑭โคม่า | ⑭昏迷 | ⑭昏迷 | ⑭昏睡（こんすい） |
| ⑭เป็นหนอง | ⑭化脓 | ⑭化膿 | ⑭化膿（かのう） |
| ⑭แผลไฟไหม้หรือน้ำร้อนลวก | ⑭烧伤、烫伤 | ⑭燒燙傷 | ⑭やけど |
| ⑭ประสาทหลอน | ⑭幻觉（幻视、幻听等） | ⑭幻覺（幻聽、幻視等等） | ⑭幻覚（げんかく）（幻視（げんし），幻聴（げんちょう）など） |
| ⑭โรคดีซ่าน | ⑭黄疸 | ⑭黃疸 | ⑭黄疸（おうだん） |
| ⑭อุจจาระเป็นสีขาว | ⑭白灰色便 | ⑭白灰色便 | ⑭白色便（はくしょくべん） |

| 한국어 | 영어 | 포르투갈어 |
|---|---|---|
| **병명** | **name of disease** | **nome da doença** |
| ① AIDS (후천성 면역결핍 증후군) | ① AIDS(acquired immune deficiency syndrome) | ① AIDS(síndrome da imunodeficiência adquirida) |
| ② HIV (인체 면역결핍 바이러스) | ② HIV(human immunodeficiency virus) | ② HIV(vírus da imunodeficiência humana) |
| ③ PTSD (외상후 스트레스장애) | ③ PTSD(post-traumatic stress disorder) | ③ TEPT(transtorno de estresse pós-traumático) |
| ④ SARS (중증급성호흡기 증후군) | ④ SARS(severe acute respiratory syndrome) | ④ SARS(síndrome respiratória aguda grave) |
| ⑤ 간경변 | ⑤ liver cirrhosis | ⑤ cirrose hepática |
| ⑥ 간암 | ⑥ liver cancer | ⑥ câncer de fígado |
| ⑦ 간염 | ⑦ hepatitis | ⑦ hepatite |
| ⑧ 간질 | ⑧ dengue fever | ⑧ dengue |
| ⑨ 감기 | ⑨ common cold | ⑨ gripe |
| ⑩ 감염증 | ⑩ infection | ⑩ infecção |
| ⑪ 갑상선 중독발증 | ⑪ thyrotoxic crisis | ⑪ crise tireotóxica |
| ⑫ 건막염 | ⑫ tendonitis | ⑫ tendinite |
| ⑬ 게실염 | ⑬ diverticulitis | ⑬ diverticulite |
| ⑭ 결핵 | ⑭ TB(tuberculosis) | ⑭ tuberculose |
| ⑮ 고혈당 | ⑮ hyperglycemia | ⑮ hiperglicemia |
| ⑯ 고혈압 | ⑯ high blood pressure | ⑯ hipertensão arterial |
| ⑰ 골반복막염 | ⑰ pelvic peritonitis | ⑰ peritonite pélvica |
| ⑱ 골절 | ⑱ bone fracture | ⑱ fratura |
| ⑲ 공황발작(불안발작) | ⑲ panic attack(anxiety attack) | ⑲ ataque de pânico(ataque de ansiedade) |
| ⑳ 과민성 대장증후군 | ⑳ *irritable bowel syndrome* | ⑳ *síndrome do intestino irritável* |
| ㉑ 과호흡증후군 | ㉑ hyperventilation syndrome | ㉑ síndrome de hiperventilação |
| ㉒ 궤양 | ㉒ ulcer | ㉒ úlcera |
| ㉓ 근시 | ㉓ shortsightedness | ㉓ miopia |
| ㉔ 근육통 | ㉔ muscle pain | ㉔ dor muscular |
| ㉕ 기생충 | ㉕ parasite | ㉕ parasita |
| ㉖ 기흉 | ㉖ pneumothorax | ㉖ pneumotórax |
| ㉗ 꽃가루 알레르기 | ㉗ hay fever | ㉗ alergia a pólen |

| 태국어 | 중국어간체 | 중국어번체 | 일본어 |
|---|---|---|---|
| **ชื่อโรค** | **病名** | **病名** | **病名** |
| ①โรคเอดส์ | ①艾滋病 | ①愛滋病(後天免疫缺乏症候群) | ①AIDS(後天性免疫不全症候群) |
| ②การติดเชื้อไวรัสเอชไอวี | ②艾滋病毒 | ②愛滋病毒(人類免疫缺乏病毒) | ②HIV(ヒト免疫不全ウイルス) |
| ③อาการเครียดหลังเกิดภัยพิบัติ | ③创伤后压力症候群(PTSD) | ③創傷後壓力症候群(PTSD) | ③PTSD(心的外傷後ストレス障害) |
| ④โรคซาร์ | ④严重急性呼吸道症候群(SARS) | ④嚴重急性呼吸道症候群(SARS) | ④SARS(重症急性呼吸器症候群) |
| ⑤ตับแข็ง | ⑤肝硬化 | ⑤肝硬化 | ⑤肝硬変 |
| ⑥โรคมะเร็งตับ | ⑥肝癌 | ⑥肝癌 | ⑥肝臓がん |
| ⑦ตับอักเสบ | ⑦肝炎 | ⑦肝炎 | ⑦肝炎 |
| ⑧ไข้เลือดออก | ⑧登革热 | ⑧登革熱 | ⑧デング熱 |
| ⑨เป็นหวัด | ⑨感冒 | ⑨感冒 | ⑨風邪 |
| ⑩โรคติดเชื้อ | ⑩传染病 | ⑩傳染病 | ⑩感染症 |
| ⑪ภาวะต่อมไทรอยด์เป็นพิษวิกฤต | ⑪甲亢危机 | ⑪甲狀腺毒性危象 | ⑪甲状腺クリーゼ |
| ⑫เอ็นและปลอกเอ็นอักเสบ | ⑫肌腱炎 | ⑫肌腱炎 | ⑫腱鞘炎 |
| ⑬โรคถุงผนังลำไส้ใหญ่ | ⑬憩室炎 | ⑬憩室炎 | ⑬憩室炎 |
| ⑭วัณโรค | ⑭肺结核 | ⑭結核病 | ⑭結核 |
| ⑮น้ำตาลในเลือดสูง | ⑮高血糖 | ⑮高血糖 | ⑮高血糖 |
| ⑯ความดันเลือดสูง | ⑯高血压 | ⑯高血壓 | ⑯高血圧 |
| ⑰เยื่อบุอุ้งเชิงกรานอักเสบ | ⑰盆腔腹膜炎 | ⑰盆腔腹膜炎 | ⑰骨盤腹膜炎 |
| ⑱กระดูกหัก | ⑱骨折 | ⑱骨折 | ⑱骨折 |
| ⑲อาการแพนิค/ภาวะตื่นตระหนก(แบบแพนิค) | ⑲恐慌症(焦虑) | ⑲恐慌症(焦慮) | ⑲パニック・アタック(不安発作) |
| ⑳อาการลำไส้แปรปรวน | ⑳过敏性肠综合征 | ⑳過敏性腸症 | ⑳過敏性腸症候群 |
| ㉑อาการหายใจมากเกินไป | ㉑过度换气症候群 | ㉑過度換氣症候群 | ㉑過呼吸症候群(過換気症候群) |
| ㉒แผลเปื่อย | ㉒溃疡 | ㉒潰瘍 | ㉒潰瘍 |
| ㉓สายตาสั้น | ㉓近视 | ㉓近視 | ㉓近視 |
| ㉔อาการปวดกล้ามเนื้อ | ㉔肌肉疼痛 | ㉔肌肉疼痛 | ㉔筋肉痛 |
| ㉕ปรสิต | ㉕寄生虫 | ㉕寄生蟲 | ㉕寄生虫 |
| ㉖โพรงเยื่อหุ้มปอดมีอากาศ | ㉖气胸 | ㉖氣胸 | ㉖気胸 |
| ㉗แพ้เกสรดอกไม้ | ㉗花粉症 | ㉗花粉症 | ㉗花粉症 |

| | 한국어<br>병명 | 영어<br>name of disease | 포르투갈어<br>nome da doença |
|---|---|---|---|
| ㄴ | ㉘난소종양 | ㉘ovarian tumor | ㉘tumor de ovário |
| | ㉙난시 | ㉙astigmatism | ㉙astigmatismo |
| | ㉚내이염 | ㉚internal otitis | ㉚otite interna |
| | ㉛내장파열 | ㉛rupture of organ | ㉛ruptura visceral |
| | ㉜네프로제 증후군 | ㉜nephrotic syndrome | ㉜síndrome nefrótica |
| | ㉝노안 | ㉝aged eyes | ㉝presbiopia |
| | ㉞노이로제 | ㉞neurosis | ㉞neurose |
| | ㉟녹내장 | ㉟glaucoma | ㉟glaucoma |
| | ㊱뇌경색 | ㊱brain infarction | ㊱infarto cerebral |
| | ㊲뇌염 | ㊲encephalitis | ㊲encefalite |
| | ㊳뇌일혈(뇌내출혈) | ㊳brain hemorrhage | ㊳hemorragia cerebral |
| | ㊴뇌졸중 | ㊴stroke | ㊴derrame cerebral |
| | ㊵뇌좌상 | ㊵brain contusion | ㊵contusão cerebral |
| | ㊶뇌진탕 | ㊶brain concussion | ㊶concussão cerebral |
| ㄷ | ㊷다운증(후군) | ㊷Down's syndrome | ㊷síndrome de Down |
| | ㊸담관염 | ㊸cholangitis | ㊸colangite |
| | ㊹담낭염 | ㊹cholecystitis | ㊹colecistite |
| | ㊺담석 | ㊺gallstone | ㊺cálculo biliar |
| | ㊻당뇨병 | ㊻diabetes | ㊻diabetes |
| | ㊼대장균 O-157 | ㊼O-157(Escherichia coli O157) | ㊼Escherichia coli O-157 |
| | ㊽대장암(결장암) | ㊽colon cancer | ㊽câncer de cólon |
| | ㊾대장염(결장염) | ㊾colitis | ㊾colite |
| | ㊿뎅기열 | ㊿epilepsy(seizure) | ㊿epilepsia |
| | (51)돌발성요통 | (51)strained back | (51)lumbago |
| | (52)동맥경화(증) | (52)arteriosclerosis | (52)arteriosclerose |
| | (53)동맥류 | (53)aneurysm | (53)aneurisma |
| | (54)두부외상 | (54)head injury | (54)contusão na cabeça |
| | (55)땀띠 | (55)heat rash | (55)brotoeja |
| ㄹ | (56)류마티즘 | (56)rheumatism | (56)reumatismo |
| ㅁ | (57)말초동맥질환 | (57)peripheral artery disease (PAD) | (57)doença arterial periférica |
| | (58)매독 | (58)syphilis | (58)sífilis |
| | (59)맹장염(충수염) | (59)appendicitis | (59)apendicite |

| 태국어 | 중국어간체 | 중국어번체 | 일본어 |
|---|---|---|---|
| ชื่อโรค | 病 名 | 病 名 | 病 名 |
| ㉘เนื้องอกของรังไข่ | ㉘卵巢肿瘤 | ㉘卵巢腫瘤 | ㉘卵巣腫瘍<br>らんそうしゅよう |
| ㉙สายตาเอียง | ㉙乱视 | ㉙亂視 | ㉙乱視<br>らんし |
| ㉚หูชั้นในอักเสบ | ㉚内耳炎 | ㉚內耳炎 | ㉚内耳炎<br>ないじえん |
| ㉛อวัยวะภายในแตก | ㉛内脏破裂 | ㉛內臟破裂 | ㉛内臓破裂<br>ないぞうはれつ |
| ㉜กลุ่มอาการโรคไต | ㉜肾病综合征 | ㉜腎病綜合症 | ㉜ネフローゼ症候群<br>ねふろーぜしょうこうぐん |
| ㉝สายตาเสื่อม | ㉝老花眼 | ㉝老花眼 | ㉝老眼<br>ろうがん |
| ㉞โรคประสาท | ㉞精神官能症 | ㉞精神官能症 | ㉞ノイローゼ<br>のいろーぜ |
| ㉟ต้อหิน | ㉟青光眼 | ㉟青光眼 | ㉟緑内障<br>りょくないしょう |
| ㊱เนื้อเยื่อสมองตายเนื่องจาก<br>โลหิตสมองอุดตัน | ㊱脑梗塞 | ㊱腦梗塞 | ㊱脳梗塞<br>のうこうそく |
| ㊲โรคสมองอักเสบ | ㊲脑炎 | ㊲腦炎 | ㊲脳炎<br>のうえん |
| ㊳การตกเลือดในเนื้อสมอง | ㊳脑溢血 (脑出血) | ㊳腦溢血 (腦出血) | ㊳脳溢血 (脳内出血)<br>のういっけつ のうないしゅっけつ |
| ㊴เนื้องอกในสมอง | ㊴中风 | ㊴中風 | ㊴脳卒中<br>のうそっちゅう |
| ㊵เนื้อสมองช้ำ | ㊵脑挫伤 | ㊵腦挫傷 | ㊵脳挫傷<br>のうざしょう |
| ㊶สมองขาดเลือด | ㊶脑震荡 | ㊶腦震盪 | ㊶脳震盪<br>のうしんとう |
| ㊷กลุ่มอาการดาวน์/<br>ดาวน์ซินโดรม | ㊷唐氏综合症 | ㊷唐氏症 | ㊷ダウン症候群<br>だうんしょうこうぐん |
| ㊸ท่อน้ำดีอักเสบ | ㊸胆管炎 | ㊸膽管炎 | ㊸胆管炎<br>たんかんえん |
| ㊹ถุงน้ำดีอักเสบ | ㊹胆囊炎 | ㊹膽囊炎 | ㊹胆囊炎<br>たんのうえん |
| ㊺นิวในถุงน้ำดี | ㊺胆结石 | ㊺膽結石 | ㊺胆石<br>たんせき |
| ㊻โรคเบาหวาน | ㊻糖尿病 | ㊻糖尿病 | ㊻糖尿病<br>とうにょうびょう |
| ㊼เชื้ออีโคไลโอ157 | ㊼O157型大肠杆菌 | ㊼O-157型大腸桿菌 | ㊼大腸菌 O-157<br>だいちょうきん おーいちごーなな |
| ㊽เป็นมะเร็งลำไส้ | ㊽大肠癌 (结肠癌) | ㊽大腸癌 (結腸癌) | ㊽大腸がん (結腸がん)<br>だいちょう けっちょう |
| ㊾อาการลำไส้ใหญ่บวม | ㊾大肠炎 (结肠炎) | ㊾大腸炎 (結腸炎) | ㊾大腸炎 (結腸炎)<br>だいちょうえん けっちょうえん |
| ㊿โรคลมบ้าหมู | ㊿癫痫 | ㊿癲癇 | ㊿てんかん |
| 51หลังเส้นตึง | 51腰扭伤 | 51腰部扭傷 (閃到腰) | 51ぎっくり腰<br>ごし |
| 52โรคหลอดเลือดแดงแข็ง | 52动脉硬化 | 52動脈硬化 | 52動脈硬化 [症]<br>どうみゃくこうか しょう |
| 53เส้นเลือดแดงโปงพอง | 53动脉瘤 | 53動脈瘤 | 53動脈瘤<br>どうみゃくりゅう |
| 54การบาดเจ็บที่ศีรษะ | 54颅脑损伤 | 54顱腦損傷 | 54頭部外傷<br>とうぶがいしょう |
| 55ผื่นคัน | 55痱子 | 55痱子 | 55あせも |
| 56โรคไขข้ออักเสบ | 56风湿 | 56風濕 | 56リュウマチ<br>りゅうまち |
| 57โรคของหลอดเลือดแดง<br>ส่วนปลาย | 57外周动脉疾病 | 57末梢血管疾病 | 57末梢動脈疾患<br>まっしょうどうみゃくしっかん |
| 58โรคซิฟิลิส | 58梅毒 | 58梅毒 | 58梅毒<br>ばいどく |
| 59ไส้ติ่งอักเสบ | 59阑尾炎 (盲肠炎) | 59闌尾炎 (盲腸炎) | 59虫垂炎 (盲腸炎)<br>ちゅうすいえん もうちょうえん |

| 한국어 | 영어 | 포르투갈어 |
|---|---|---|
| **병명** | **name of disease** | **nome da doença** |
| ⑥⓪ 무기폐 | ⑥⓪ atelectasis | ⑥⓪ atelectasia |
| ⑥① 미숙아 | ⑥① premature baby | ⑥① bebê prematuro |
| ㅂ ⑥② 방광염 | ⑥② cystitis | ⑥② cistite |
| ⑥③ 백내장 | ⑥③ cataract | ⑥③ catarata |
| ⑥④ 백일해 | ⑥④ whooping cough | ⑥④ coqueluche |
| ⑥⑤ 백혈병 | ⑥⑤ leukemia | ⑥⑤ leucemia |
| ⑥⑥ 봉와직염 | ⑥⑥ cellulitis | ⑥⑥ celulite |
| ⑥⑦ 부신기능부전 | ⑥⑦ adrenal disorder | ⑥⑦ insuficiência adrenal |
| ⑥⑧ 부정교합 | ⑥⑧ malocclusion | ⑥⑧ maloclusão dentária |
| ⑥⑨ 비염 | ⑥⑨ runny nose | ⑥⑨ sintomas de rinite |
| ⑦⓪ 빈혈 | ⑦⓪ anemia | ⑦⓪ anemia |
| ㅅ ⑦① 사정장애 | ⑦① ejaculation disorder | ⑦① distúrbio da ejaculação |
| ⑦② 생활습관병 | ⑦② life style disease | ⑦② doenças causadas pelos hábito do cotidiano |
| ⑦③ 성병 | ⑦③ STI(sexually transmitted infection) | ⑦③ doença venérea |
| ⑦④ 성홍열 | ⑦④ scarlet fever | ⑦④ escarlatina |
| ⑦⑤ 수두 | ⑦⑤ chicken pox | ⑦⑤ catapora |
| ⑦⑥ 수족구병 | ⑦⑥ hand-foot-and-mouth disease(HFMD) | ⑦⑥ doença da mão-pé-e-boca |
| ⑦⑦ 식도암 | ⑦⑦ esophageal cancer | ⑦⑦ câncer de esôfago |
| ⑦⑧ 식중독 | ⑦⑧ food poisoning | ⑦⑧ intoxicação alimentar |
| ⑦⑨ 신결석 | ⑦⑨ nephrolithiasis | ⑦⑨ cálculo renal |
| ⑧⓪ 신염 | ⑧⓪ nephritis | ⑧⓪ nefrite |
| ⑧① 신우신염 | ⑧① pyelonephritis | ⑧① pielonefrite |
| ⑧② 신장병 | ⑧② kidney disease | ⑧② doença renal |
| ⑧③ 심근경색 | ⑧③ myocardial infection | ⑧③ infarto do miocárdio |
| ⑧④ 심부정맥혈전증(DVT) | ⑧④ deep venous thrombosis(DVT) | ⑧④ trombose venosa profunda |
| ⑧⑤ 십이지장궤양 | ⑧⑤ duodenal ulcer | ⑧⑤ úlcera duodenal |
| ㅇ ⑧⑥ 아니사키스 | ⑧⑥ Anisakis | ⑧⑥ Anisakis |
| ⑧⑦ 아토피성피부염 | ⑧⑦ atopic dermatitis | ⑧⑦ eczema atópica |
| ⑧⑧ 악관절증 | ⑧⑧ TMJ(temporomandibular joint) arthrosis | ⑧⑧ disfunção temporomandibular |
| ⑧⑨ 알레르기 | ⑧⑨ allergy | ⑧⑨ alergia |
| ⑨⓪ 알츠하이머병 | ⑨⓪ Alzheimer disease | ⑨⓪ mal de Alzheimer |
| ⑨① 알콜의존증 | ⑨① alcoholism | ⑨① alcoolismo |

좌측 세로 탭: A. 신체부위 / B. 검사·진단·치료 / C. 증상 / D. 병명 / E. 약제 등 / F. 지도·수속·기타

| 태국어 | 중국어간체 | 중국어번체 | 일본어 |
|---|---|---|---|
| ชื่อโรค | 病 名 | 病 名 | 病 名 |
| ⑥⓪ภาวะปอดแฟบ | ⑥⓪肺不张 | ⑥⓪肺陷落 | ⑥⓪無気肺 (むきはい) |
| ⑥①ทารกคลอดก่อนกำหนด | ⑥①早产儿 | ⑥①早產兒 | ⑥①未熟児 (みじゅくじ) |
| ⑥②กระเพาะปัสสาวะอักเสบ | ⑥②膀胱炎 | ⑥②膀胱炎 | ⑥②膀胱炎 (ぼうこうえん) |
| ⑥③ต้อกระจก | ⑥③白内障 | ⑥③白內障 | ⑥③白内障 (はくないしょう) |
| ⑥④โรคไอกรน | ⑥④百日咳 | ⑥④百日咳 | ⑥④百日咳 (ひゃくにちぜき) |
| ⑥⑤โรคมะเร็งเม็ดเลือดขาว | ⑥⑤白血病 | ⑥⑤白血病 | ⑥⑤白血病 (はっけつびょう) |
| ⑥⑥การติดเชื้อใต้ผิวหนัง | ⑥⑥蜂窝织炎 | ⑥⑥蜂窩性組織炎 | ⑥⑥蜂窩織炎 (ほうかしきえん) |
| ⑥⑦ภาวะต่อมหมวกไตบกพร่อง | ⑥⑦肾上腺皮质功能不全 | ⑥⑦腎上腺皮質功能不全 | ⑥⑦副腎機能不全 (ふくじんきのうふぜん) |
| ⑥⑧การสบฟันผิดปกติ | ⑥⑧咬合不正 | ⑥⑧咬合不正 | ⑥⑧不正咬合 (ふせいこうごう) |
| ⑥⑨อาการจมูกอักเสบ | ⑥⑨鼻炎症状 | ⑥⑨鼻炎症狀 | ⑥⑨鼻炎 (びえん) |
| ⑦⓪โลหิตจาง/เลือดจาง | ⑦⓪贫血 | ⑦⓪貧血 | ⑦⓪貧血 (ひんけつ) |
| ⑦①การหลั่งน้ำอสุจิผิดปกติ | ⑦①射精功能障碍 | ⑦①射精功能障礙 | ⑦①射精障害 (しゃせいしょうがい) |
| ⑦②โรคที่เกิดจากการดำรงชีวิต ประจำวัน | ⑦②成人病 (生活习惯病) | ⑦②生活習慣病 | ⑦②生活習慣病 (せいかつしゅうかんびょう) |
| ⑦③กามโรค | ⑦③性病 | ⑦③性病 | ⑦③性感染症 (せいかんせんしょう) |
| ⑦④ไข้อีดำอีแดง | ⑦④猩红热 | ⑦④猩紅熱 | ⑦④猩紅熱 (しょうこうねつ) |
| ⑦⑤อีสุกอีใส | ⑦⑤水痘 | ⑦⑤水痘 | ⑦⑤水疱瘡 (水痘) (みずぼうそう) (すいとう) |
| ⑦⑥โรคมือเท้าปากเปื่อย | ⑦⑥手足口病 | ⑦⑥手足口病 | ⑦⑥手足口病 (てあしくちびょう) |
| ⑦⑦มะเร็งหลอดอาหาร | ⑦⑦食道癌 | ⑦⑦食道癌 | ⑦⑦食道がん (しょくどう) |
| ⑦⑧อาหารเป็นพิษ | ⑦⑧食物中毒 | ⑦⑧食物中毒 | ⑦⑧食中毒 (しょくちゅうどく) |
| ⑦⑨โรคนิ่วไต | ⑦⑨肾结石 | ⑦⑨腎結石 | ⑦⑨腎結石 (じんけっせき) |
| ⑧⓪ไตอักเสบ | ⑧⓪肾脏发炎 | ⑧⓪腎炎 | ⑧⓪腎炎 (糸球体腎炎) (じんえん) (しきゅうたいじんえん) |
| ⑧①กรวยไตอักเสบ | ⑧①肾盂肾炎 | ⑧①腎盂腎炎 | ⑧①腎盂腎炎 (じんうじんえん) |
| ⑧②โรคไต | ⑧②肾脏病 | ⑧②腎臟病 | ⑧②腎臓病 (じんぞうびょう) |
| ⑧③หัวใจวาย | ⑧③心肌梗塞 | ⑧③心肌梗塞 | ⑧③心筋梗塞 (しんきんこうそく) |
| ⑧④โรคหลอดเลือดดำส่วน ลึกอุดตัน | ⑧④深静脉血栓形成 | ⑧④深部靜脈栓塞 (DVT) | ⑧④深部静脈血栓 (DVT) (しんぶじょうみゃくけっせんでぃぶいてぃ) |
| ⑧⑤แผลในลำไส้เล็กส่วนต้น | ⑧⑤十二指肠溃疡 | ⑧⑤十二指腸潰瘍 | ⑧⑤十二指腸潰瘍 (じゅうにしちょうかいよう) |
| ⑧⑥อะนิซาคิส | ⑧⑥异尖线虫 | ⑧⑥異尖線蟲 | ⑧⑥アニサキス (あにさきす) |
| ⑧⑦อาการแพ้ที่ผิวหนัง | ⑧⑦过敏性皮肤炎、湿疹 | ⑧⑦過敏性皮膚炎 (異位性 皮膚炎)、濕疹 | ⑧⑦アトピー性皮膚炎 (あとぴーせいひふえん) |
| ⑧⑧ข้อต่อขากรรไกรอักเสบ | ⑧⑧下巴关节症 | ⑧⑧顳頜關節症 | ⑧⑧顎関節症 (がくかんせつしょう) |
| ⑧⑨ภูมิแพ้ | ⑧⑨过敏 | ⑧⑨過敏 | ⑧⑨アレルギー (あれるぎー) |
| ⑨⓪ความจำเสื่อม | ⑨⓪阿兹海默症 | ⑨⓪阿茲海默症 | ⑨⓪アルツハイマー病 (あるつはいまーびょう) |
| ⑨①โรคติดสุรา/โรคพิษสุราเรื้อรัง | ⑨①酒精依赖 | ⑨①酒精成癮 | ⑨①アルコール依存症 (あるこーるいぞんしょう) |

| 한국어 | 영어 | 포르투갈어 |
|---|---|---|
| **병명** | **name of disease** | **nome da doença** |
| ⑨²암 | ⑨²cancer | ⑨²câncer |
| ⑨³약물발진 | ⑨³drug eruption | ⑨³erupção por medicamento |
| ⑨⁴약물의존증 | ⑨⁴drug addiction | ⑨⁴dependência de drogas |
| ⑨⁵염좌 | ⑨⁵sprain | ⑨⁵torção |
| ⑨⁶외반무지 | ⑨⁶hallux valgus | ⑨⁶hálux valgo (joanete) |
| ⑨⁷외이염 | ⑨⁷external otitis | ⑨⁷otite externa |
| ⑨⁸요도염 | ⑨⁸urethritis | ⑨⁸uretrite |
| ⑨⁹요로결석 | ⑨⁹urolithiasis (urinary stone) | ⑨⁹litíase urinária |
| ⑩⁰요추 추간판 탈출증 | ⑩⁰lumbar disc herniation | ⑩⁰hérnia de disco lombar |
| ⑩¹요폐 | ⑩¹urinary retention | ⑩¹retenção urinária |
| ⑩²우울증 | ⑩²depression | ⑩²depressão |
| ⑩³원시 | ⑩³farsightedness | ⑩³hipermetropia |
| ⑩⁴월경불순 | ⑩⁴irregular menstruation | ⑩⁴irregularidade menstrual |
| ⑩⁵월경장애 | ⑩⁵dysmenorrhea | ⑩⁵dismenorreia |
| ⑩⁶위궤양 | ⑩⁶gastric ulcer | ⑩⁶úlcera gástrica |
| ⑩⁷위암 | ⑩⁷gastric cancer | ⑩⁷o câncer gástrico |
| ⑩⁸위장염 | ⑩⁸gastroenteritis | ⑩⁸gastroenterite |
| ⑩⁹유방암 | ⑩⁹breast cancer | ⑩⁹câncer de mama |
| ⑩유산 | ⑩miscarriage | ⑩aborto |
| ⑪유행성 이하선염 | ⑪mumps | ⑪caxumba |
| ⑫인두통 | ⑫sore throat | ⑫dor de garganta |
| ⑬인플루엔자감염 | ⑬influenza infection | ⑬infecção por influenza |
| ⑭일과성허혈발작(TIA) | ⑭transient ischemic attack(TIA) | ⑭ataque isquêmico transitório |
| ⑮일레우스(장폐색) | ⑮ileus | ⑮obstrução intestinal (ileus) |
| ⑯일사병 | ⑯heat stroke | ⑯intermação |
| ⑰임신중독 | ⑰gestosis | ⑰pré-eclâmpsia |
| ⑱임질 | ⑱gonorrhea | ⑱gonorreia |
| ⑲자궁근종 | ⑲uterine myoma | ⑲fibroma uterino |
| ⑳자궁내막증 | ⑳endometriosis | ⑳endometriose uterina |
| ㉑자궁암 | ㉑uterine cancer | ㉑câncer uterino |
| ㉒자궁외 임신 | ㉒ectopic pregnancy | ㉒gravidez ectópica |

| 태국어<br>ชื่อโรค | 중국어간체<br>病名 | 중국어번체<br>病名 | 일본어<br>病名 |
|---|---|---|---|
| มะเร็ง | ㉜癌症 | ㉜癌症 | ㉜がん |
| ผื่นแพ้ยา | ㉝药疹 | ㉝藥疹 | ㉝薬疹 |
| ติดยาเสพติด | ㉞药物成瘾 | ㉞藥物成癮 | ㉞薬物依存症<br>（薬物中毒） |
| ฟกช้ำ | ㉟扭伤、挫伤 | ㉟扭傷 | ㉟捻挫 |
| ภาวะนิ้วโป้งเท้าเกออก | ㊱拇外翻 | ㊱拇趾外翻 | ㊱外反母趾 |
| หูชั้นนอกอักเสบ | ㊲外耳炎 | ㊲外耳炎 | ㊲外耳炎 |
| ท่อปัสสาวะอักเสบ | ㊳尿道炎 | ㊳尿道炎 | ㊳尿道炎 |
| ภาวะนิ่วในทางเดินปัสสาวะ | ㊴尿路结石 | ㊴尿路結石 | ㊴尿路結石 |
| หมอนรองกระดูกระดับเอว | ⑩腰椎间盘突出症 | ⑩腰部椎間盤突出 | ⑩腰椎椎間板ヘルニア |
| ปัสสาวะคั่ง | ⑩尿潴留 | ⑩尿液滞留 | ⑩尿閉 |
| โรคซึมเศร้า | ⑩忧郁症 | ⑩憂鬱症 | ⑩うつ病 |
| สายตายาว | ⑩远视 | ⑩遠視 | ⑩遠視 |
| ประจำเดือนมาไม่สม่ำเสมอ | ⑩生理不顺 | ⑩生理不順 | ⑩生理不順 |
| อาการปวดประจำเดือน | ⑩经痛 | ⑩經痛 | ⑩月経困難症 |
| แผลเปื่อยที่กระเพาะ | ⑩胃溃疡 | ⑩胃潰瘍 | ⑩胃潰瘍 |
| โรคมะเร็งกระเพาะอาหาร | ⑩胃癌 | ⑩胃癌 | ⑩胃がん |
| ภาวะกระเพาะ ลำไส้อักเสบ | ⑩胃肠炎 | ⑩腸胃炎 | ⑩胃腸炎 |
| มะเร็งเต้านม | ⑩乳腺癌 | ⑩乳腺癌（乳癌） | ⑩乳がん |
| แท้ง | ⑩流产 | ⑩流產 | ⑩流産 |
| โรคคางทูม | ⑪流行性腮腺炎 | ⑪流行性腮腺炎 | ⑪おたふく風邪 |
| เจ็บคอ | ⑫喉咙痛（咽炎） | ⑫喉嚨痛 | ⑫咽頭痛 |
| ไข้หวัดใหญ่ | ⑬感染流行性感冒 | ⑬感染流行性感冒 | ⑬インフルエンザ感染 |
| ภาวะสมองขาดเลือดชั่วคราว | ⑭短暂性脑缺血发作 | ⑭短暫性腦缺血發作 | ⑭一過性脳虚血発作<br>（ＴＩＡ） |
| ลำไส้ | ⑮肠梗阻 | ⑮腸梗阻 | ⑮イレウス（腸閉塞） |
| โรคลมแดด | ⑯热衷症 | ⑯中暑 | ⑯熱中症 |
| ครรภ์เป็นพิษ | ⑰妊娠中毒 | ⑰妊娠中毒 | ⑰妊娠中毒 |
| โรคหนองใน | ⑱淋病 | ⑱淋病 | ⑱淋病 |
| เนื้องอกที่มดลูก | ⑲子宫肌瘤 | ⑲子宮肌瘤 | ⑲子宮筋腫 |
| พังผืดเกาะที่มดลูก | ⑳子宫内膜异位 | ⑳子宮內膜異位 | ⑳子宮内膜症 |
| มะเร็งมดลูก | ㉑子宫癌（子宫内膜癌或<br>子宫颈癌等） | ㉑子宮癌（子宮內膜癌或<br>子宮頸癌等） | ㉑子宮がん |
| ตั้งครรภ์นอกมดลูก | ㉒子宫外孕 | ㉒子宮外孕 | ㉒子宮外妊娠 |

| 한국어 | 영어 | 포르투갈어 |
|---|---|---|
| **병명** | **name of disease** | **nome da doença** |
| ⑫③ 자궁탈출 | ⑫③ uterine prolapse | ⑫③ prolapso uterino |
| ⑫④ 자폐증 | ⑫④ autism | ⑫④ autismo |
| ⑫⑤ 장결핵 | ⑫⑤ intestinal tuberculosis | ⑫⑤ tuberculose intestinal |
| ⑫⑥ 장중적 | ⑫⑥ intussusception | ⑫⑥ invaginação intestinal |
| ⑫⑦ 장티푸스 | ⑫⑦ typhoid fever | ⑫⑦ febre tifoide |
| ⑫⑧ 저체온 | ⑫⑧ hypothermia | ⑫⑧ hipotermia |
| ⑫⑨ 저혈당 | ⑫⑨ hypoglycemia | ⑫⑨ hipoglicemia |
| ⑬⓪ 저혈압 | ⑬⓪ hypotension | ⑬⓪ hipotensão |
| ⑬① 전립선비대 | ⑬① prostatic hypertrophy | ⑬① hipertrofia prostática |
| ⑬② 전립선염 | ⑬② prostatitis | ⑬② prostatite |
| ⑬③ 전염성 | ⑬③ infectious | ⑬③ infeccioso |
| ⑬④ 정맥류(복수형) | ⑬④ varices | ⑬④ varizes |
| ⑬⑤ 조류인플루엔자 | ⑬⑤ avian influenza | ⑬⑤ gripe aviária |
| ⑬⑥ 조산 | ⑬⑥ premature delivery | ⑬⑥ parto prematuro |
| ⑬⑦ 조울증 | ⑬⑦ manic depression | ⑬⑦ doença maníaco-depressiva |
| ⑬⑧ 종양 | ⑬⑧ tumor | ⑬⑧ tumor |
| ⑬⑨ 중이염 | ⑬⑨ middle otitis | ⑬⑨ otite média |
| ⑭⓪ 지주막하출혈 | ⑭⓪ SAH(subarachnoid hemorrhage) | ⑭⓪ hemorragia subaracnóidea |
| ⑭① 지질이상증 | ⑭① dyslipidemia | ⑭① dislipidemia |
| ⑭② 직장암 | ⑭② rectal cancer | ⑭② câncer retal |
| ⑭③ 질염 | ⑭③ vaginitis | ⑭③ vaginite |
| ⑭④ 척수성 소아마비 | ⑭④ polio(infantile paralysis) | ⑭④ poliomielite |
| ⑭⑤ 척추손상 | ⑭⑤ spinal cord injury | ⑭⑤ lesão da medula espinhal |
| ⑭⑥ 천공 | ⑭⑥ perforation | ⑭⑥ perfuração |
| ⑭⑦ 천식 | ⑭⑦ asthma | ⑭⑦ asma |
| ⑭⑧ 추간판염 | ⑭⑧ discitis | ⑭⑧ discite |
| ⑭⑨ 축농증(부비강염) | ⑭⑨ sinusitis | ⑭⑨ sinusite |
| ⑮⓪ 출산 시 과다 출혈 | ⑮⓪ excessive blood loss at delivery | ⑮⓪ perda excessiva de sangue no parto |
| ⑮① 췌장암 | ⑮① pancreatic cancer | ⑮① câncer de pâncreas |

| 태국어 | 중국어간체 | 중국어번체 | 일본어 |
|---|---|---|---|
| 병이름 | 病名 | 病名 | 病名 |
| ㉓มดลูกยืน | ⑫子宫脱垂 | ⑫子宮脱垂 | ⑫子宮脱 しきゅうだつ |
| ㉔โรคออทิซึม | ⑫自闭症 | ⑫自閉症 | ⑫自閉症 じへいしょう |
| ㉕วัณโรคในช่องท้อง | ⑫肠结核 | ⑫腸結核 | ⑫腸結核 ちょうけっかく |
| ㉖ลำไส้กลืนกัน | ⑫肠套叠 | ⑫腸套疊 | ⑫腸重積 ちょうじゅうせき |
| ㉗ไข้ไทฟอยด์ | ⑫伤寒病 | ⑫傷寒病 | ⑫腸チフス ちょうちふす |
| ㉘อุณหภูมิร่างกายต่ำลง | ⑫低温 | ⑫低體溫 | ⑫低体温 ていたいおん |
| ㉙ภาวะน้ำตาลในเลือดต่ำ | ⑫低血糖 | ⑫低血糖 | ⑫低血糖 ていけっとう |
| ㉚ความดันโลหิตต่ำ | ⑬低血压 | ⑬低血壓 | ⑬低血圧 ていけつあつ |
| ㉛โรคต่อมลูกหมากโต | ⑬摄护腺肥大 | ⑬攝護腺肥大 | ⑬前立腺肥大 ぜんりつせんひだい |
| ㉜ต่อมลูกหมากอักเสบ | ⑬前列腺炎 | ⑬前列腺炎 | ⑬前立腺炎 ぜんりつせんえん |
| ㉝ติดเชื้อ | ⑬传染的 | ⑬傳染的 | ⑬伝染性 でんせんせい |
| ㉞เส้นเลือดดำขอด | ⑬静脉曲张 | ⑬靜脈曲張 | ⑬静脈瘤 じょうみゃくりゅう |
| ㉟ไข้หวัดนก | ⑬禽流感 | ⑬禽流感 | ⑬鳥インフルエンザ とりいんふるえんざ |
| ㊱การคลอดก่อนกำหนด | ⑬早产 | ⑬早產 | ⑬早産 そうざん |
| ㊲โรคจิตอารมณ์คลุ้มคลั่งและซึมเศร้า / โรคอารมณ์แปรปรวน | ⑬躁郁症 | ⑬躁鬱症 | ⑬躁うつ病 そう びょう |
| ㊳เนื้องอก | ⑬肿瘤 | ⑬腫瘤 | ⑬腫瘍 しゅよう |
| ㊴หูชั้นกลางอักเสบ | ⑬中耳炎 | ⑬中耳炎 | ⑬中耳炎 ちゅうじえん |
| ㊵เลือดออกใต้เยื่อหุ้มสมองชั้นกลาง | ⑭蜘蛛网膜下腔出血 | ⑭蜘蛛網膜下腔出血 | ⑭くも膜下出血 まくかしゅっけつ |
| ㊶ภาวะไขมันในเลือดผิดปกติ | ⑭血脂异常 | ⑭血脂異常 | ⑭脂質異常症 ししついじょうしょう |
| ㊷มะเร็งทวารหนัก | ⑭直肠癌 | ⑭直腸癌 | ⑭直腸がん ちょくちょう |
| ㊸ช่องคลอดอักเสบ | ⑭阴道炎 | ⑭陰道炎 | ⑭膣炎 ちつえん |
| ㊹โรคโปลิโอ | ⑭小儿麻痹 | ⑭小兒麻痺 | ⑭ポリオ(小児麻痺) ぽりお しょうにまひ |
| ㊺ได้รับบาดเจ็บที่กระดูกสันหลัง | ⑭脊髓损伤 | ⑭脊髓損傷 | ⑭脊椎損傷 せきついそんしょう |
| ㊻เจาะ | ⑭穿孔 | ⑭穿孔 | ⑭穿孔 せんこう |
| ㊼โรคหืด | ⑭哮喘 | ⑭哮喘 | ⑭喘息 ぜんそく |
| ㊽หมอนรองกระดูกอักเสบจากการติดเชื้อ | ⑭椎间盘炎 | ⑭椎間盤炎 | ⑭椎間板炎 ついかんばんえん |
| ㊾มีหนองในจมูก | ⑭蓄脓症(鼻窦炎) | ⑭蓄膿症(鼻竇炎) | ⑭蓄膿症(慢性副鼻腔炎) ちくのうしょう まんせいふくびくうえん |
| ㊿เลือดออกผิดปกติเวลาคลอด | ⑮生产时失血过多 | ⑮生產時失血過多 | ⑮出産時多量失血 しゅっさんじたりょうしっけつ |
| มะเร็งตับอ่อน | ⑮胰腺癌 | ⑮胰腺癌(胰臟癌) | ⑮膵臓がん すいぞう |

| 한국어 | 영어 | 포르투갈어 |
|---|---|---|
| 병명 | name of disease | nome da doença |
| ⑯ 치매 | ⑯ dementia | ⑯ demência |
| ⑯ 치조농루 | ⑯ periodontitis | ⑯ piorreia do alvéolo dentário |
| ⑯ 치주염 | ⑯ periodontal disease | ⑯ doença periodontal |
| ⑯ 치질 | ⑯ pile | ⑯ hemorroida |
| ㅋ ⑯ 칸디다 | ⑯ candida | ⑯ candidíase |
| ⑯ 클라미디아 | ⑯ chlamydia | ⑯ chlamídia |
| ㅌ ⑯ 타박 | ⑯ bruise | ⑯ contusão |
| ⑯ 탈구 | ⑯ dislocation | ⑯ luxação |
| ⑯ 탈장 | ⑯ abdominal hernia | ⑯ hérnia intestinal |
| ⑯ 통풍 | ⑯ gout | ⑯ gota |
| ⑯ 통합실조증 | ⑯ schizophrenia | ⑯ esquizofrenia |
| ⑯ 트라코마 | ⑯ trachoma | ⑯ trachoma |
| ⑯ 트리코모나스 | ⑯ trichomonas | ⑯ trichomonas |
| ㅍ ⑯ 파상풍 | ⑯ tetanus | ⑯ tétano |
| ⑯ 편도선염 | ⑯ tonsillitis | ⑯ amigdalite |
| ⑯ 편두통 | ⑯ migraine | ⑯ enxaqueca |
| ⑯ 폐결핵 | ⑯ pulmonary tuberculosis | ⑯ tuberculose pulmonar |
| ⑯ 폐렴 | ⑯ pneumonia | ⑯ pneumonia |
| ⑯ 폐부종 | ⑯ pulmonary edema | ⑯ edema pulmonar |
| ⑰ 폐색성동맥경화증(ASO) | ⑰ arteriosclerosis obliterans(ASO) | ⑰ arteriosclerose obliterante |
| ⑰ 폐색전 | ⑰ pulmonary embolism | ⑰ embolia pulmonar |
| ⑰ 폐암 | ⑰ lung cancer | ⑰ câncer de pulmão |
| ⑰ 풍진 | ⑰ rubella | ⑰ rubéola |
| ㅎ ⑰ 합병증 | ⑰ complication | ⑰ complicação |
| ⑰ 헤르니아 | ⑰ hernia | ⑰ hérnia |
| ⑰ 헤르페스 | ⑰ herpes | ⑰ herpes |
| ⑰ 협심증 | ⑰ angina pectoris | ⑰ angina |
| ⑰ 홍역 | ⑰ measles | ⑰ sarampo |
| ⑱ 황색 포도구균 | ⑱ Staphylococcus aureus | ⑱ Staphylococcus aureus |
| ⑱ 흉막염 | ⑱ pleuritis | ⑱ pleurite |
| ⑱ 흉수 | ⑱ pleural effusion | ⑱ derrame pleural |

| 태국어 | 중국어간체 | 중국어번체 | 일본어 |
|---|---|---|---|
| ชื่อโรค | 病 名 | 病 名 | 病 名 |
| ⑱โรคสมองเสื่อม | ⑫认知障碍（痴呆、失智） | ⑫認知障礙（癡呆、失智） | ⑫認知症（にんちしょう） |
| ⑱เยื่อหุ้มฟันอักเสบ | ⑬齿槽脓溢 | ⑬齒槽膿溢 | ⑬歯槽膿漏（しそうのうろう） |
| ⑲โรคเหงือกอักเสบ | ⑭牙周病 | ⑭牙周病 | ⑭歯周病（ししゅうびょう） |
| ⑲ริดสีดวงทวารหนัก | ⑮痔疮 | ⑮痔瘡 | ⑮痔（じ） |
| ⑯แคนดิดา | ⑯念珠菌 | ⑯念珠菌 | ⑯カンジダ（かんじだ） |
| ⑰คลามีเดีย | ⑰衣原体（披衣菌） | ⑰衣原體（披衣菌） | ⑰クラミジア（くらみじあ） |
| ⑱ฟกช้ำ | ⑱挫伤 | ⑱挫傷 | ⑱打撲（だぼく） |
| ⑲ข้อเคลื่อน | ⑲脱臼 | ⑲脱臼 | ⑲脱臼（だっきゅう） |
| ⑳โรคไส้เลื่อน | ⑳疝气（腹股沟疝） | ⑳疝氣（脱腸） | ⑳脱腸（だっちょう） |
| ㉑โรคเกาต์ | ㉑痛风 | ㉑痛風 | ㉑痛風（つうふう） |
| ㉒โรคจิตเภท | ㉒精神分裂症 | ㉒精神分裂症 | ㉒統合失調症（とうごうしっちょうしょう） |
| ㉓โรคริดสีดวง | ㉓沙眼 | ㉓沙眼 | ㉓トラホーム（トラコーマ）（とらほーむ）（とらこーま） |
| ㉔ทริโคโมแนส | ㉔滴虫 | ㉔滴蟲 | ㉔トリコモナス（とりこもなす） |
| ㉕บาดทะยัก | ㉕破伤风 | ㉕破傷風 | ㉕破傷風（はしょうふう） |
| ㉖ต่อมทอนซิลอักเสบ | ㉖扁桃腺炎 | ㉖扁桃腺炎 | ㉖扁桃腺炎（へんとうせんえん） |
| ㉗ไมเกรน | ㉗偏头痛 | ㉗偏頭痛 | ㉗偏頭痛（へんずつう） |
| ㉘วัณโรคปอด | ㉘肺结核 | ㉘肺結核 | ㉘肺結核（はいけっかく） |
| ㉙โรคปอดบวม | ㉙肺炎 | ㉙肺炎 | ㉙肺炎（はいえん） |
| ㉚ภาวะปอดบวมน้ำ | ㉚肺水肿 | ㉚肺水腫 | ㉚肺水腫（はいすいしゅ） |
| ㉛โรคเส้นเลือดหัวใจตีบตัน | ㉛闭塞性动脉硬化症 | ㉛動脈硬化閉塞症 | ㉛閉塞性動脈硬化症（へいそくせいどうみゃくこうかしょう）（ASO）（えいえすおー） |
| ㉜เส้นเลือดอุดตันที่ปอด | ㉜肺栓塞 | ㉜肺栓塞 | ㉜肺塞栓（はいそくせん） |
| ㉝มะเร็งปอด | ㉝肺癌 | ㉝肺癌 | ㉝肺がん（はい） |
| ㉞โรคหัดเยอรมัน | ㉞德国麻疹 | ㉞德國麻疹 | ㉞風疹（ふうしん） |
| ㉟โรคแทรกซ้อน | ㉟并发症 | ㉟併發症 | ㉟合併症（がっぺいしょう） |
| ㊱โรคไส้เลื่อน | ㊱疝气 | ㊱疝氣 | ㊱ヘルニア（へるにあ） |
| ㊲โรคเริม | ㊲疱疹 | ㊲皰疹 | ㊲ヘルペス（へるぺす） |
| ㊳หัวใจวาย | ㊳狭心症 | ㊳狭心症 | ㊳狭心症（きょうしんしょう） |
| ㊴โรคหัด | ㊴麻疹 | ㊴麻疹 | ㊴はしか（麻疹）（ましん） |
| ㊵สตาฟิโลค็อกคัส ออเรียส | ㊵金黄色葡萄球菌 | ㊵金黄色葡萄球菌 | ㊵黄色ブドウ球菌（おうしょくぶどうきゅうきん） |
| ㊶เยื่อหุ้มปอดอักเสบ | ㊶胸膜炎 | ㊶胸膜炎 | ㊶胸膜炎（きょうまくえん） |
| ㊷ไหลเยื่อหุ้มปอด | ㊷胸腔积液 | ㊷胸腔積水 | ㊷胸水（きょうすい） |

# 용어집 E. 약제 등

A. 신체부위
B. 검사·진단·치료
C. 증상
D. 병명
E. 약제 등
F. 지도·수속·기타

| 한국어 | 영어 | 포르투갈어 |
|---|---|---|
| **약제 등** | **medicine etc** | **medicamentos etc** |
| ① OD정(구강내 붕괴정) | ① OD(oral disintegrant) | ① comprimido OD(desintegrante oral) |
| ② 가루약 | ② powdered | ② medicamento em pó |
| ③ 감기약 | ③ cold medicine | ③ medicamento para gripe |
| ④ 강압제 | ④ antihypertensive | ④ anti-hipertensivo |
| ⑤ 경구 | ⑤ oral administration | ⑤ via oral |
| ⑥ 구강청결제 | ⑥ gargle | ⑥ medicamento para gargarejo |
| ⑦ 기침약 | ⑦ cough medicine | ⑦ antitussígeno |
| ⑧ 링거 | ⑧ drip infusion | ⑧ soro |
| ⑨ 마취제 | ⑨ anesthetics | ⑨ anestésico |
| ⑩ 물약 | ⑩ syrup(liquid) | ⑩ medicamento líquido |
| ⑪ 바르는 약 | ⑪ ointment | ⑪ pomada |
| ⑫ 붙이는 약 | ⑫ patch | ⑫ emplasto |
| ⑬ 사용법, 용량 | ⑬ dosage regimen | ⑬ dosagem |
| ⑭ 설하제 | ⑭ sublingual tablet | ⑭ comprimido sublingual |
| ⑮ 수면제(수면유도제) | ⑮ sleeping tablets | ⑮ sonífero(medicação de indução do sono) |
| ⑯ 스테로이드 | ⑯ steroid | ⑯ esteroide |
| ⑰ 습포 | ⑰ compress | ⑰ cataplasma |
| ⑱ 식전 | ⑱ before meals | ⑱ antes da refeição |
| ⑲ 식후 | ⑲ after meals | ⑲ depois da refeição |
| ⑳ 신경안정제 | ⑳ tranquillizer | ⑳ tranquilizante |
| ㉑ 약(약제) | ㉑ tablet | ㉑ comprimido |
| ㉒ 약국 | ㉒ pharmacy | ㉒ farmácia |
| ㉓ 위약 | ㉓ stomach medicine | ㉓ medicamento para o estômago |
| ㉔ 이뇨제 | ㉔ diuretic | ㉔ diurético |
| ㉕ 점비약 | ㉕ nose drop | ㉕ solução nasal |
| ㉖ 점안약 | ㉖ eye drop | ㉖ colírio |
| ㉗ 정맥내주입 | ㉗ intravenous infusion | ㉗ administração intravenosa |
| ㉘ 정맥주사 | ㉘ intravenous shot | ㉘ injeção intravenosa |
| ㉙ 제형 | ㉙ dosage form | ㉙ forma de dosagem |
| ㉚ 좌약 | ㉚ suppository | ㉚ supositório |
| ㉛ 주사 | ㉛ shot | ㉛ injeção |

| 태국어 | 중국어간체 | 중국어번체 | 일본어 |
|---|---|---|---|
| **ยาฯลฯ** | **药剂等** | **藥劑相關** | **薬剤など** |
| ①ยาอม | ①OD 药(含片) | ①OD 片(口含錠) | ①ＯＤ錠 (おーでぃじょう) |
| ②ยาผง | ②药粉 | ②藥粉 | ②粉薬 (こなぐすり) |
| ③ยาแก้หวัด | ③感冒药 | ③感冒藥 | ③風邪薬 (かぜぐすり) |
| ④ยาลดความดันโลหิต | ④降压药 | ④降壓藥 | ④降圧薬 (こうあつやく) |
| ⑤การให้สารทางปาก | ⑤口服 | ⑤口服 | ⑤経口 (けいこう) |
| ⑥ยากล้วคอ | ⑥漱口药 | ⑥漱口藥 | ⑥うがい薬 (ぐすり) |
| ⑦ยาแก้ไอ | ⑦止咳药 | ⑦止咳藥 | ⑦咳止め (せきどめ) |
| ⑧การให้ยาทางเส้นเลือด | ⑧点滴(吊针) | ⑧點滴 | ⑧点滴 (てんてき) |
| ⑨ยาสลบ | ⑨麻醉药 | ⑨麻醉藥 | ⑨麻酔薬 (ますいやく) |
| ⑩ยาน้ำ | ⑩药水 | ⑩藥水 | ⑩水薬 (みずぐすり) |
| ⑪ยาทา | ⑪涂的药膏 | ⑪塗劑 | ⑪塗り薬 (ぬりぐすり) |
| ⑫ยาสำหรับแปะ | ⑫贴片 | ⑫貼片 | ⑫貼り薬 (はりぐすり) |
| ⑬วิธีการใช้・ปริมาณการใช้ | ⑬用法・用量 | ⑬用法・用量 | ⑬用法・用量 (ようほう・ようりょう) |
| ⑭ยาอมใต้ลิ้น | ⑭舌下剂 | ⑭舌下錠 | ⑭舌下錠 (ぜっかじょう) |
| ⑮ยานอนหลับ | ⑮安眠药 | ⑮安眠藥 | ⑮催眠薬 (さいみんやく)<br>(睡眠導入剤) (すいみんどうにゅうざい) |
| ⑯สเตียรอยด์ | ⑯类固醇 | ⑯類固醇 | ⑯ステロイド (すてろいど) |
| ⑰การประคบ | ⑰湿敷 | ⑰濕布 | ⑰湿布 (しっぷ) |
| ⑱ก่อนอาหาร | ⑱饭前 | ⑱飯前 | ⑱食前 (しょくぜん) |
| ⑲หลังอาหาร | ⑲饭后 | ⑲飯後 | ⑲食後 (しょくご) |
| ⑳ยาระงับประสาท | ⑳精神安定药 | ⑳精神安定劑 | ⑳精神安定薬 (せいしんあんていやく) |
| ㉑ยาเม็ด | ㉑药片、片剂 | ㉑藥片、片劑 | ㉑錠剤 (じょうざい) |
| ㉒ร้านขายยา | ㉒药房 | ㉒藥局 | ㉒薬局 (やっきょく) |
| ㉓ยากระเพาะอาหาร | ㉓胃药 | ㉓胃藥 | ㉓胃薬 (いぐすり) |
| ㉔ยาขับปัสสาวะ | ㉔利尿药 | ㉔利尿劑 | ㉔利尿薬 (りにょうやく) |
| ㉕ยาหยอดจมูก | ㉕点鼻药 | ㉕點鼻藥 | ㉕点鼻薬 (てんびやく) |
| ㉖ยาหยอดตา | ㉖眼药水 | ㉖眼藥水 | ㉖点眼薬 (てんがんやく) |
| ㉗การฉีดยาเข้าเส้นเลือดดำ | ㉗静脉给药 | ㉗靜脈給藥 | ㉗経静脈投与 (けいじょうみゃくとうよ) |
| ㉘การฉีดยาเข้าเส้นเลือดดำ | ㉘静脉注射 | ㉘靜脈注射 | ㉘静脈注射 (じょうみゃくちゅうしゃ) |
| ㉙ประเภทของยา | ㉙剂型 | ㉙劑型 | ㉙剤形 (ざいけい) |
| ㉚ยาเหน็บ | ㉚肛门塞剂 | ㉚肛門塞劑 | ㉚座薬 (ざやく) |
| ㉛การฉีดยา | ㉛注射 | ㉛注射 | ㉛注射 (ちゅうしゃ) |

| 한국어 | 영어 | 포르투갈어 |
|---|---|---|
| **약제 등** | **medicine etc** | **medicamentos etc** |
| ㉜ 진정제 | ㉜ tranquilizer | ㉜ sedativo |
| ㉝ 진통제 | ㉝ pain killer | ㉝ analgésico |
| ㉞ 처방전 | ㉞ prescription | ㉞ prescrição médica |
| ㉟ 캡슐 | ㉟ capsule | ㉟ cápsula |
| ㊱ 피하주사 | ㊱ subcutaneous shot | ㊱ injeção subcutânea |
| ㊲ 한약 | ㊲ herbal medicine | ㊲ medicamento fitoterápico |
| ㊳ 항경련제 | ㊳ anticonvulsant | ㊳ anticonvulsivo |
| ㊴ 항부정맥제 | ㊴ antiarrhtymic | ㊴ antiarrítmico |
| ㊵ 항생물질(항생제) | ㊵ antibiotics | ㊵ antibiótico |
| ㊶ 항알레르기제 | ㊶ antiallergic | ㊶ antialérgico |
| ㊷ 해열제 | ㊷ antipyretics | ㊷ antifebril |
| ㊸ 호르몬제 | ㊸ hormone | ㊸ medicamento hormonal |

大
ㅋ
ㅍ
ㅎ

A. 신체부위
B. 검사·진단·치료
C. 증상
D. 병명
E. 약제 등
F. 지도·수속·기타

| 태국어 | 중국어간체 | 중국어번체 | 일본어 |
|---|---|---|---|
| ยาฯลฯ | 药剂等 | 藥劑相關 | 薬剤など |
| ㉜ยาระงับประสาท | ㉜镇静药 | ㉜鎮靜藥 | ㉜鎮静薬（ちんせいやく） |
| ㉝ยาบรรเทาปวด | ㉝止痛药 | ㉝止痛藥 | ㉝鎮痛薬（ちんつうやく） |
| ㉞ใบสั่งยา | ㉞处方药 | ㉞處方箋 | ㉞処方箋（しょほうせん） |
| ㉟ยาแคปซูล | ㉟胶囊 | ㉟膠囊 | ㉟カプセル（かぷせる） |
| ㊱การฉีดยาเข้าชั้นใต้ผิวหนัง | ㊱皮下注射 | ㊱皮下注射 | ㊱皮下注射（ひかちゅうしゃ） |
| ㊲ยาสมุนไพร | ㊲中药（汉方药） | ㊲中藥 | ㊲漢方薬（かんぽうやく） |
| ㊳ยาแก้ชัก | ㊳抗抽筋的药物・解痉药 | ㊳解痙藥 | ㊳抗痙攣薬（こうけいれんやく） |
| ㊴ยาแก้โรคหัวใจเต้นผิดปกติ | ㊴抗心律不整的药物 | ㊴抗心律不整的藥物 | ㊴抗不整脈薬（こうふせいみゃくやく） |
| ㊵ยาปฏิชีวนะ | ㊵抗生素 | ㊵抗生素 | ㊵抗生物質（抗生剤）（こうせいぶっしつ こうせいざい） |
| ㊶ยาแก้แพ้ | ㊶抗过敏的药物 | ㊶抗過敏藥 | ㊶抗アレルギー薬（こうあれるぎーやく） |
| ㊷ยาลดไข้ | ㊷退烧药 | ㊷退燒藥 | ㊷解熱剤（げねつざい） |
| ㊸ยาฮอร์โมน | ㊸荷尔蒙药 | ㊸荷爾蒙藥 | ㊸ホルモン薬（ほるもんやく） |

| 한국어 지도·수속·기타 | 영어 instruction/procedure etc | 포르투갈어 orientação médica/ trâmites/outros |
|---|---|---|
| ① ●개월(개월 전/개월 후) | ① ●months(months ago/months after) | ① ●meses(meses atrás/meses após) |
| ② ●년(년 전/년 후) | ② ●years(years ago/years after) | ② ●anos(anos atrás/anos após) |
| ③ ●분(분 전/분 후) | ③ ●minutes(minutes ago/minutes after) | ③ ●minutos(minutos atrás/minutos após) |
| ④ ●시간(시간 전/시간 후) | ④ ●hours(hours ago/hours after) | ④ ●hora(hora atrás/hora após) |
| ⑤ ●일(일 전/일 후) | ⑤ ●days(days ago/days after) | ⑤ ●dias(dias atrás/dias após) |
| ⑥ ●주(주 전/주 후) | ⑥ ●weeks(weeks ago/weeks after) | ⑥ ●semanas(semanas atrás/semanas após) |
| ㄱ ⑦ 가열 불충분 | ⑦ poorly cooked | ⑦ falta de aquecimento |
| ⑧ 가족 | ⑧ family | ⑧ família |
| ⑨ 간식 | ⑨ snack | ⑨ lanche |
| ⑩ 간호 | ⑩ nursing care | ⑩ cuidados de enfermagem |
| ⑪ 간호 필요도 | ⑪ nursing care level | ⑪ nível de necessidade de tratamento |
| ⑫ 간호사 호출 | ⑫ nurse call button | ⑫ sistema de chamada de enfermeir |
| ⑬ 갈색 | ⑬ brown | ⑬ marrom |
| ⑭ 갈아입을 옷 | ⑭ change of clothes | ⑭ troca de roupa |
| ⑮ 개 | ⑮ dog | ⑮ cão |
| ⑯ 개인병실 | ⑯ private room | ⑯ quarto individual |
| ⑰ 건강기능식품 | ⑰ supplement | ⑰ suplemento |
| ⑱ 건강보험증 | ⑱ health insurance | ⑱ caderneta de seguro de saúde |
| ⑲ 검은 색 | ⑲ black | ⑲ preto |
| ⑳ 게 | ⑳ crab | ⑳ caranguejo |
| ㉑ 견과류 | ㉑ nuts | ㉑ castanha |
| ㉒ 계란 | ㉒ egg | ㉒ ovo |
| ㉓ 고등어 | ㉓ mackerel | ㉓ cavala |
| ㉔ 고양이 | ㉔ cat | ㉔ gato |
| ㉕ 고용자 | ㉕ employer | ㉕ empregador |
| ㉖ 곰팡이 | ㉖ mold | ㉖ fungo |
| ㉗ 공복 | ㉗ hunger | ㉗ fome |
| ㉘ 과식 | ㉘ overeating | ㉘ comeu demasiado |

| 태국어<br>คำแนะนำ·ขั้นตอน·อื่น ๆ | 중국어간체<br>指导·手续·其他 | 중국어번체<br>醫療輔導·手續·其他 | 일본어<br>指導·手続き·その他 |
|---|---|---|---|
| ① ●เดือนที(เดือนที่แล้ว/ เดือนหลังการ) | ① ●个月 (个月前 /个月后) | ① ●個月 (個月前 /個月後) | ① ●ヵ月 (ヵ月前/ ヵ月後) |
| ② ●ปีที(ปีที่แล้ว/ปีที่หลังจากที่) | ② ●年 (年前/年后) | ② ●年 (年前/年後) | ② ●年 (年前/年後) |
| ③ ●นาที(นาทีที่แล้ว/ นาทีหลังจากที่) | ③ ●分钟 (分钟前 /分钟后) | ③ ●分鐘 (分鐘前 /分鐘後) | ③ ●分 (分前/分後) |
| ④ ●ชั่วโมงที(ชั่วโมงที่แล้ว/ ชั่วโมงหลังจากที่) | ④ ●小时 (小时前 /小时后) | ④ ●小時 (小時前 /小時後) | ④ ●時間 (時間前/ 時間後) |
| ⑤ ●วันที(วันที่แล้ว/วันหลังจากที่) | ⑤ ●天 (天前/天后) | ⑤ ●天 (天前/天後) | ⑤ ●日 (日前/日後) |
| ⑥ ●สัปดาห์ที(สัปดาห์ที่แล้ว/ สัปดาห์หลังจากที่) | ⑥ ●星期 (星期前 /星期后) | ⑥ ●星期 (星期前 /星期後) | ⑥ ●週間 (週間前/ 週間後) |
| ⑦ ไม่สุก | ⑦ 未完全加热 | ⑦ 未完全加熱 | ⑦ 加熱不十分 |
| ⑧ ครอบครัว | ⑧ 家族 | ⑧ 家人 | ⑧ 家族 |
| ⑨ อาหารว่าง | ⑨ 小吃 | ⑨ 小吃 | ⑨ 間食 |
| ⑩ การดูแลรักษาพยาบาล | ⑩ 护理 | ⑩ 護理 | ⑩ 介護 |
| ⑪ ระดับของการดูแลด้าน การพยาบาล | ⑪ 看护需求度 | ⑪ 看護需求度 | ⑪ 要介護度 |
| ⑫ ปุ่มกดเรียกพยาบาล | ⑫ 护士呼叫铃 | ⑫ 護士呼叫鈴 | ⑫ ナースコール |
| ⑬ สีน้ำตาลแก่ | ⑬ 褐色 | ⑬ 褐色 | ⑬ 褐色 |
| ⑭ การเปลี่ยนเสื้อผ้า | ⑭ 换衣服 | ⑭ 換衣服 | ⑭ 着替え |
| ⑮ สุนัข (/หมา) | ⑮ 狗 | ⑮ 狗 | ⑮ イヌ |
| ⑯ ห้องส่วนตัว | ⑯ 单人病房 | ⑯ 單人病房 | ⑯ 個室 |
| ⑰ อาหารเสริม | ⑰ 健康食品 | ⑰ 健康食品 | ⑰ サプリメント |
| ⑱ บัตรประกันสุขภาพ | ⑱ 健康保险证 | ⑱ 健康保險證 | ⑱ 健康保険証 |
| ⑲ สีดำ | ⑲ 黑色 | ⑲ 黑色 | ⑲ 黒色 |
| ⑳ ปู | ⑳ 螃蟹 | ⑳ 螃蟹 | ⑳ カニ |
| ㉑ ถั่ว | ㉑ 坚果类 | ㉑ 堅果類 | ㉑ ナッツ |
| ㉒ ไข่ไก่ | ㉒ 蛋 | ㉒ 蛋 | ㉒ 卵 |
| ㉓ ปลาซาบะ | ㉓ 鲭鱼 (青花鱼) | ㉓ 鯖魚 (青花魚) | ㉓ サバ |
| ㉔ แมว | ㉔ 猫 | ㉔ 貓 | ㉔ ネコ |
| ㉕ นายจ้าง | ㉕ 雇主 | ㉕ 雇主 | ㉕ 雇用者 |
| ㉖ เชื้อรา | ㉖ 霉菌 | ㉖ 黴菌 | ㉖ カビ |
| ㉗ ความหิว | ㉗ 空腹 | ㉗ 空腹 | ㉗ 空腹 |
| ㉘ กินมากเกินไป | ㉘ 吃太多 | ㉘ 飲食過量 | ㉘ 食べすぎ |

| 한국어 | 영어 | 포르투갈어 |
|---|---|---|
| **지도·수속·기타** | **instruction/procedure etc** | **orientação médica/ trâmites/outros** |
| ㉙과일 | ㉙fruit | ㉙fruta |
| ㉚과일즙 | ㉚fruit juice | ㉚suco de fruta |
| ㉛교통사고 | ㉛traffic accident | ㉛acidente de trânsito |
| ㉜굴 | ㉜oyster | ㉜ostra |
| ㉝귀가 | ㉝return home | ㉝volta para casa |
| ㉞귓속 청소 | ㉞ear cleaning | ㉞limpeza dos ouvidos |
| ㉟금속 | ㉟metals | ㉟metal |
| ㊱기상 시 | ㊱when you get up | ㊱ao acordar |
| ㊲기상시간 | ㊲the time you get up | ㊲horário de acordar |
| ㊳기압 | ㊳air pressure | ㊳pressão de ar |
| ㊴기저귀 | ㊴diapers | ㊴fraldas |
| ㊵기차 | ㊵train | ㊵trem |
| ㊶꽃가루 | ㊶pollen | ㊶pólen |
| ㄴ ㊷노란색 | ㊷yellow | ㊷amarelo |
| ㊸녹차 | ㊸green tea | ㊸chá verde |
| ㄷ ㊹단백질 | ㊹protein | ㊹proteína |
| ㊺단수 | ㊺suspension of water supply | ㊺suspensão de fornecimento de água |
| ㊻닭고기 | ㊻chicken | ㊻carne de frango |
| ㊼담배 | ㊼tobacco | ㊼cigarro |
| ㊽당 | ㊽sugar | ㊽açúcar |
| ㊾대기시간 | ㊾waiting time | ㊾tempo de espera |
| ㊿덥다 | ㊿hot | ㊿quente |
| 51데이케어(주간보호) | 51partial hospitalization | 51day care |
| 52도시락 | 52box lunch | 52marmita |
| 53독극물 | 53poison | 53produtos venenosos |
| 54동물 | 54animal or pet | 54animal |
| 55동의서 | 55written consent | 55termo de consentimento |
| 56돼지고기 | 56pork | 56carne de porco |
| 57뜨거운 물 | 57hot water | 57água quente |
| ㄹ 58라디오 | 58radio | 58rádio |
| 59라텍스 | 59latex | 59látex |
| ㅁ 60매일 | 60everyday | 60todos os dias |
| 61매점 | 61shop(store) | 61loja |
| 62모국 | 62homeland | 62país de origem |
| 63모유 | 63breast milk | 63leite materno |

| 태국어 | 중국어간체 | 중국어번체 | 일본어 |
|---|---|---|---|
| **คำแนะนำ·ขั้นตอน·อื่น ๆ** | **指导·手续·其他** | **醫療輔導·手續·其他** | **指導·手続き·その他** |
| ㉙ผลไม้ | ㉙水果 | ㉙水果 | ㉙果物（くだもの） |
| ㉚น้ำผลไม้ | ㉚果汁 | ㉚果汁 | ㉚果汁（かじゅう） |
| ㉛อุบัติเหตุจราจร | ㉛交通事故 | ㉛交通意外 | ㉛交通事故（こうつうじこ） |
| ㉜หอยนางรม | ㉜牡蛎 | ㉜牡蠣 | ㉜カキ（かき） |
| ㉝การกลับบ้าน | ㉝回家 | ㉝回家 | ㉝帰宅（きたく） |
| ㉞ทำความสะอาดช่องหู | ㉞清洁耳朵 | ㉞清潔耳朵 | ㉞耳掃除（みみそうじ） |
| ㉟โลหะ | ㉟金属 | ㉟金屬 | ㉟金属（きんぞく） |
| ㊱เมื่อตื่นนอน | ㊱起床时 | ㊱起床時 | ㊱起床時（きしょうじ） |
| ㊲เวลาตื่น | ㊲起床时间 | ㊲起床時間 | ㊲起床時間（きしょうじかん） |
| ㊳ความกดอากาศ | ㊳气压 | ㊳氣壓 | ㊳気圧（きあつ） |
| ㊴ผ้าอ้อมเด็ก | ㊴尿布 | ㊴尿布 | ㊴おむつ |
| ㊵รถไฟ | ㊵电车 | ㊵電車 | ㊵電車（でんしゃ） |
| ㊶ละอองเกสร | ㊶花粉 | ㊶花粉 | ㊶花粉（かふん） |
| ㊷สีเหลือง | ㊷黄色 | ㊷黃色 | ㊷黄色（きいろ） |
| ㊸ชาเขียว | ㊸绿茶 | ㊸綠茶 | ㊸緑茶（りょくちゃ） |
| ㊹โปรตีน | ㊹蛋白质 | ㊹蛋白質 | ㊹タンパク質（たんぱくしつ） |
| ㊺กินมากเกินไป | ㊺停水 | ㊺停水 | ㊺断水（だんすい） |
| ㊻เนื้อไก่ | ㊻鸡肉 | ㊻雞肉 | ㊻鶏肉（とりにく） |
| ㊼บุหรี่ | ㊼香烟 | ㊼香菸 | ㊼タバコ（たばこ） |
| ㊽น้ำตาล | ㊽糖分 | ㊽糖 | ㊽糖（とう） |
| ㊾เวลา | ㊾等待时间 | ㊾等待時間 | ㊾待ち時間（まちじかん） |
| ㊿ร้อน | ㊿热 | ㊿熱 | ㊿暑い（あつい） |
| 51การอยู่โรงพยาบาลเฉพาะ ตอนกลางวัน | 51复健专门护理 | 51日間護理 | 51デイケア（でいけあ） |
| 52อาหารกล่องปรุงสำเร็จ | 52便当 | 52便當 | 52弁当（べんとう） |
| 53ยาพิษ | 53毒 | 53毒 | 53毒物（どくぶつ） |
| 54สัตว์ | 54动物 | 54動物 | 54動物（どうぶつ） |
| 55หนังสือยินยอม | 55同意书 | 55同意書 | 55同意書（どういしょ） |
| 56เนื้อหมู | 56猪肉 | 56豬肉 | 56豚肉（ぶたにく） |
| 57น้ำร้อน | 57热水 | 57熱水 | 57お湯（おゆ） |
| 58วิทยุ | 58收音机 | 58收音機 | 58ラジオ（らじお） |
| 59น้ำยาง/ลาเทกซ์ | 59乳胶 | 59乳膠 | 59ラテックス（らてっくす） |
| 60ทุกวัน | 60每天 | 60每天 | 60毎日（まいにち） |
| 61ร้านขายของ | 61店 | 61商店 | 61売店（ばいてん） |
| 62ประเทศบ้านเกิด | 62祖国 | 62祖國 | 62母国（ぼこく） |
| 63น้ำนมแม่ | 63母乳 | 63母乳 | 63母乳（ぼにゅう） |

| 한국어 지도·수속·기타 | 영어 instruction/procedure etc | 포르투갈어 orientação médica/ trâmites/outros |
| --- | --- | --- |
| ⑭목욕 | ⑭bathing | ⑭banho |
| ⑮물 | ⑮water | ⑮água |
| ⑯밀 | ⑯flour | ⑯trigo |
| ⑰배우자 | ⑰spouse | ⑰cônjuge |
| ⑱반려동물 | ⑱pet | ⑱animal de estimação |
| ⑲버스 | ⑲bus | ⑲ônibus |
| ⑳벌레 | ⑳bug | ⑳inseto |
| ㉑베개 | ㉑pillow | ㉑travesseiro |
| ㉒복구 | ㉒restoration | ㉒restauração |
| ㉓붉은색 | ㉓red | ㉓vermelho |
| ㉔붕괴 | ㉔collapse | ㉔colapso |
| ㉕비타민 | ㉕vitamin | ㉕vitamina |
| ㉖비행기 | ㉖airplane | ㉖avião |
| ㉗산업재해보상보험 | ㉗Workmen's Accident Compensation Insurance | ㉗Seguro contra Acidente de Trabalho |
| ㉘살 빼는 약 | ㉘anti-obesity drug | ㉘medicamento para emagrecer |
| ㉙새 | ㉙bird | ㉙ave |
| ㉚선홍색 | ㉚bright red | ㉚vermelho vivo |
| ㉛섬유질 | ㉛fiber | ㉛fibras |
| ㉜섭취 칼로리 | ㉜calorie intake | ㉜ingestão de calorias |
| ㉝세대주 | ㉝head of household | ㉝chefe da família |
| ㉞세면대 | ㉞wash basin | ㉞lavatório |
| ㉟소등시간 | ㉟lights-out time | ㉟hora de apagar as luzes |
| ㊱소음 | ㊱noise | ㊱barulhento |
| ㊲쇠고기 | ㊲beef | ㊲carne bovina |
| ㊳수면 | ㊳sleep | ㊳sono |
| ㊴수면 중 | ㊴while sleeping | ㊴enquanto está dormindo |
| ㊵수속 | ㊵procedure | ㊵trâmites |
| ㊶식물 | ㊶plant | ㊶vegetal |
| ㊷식사 | ㊷meal | ㊷refeição |
| ㊸식사요법 | ㊸diet therapy | ㊸dieta |
| ㊹식욕 | ㊹appetite | ㊹apetite |
| ㊺신발을 벗으세요 | ㊺no outdoor shoes allowed | ㊺por favor, tire os sapatos |

| 태국어 | 중국어간체 | 중국어번체 | 일본어 |
|---|---|---|---|
| คำแนะนำ·ขั้นตอน·อื่น ๆ | 指导·手续·其他 | 醫療輔導·手續·其他 | 指導·手続き·その他 |
| ⑭การอาบน้ำ | ⑭入浴（洗澡） | ⑭入浴（洗澡） | ⑭入浴（にゅうよく） |
| ⑮น้ำ | ⑮水 | ⑮水 | ⑮水（みず） |
| ⑯แป้งสาลี | ⑯小麦 | ⑯小麥 | ⑯小麦（こむぎ） |
| ⑰คู่สมรส | ⑰配偶 | ⑰配偶 | ⑰配偶者（はいぐうしゃ） |
| ⑱สัตว์เลี้ยง | ⑱宠物 | ⑱寵物 | ⑱ペット（ぺっと） |
| ⑲รถบัส | ⑲公共汽车 | ⑲公共汽車 | ⑲バス（ばす） |
| ⑳แมลง | ⑳虫子 | ⑳蟲子 | ⑳虫（むし） |
| ㉑หมอน | ㉑枕头 | ㉑枕頭 | ㉑枕（まくら） |
| ㉒การบูรณะซ่อมแซม | ㉒修复 | ㉒修復 | ㉒復旧（ふっきゅう） |
| ㉓สีแดง | ㉓红色 | ㉓紅色 | ㉓赤色（あかいろ） |
| ㉔ล่มสลาย | ㉔倒塌 | ㉔倒塌 | ㉔倒壊（とうかい） |
| ㉕วิตามิน | ㉕维他命 | ㉕維他命 | ㉕ビタミン（びたみん） |
| ㉖เครื่องบิน | ㉖飞机 | ㉖飛機 | ㉖飛行機（ひこうき） |
| ㉗การประกันภัยเงินทดแทนแรงงาน | ㉗工伤补偿保险 | ㉗勞動傷害補償保險 | ㉗労働災害補償保険（ろうどうさいがいほしょうほけん） |
| ㉘ยาลดความอ้วน | ㉘减肥药 | ㉘減肥藥 | ㉘やせ薬（ぐすり） |
| ㉙นก | ㉙鸟 | ㉙鳥 | ㉙トリ（とり） |
| ㉚สีแดงสด | ㉚鲜红色 | ㉚鮮紅色 | ㉚鮮紅色（せんこうしょく） |
| ㉛ไฟเบอร์ | ㉛纤维 | ㉛纖維素 | ㉛繊維（せんい） |
| ㉜แคลอรีในอาหารที่บริโภค | ㉜摄取的卡路里 | ㉜攝取的卡路里 | ㉜摂取カロリー（せっしゅかろりー） |
| ㉝หัวหน้าครอบครัว | ㉝户主 | ㉝戶主 | ㉝世帯主（せたいぬし） |
| ㉞อ่างล้างหน้า | ㉞洗手盆 | ㉞洗臉台 | ㉞洗面台（せんめんだい） |
| ㉟เวลาปิดไฟ | ㉟熄灯时间 | ㉟熄燈時間 | ㉟消灯時間（しょうとうじかん） |
| ㊱เสียงรบกวน | ㊱噪音 | ㊱噪音 | ㊱騒音（そうおん） |
| ㊲เนื้อวัว | ㊲牛肉 | ㊲牛肉 | ㊲牛肉（ぎゅうにく） |
| ㊳การนอนหลับ | ㊳睡觉 | ㊳睡覺 | ㊳睡眠（すいみん） |
| ㊴เวลานอน | ㊴睡觉的时候 | ㊴睡覺的時候 | ㊴睡眠中（すいみんちゅう） |
| ㊵ขั้นตอน | ㊵手续 | ㊵手續 | ㊵手続き（てつづ） |
| ㊶พืช | ㊶植物 | ㊶植物 | ㊶植物（しょくぶつ） |
| ㊷อาหาร | ㊷餐 | ㊷餐 | ㊷食事（しょくじ） |
| ㊸วิธีรักษาโรคด้วยการควบคุมอาหาร | ㊸饮食疗法 | ㊸飲食療法 | ㊸食事療法（しょくじりょうほう） |
| ㊹ความอยากอาหาร | ㊹食欲 | ㊹食慾 | ㊹食欲（しょくよく） |
| ㊺กรุณาถอดรองเท้า | ㊺请脱鞋 | ㊺請脫鞋 | ㊺土足禁止（どそくきんし） |

| 한국어 지도·수속·기타 | 영어 instruction/procedure etc | 포르투갈어 orientação médica/ trâmites/outros |
|---|---|---|
| ⑯ 실내 먼지 | ⑯ house dust | ⑯ poeira doméstica |
| ⑰ 실내화 | ⑰ indoor slippers(shoes) | ⑰ calçado interno |
| ⑱ 쓰레기통 | ⑱ garbage box | ⑱ lixeira |
| ⑲ 아침 | ⑲ in the morning | ⑲ de manhã |
| ⑩⑩ 아프다 | ⑩⑩ hurts | ⑩⑩ dói |
| ⑩① 알콜 | ⑩① alcohol | ⑩① bebida alcoólica |
| ⑩② 어패류 | ⑩② fish and shellfish | ⑩② fruto do mar |
| ⑩③ 에어컨 | ⑩③ air conditioner | ⑩③ condicionador de ar |
| ⑩④ 연두색 | ⑩④ yellow green | ⑩④ verde claro |
| ⑩⑤ 연락처 | ⑩⑤ contact | ⑩⑤ contato |
| ⑩⑥ 염분 | ⑩⑥ salt | ⑩⑥ sal |
| ⑩⑦ 영사관 | ⑩⑦ consulate | ⑩⑦ consulado |
| ⑩⑧ 영주자 | ⑩⑧ permanent resident | ⑩⑧ residente permanente |
| ⑩⑨ 예약 | ⑩⑨ reservation | ⑩⑨ reserva |
| ⑪⑩ 오징어 | ⑪⑩ squid | ⑪⑩ lula |
| ⑪① 온천 | ⑪① hot spring | ⑪① fonte termal |
| ⑪② 외래환자 | ⑪② outpatient | ⑪② paciente do ambulatório |
| ⑪③ 외무성 | ⑪③ Ministry of Foreign Affairs | ⑪③ Ministério dos Negócios Estrangeiros |
| ⑪④ 외박 | ⑪④ be away overnight | ⑪④ pernoite externo |
| ⑪⑤ 외출 | ⑪⑤ be out | ⑪⑤ saída |
| ⑪⑥ 우유 | ⑪⑥ cow milk | ⑪⑥ leite |
| ⑪⑦ 운동요법 | ⑪⑦ exercise therapy | ⑪⑦ terapia por exercícios físicos |
| ⑪⑧ 운전면허증 | ⑪⑧ driver license | ⑪⑧ carteira de motorista |
| ⑪⑨ 위생패드 | ⑪⑨ sanitary pads | ⑪⑨ absorvente |
| ⑫⑩ 음료 | ⑫⑩ drinks | ⑫⑩ bebida |
| ⑫① 음수과다(다음) | ⑫① overdrinking of water | ⑫① consumo excessivo de líquido |
| ⑫② 음식물 | ⑫② food | ⑫② alimento |
| ⑫③ 음주 | ⑫③ drinking alcohol | ⑫③ tomar bebida alcoólica |
| ⑫④ 음주과다 | ⑫④ excessive drinking | ⑫④ consumo excessivo de álcool |
| ⑫⑤ 이른 아침 | ⑫⑤ early in the morning | ⑫⑤ pela manhã cedo |
| ⑫⑥ 이불 | ⑫⑥ duvet(futon of top) | ⑫⑥ cobertor |
| ⑫⑦ 이유식 | ⑫⑦ baby food | ⑫⑦ alimentação para desmame |

| 태국어 | 중국어간체 | 중국어번체 | 일본어 |
|---|---|---|---|
| คำแนะนำ·ขั้นตอน·อื่น ๆ | 指导·手续·其他 | 醫療輔導·手續·其他 | 指導·手続き·その他 |
| ฝุ่นในบ้าน | ⑯室内灰尘 | ⑯室內灰塵 | ⑯ハウスダスト |
| รองเท้าแตะสวมใส่ลำลองภายในบ้าน | ⑰室内拖鞋 | ⑰室內拖鞋 | ⑰室内履き |
| กล่องขยะ | ⑱垃圾箱 | ⑱垃圾箱 | ⑱ゴミ箱 |
| เช้า | ⑲早上 | ⑲早上 | ⑲朝 |
| เจ็บ | ⑩痛 | ⑩痛 | ⑩痛い |
| สุรา/เครื่องดื่มแอลกอฮอล์ | ⑩酒精 | ⑩酒精 | ⑩アルコール |
| อาหารทะเล | ⑩鱼类 | ⑩魚類 | ⑩魚介類 |
| เครื่องปรับอากาศ | ⑩冷气机 | ⑩冷氣機 | ⑩エアコン |
| สีเขียวเหลือง | ⑩黄绿色 | ⑩黃綠色 | ⑩黄緑色 |
| สถานที่ติดต่อ | ⑩联系方法 | ⑩連絡方式 | ⑩連絡先 |
| เกลือ | ⑩盐分 | ⑩鹽分 | ⑩塩分 |
| สถานกงสุล | ⑩领事馆 | ⑩領事館 | ⑩領事館 |
| ผู้อยู่อาศัยถาวร | ⑩永久居民 | ⑩永久居民 | ⑩永住者 |
| จอง | ⑩预约 | ⑩預約 | ⑩予約 |
| ปลาหมึก | ⑩花枝 | ⑩花枝 | ⑩イカ |
| น้ำพุร้อน | ⑪温泉 | ⑪溫泉 | ⑪温泉 |
| คนไข้นอก | ⑫门诊病患 | ⑫門診病患 | ⑫外来患者 |
| กระทรวงการต่างประเทศ | ⑬外交部 | ⑬外交部 | ⑬外務省 |
| ไปค้างคืนนอกบ้าน | ⑭外宿 | ⑭外宿 | ⑭外泊 |
| ออกไปข้างนอก | ⑮外出 | ⑮外出 | ⑮外出 |
| นมวัว | ⑯牛奶 | ⑯牛奶 | ⑯牛乳 |
| วิธีรักษาโรคด้วยการออกกำลังกาย | ⑰运动疗法 | ⑰運動療法 | ⑰運動療法 |
| ใบอนุญาตขับรถ | ⑱驾驶执照 | ⑱駕駛執照 | ⑱運転免許証 |
| ผ้าอนามัย | ⑲生理期护垫(卫生巾) | ⑲衛生棉 | ⑲ナプキン |
| เครื่องดื่ม | ⑳饮料 | ⑳飲料 | ⑳飲み物 |
| การดื่มน้ำมากเกินไป | ㉑水喝太多 | ㉑飲水過量 | ㉑飲水過多(多飲) |
| อาหาร | ㉒食物 | ㉒食物 | ㉒食べ物 |
| ดื่มสุรา | ㉓喝酒 | ㉓喝酒 | ㉓飲酒 |
| การดื่มสุรามากเกินไป | ㉔饮酒过量 | ㉔飲酒過量 | ㉔飲酒過多 |
| ตอนเช้าตรู่ | ㉕清晨时 | ㉕清晨 | ㉕早朝 |
| ผ้าห่ม | ㉖棉被 | ㉖棉被 | ㉖布団(掛け布団) |
| อาหารเด็ก | ㉗婴儿食品 | ㉗嬰兒副食品 | ㉗離乳食 |

| 한국어 | 영어 | 포르투갈어 |
|---|---|---|
| **지도·수속·기타** | **instruction/procedure etc** | **orientação médica/ trâmites/outros** |
| ⑫ 일 | ⑫ occupation | ⑫ ocupação |
| ⑫ 일광 | ⑫ sunlight | ⑫ raio do sol |
| ⑬ 일반식 | ⑬ general diet | ⑬ alimentação comum |
| ⑬ 임의보험 | ⑬ voluntary insurance | ⑬ seguro voluntário |
| ⑬ 입국관리국 | ⑬ Immigration Bureau | ⑬ Escritório de Controle de Imigração |
| ⑬ 입원 | ⑬ hospitalization | ⑬ internação |
| ⑬ 입원환자 | ⑬ inpatient | ⑬ paciente internado |
| ⑬ 자동차보험 | ⑬ car insurance | ⑬ seguro de automóveis |
| ⑬ 자동차손해배상책임보험 | ⑬ mandatory vehicle liability insurance | ⑬ seguro obrigatório de indenização a danos |
| ⑬ 자택 | ⑬ home | ⑬ casa |
| ⑬ 잠옷 | ⑬ pajamas | ⑬ pijama |
| ⑬ 재류자격 | ⑬ status of residence | ⑬ visto de residência |
| ⑭ 재류카드 | ⑭ resident card | ⑭ cartão de permanência |
| ⑭ 저녁 | ⑭ in the evening | ⑭ à tardinha |
| ⑭ 전갱이 | ⑭ horse mackerel | ⑭ cavalinha |
| ⑭ 전원 | ⑭ hospital transfer | ⑭ mudança de hospital |
| ⑭ 전화번호 | ⑭ telephone number | ⑭ número de telefone |
| ⑭ 점심 | ⑭ in the afternoon | ⑭ de tarde |
| ⑭ 정전 | ⑭ power outage(blackout) | ⑭ interrupção de energia |
| ⑭ 정주자 | ⑭ long term resident | ⑭ residente de longa duração |
| ⑭ 졸리다 | ⑭ sleepy | ⑭ sonolento |
| ⑭ 종합병실 | ⑭ shared hospital room | ⑭ quarto em grupo |
| ⑮ 주소 | ⑮ address | ⑮ endereço |
| ⑮ 지금 | ⑮ now | ⑮ agora |
| ⑮ 지방분 | ⑮ fat | ⑮ gordura |
| ⑮ 지불 | ⑮ payment | ⑮ pagamento |
| ⑮ 지진 | ⑮ earthquake | ⑮ terremoto |
| ⑮ 지하철 | ⑮ subway | ⑮ metrô |
| ⑮ 직장 | ⑮ work place | ⑮ local de trabalho |
| ⑮ 진드기 | ⑮ tick | ⑮ ácaro |
| ⑮ 진찰권 | ⑮ registration card | ⑮ cartão de atendimento médi |
| ⑮ 차멀미 | ⑮ motion sickness | ⑮ enjoo em viagem |

| 태국어 | 중국어간체 | 중국어번체 | 일본어 |
|---|---|---|---|
| **คำแนะนำ·ขั้นตอน·อื่น ๆ** | **指导·手续·其他** | **醫療輔導·手續·其他** | **指導・手続き・その他** |
| ㉘อาชีพ | ⑫⑧作业 | ⑫⑧工作 | ⑫⑧仕事（しごと） |
| ㉙แสงแดด | ⑫⑨阳光 | ⑫⑨陽光 | ⑫⑨日光（にっこう） |
| ㉚อาหารทั่วไป | ⑬⓪一般饮食 | ⑬⓪一般飲食 | ⑬⓪一般食（いっぱんしょく） |
| ㉛การประกันภัยภาคสมัครใจ | ⑬①自愿保险 | ⑬①自願保險 | ⑬①任意保険（にんいほけん） |
| ㉜สำนักงานตรวจคนเข้าเมือง | ⑬②入国管理局 | ⑬②入國管理局 | ⑬②入国管理局（にゅうこくかんりきょく） |
| ㉝เข้ารักษาตัวในโรงพยาบาล | ⑬③住院 | ⑬③住院 | ⑬③入院（にゅういん） |
| ㉞คนไข้ใน | ⑬④住院患者 | ⑬④住院患者 | ⑬④入院患者（にゅういんかんじゃ） |
| ㉟ประกันภัยรถยนต์ | ⑬⑤汽车保险 | ⑬⑤汽車保險 | ⑬⑤自動車保険（じどうしゃほけん） |
| ㊱ประกันภัย รถยนต์ ภาค บังคับ | ⑬⑥汽车损害赔偿责任保险 | ⑬⑥汽車損害賠償責任保險 | ⑬⑥自動車損害賠償責任保険（じどうしゃそんがいばいしょうせきにん ほけん） |
| ㊲บ้านตัวเอง | ⑬⑦住家 | ⑬⑦住家 | ⑬⑦自宅（じたく） |
| ㊳ชุดนอน | ⑬⑧睡衣 | ⑬⑧睡衣 | ⑬⑧寝間着（ねまき） |
| ㊴สถานภาพการพำนัก | ⑬⑨在留资格 | ⑬⑨居留資格 | ⑬⑨在留資格（ざいりゅうしかく） |
| ㊵บัตรประจำตัวผู้พำนัก | ⑭⓪居留卡 | ⑭⓪居留證 | ⑭⓪在留カード（ざいりゅうかーど） |
| ㊶เย็น | ⑭①晚上 | ⑭①晚上 | ⑭①夕（ゆう） |
| ㊷ปลาทู | ⑭②竹夹鱼 | ⑭②竹筴魚 | ⑭②アジ（あじ） |
| ㊸ย้ายโรงพยาบาล | ⑭③转院 | ⑭③轉院 | ⑭③転院（てんいん） |
| ㊹หมายเลขโทรศัพท์ | ⑭④电话号码 | ⑭④電話號碼 | ⑭④電話番号（でんわばんごう） |
| ㊺กลางวัน | ⑭⑤中午 | ⑭⑤中午 | ⑭⑤昼（ひる） |
| ㊻ไฟดับ | ⑭⑥停电 | ⑭⑥停電 | ⑭⑥停電（ていでん） |
| ㊼ผู้อาศัยถาวร | ⑭⑦定住者 | ⑭⑦定居者 | ⑭⑦定住者（ていじゅうしゃ） |
| ㊽ง่วงนอน | ⑭⑧困 | ⑭⑧睏 | ⑭⑧眠い（ねむい） |
| ㊾ห้องพักรวม | ⑭⑨多人（同住）病房 | ⑭⑨多人（同住）病房 | ⑭⑨総室（そうしつ） |
| ㊿ที่อยู่ | ⑮⓪住所地址 | ⑮⓪住址 | ⑮⓪住所（じゅうしょ） |
| ตอนนี้ | ⑮①现在 | ⑮①現在 | ⑮①今（いま） |
| ไขมัน | ⑮②脂肪含量 | ⑮②油份 | ⑮②脂肪分（しぼうぶん） |
| การจ่ายเงิน | ⑮③支付（付钱） | ⑮③支付（付錢） | ⑮③支払い（しはらい） |
| แผ่นดินไหว | ⑮④地震 | ⑮④地震 | ⑮④地震（じしん） |
| รถไฟใต้ดิน | ⑮⑤地铁 | ⑮⑤地鐵 | ⑮⑤地下鉄（ちかてつ） |
| ที่ทำงาน | ⑮⑥工作地点 | ⑮⑥工作地點 | ⑮⑥職場（しょくば） |
| เห็บ | ⑮⑦壁虱（跳蚤） | ⑮⑦壁蝨（跳蚤） | ⑮⑦ダニ（だに） |
| บัตรผู้ป่วย | ⑮⑧挂号 | ⑮⑧掛號證 | ⑮⑧診察券（しんさつけん） |
| เมารถ | ⑮⑨晕车晕船 | ⑮⑨暈車暈船 | ⑮⑨乗り物酔い（のものよい） |

| 한국어 | 영어 | 포르투갈어 |
|---|---|---|
| **지도·수속·기타** | **instruction/procedure etc** | **orientação médica/ trâmites/outros** |
| ⑯ 철 | ⑯ iron | ⑯ ferro |
| ⑯ 체격지수 | ⑯ BMI(body-mass index) | ⑯ índice de massa corporal |
| ⑯ 초유(첫젖) | ⑯ foremilk | ⑯ colostro |
| ⑯ 출생증명서 | ⑯ birth certificate | ⑯ certidão de nascimento |
| ⑯ 출입국관리 및 난민인정법 | ⑯ Immigration Control and Refu-gee Recognition Act | ⑯ Lei de Controle de Imigração e Reconhecimento de Refugiado |
| ⑯ 춥다 | ⑯ cold | ⑯ frio |
| ⑯ 취업자격증명서 | ⑯ Certificate of Authorized Em-ployment | ⑯ Certificado de Autorização de Trabalho |
| ⑯ 취침 전 | ⑯ before you go to bed | ⑯ antes de dormir |
| ⑯ 치료비 | ⑯ cost of medical treatment | ⑯ custo do tratamento |
| ⑯ 치약 | ⑯ toothbrushing | ⑯ escovar os dentes |
| ⑰ 침착성이 없음(초조감) | ⑰ restlessness | ⑰ tem inquietação |
| ㅋ ⑰ 칼슘 | ⑰ calcium | ⑰ cálcio |
| ⑰ 커피 | ⑰ coffee | ⑰ café |
| ⑰ 컵(머그컵) | ⑰ cup(mug cup) | ⑰ copo (caneca) |
| ㅌ ⑰ 탄산음료 | ⑰ soda | ⑰ refrigerante |
| ⑰ 태풍 | ⑰ typhoon | ⑰ tufão |
| ⑰ 텔레비전 | ⑰ television(TV) | ⑰ televisão |
| ⑰ 토끼 | ⑰ rabbit | ⑰ coelho |
| ⑱ 통원 | ⑱ seeing a doctor regularly | ⑱ ida ao hospital |
| ⑲ 퇴원 | ⑲ discharge | ⑲ alta |
| ⑱ 투명 | ⑱ transparent | ⑱ transparente |
| ⑱ 특별식 | ⑱ invalid diet | ⑱ dieta especial |
| ㅍ ⑱ 푸린체가 많은 식품 | ⑱ purine rich food | ⑱ alimentos ricos em purinas |
| ⑱ 피난장소 | ⑱ safety shelter | ⑱ local de refúgio |
| ㅎ ⑱ 하루종일 | ⑱ all day long | ⑱ dia todo |
| ⑱ 학생 | ⑱ student | ⑱ estudante |
| ⑱ 해일 | ⑱ tsunami(tidal wave) | ⑱ tsunami(maremoto) |
| ⑱ 향신료 | ⑱ spice | ⑱ condimento |
| ⑱ 호지차 | ⑱ hojicha(a Japanese green tea roasted, low-caffeine) | ⑱ hojicha(chá verde japonês to rado, baixa cafeína) |

| 태국어 | 중국어간체 | 중국어번체 | 일본어 |
|---|---|---|---|
| **คำแนะนำ·ขั้นตอน·อื่น ๆ** | **指导·手续·其他** | **醫療輔導·手續·其他** | **指導·手続き·その他** |
| ⑯ธาตุเหล็ก | ⑯铁 | ⑯鐵 | ⑯鉄 |
| ⑯ดัชนีมวลกาย | ⑯体格指数 | ⑯身體質量指數 | ⑯体格指数 |
| ⑯นมข้นสีเหลืองหลังคลอด2-3วัน | ⑯初乳 | ⑯初乳 | ⑯初乳 |
| ⑯ใบรับร้องการแจ้งเกิด | ⑯出生证明书 | ⑯出生證明書 | ⑯出生証明書 |
| ⑯กฎหมายตรวจคนเข้าเมืองและกฎหมายลี้ภัย | ⑯出入国管理及难民认定法 | ⑯出入國管理及難民認定法 | ⑯出入国管理及び難民認定法 |
| ⑯เย็น | ⑯冷 | ⑯冷 | ⑯寒い |
| ⑯ใบรับรองคุณวุฒิการเข้าทำงาน | ⑯就业资格证明书 | ⑯就業資格證明書 | ⑯就労資格証明書 |
| ⑯ก่อนนอน | ⑯睡觉前 | ⑯就寝前 | ⑯就寝前 |
| ⑯ค่ารักษา | ⑯医药费 | ⑯醫藥費 | ⑯治療費 |
| ⑯ยาสีฟัน | ⑯牙膏 | ⑯牙膏 | ⑯歯磨き |
| ⑯เสียความสำรวม | ⑰无法冷静 | ⑰無法冷靜 | ⑰落ち着きのなさ(焦燥感) |
| ⑰แคลเซียม | ⑰钙 | ⑰鈣 | ⑰カルシウム |
| ⑰กาแฟ | ⑰咖啡 | ⑰咖啡 | ⑰コーヒー |
| ⑰แก้ว(มีหูจับ) | ⑰杯子 | ⑰杯子 | ⑰コップ(とって付きのコップ) |
| ⑰น้ำอัดลม | ⑰汽水 | ⑰汽水 | ⑰炭酸飲料 |
| ⑰ไต้ฝุ่น | ⑰台风 | ⑰颱風 | ⑰台風 |
| ⑰โทรทัศน์ | ⑰电视 | ⑰電視 | ⑰テレビ |
| ⑰กระต่าย | ⑰兔子 | ⑰兔子 | ⑰ウサギ |
| ⑰การไปโรงพยาบาลเป็นระยะตามที่หมอสั่ง | ⑱上医院 | ⑱定期看醫生 | ⑱通院 |
| ⑰ออกจากโรงพยาบาล | ⑲出院 | ⑲出院 | ⑲退院 |
| ⑱สีใสๆ | ⑱透明 | ⑱透明 | ⑱透明 |
| ⑱อาหารพิเศษ | ⑱特殊饮食 | ⑱特殊飲食 | ⑱特別食 |
| ⑱อาหารที่มีสารพิวรีนมาก | ⑱引起肥胖体质的过多食品 | ⑱普林含量高的食品 | ⑱プリン体の多い食品 |
| ⑱กำบังที่ปลอดภัย | ⑱避难所 | ⑱避難所 | ⑱避難場所 |
| ⑱ทั้งวัน | ⑱一整天 | ⑱整天 | ⑱1日中 |
| ⑱นักเรียน | ⑱学生 | ⑱學生 | ⑱学生 |
| ⑱สึนามิ | ⑱海啸 | ⑱海嘯 | ⑱津波 |
| ⑱เครื่องเทศ | ⑱香辛料 | ⑱香辛料 | ⑱香辛料 |
| Hojicha(ชนิดของชาญี่ปุ่น、คาเฟอีนต่ำ) | ⑱焙茶 | ⑱烘培茶 | ⑱ほうじ茶 |

| 한국어 | 영어 | 포르투갈어 |
|---|---|---|
| 지도·수속·기타 | instruction/procedure etc | orientação médica/trâmites/outros |
| ⑱⑨화장실 | ⑱⑨toilet | ⑱⑨banheiro |
| ⑲⓪휠체어 | ⑲⓪wheelchair | ⑲⓪cadeira de rodas |
| ⑲①휴대전화 | ⑲①mobile phone | ⑲①celular |
| ⑲②흡연 | ⑲②smoking | ⑲②fumo |
| ⑲③흰색 | ⑲③white | ⑲③branco |

| 태국어 | 중국어간체 | 중국어번체 | 일본어 |
|---|---|---|---|
| **คำแนะนำ·ขั้นตอน·อื่น ๆ** | **指导·手续·其他** | **醫療輔導·手續·其他** | **指導·手続き·その他** |
| ห้องน้ำ | ⑱厕所 | ⑱廁所 | ⑱トイレ<br>（といれ） |
| เก้าอี้รถเข็น | ⑲轮椅 | ⑲輪椅 | ⑲車いす<br>（くるま） |
| โทรศัพท์มือถือ | ⑲手机 | ⑲手機 | ⑲携帯電話<br>（けいたいでんわ） |
| สูบบุหรี่ | ⑲吸烟 | ⑲抽菸 | ⑲喫煙<br>（きつえん） |
| สีขาว | ⑲白色 | ⑲白色 | ⑲白色<br>（しろいろ） |

# 진찰시에 주의해야 할
# 수입 전염병에 대하여

## ★ 발열로 발증하는 전염병

### 1) 말라리아

* 잠복시기 : 2~6주간.

* 증상 : 발열(오한기·작열기·무열기의 사이클이 존재)·빈혈·비종. 단, 열의 사이클이 불명확한 경우도 많다.

* 진단 : 혈액의 엷은층 표본의 검경에 의한 말라리아원충의 관찰, 또는 진단키트를 이용.

### 2) 뎅기열

* 잠복시기 : 3~14일.

* 증상 : 발열·동통(머리·눈·관절·근육)·수명·림프절종창·백혈구감소·혈소판감소. 발열에 늦게 피진이 출현한다. 상은 회복되지만, 출혈 때문에 죽음에 이르는 수가 있다.

* 진단 : 조기는 바이러스분리나 PCR, 후기는 바이러스항체의 측정을 이용.

### 3) 장티푸스·파라티루스

* 잠복시기 : 1~3주간.

* 증상 : 발열(발열시에 맥이 빨라지지 않는다)·비교적 서맥·간기능의 이상, 하리나 피진이 확인되지 않는 경우 많다. 장출혈로 중증화되는 수가 있다.

* 진단 : 조기는 혈액배양·골수배양, 후기는 변배양을 이용.

### 4) 바이러스성 출혈열

* 라사열, 마르부르그열, 에볼라출혈열, 크림·콩고출혈열의 4종이 알려져 있다.

* 잠복시기 : 2~21일.

* 증상 : 발열·인두통·기침 등이며, 특징적인 것은 없다. 드물게 재발하는 수가 있다. 중증화되면 뇌염·심낭염·복출혈을 일으켜서 죽음에 이른다.

* 진단 : 바이러스분리나 PCR을 이용.

### 5) A형간염

* 잠복시기 : 2~6주간.

* 증상 : 발열·전신권태감, 간염에 대해서는 경도의 간기능이상뿐인 경우부터 황달이나 중증 간기능장애를 나타는 경우까지 여러 가지이다.

* 진단 : 간기능이상과 바이러스항체의 측정을 이용.

### 6) 아메바간농양

* 잠복시기 : 몇 년에 미치는 경우도 있다.

* 증상 : 발열, 설사를 수반치 않는 경우도 많다. 상복부통을 감별하기 위한 영상진단에서 발견되는 경우가 많다.

* 진단 : 혈청특이항체의 검출이 유용.

## ★ 설사로 발증하는 전염병

### 1) 독소원성 대장균하리증

* 병원인자의 차이에 따라서, 장관병원성 대장균·장관침입성 대장균·장관출혈성 대장균·독소원소 대장균·장관집성대장균의 5종으로 분류된다.

* 잠복시기 : 12시간~7일.
* 증상 : 설사·복통·발열·구토, 대장균이 갖는 병원인자의 종류에 따라서, 설사의 중증도나 발열·혈변의 합병 정도가 다르다.
* 진단 : 대장균의 분리와 PCR에 의한 병원인자유전자의 동정이 유용.

## 2) 콜레라

* 잠복시기 : 1일 이내.
* 증상 : 설사. 중증화되면 쌀뜨물 같은 변과 구토 때문에 중증 탈수를 일으킨다. 발열이나 복통·혈변은 드물다.
* 진단 : 콜레라균의 배양 및 항혈청에 의한 형동정, 또는 콜레라독소의 면역학적·유전자적 동정.

## 3) 세균성 적리

* 잠복시기 : 1~3일.
* 증상 : 수양성 하리와 발열, 중증화되면 복통·농점혈변 등의 적리증상을 나타낸다.
* 진단 : 적리균의 배양 또는 유전자적 동정.

## 4) 아메바적리

* 잠복시기 : 2~3주이지만 몇 년에 걸치는 경우도 있다.
* 증상 : 복통·농점혈변 등의 적리증상을 나타내지만, 일생생활이 가능할 정도의 증상으로, 몇 주의 주기로 완화와 악화를 반복한다. 발열은 드물다.
* 진단 : 분변 또는 대장점막 중의 적리아메바의 원충이나 시스트의 동정, 또는 혈청특이항체의 검출·유전자적 동정.

## 5) 램블편모충증

* 잠복시기 : 1~3주.
* 증상 : 설사가 난백색으로 악취를 풍기는 것이 특징으로, 혈액이 섞인 경우도 있다. 발열은 드물다. 만성기는 무증상으로 경과하여 감염원이 되는 경우가 많지만, 흡수부전 때문에 여위어 수척해지는 경우도 있다.
* 진단 : 분변 또는 십이지장액 속의 램블편모충의 원충이나 시스트의 동정.

## 기타

* 성기감염증 : 매독·임균.
* 여위어 수척해짐 : 에이즈(HIV감염)·결핵(다제내성일 가능성이 있다).
* 간염 : A형 바이러스간염 이외에, B형과 C형 바이러스간염도 고려한다.
* 뇌염 : 일본뇌염·니파바이러스감염증·광견병·헤르페스바이러스감염증일 가능성이 있다.

## 발증보고

* 감염증법의 기재에 근거하여, 수일내에 가장 가까운 보건소에 보고한다.

## 치료제의 확보

* 열대병 치료제의 보관시설과 보관 약제리스트는 해외여행질병정보센터의 홈페이지(http://travelinfo.cdc.go.kr/travelinfo/jsp_travelinfo/home/main/main.jsp)[2015년 2월 현재] 에서 확인이 가능하다.

(守山 敏樹, 川田 典孝)

# 국가별·종교별 진료시의 금기
# ~진료시에 주의할 점

## ☆ 영어권 환자

* 영국을 구종주국으로 하는 인도, 파키스탄 등의 남아시아국가에서는 영어를 이해하는 사람이 많다.
* 인도인의 74%가 힌두교도이지만, 정(淨)·부정(不淨)의 종교적 관념을 가지고, 배설물이나 분비물은 강한 전염성이 있다고 여겨진다. 또 왼손을 부정하다고 생각하여, 악수나 물건을 주고 받을 때는 오른손을 사용한다. 또 머리를 신성하게 생각하여, 어린이의 머리 등을 함부로 쓰다듬지 않는다. 출산시에는 남아를 강하게 선호하여, 임신 중에 여아라는 것을 알게 되면 중절을 원하기도 한다.
* 파키스탄, 방글라데시에서는 이슬람교도가 대부분을 차지하며, 인도인의 12%가 이슬람교도이다. 이슬람교도의 여성은 여의사가 진찰하는 것이 바람직하지만, 어려우면 여자간호사가 조심스럽게 문진을 하는 등의 방법이 필요하다. 이슬람교에는 라마단(단식월)이라는 새벽부터 일몰까지 먹거나 마시면 안되는 종교적 관행이 있는데, 병자는 예외로 간주되며, 의사는 진찰 결과에 따라서 단식을 실행하지 않도록 지시할 수도 있다.
* 아프리카에서도 영국을 구종주국으로 하는 남아프리카공화국, 케냐 등에서는 영어를 이해하는 사람이 많다. 사하라사막 이남에서는 에이즈가 널리 만연해 있어서, 사람들은 항상 감염의 공포에 시달리고 있으며, 진찰시에 에이즈를 의심해도 환자의 기분을 고려하지 않고 쉽게 검사를 권하는 것은 삼간다. 다산하는 것이 사회적 가치가 있어서, 에이즈·성감염증, 불임증 등의 질환에 관해서 정확한 정보를 얻기가 어렵다. 시간을 들여서 적절히 치료하는 법을 환자와 더불어 모색해 가야 한다.

(木本 絹子)

## ☆ 브라질 환자

* 유머러스한 명랑함, 한 템포 느긋한 인간성 등 라틴적인 스킨십을 의사에게 요구하는 것이 브라질의 환자들이다. 습관의 차이를 고려하더라도, 최소한「한국인 의사는 차갑다」「한국인 의사는 설명을 자세히 해주지 않는다」라는 사태는 피하고 싶다. 언어의 문제나 병이라는 스트레스뿐 아니라, 의사에 대한 불신감도 생기게 된다.
* 또 의사가 흔히 사용하는 애매한 한국어 표현「괜찮아요」는 매우 불친절한 것이다(의사에게 진찰을 받는 것이 환자로서는 '괜찮은' 상황이 아니니까).「~라고 생각합니다」「아마, ~일 겁니다. 걱정하실 필요 없습니다」가 아니라 구체적으로 확실하게 전달하는 것이 브라질 환자에게는 친절한 것이다.

(野中Monika, 中萩Els_)

## ☆ 태국 환자

* 한국과 태국에서는 약의 강도뿐 아니라, 의료사정이나 의료문화가 다르다. 그 차이가 가장 현저하게 나타나는 것이 임신이나 출산이다.
* 출산할 때에 임부가 자유롭게 출산방법을 선택할 수 있는 태국에서는 자연분만보다도 제왕절개를 선호한다. 태국은 불교국가임과 동시에, 영혼이나 점 등 민간신앙도 활발한 국가로, 자연분만에 의한 통증을 피하는 외에 점을 근거로 운이 좋은 출산일이나 시간을 지정하여, 계획적인 제왕절개를 희망하는 임부도 적지 않다.

(河原 雅子)

## ☆ 중국·대만 환자

* 중국·대만은 유교사상에 강하게 영향을 받고 있어서, 다소 보수적인 경향이 있다. 청진, 촉진 등, 신체접촉이

요한 경우에는 환자에게 동의를 구하지 않으면 실행할 수 없게 되어 있다.

＊ 종교의 신앙은 자유이며 불교, 도교, 크리스트교 등 여러 가지 종료를 믿고 있는 사람들이 함께 살고 있다. 그 중에서 신도 수가 가장 많은 불교에서는 식사상의 금기는 특별히 없다. 단 일부 신도는 고기를 먹지 않을 것을 맹세하고 있다. 또 불교도 중에는 채식자가 많다.

＊ 중국인 환자에 대해서는 의사가 약의 부작용을 설명하여 주의를 촉구하는 것이 중요하다. 일반적으로 중국인은 한방약에는 부작용이 없고, 안전하다고 믿고 있는 사람이 많다.

＊ 중국에서는 종합병원 등 큰 병원이 많아서 작은 진료소 등은 신용하지 않는 경향이 있다. 한국의 큰 병원에서 진료시의 순서, 주의사항, 어디에서 약을 받는지 등을 가르쳐주면 된다.

(姜 天星, 謝 佩眞)

## ☆ 일본 환자

＊ 일본인은 얼굴생김새, 체격 등이 한국인과 비슷하므로, 다른 외국인에 비해서「쉽게 친숙하게」느껴질 것이다. 각각 문화·습관의 차이는 있지만 의료현장에서 우선 중요한 점은 인간대 인간으로서 따뜻한 대응, 즉 한국인 환자와 똑같은 기분, 태도, 접대법으로 대응하는 것이다.

＊ 일본의 경우, 유교사상의 영향으로 한국과 같이 노소(老少), 선배·후배, 손위·손아래 등의 상하관계가 있으며, 손위사람에 대해서 특별한 경의가 요구된다. 이름은 가능한 한 일본어 발음이 요망된다.

＊ 또 입원환자의 경우, 매일 일상적인 식사를 배려해 주면 매우 기뻐한다.

(박순화)

# 부록 3

## 주요 60개국의 대사관연락처

| 국명 | 우편번호 | 주소 | 전화번호 |
|---|---|---|---|
| 가나 | 140-884 | 서울특별시 용산구 독서당로 120 | (02)3785-1427 |
| 그리스 | 100-797 | 서울특별시 중구 청계천로 86 | (02)729-1400 |
| 나이지리아 | 140-817 | 서울특별시 용산구 장문로 6길 13 | (02)797-2370 |
| 남아공 | 140-884 | 서울특별시 용산구 독서당로 104 | (02)2077-5900 |
| 네덜란드 | 100-784 | 서울시 중구 정동길 21-15 정동빌딩 10 | (02)311-8600 |
| 네팔 | 136-822 | 서울특별시 성북구 선잠로2길 19 | (02)3789-9770 |
| 노르웨이 | 100-784 | 서울특별시 중구 정동길 21-15 13 | (02)727-7100 |
| 뉴질랜드 | 100-784 | 서울특별시 중구 정동길 21-15 8 | (02)3701-7700 |
| 덴마크 | 140-775 | 서울특별시 용산구 소월로 272 | (02)795-4187 |
| 독일 | 100-714 | 서울특별시 중구 한강대로 416 | (02)748-4114 |
| 라오스 | 140-887 | 서울특별시 용산구 대사관로11길 30-4 | (02)796-1713 |
| 러시아 | 100-120 | 서울특별시 중구 정동 34-16 | (02)318-2116 |
| 레바논 | 140-817 | 서울특별시 용산구 장문로 29 | (02)794-6482 |
| 루마니아 | 140-809 | 서울특별시 용산구 장문로 50 | (02)797-4924 |
| 말레이시아 | 140-884 | 서울특별시 용산구 독서당로 129 | (02)2077-8600 |
| 멕시코 | 140-885 | 서울특별시 용산구 독서당로 93 | (02)798-1694 |
| 미국 | 110-050 | 서울특별시 종로구 세종로 32-2 | (02)397-4114 |
| 몽골 | 140-885 | 서울특별시 용산구 독서당로 95 | (02)794-1951 |
| 베네수엘라 | 110-702 | 서울특별시 종로구 공평동 100 | (02)732-1546 |
| 베트남 | 110-230 | 서울특별시 종로구 삼청동 28-37 | (02)734-7948 |
| 벨기에 | 140-893 | 서울특별시 용산구 이태원로45길 23 | (02)749-0381 |
| 브라질 | 110-220 | 서울특별시 종로구 청와대로 73 | (02)738-4970 |
| 사우디아라비아 | 140-863 | 서울특별시 용산구 녹사평대로26길 37 | (02)739-0632 |
| 스위스 | 140-887 | 서울특별시 용산구 대사관로11길 20-16 | (02)739-9511 |

| 국명 | 우편번호 | 주소 | 전화번호 |
|---|---|---|---|
| 스웨덴 | 100-704 | 서울특별시 중구 소월로 10 | (02)3703-3700 |
| 스페인 | 140-893 | 서울특별시 용산구 한남대로36길 17 | (02)794-3581 |
| 싱가폴 | 100-768 | 서울특별시 중구 세종대로 136 | (02)774-2464 |
| 아일랜드 | 110-755 | 서울특별시 종로구 종로1길 42 | (02)721-7200 |
| 알제리 | 140-857 | 서울특별시 용산구 회나무로 81 | (02)794-5034 |
| 영국 | 100-120 | 서울특별시 중구 세종대로19길 24 | (02)3210-5500 |
| 오스트리아 | 110-714 | 서울특별시 종로구 종로 1 | (02)732-9071 |
| 우크라이나 | 140-809 | 서울특별시 용산구 장문로 51 | (02)790-5696 |
| 이스라엘 | 110-726 | 서울특별시 종로구 청계천로 11 | (02)3210-8500 |
| 이란 | 140-809 | 서울특별시 용산구 장문로 45 | (02)793-7751 |
| 이집트 | 140-884 | 서울특별시 용산구 독서당로 114 | (02)749-0787 |
| 이탈리아 | 140-894 | 서울특별시 용산구 한남대로 98 | (02)750-0200 |
| 인도 | 140-885 | 서울특별시 용산구 독서당로 101 | (02)798-4257 |
| 인도네시아 | 150-895 | 서울특별시 영등포구 여의대방로 380 | (02)783-5675 |
| 일본 | 110-150 | 서울특별시 종로구 율곡로2길 22 | (02)2170-5200 |
| 중국 | 100-810 | 서울특별시 중구 명동2길 27 | (02)738-1038 |
| 체코 | 110-062 | 서울특별시 종로구 경희궁1길 17 | (02)725-6765 |
| 칠레 | 100-706 | 서울특별시 중구 퇴계로 97 | (02)779-2610 |
| 카자흐스탄 | 140-809 | 서울특별시 용산구 장문로 53 | (02)391-8906 |
| 카타르 | 140-817 | 서울특별시 용산구 장문로 48 | (02)798-2444 |
| 캐나다 | 100-120 | 서울특별시 중구 정동길 21 | (02)3783-6000 |
| 케냐 | 140-857 | 서울특별시 용산구 회나무로44길 38 | (02)3785-2903 |
| 콜롬비아 | 110-714 | 서울특별시 종로구 종로 1 | (02)720-1369 |
| 쿠웨이트 | 140-817 | 서울특별시 용산구 장문로 34 | (02)749-3688 |
| 태국 | 140-887 | 서울특별시 용산구 대사관로 42 | (02)795-3098 |
| 터키 | 140-240 | 서울특별시 용산구서빙고로51길 52 | (02)3780-1600 |
| 파라과이 | 140-893 | 서울특별시 용산구 한남대로27길 14 | (02)730-8335 |

| 국명 | 우편번호 | 주소 | 전화번호 |
|---|---|---|---|
| **파키스탄** | 140-809 | 서울특별시 용산구 장문로9가길 39 | (02)796-8252 |
| **페루** | 100-706 | 서울특별시 중구 퇴계로 97 | (02)757-1735 |
| **포루투칼** | 110-280 | 서울특별시 종로구 창덕궁1길 13 | (02)3675-2251 |
| **폴란드** | 110-190 | 서울특별시 종로구 삼청로 20-1 | (02)723-9681 |
| **프랑스** | 120-030 | 서울특별시 서대문구 서소문로 43-12 | (02)3149-4300 |
| **핀랜드** | 110-714 | 서울시 종로구 종로 1 교보빌딩 18 층 | (02)732-6737 |
| **필리핀** | 140-857 | 서울특별시 용산구 회나무로42길 12 | (02)796-7387 |
| **헝가리** | 140-809 | 서울특별시 용산구 장문로 58 | (02)792-2105 |
| **호주** | 110-714 | 서울특별시 종로구 종로 1 | (02)2003-0100 |

〈한글〉